集 刊 名：形象史学
主办单位：中国社会科学院古代史研究所文化史研究室
　　　　　中国史学会传统文化专业委员会
主　　编：刘中玉

2024 年春之卷

编委会（以姓氏笔画为序）

主　任 孙　晓（中国社会科学院古代史研究所）

委　员

卜宪群（中国社会科学院古代史研究所）　　李　零（北京大学）

万　明（中国社会科学院古代史研究所）　　沙武田（陕西师范大学）

王子今（西北大学、中国人民大学）　　　　沈卫荣（清华大学）

王月清（江苏省社会科学院）　　　　　　　张昭军（北京师范大学）

王亚蓉（中国社会科学院考古研究所）　　　陈支平（厦门大学）

王彦辉（东北师范大学）　　　　　　　　　陈星灿（中国社会科学院考古研究所）

王震中（中国社会科学院古代史研究所）　　尚永琪（宁波大学）

尹吉男（中央美术学院、广州美术学院）　　罗世平（中央美术学院）

成一农（云南大学历史与档案学院）　　　　金秉骏（韩国首尔大学）

扬之水（中国社会科学院文学研究所）　　　郑　岩（北京大学）

朱凤瀚（北京大学）　　　　　　　　　　　耿慧玲（台湾朝阳科技大学）

仲伟民（清华大学）　　　　　　　　　　　黄厚明（南京大学）

郐文玲（中国社会科学院古代史研究所）　　渡边义浩（日本早稻田大学）

池田知久（日本东方学会）　　　　　　　　葛承雍（中国文化遗产研究院）

杨宝玉（中国社会科学院古代史研究所）　　谢继胜（浙江大学）

杨爱国（山东省博物馆）　　　　　　　　　臧知非（苏州大学）

杨富学（敦煌研究院）　　　　　　　　　　熊文彬（四川大学）

李　旻（美国洛杉矶加州大学）

编辑部主任 宋学立

编辑部成员

王　艺　王　申　马托弟　刘中玉　刘明杉　安子毓　纪雪娟　李凯凯　宋学立　张沛林
曾　磊

副主编

宋学立　安子毓

总第二十九辑

古文字与中华文明传承 | CSSCI 收 录 集 刊
发展工程专项资助集刊 | AMI（集刊）核心集刊

庆祝
中国社会科学院
中国历史研究院
古代史研究所建所
70
周年

形象史学

中国社会科学院古代史研究所文化史研究室
中国史学会传统文化专业委员会

主办

刘中玉　主编

2024 年
春之卷

（总第二十九辑）

中国社会科学出版社

图书在版编目（CIP）数据

形象史学. 2024年. 春之卷：总第二十九辑 / 刘中玉主编. —北京：中国社会科学出版社，2024.2

ISBN 978-7-5227-3529-0

Ⅰ.①形…　Ⅱ.①刘…　Ⅲ.①文化史—中国—文集　Ⅳ.①K203-53

中国国家版本馆 CIP 数据核字（2024）第 091529 号

出　版　人	赵剑英
责任编辑	李凯凯
责任校对	闫　萃
责任印制	王　超

出　　　版	中国社会科学出版社
社　　　址	北京鼓楼西大街甲 158 号
邮　　　编	100720
网　　　址	http://www.csspw.cn
发 行 部	010-84083685
门 市 部	010-84029450
经　　　销	新华书店及其他书店

印刷装订	北京君升印刷有限公司
版　　　次	2024 年 2 月第 1 版
印　　　次	2024 年 2 月第 1 次印刷

开　　　本	787×1092　1/16
印　　　张	22
字　　　数	433 千字
定　　　价	158.00 元

目　录

七　文化札记

同
仁
述
往

我与历史所同仁的交往

■ 艾 兰（美国达慕思大学）

编者按： 艾兰教授（Sarah Allan）是改革开放以后长期与历史所合作、交流的西方学者之一。2023 年 10 月 24 日，艾兰教授应文化史研究室的邀请，在古代史所做了一场题为"蛇与龙——从商代艺术母体的观点看甲骨文字"的讲座。讲座结束后，文化史研究室又对她进行了简短访谈。

刘中玉：艾兰老师好，我了解到，1991 年，您就根据中国社科院与英国文化委员会资助的对口交流项目，以及历史所与英国伦敦大学亚非学院（School of Oriental and African Studies, London University）远东系的交流项目来历史所访问过。您在这之前便与历史所的同仁往来比较多吧？

艾兰：是的，我第一次访问历史所是 1984 年。当时我是英国学术院（British Academy）与中国社科院交流项目的访问学者。我记得我作了一场"关于中国神话传说与结构主义理论"的演讲，这也是我出版的第一本书——《世袭与禅让》（*The Heir and the Sage*）（北京大学出版社，2002；商务印书馆，2010）的主题。虽然我的普通话不是很好，但那时"结构主义"（structuralism）在中国还是一个比较新的理论，很多术语很难翻译，所以我还是用中文来演讲。当时胡厚宣先生、张政烺先生都在场（图 1、图 2），还有李学勤、齐文心等先生以及先秦史室的其他同仁。我非常紧张，但还是尽力去做。也就是从那以后，我基本上都用中文演讲

图 1 胡厚宣（中）、艾兰（左）、汪涛（右）

图 2 张政烺（右）、艾兰（左）

摄于安阳

图 3　李学勤（左）、艾兰（右）

摄于伦敦

了。我几乎每年都来历史所，与许多前辈同仁都非常熟悉，像做先秦史、甲骨研究的李学勤先生、齐文心先生、宋镇豪先生，做敦煌研究的张弓先生、宋家钰先生，做服饰研究的王予先生、王亚蓉先生等。

最早认识的是李学勤先生。1981 年，李先生受邀在剑桥大学做访问学者。当时我在伦敦大学亚非学院远东系任教。此前他已与我的同事葛瑞汉（A. C. Graham）、谭朴森（Paul Thompson）在国际会议上相识了，我们便邀请他来伦敦。李先生到伦敦很多次，我们也就此熟识（图 3）。我那时候已经开始研究甲骨文，对他的研究领域很感兴趣，带他去大英图书馆、大英博物馆考察了馆藏甲骨。英国收藏有超过 2000 片的甲骨资料，而且都非常重要。我便又安排一同参观了其他收藏机构，比如皇家苏格兰博物馆（Royal Scottish Museum，爱丁堡）、牛津大学亚士摩兰博物馆（Ashmolean Museum，牛津）和剑桥大学图书馆（剑桥）。参观期间，李先生还在这些地方作了多场演讲。当时中国才刚刚对外开放，很少有做中国古代历史专业

的人会说英语。李先生的英语原来还可以。他通过读英语小说的办法来不断提高，最后非常好。不过他演讲时我也常担任翻译。李先生是一个非常厉害的演讲者——每个人都觉得他的演讲很有趣，即使有学者对主题并不是很了解，他们还是有兴趣。李先生总是给人留下深刻的印象。

刘中玉：您从 1972 年起便在伦敦大学亚非学院远东系任教，长期从事中国上古史的研究，在中国商周史及甲骨文、青铜器的研究方面尤有建树。您和李先生的合作也是从那时开始的吧？

艾兰：是的。我陪李先生看完英藏甲骨之后，他问我要不要合作发表英藏甲骨文。我自然很乐意。但是，如果要出版，我们最需要做的是甲骨拓片。不过在英国没有人能做这件事，需要有人从中国来。那时候我还很年轻，没有什么地位，也没有什么资金，如何支撑这项合作，是我们不得不面对的问题。李先生提议亚非学院和历史所之间建立一个学术交流，双方学者可以进行互访。我们得到了亚非学院与中国社科院的支持，我在英国也得到了英国文化教育协会（British Council）的资助。大英图书馆的吴芳思（Frances Wood）与马克乐（Beth McKillop）积极回应和支持。当时她们的年纪和我相仿，也很热情，向领导汇报了这个项目的重要性，馆方同意拓印甲骨。大英图书馆历来对馆藏文献有很高的保护要求，我们获得他们的许可后，其他博物馆和图书馆也便纷纷同意了。于是，1983 年齐文心先生

到英国做甲骨拓片。最初，李先生严重低估了工作量，我们计划用四个月完成，这其实是不可能的。齐先生每天都在做这项工作，大概用了九个月才完成。我们待在一起，经常讨论甲骨文，我从她身上获益良多（图4）。回国后，她又继续参与出版了《英国所藏甲骨集》（中华书局，上编两册，1985；下编两册，1991，图5），这其中大部分的整理和释文工作是她的贡献。

图4　齐文心（左）在大英图书馆拓印甲骨

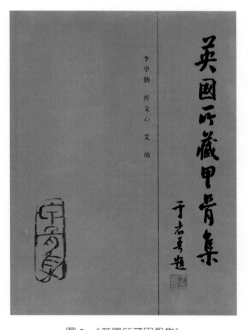

图5　《英国所藏甲骨集》

刘中玉：我经常听王亚蓉先生谈到她和王予先生与您的友谊，他们也曾在1988年利用这个项目去大英图书馆拍摄英藏敦煌文献。

艾兰：历史所的很多学者都利用这个项目到访英国，来过亚非学院。李先生、齐先生之后，张弓、宋家钰先生也到访英国，他们是做敦煌文献研究的。大家都知道，敦煌文献浩如烟海，他们提出把英藏敦煌文献翻拍，也在中国出版。虽然不做佛教文献，只是选取非佛教部分，数量也还是很大，最后出版了14卷。这项工作最大的问题是文献摄影。也是得益于吴芳思与马克乐的热情帮助，我们获得了大英图书馆的照相许可。历史所和中国社科院的交流是学术方面的交流。王予先生和王亚蓉先生是中国社科院非常出色的文物保护专家，也有丰富的摄影经验，所以由他们来照相（图6、图7）。我们也得到了中英学者基金会（Sino-British Fellowship Trust）的支持。

说到这里，我很感慨，当时由于资金缺乏，接待条件并不好。像李学勤、张弓、宋家钰、王予、王亚蓉、余太山等这些重要学者来访，我们只能安排他们住在学生宿舍。学生宿舍的房间倒还可以，也便宜。还有一个原因，除李先生以外，其他人都不会英语。那时候中国留学生少，可是宿舍里有亚非学院中文系的学生。王予、王亚蓉先生在那儿的生活真的很难，我一想到此就不好意思，因为有些事情是我没考虑到的。比如照相，如果他们不把

图 6　《英藏敦煌文献》项目人员（艾兰、宋家钰、王豙、王亚蓉等）

摄于北京英国驻华大使馆

图 7　《英藏敦煌文献》项目人员（宁可、艾兰、王亚蓉等）与李约瑟（Joseph Needham）先生

摄于剑桥大学

图 8　《欧洲所藏中国青铜器遗珠》　　　　　图 9　《瑞典斯德哥尔摩远东古物博物馆藏甲骨文字》

照片洗出来，就不知道拍得好不好，所以他们每天晚上还得在宿舍冲洗照片，非常辛苦。此外，他们还在维多利亚和阿尔伯特博物馆（Victoria and Albert Museum）做了一些关于中国古代服饰的研究。

刘中玉：我听王亚蓉先生说，他们当时是在宿舍楼的厕所里冲洗照片的，当时还引起误会，同楼的一些外国朋友常窃窃私语，说这两个中国人在制"假药"。

艾兰（笑）：开玩笑的。如果我年纪大一点，可能不敢做这些事，可是年轻的时候就觉得应该做。我们当时的想法是在这边（中国）发表，让中国学者能用这些资料。也有很多英国学者参与了这个项目，那些年大家都非常努力。我认为我们也取得了很多成就。这项合作不仅出版了大型图书《英藏敦煌文献：汉文佛经以外部分》（四川人民出版社，14 卷，1990—1997），还衍生了"国际敦煌项目"（International Dunhuang Project），这个项目旨在将所有敦煌资料数字化，并通过网络免费开放。但是，在当时对于来自中国的学者来说，这是非常困难的。他们深觉自己有重要的责任和使命，并尽一切努力来完成。这其中最主要的问题，是我们总是低估了做这项工作所需的时间和金钱。为此我也做了许多努力，各方筹集资金，但仍然不够。

《英国所藏甲骨集》出版之后，1986年我和李学勤先生一同在欧洲旅行，寻访

图 10　艾兰教授讲座

各国博物馆和私人收藏的中国青铜器，又开始了我们的第二次合作。后出版了《欧洲所藏中国青铜器遗珠》（文物出版社，1995）和《瑞典斯德哥尔摩远东古物博物馆藏甲骨文字》（中华书局，1999）。

刘中玉：您和李先生的友谊不仅为中国学者的甲骨文研究、青铜器研究、敦煌文献研究提供了方便，也带动了双方之间的合作交流，并让合作以加深友谊的方式延续了下来。去年（2022年）疫情期间，我们在线上举办了纪念沈从文先生诞辰120周年学术研讨会，特邀您录制了致辞视频，欢迎您今后能够像以前那样，常来历史所。明年（2024年）是我们建所70周年，您和历史所也有40多年的友谊了，能否请您谈一点感想。

艾兰：我到这儿来，跟所里的人特别是先秦史室的人，都很熟悉。我跟大家学了很多东西，对我的工作、我的研究都有极大的帮助。如果没有这样的经历，我不能想象我现在的研究会是什么样子。所以我这次特别乐意来所里交流，很珍惜与所里很多同仁的深厚情谊。这次还参观了中国考古博物馆，我觉得你们的研究条件越来越好，我也借这个机会，预祝历史所70年生日快乐，越办越好！

（清华大学博士生温小宁、中国社会科学院大学硕士生唐思捷整理）

附　《蛇与龙：从商代艺术母体的观点看甲骨文字》讲座纪要

首先，艾兰教授通过对陶寺文化和二里头文化中两种蛇（龙）纹背部鳞纹特征的分析，指出其不同原型：陶寺文化龙纹盘中具有双排近盾形（瓦状）背鳞（▨）的龙（蛇）纹，其原型为短尾蝮蛇。而二里头文化中蛇纹的背纹常为菱形，这是尖吻蝮蛇（五步蛇）的特征，纹饰中蛇头前部的尖凸起是蝮蛇颊窝的写照；这两种蝮蛇均为毒蛇。商代中期，郑州小双桥遗址出土的青铜建筑饰件、安徽阜南出土龙虎尊的龙纹均为菱形背纹，与二里头文化的蛇（龙）纹具有明显的传承关系。

其次，艾兰教授以殷墟出土的一系列器物为例，指出在商代晚期具有盾形背纹（D或B）和菱形背纹（◇）的蛇纹并行发展，并可相互替换。尤其在骨柶上，常见同一器物正反两面的蛇（龙）纹具有不同背鳞的情况。同时，甲骨文中的"它"（蛇）字也可分为两类：交叉背纹（§）与分段背纹（§），正与晚商艺术中的具有菱形背纹（◇）和盾形背纹（D）的蛇纹形象相一致，可以说商代艺术和甲骨文中的蛇纹和蛇字，均表现出特征明显的二分现象。

最后，艾兰教授还发现菱形背纹（◇）的蛇纹（尖吻蝮蛇、五步蛇）和盾形背纹（D）的蛇纹（短尾腹蛇）在西周时期均迅速衰落，前者不再流行，而后者演变为几何形纹饰——重环纹（▨）。需要强调的是，商代晚期偶见一种背部鳞纹为从头到尾一条线的蛇纹，这种背纹在西周之后的蛇纹、龙纹中变得流行（龙纹背纹常为多条线）。艾兰教授指出这一特征也体现在金文"它"（蛇）字上（⇞）。通过对比可以发现，金文"它"（蛇）字（⇞）与甲骨文（§、§）似乎并没有明显的传承关系，而更似对流行于西周时期具有单线背纹蛇纹的抽象表现。《说文解字》中的"它"字正源于金文"它"的字形。

陶寺文化龙纹盘	二里头文化绿松石龙形器（红色菱形为研究者标注）	商代中期 郑州小双桥遗址出土青铜建筑饰件纹饰

附图1

| 殷墟妇好墓出土青铜鸮尊
（M5：784） | 侯家庄 M1001 号墓出土大理石鸮
（M1001：R1756） | 殷墟出土骨柶拓片
（正、反） |

附图 2

| 西周早期
山西天马曲村出土铜尊（M6081：86）蛇纹 | 西周晚期
陕西眉县杨家村窖藏出土方壶（2003MYJ：19）龙纹 |

附图 3

　　该讲座通过梳理蛇纹在中国早期艺术中的发展过程，发现了商代蛇纹的二分现象及其不同的渊源与原型，这一现象也体现在甲骨文的"它"（蛇）字之上。西周时期，这两种蛇纹迅速衰退，另一种具有单线状背纹的蛇纹开始流行，这一蛇纹与金文"它"（蛇）字（ ）形象具有较高的一致性。可以看到，商周时期蛇纹的特征与同时期的"蛇"字存在明确的相关性，这种动态考察图像与文字关系的研究模式，为我们探讨相关古文字的来源提供了新思路。（河南大学韩鼎/供稿）

建所以来中国古代文化史学科概况

■ 景　哲（中国史学会传统文化专业委员会）

从古代史研究所（以下简称"古代史所"）建所 70 年的历程来看，中国古代文化史从作为广义的大文化观下的研究范畴到专门性的学科设置、梯队建设，再到逐步形成以研究室为单位集合跨断代、多方向的研究团队，大体经历了通史性资料整理编集（以历史图谱的编纂为侧重）、物质文化史研究（以古代服饰研究、考古修复为侧重）、思想与民族文化史（含宗教文化）、文献整理注释和文化史研究方法论构建等几个阶段。

一　通史性资料整理编集阶段

新中国成立之初，如何在唯物史观指导下重新对中国古代历史进行系统性整理与研究成为中国历史学界的头等大事。1951 年 7 月，中国科学院院长郭沫若在中国史学会成立大会上呼吁广大历史学者以"为人民服务的态度"加入开辟历史研究"新纪元"的行列。1953 年，为推进落实"双百"方针，中共中央成立了由陈伯达、郭沫若、吴玉章、范文澜、侯外庐、吕振宇、翦伯赞、胡绳、尹达、刘大年等组成的"中国历史问题研究委员会"，将确立用马克思主义研究中国历史为指导方针，增设历史研究机构等作为首要解决的问题。1954 年年初，在中国科学院《科学通讯》第一期发表的题为《中国科学院积极准备进一步加强历史研究工作》的文章中指出："开展关于本国历史的研究，开展关于亚洲历史的研究，这就是摆在我国史学界面前光荣而艰巨的任务。"同年再版的郭沫若《中国古代社会研究》"重印弁言"中亦强调："中国古代终有彻底地加以整理的必要，故接受友人的意见，将本书重印，以促进古代研究工作，并藉以表明我在进行古代研究时是做过应有的准备的。"[1] 结合当时的国内外局势来看，之所以要彻底地开展中国古代历史研究，其目的便是要从中梳理出中国文化与世界各国文化相互交流以及中

1　郭沫若：《殷周青铜器铭文研究·序》，《郭沫若全集·考古编 4》，科学出版社，1992，第 1 页。

国文化在世界文化中的地位，用马克思主义史学开辟中国历史研究新境界。

1956 年 6 月，国务院学科科学规划委员会召集举行"哲学社会科学规划座谈会"，在《1956 年—1967 年哲学社会科学规划草案（初稿）》中即提出：要"1962 年以前（因任务较为艰巨，改为 1967 年以前）写出中国文化与世界各国文化相互交流以及中国文化在世界文化中的地位和作用的专著（论文或论文集）"。首先便是启动通史教材和通史这类能呈现大文化史观的项目。同年，由郭沫若、陈寅恪、陈垣、范文澜、翦伯赞、尹达、刘大年等 40 人组成中国历史教科书编辑委员会，启动教科书的编写工作，叙述范围为从旧石器时代到 1949 年中华人民共和国成立的历史。1958 年 8 月，受中央委托交办，由郭沫若担任主编组织编写的干部读物《中国历史》（即《中国史稿》）项目正式启动。同年 12 月，围绕这一"修国史"（包括中华文明探源）任务，同时展开的与文化史关联密切的项目有：《中国历史图谱》的编纂以及中国历史博物馆建馆陈列历史阶段的划分问题。其中《中国历史陈列提纲》审查小组由邓拓、尹达担任组长。

《中国历史图谱》编纂工作启动后，张政烺任主编，尹达为责任领导。彼时张政烺的人事关系尚在北京大学，为历史所兼任研究员。为配合其工作，历史所从各组室抽调阴法鲁、胡嘉、朱家源、李培根、谢清河、张兆麟、安守仁等在物质文化和思想文化方面有所专长的学者组建"中国历史图谱组"（以下简称"图谱组"），张政烺任组长。大致分工如下：张政烺、李培根收集战国、秦汉至魏晋文物资料；阴法鲁收集隋唐文物资料；朱家源收集两宋文物资料；安守仁收集辽金元文物资料；胡嘉、张兆麟收集明清文物资料。1959 年 3 月，图谱组完成《〈中国历史图谱〉编辑计划（初稿）》。据陈绍棣《张政烺先生年谱》回忆称："在张政烺先生的主持下，在阴法鲁等几位先生的协助下，张政烺主笔很快拟就了《图谱》编辑计划的基本要求、资料目录的说明。前者阐明了本书的定名、旨趣、内容、时代范围、组成部分、框架和篇幅。后者是编写时对章节安排、农民起义材料、少数民族历史文物、国际关系材料、漆器、瓷器等手工业材料，以及材料和文字说明关系等问题的处理意见。他说要'以纲为纲'，也就是以郭老主编的《中国历史》（初名，即《中国史稿》）编写提纲为《图谱》的编辑大纲，当然不是照搬，而是结合《图谱》的特点有所不同，这就为参与工作的人指明了方向。而后，由张政烺先生将全组人员分工，为收集文物资料，编辑目录做好组织工作。"[1] 图谱组的宗旨比较明确，即"拟通过具体文物（古物、古迹、古图画和科学家复原的模型或图画等等的照片），形象化地反映祖

1　陈绍棣：《张政烺先生年谱》，中国社会科学出版社，2019，第 80 页。

国悠久的历史、丰富的文化，各族人民的生产斗争、阶级斗争、各民族间的经济文化交流，并体现中国文化在世界历史上的应有地位"[1]。虽未参与但亲睹经过的萧良琼（当时参加《甲骨文合集》项目）也称《中国历史图谱》项目是"用典型的历史文物，把中国历史形象地立体地用图片展示出来，是了解我国历史和文化传统很有意义的工作"。[2] 可见，将《中国历史图谱》编成一部"中国形象文化史"是当时图谱组的共识。

1959 年 4 月 2 日，历史所召开编辑中国历史图谱座谈会，讨论张政烺拟定的提纲初稿。郭沫若在座谈会闭幕讲话中强调图谱编纂要注意"多民族国家""工艺史""人民性""力求其同"等原则性问题。[3] 当时"中国历史图谱"编辑委员会阵容强大，在 1959 年 7 月 1 日召开的第一次"历史图谱"编委会，参加单位有中宣部、文化部、历史所、考古所、中华书局、历史博物馆、故宫博物院、人民美术出版社等单位。会议选举齐燕铭同志为主任委员，尹达、侯外庐、金灿然三位同志为副主任委员；委员分别来自中宣部出版处（包子静）、文化部文物局（王冶

秋）、中华书局（金灿然）、故宫博物院（吴仲超、唐兰）、北京图书馆（左恭、张铁弦）、历史博物馆（韩寿萱、陈乔、王振铎、沈从文）、考古所（夏鼐）、历史三所（刘大年）、自然科学史研究室（严敦杰，当时该室设在二所）、北京大学（翦伯赞、兰云夫、梁思庄）、中央美术学院（常任侠）、科学院图书馆（贺昌群）、档案局、档案馆、解放军军事科学院、美术出版社、文物出版社及历史一所和二所（侯外庐、尹达、张政烺、阴法鲁）等单位。具体负责编纂的工作组又分核心组（张政烺、张兆麟、安守仁）和普通组（阴法鲁、胡嘉、李培根、谢清河、朱家源）。

7—10 月，图谱组又受命牵头组建西藏考察组，完成交办任务——《西藏图谱》（即《西藏——祖国领土不可分割的一部分》图册）的编纂工作。[4] 西藏考察组领队为阴法鲁（副研究员，隋唐音乐史、文学史），成员有王忠（助理研究员，熟悉藏文、西藏史）、张兆麟（研究实习员）、金自强、李培根等。1960 年，西藏历史图谱编辑完稿（定名为《西藏是祖国神圣领土不可分割的一部分》）

1　张政烺：《中国历史图谱资料目录（封建社会部分）》（草稿），《张政烺文集·苑峰杂著》，中华书局，2012，第 148 页。

2　萧良琼：《纪念好老师张政烺先生》，载张永山编《张政烺先生学行录》，中华书局，2010，第 35 页。

3　参见林甘泉、蔡震主编《郭沫若年谱长编（1892—1978）》（第四卷），中国社会科学出版社，2017，第 1734 页。沈从文《谈"文姬归汉图"》，《文物》1959 年第 6 期，又见《中国古代服饰研究》，商务印书馆，2017，第 566—569 页。

4　详参安守仁《关于〈中国古代历史文物图集〉前期工作的回忆》一文，载张永山编《张政烺先生学行录》，第 197—207 页。

图1 1978年"图谱组"工作照

采自陈绍棣《张政烺先生年谱》

送审。1961—1964 年，图谱组到全国各地收集资料，至"文化大革命"前，共拍摄照片一万多张。1963 年，参照苏联模式（苏联科学院考古研究所时称物质文化研究所），将图谱组改为"物质文化史组"。1964—1975 年间，图谱组人员流动性大，前后有 20 多人参与，不过到 1975 年仅剩张政烺、安守仁、卢善焕、朱家源、陈绍棣、师勤、栾成显 7 人。不久，物质文化史组改为物质文化研究室。1978 年 3 月，沈从文从中国历史博物馆（今中国国家博物馆）调入历史所，便暂隶于物质文化研究室（但在家工作）。[1]

1979 年 3 月 23 日至 4 月 2 日，由历史所牵头，在成都召开中国历史学规划会议，通过了《1978 年—1985 年历史学（中国古代史部分）发展规划》，其中明确 1979 年内要成立秦汉简牍整理和研究中心、古文字研究中心、敦煌吐鲁番文书整理和研究中心等出土文物研究中心。历史所的古文字与古文献研究室便是该年在物质文化研究室的基础上成立的，张政烺先后担任过物质文化研究室、古文字与古文献研究室的室主任。1980 年以后，《中国历史图谱》工作继续推进，并几易其名，最后定名为《中国（古

---

1 据沈从文次子沈虎雏所编《沈从文年表简编》，载《沈从文全集·附卷》，北岳文艺出版社，2009，第 54—85 页。

代）历史文物图集》。20 世纪 90 年代，因人事变动，张政烺退出图谱组，30 余年辛苦付出引为憾事。后王曾瑜踵其事，终于完成《中国古代历史图谱》编纂工作，并于 2016 年由湖南人民出版社出版。

图 2　《中国古代历史图谱》书影

二　物质文化史研究阶段

与张政烺侧重于金石学的考古学史不同，沈从文则以古代服饰、织绣工艺纹样为主的物质文化史研究最为学林知著。事实上从 1959 年开始，沈从文便将研究重点放在服饰史方面，1960—1963

年，他为轻工业出版社编拟《中国服饰资料》目录。1963 年冬，根据周恩来总理的指示，文化部将编印历代服装图录的任务交办给中国历史博物馆（以下简称"历博"），由历博组织《中国古代服饰资料》编撰组，并请沈从文担任主编。1964 年 7 月，《中国古代服饰资料选辑》文稿完成，请郭沫若题签并序。[1] 郭序从艺术与生活、民族文化和人民创造的角度指出该编的学术价值和现实意义："古代服饰是工艺美术的主要组成部分，资料甚多，大可集中研究。于此可以考见民族文化发展的轨迹和各兄弟民族间的相互影响、历代生产方式、阶级关系、风俗习惯、文物制度等，大可一目了然，是绝好的史料。"[2] 同年，该编交付中国财经出版社，后因"文化大革命"开始，出版被搁置。1978 年，沈从文调入历史所后，提出继续修订和补充《中国古代服饰资料》旧稿。为配合其工作，经中国社科院同意，历史所借调考古所王予、王亚蓉，组成临时工作室（其他临时成员有李宏、胡戟、张兆和、谷守英）。1979 年 1 月，书稿增补完成，定名为《中国古代服饰研究》，并于 1981 年由商务印书馆香港分馆印行。[3] 该书一问世便受到国内外学术界高度评价，认为是服饰史方面的开拓性著作，是

1　史树青：《"今日回思志备坚"——忆郭老》，《中国历史博物馆馆刊》1979 年第 1 期。又见龚济民、方仁念《郭沫若年谱》下册，天津人民出版社，1982，第 1279 页。

2　参见沈从文编著《中国古代服饰研究·郭序》。

3　参见沈从文编著《中国古代服饰研究·沈从文后记、再版后记》，第 749—755 页。

图 3　1981 年沈从文夫妇（前排中）南下广州校对　　　图 4　《中国古代服饰研究》书影
《中国古代服饰研究》时挚友同游

该领域的第一部通史，[1] 并先后作为国礼送给多国元首和政要。1993 年，该书荣获中国社会科学院优秀科研成果奖（1977—1991 年度）。

为保留工作团队，继续推进以古代服饰文化为主的物质文化史研究，增补工作一结束，沈从文便致函胡乔木院长，申请组建古代服饰研究室，并获得批复。1980年，历史所设立古代服饰研究室，沈从文担任室主任。

沈从文对于历史所中国古代文化史学科的另一个贡献便是在方法论上。他一直重视向传统有用遗产学习的方法，在系统性学习唯物史观后，他将毛泽东唯物主义的历史主义方法论，特别是辩证分析和联系发展的基本原则，与自己文史研究必须与文物结合并重的体悟联系起来，形成从实物形象出发的实物、图像、文献三结合研究法；并在学科建设方面，提出运用现代考古学、文物学、民族志等学科理论，对丰富的古代形象材料进行系统性整理和研究的学科发展规划。其从形象出发的物质文化史研究方法，对于中国古代文化史学科建设具有一定的理论启发意义，也因此成为当前古代史所构建形象史学方法论的传统和基础。

1983 年，沈从文因病难以秉笔，由王𬘓接任室主任。1991 年，历史所进行学科调整，原有的古代服饰研究室被扩建为中国文化史研究室。服饰史研究作为该室的重点项目，则以课题组的形式继续进行，对内改称"中国古代服饰研究组"[2]。

1　孙机：《中国古舆服论丛·后记》，文物出版社，2001，第 507 页。

2　据 1994 年历史所内部资料《历史研究所学科发展状况研究报告》（《历史研究所学科调整方案》附件）。

1991 年，"古代服饰研究会"成立，推举王予为名誉会长、王亚蓉为副会长。1994年 9 月，由服饰研究组策划，湖南省博物馆、历史所与韩国东亚日报、绣林苑共同主办的"韩中古今刺绣交流展"在韩国首都汉城（今首尔）开幕。[1] 同年，"纪念沈从文从事服饰文化研究四十周年汇报展"在郭沫若纪念馆举行，中国社科院党委书记、常务副院长王忍之出席并题词。1995 年，中国社会科学院古代服饰研究中心获批成立。由王予任中心顾问，王亚蓉任中心主任，主持日常工作。聘请郭汉英（中科院理论物理所研究员）、冼鼎昌（中科院高能物理所研究员、中科院院士）、吴坚武（中科院高能物理所研究员）、徐苹芳（中国社科院考古所研究员）为顾问，孙机（中国历史博物馆研究员）、彭浩（湖北荆州博物馆研究员副馆长）、徐秉琨（辽宁省博物馆研究员前馆长）、王岩（中国社科院考古所研究员）为特邀研究员。服饰研究中心成立后，首先开展的工作便是计划与黑龙江考古所、中国社科院考古所、故宫博物院、上海纺织大学、西安唐史学会等合作，主编《中国历代服饰大系》六卷本图谱，并撰写《中国服饰史》。

服饰研究中心当时在纺织文物的田野发掘起取、修复方面具有领先优势，特别是在实验考古学方面，有对古代丝绸服饰工艺从纤维、织染、缝纫、绘绣等全面系统研究的经验。尤其是王予所发明的桑蚕单丝网加固技术，不仅完成了国务院交办的阿尔巴尼亚羊皮古书修复任务，此后还被广泛应用到长沙马王堆汉墓、湖北江陵楚墓、陕西法门寺等出土丝织品的保护修复上。不过 1997 年以后，由于王予的去世，及其他人员的退休、调离，服饰研究中心的工作陷入停顿，并最终于 2004 年被撤销。

图 5　《染缬集》书影

三　思想与民族文化史阶段

1979 年的成都中国历史学规划会议上，还提出要推进夏文化、中国文化在世界史上的地位和中外文化交流等专题研究，并完成《中国文化史》《中国历史文物图集》（即《中国历史图谱》）等重要著作，同时还提出加强区域文化研究，计划在武汉设立楚文化研究中心，在太原设

1　参见《人民日报》1994 年 9 月 27 日第 7 版。

立晋国史研究中心,在西安设立秦汉史、隋唐史研究中心等思路。1983 年,历史所计划"七五"期间继续推进文化史研究,由有关单位协作,编辑出版一套"中国文化史丛书"。1984 年 2 月 19 日,白寿彝致信林甘泉(中国古代史规划小组)亦提及此事:"前接到规划小组的来信,原说在二月二十三日以前,将书面意见提出来,我记错了时间,把这事耽误了。现在限期早过,但还想说一点意见供参考。第一,是否可以考虑出一部中国文化史丛书,为这方面的研究开辟道路。我们在这方面的工作一直太落后了,如何阐述我国古代的灿烂文化,鼓舞青年一代的民族自豪感,恐怕是很重要的课题之一。"但是事实上,除了学科建设的门类框架外,在具体研究领域和项目完成上并不理想,这也正是到了 90 年代历史所要重新进行学科调整的原因之一。

1991 年,扩建后的文化史研究室(以下简称"文化室")由步近智担任室主任。步近智是侯外庐的弟子兼助手,[1]在文化研究中,他擅长运用侯外庐提出的"通"而后"专"、"博"而后"深"的"思想史研究与社会史研究相结合"的研究方法,先后参与《中国思想发展史》《宋明理学史》《明清实学思潮史》《中华文明史》(十卷本)等项目,兼及中韩实学比较研究;与夫人张安奇合著《中国学术思想史稿》《顾宪成高攀龙评传》

《好学集》等。其中《宋明理学史》获得 1995 年国家教委人文社会科学研究优秀成果一等奖,1997 年中国社会科学院学术著作一等奖,1999 年获国家社会科学著作二等奖。当时历史所将中国文化史研究的重点放在学术文化、书院文化、礼乐文化、服饰文化、饮食文化方面。1992 年,在历史所支持下,文化室启动《中国文化史丛书》编撰计划,内容以作为观念形态的精神文化为主,意在通过揭示传统文化的现代价值,为中国特色社会主义新文化做出贡献。不过由于 1993 年年底步近智离休,这项计划也未能真正落实。

1994 年,历史所制定《历史研究所研究方向和任务》,进行学科调整,把批判地继承历史文化遗产,总结中国历史发展规律,为深化改革和社会主义精神文明建设服务作为下一阶段的主要任务。文化史和社会史自 1991 年新设研究室以来,由于精力分散,步履迟缓,未能有效完成有影响的研究课题,面临被裁撤。不过最终考虑到这两个学科在中国古代史研究中的前沿地位,具有良好的发展前景,原设研究室仍予保留。丁守璞便是在这一形势下接任文化室主任的。他原是中国社科院少数民族文学研究所(今民族文学研究所)文艺理论研究室主任,1993 年 3 月,调入文化室。他长于蒙古文化、蒙藏文化研究,注重田野调查与文献典籍相结合的

1　1959 年,从山东大学历史系毕业的步近智被分配到历史所中国思想史研究室,在外庐先生门下学习和工作。见邹兆辰《以外庐师的治学精神研撰中国思想史——访步近智、张安奇先生》,《历史教学问题》2010 年第 6 期。

研究方法，曾著有《历史的足迹——论民族文学与文化》、《蒙藏关系史大系——文化卷》（合著）、《蒙藏文化交流史话》（合著），并撰有《少数民族文化十年（1983—1992）》《中国少数民族文化与现代化》《文化的选择与重构——兼论传统文化与现代生活》等文章。1998年，丁守璞向历史所提出编写一部以物质文化史为主线，系统阐述包括 55 个少数民族文化史在内的真正意义上的中国文化史，并计划推出《中国古代物质文化史纲》，惜未能付诸实现。

1999—2002 年，丁守璞续任文化室主任，王育成续任副主任。2002 年，丁守璞退休，王育成主持工作，不久接任室主任。2010 年，王育成届满不再担任室主任，孙晓从秦汉史研究室调入主持工作，不久任室主任。这一时期，历史所文化史研究领域的主要科研成果有陈高华《元代文化史》、李斌城《唐代文化》、丁守璞《蒙藏文化关系史》、王育成《道教法印令牌探奥》《明代彩绘全真宗祖图研究》、孙晓《两汉经学与两汉社会》、赵连赏《中国古代服饰智道透析》《中国古代服饰文化图典》、杨宝玉《英藏敦煌文献（第 9—11、15 卷）》《敦煌沧桑》《敦煌文献探析》《敦煌本佛教灵验记校注并研究》、沈冬梅《茶经校注》、刘乐贤《睡虎地秦简日书研究》《马王堆天书考释》、李宗山《中国家具史图说》、胡振宇《殷商史》（合著）、刘永霞《茅山宗师陶弘景的道与术》，以及历史所多位同仁所参与的《中国风俗通史》项目

（先秦、秦汉、隋唐五代、元、清卷）。

四　文献整理注释和方法论构建阶段

2011 年，为打破文化史学科长期相对"沉寂"的状态，经所党委研究决定，分别从隋唐宋辽金元研究室、中外关系史研究室调入杨宝玉、沈冬梅、刘中玉到文化室，以加强文化史的研究力量。2014年，刘中玉任室副主任。2019 年，中国历史研究院成立后，历史研究所更名为古代史研究所，文化室由原来的中国文化史研究室更名为古代文化史研究室，刘中玉任室主任。2023 年，宋学立任室副主任。目前文化室在职研究人员 10 人，研究领域主要集中在形象史学、海洋文化、域外汉籍、正史文献、敦煌文献、宗教文化、物质文化等领域。近年来，文化室在传世文献整理研究、理论创新、刊物建设、基础研究与应用研究融合、平台建设、学术交流等方面均取得了较大进展。

传世文献整理方面。一是继续推进《今注本二十四史》的编纂工作。该项目由张政烺任总编纂，赖长扬、孙晓任执行总编纂，1994 年 8 月由文化部批准立项，1995 年正式启动。邀集古代史所及国内二十多所高校、科研机构的三百余位学者参与编纂，是第一部全面注释与校点"二十四史"文本的史学巨著。其中有多部今注由文化室人员主持点校。对于古籍今注，张政烺有一种观点，认为："普及

图6　《今注本二十四史》书影

古籍，今注远胜今译。"虽然他没有直接参与今注，但还是提出若干原则性、指导性的意见，如"要作好今注，厚积的功夫要多么深、广、细"；"书面材料不足，地面文物和考古发掘的研究成果更是注家的重要资料；至于各史中的天文、律历、地理等《志》以及各项生产方面的事务，则又有自然科学史的研究成果必须吸收，才能注解得确切"；"方方面面的科研成果对于正确理解各类古籍，做普及读本，都有极有用的知识。但是绝不能用这些知识去改造古籍，而是据以正确地解释原文，在确证原文有错漏的地方订正或补充"；"要做到善于选择广大读者的难点，正确地解决，而且深入浅出"；"一系列高难度的工作必须有充裕的时间，绝不能急于求成"；等等。他指出："各类古籍从不同的角度帮助我们了解过去，展望未来。史书则是更直接、更系统地记载我们这个五千年的文明古国是怎样不断地战胜各种艰难险阻，而在这广袤的土地上屹立至今的。读史书使我们了解世世代代祖先

的经历，从中辨识我国传统文化的精华与糟粕，认识我们的长处和短处，认识过去的得失及其因果，认识到应如何团结奋进、自强不息、建设社会主义精神文明、发展科学技术，以面对世界。"[1] 这种古为今用、向公众普及有用知识的史学家的使命意识，正是《今注本二十四史》项目的初衷。孙晓、卜宪群认为，今注本是文化传承、文本传承、学术传承的有机结合，"旨在为社会提供对中华历史文化文本的正确解读，掌握中华民族历史文化的话语权"[2]。已出版相关成果先后入选2020—2021年度中国社会科学院重大科研成果，荣获中国社会科学出版社2020年度优秀出版成果/年度优秀图书——特别贡献奖、2021年"全国主要史学研究与教学机构2020—2021年度重大成果奖"、第五届中国出版政府奖提名奖等，受到学界和社会各界好评。

二是完成《域外汉籍珍本文库》（2007—2018年）编纂工作。该项目是国家"十一五"文化发展规划重大出版工

1　张政烺：《关于古籍今注今译》，《张政烺文史论集》，中华书局，2004，第831—833页。原文载《传统文化与现代》1995年第4期。

2　孙晓、卜宪群：《正史与〈今注本二十四史〉》，《中国社会科学评价》2022年第8期。

程，是由历史所（具体工作由文化室承担）主持编纂，西南师范大学出版社和人民出版社联合出版的大型古籍整理项目。通过对域外汉籍的系统性调查整理，遴选孤本、善本，编纂影印古籍丛书，从而有效把握汉文古籍在海外的留存状况。仿《四库全书》经史子集分类法，并撰写目录与提要索引，共五辑，凡 2000 多种 800 余册。另有《永乐北藏》《汉魏经学佚书丛编》《闽刻珍本丛刊》《史记考证资料汇编》《日本五山版汉籍善本集刊》《明代通俗日用类书集刊》等多种。

理论创新和刊物建设方面。2011 年，为了继承和发扬历史所中国古代文化史学科的思想文化史和物质文化史研究传统，文化室在郭沫若"形象学"方法论体系，沈从文实物、图像、文献三结合的物质文化史研究方法论，及其他前辈学人历史形象阐释研究法的基础上，提出构建文化史研究的"形象史学方法论"，并创办了

《形象史学》集刊作为宣传和推广平台。旨在通过构建形象史学方法论，来推动和提升全面性、整体性的中国古代文化史研究。近年来在中国社科院创新工程和"登峰战略"资助下，《形象史学》从最初的年刊逐步发展为半年刊、季刊，致力于推动传统文化的优秀特质、内在演进机制、变迁发展的实证性研究和理论性阐释，以及形象史学方法论的研究实践。先后入选为国家"2011 计划"出土文献与中国古代文明研究协同创新中心重要刊物、南京大学 CSSCI 收录集刊、中国社会科学院创新工程科研岗位准入考核期刊、中国社会科学院 AMI（集刊）核心集刊，并先后获出土文献与中国古代文明研究协同创新工程，教育部、国家语委甲骨文研究与应用专项，古文字与中华文明传承发展工程等资助。常设栏目有理论前沿、文化传承研究、器物研究、汉画研究、服饰研究、图像研究、跨文化研究、文本研究

图 7　《域外汉籍珍本文库》书影

等，着重推出中国古代史学科领域的最新前沿动态和相关热点最新研究成果，在学界产生了良好反响，受到同行专家的高度肯定。值得一提的是，近年来形象史学方法论已成为博硕学位论文和相关专题研究经常引用和使用的方法论之一。2023 年，《形象史学》荣获郭沫若中国历史学奖优秀史学刊物提名奖。

基础研究与应用研究融合方面。近年来，文化室依托国家社科基金、中国社科院创新工程以及各级部门交办、委托课题，主要开展了域外汉籍整理、今注本二十四史、妈祖文化与海洋文化融合研究、中华文化生命力研究、关于中华民族整体史观建构的若干思考、蒙元概念使用的历史与现状、《汉书》注释与研究、中国古代物质文化史、敦煌文献中所存纪传体史籍整理与研究、晚唐敦煌文士张球与归义军史研究、中国传统文化中的现代元素、敦煌与中印交通、丝路文化史、金元全真教宗教认同的建构研究、域外汉籍所见宋代僧人文化认同研究等党和国家各部委交办、地方政府委托的课题，积极推动中华优秀传统文化的创造性转化与创新性发展。相关科研成果主要有孙晓《中国历史极简本》（主编），杨宝玉《归义军政权与中央关系研究——以入奏活动为中心》《英藏敦煌文献》，刘中玉《混同与重构：元代文人画学研究》、《中华图像文化史·元代卷》、《汉画中的生活与精神世界》（主编）、《海洋文化与妈祖文化融合研究》（主编），沈冬梅《茶的极致：宋代点茶文化》，以及张广保主编、宋学立译《多重视野下的西方全真教研究》，张广保、宋学立《宗教教化与西南边疆经略——以元明时期云南为中心的考察》等。古籍整理成果有孙晓主编和主持校注的《日藏明人别集珍本丛刊》《大越史记》《大日本史》《今注本汉书》、纪雪娟《今注本二十四史·旧五代史》《今注本二十四史·新五代史》（主持校注）、沈冬梅《茶经校注》等。

平台建设与学术交流方面。近年来，文化室围绕形象史学、妈祖文化、海洋文化，先后与河西学院、莆田学院、南京大学、河北大学、宁波大学、云南大学、安徽师范大学历史学院、内蒙古大学、新疆大学及越南社会科学翰林院汉喃研究院等国内外高校和科研机构开展合作；设立莆田学院妈祖文化研究基地、河北大学形象史学研究所等；举办形象史学与明清宫廷史研讨会、形象史学与丝路文化国际学术研讨会、形象史学与丝路文化国际学术研讨会、形象史学与燕赵文化国际学术研讨会、形象史学系列精品课程、系列国际妈祖文化学术研讨会、《域外汉籍珍本文库》学术座谈暨项目总结会、"形象史学视野下的舆图与边疆文化"系列学术研讨会、形象史学与浙东文化专题研讨会、纪念沈从文先生诞辰 120 周年国际学术研讨会、海洋文化与中华文明传承发展学术研讨会、草原生态文化与中华文明传承发展学术研讨会、"中华民族共同体形成路径与演进机制"学术研讨会等多个学术论坛；邀请中国人民大学、北京大学、北京师范大学、陕西师范大学、北京外国语大学、中央美术学院、美国洛杉矶加州大学、捷克科学院亚非研究所、美国达慕思大学等海内外学者来所讲座；到美国、英国、法国、德国、荷兰、意大利、波兰、斯洛伐克、日本、韩国及中国港澳台多所大学和科研机构访问，积极开展学术合作与文化交流。

2023 年 9 月 8 日，中国史学会传统文化专业委员会成立。该专委会是由中国史学会直接领导的全国性二级专业学会，古代史所代管，具体工作由文化室承担。卜宪群所长任主任委员，刘中玉任秘书长。专委会以团结广大中国传统文化史学界工作者，推进中华优秀传统文化创造性转化、创新性发展为目标，通过多学科协同攻关的方式，深入开展传统文化形成、发展、变迁的内在机制与演进路径的实践研究和理论阐释，以期为社会主义文化新形态建设、中华民族现代文明建设提供理论支撑。

整体来看，近年来古代史所的中国古代文化史学科以形象史学方法论和《形象史学》集刊、传世文献整理为抓手，一方面推动了中国文化史研究的视角转换、方法创新，使古代史所的文化室成为目前国内中国古代文化史学科建设和理论建设的一支重要力量；另一方面，《今注本二十四史》等大型古籍整理项目的推出，为中国传统文化研究和文化传承发展的普及推广奠定了坚实的文献学基础，在国内外颇受好评。今后，文化室将克服专业结构、人员结构、年龄结构上配置不合理的困难，坚持正确的政治导向，加强学科理论建设和话语建设，以建设全面与发展的文化史观为目标，不断提高中国古代文化史研究和中华优秀传统文化系统性、现代性阐释的能力与水平。

薪火相传 行稳致远：中国社会科学院古代史研究所的敦煌学研究

■ **杨宝玉**（中国社会科学院古代史研究所） **王夏阳**（中国社会科学院大学历史学院）

自 1909 年首篇敦煌研究文章刊发至今，敦煌学已走过 110 多年的光辉历程，不仅早已成为一门国际显学，也为社会民众普遍关注，这当中即有中国社会科学院古代史研究所（2019 年之前称"历史研究所"）学者做出的重要贡献。值此 70 年所庆之际，本文谨就古代史研究所（以下简称"我所"）的敦煌学研究工作略作回顾，祈冀彰往知来，再造辉煌。

依实际发展状况，我所的敦煌学研究历程可大略分为四个阶段，以下逐一介绍。限于篇幅，主要介绍已刊著作，论文从略。

一 开创奠基：建所伊始至 20 世纪 60 年代中期

1954 年，历史研究所的前身——历史一所、二所成立。二所所长陈垣、副所长向达都是非常著名的敦煌学家，故格外重视敦煌学，很快即组织优秀学者着手进行敦煌文献整理与研究。

于此需首先说明的是，敦煌学是非常特殊的学问，系以敦煌地区存留的古代石窟与古代文书，尤其是莫高窟藏经洞封存的数万件公元 4—11 世纪的敦煌文书为主要资料进行的研究。这些文书数量巨大，种类繁多，是未经古人改篡，有待今人整理的原始资料，识读、释录方面的难度相当大。因而，敦煌学研究历来包括文书整理性研究和学术探究性研究两大部分，前者是后者的基础和保障，后者是前者的升华与提高，两者相互依存，有时难以区分。而大量敦煌文献的流散四方，无疑给相关学者带来极大困扰，故而搜集、编目、识读、录校、注解等文献整理工作既是深入研究的先导，又与研究相伴共进。

正由于此，学风严谨的我所学者最先进行的就是敦煌文书的勾稽录校。在贺昌群、阴法鲁、向达等先生的具体指导下，那向芹、虞明英等学者据刚刚获得的英藏敦煌文献缩微胶卷和北京图书馆藏部分英藏、法藏敦煌文书照片，及向达、王重民先生早年在英、法所作录文，选辑校录了大量与史学研究密切相关的社会经济类文

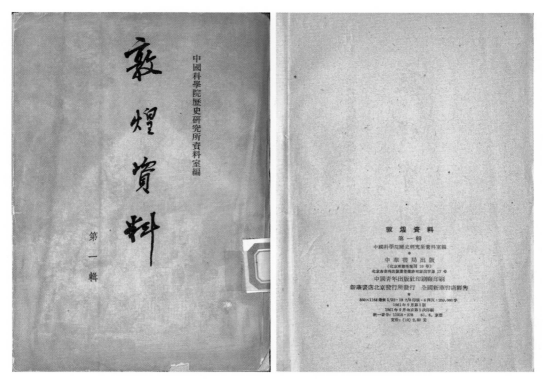

图 1　《敦煌资料》（第一辑）封面、版权页

书，分户籍、名籍、地亩、敦煌寺院僧尼等名牒、契约、文书等几大类别排列，先期完成的成果即是 1961 年中华书局出版的《敦煌资料》（第一辑）（见图 1）。该书出版后立即在敦煌学界和中古史学界产生了巨大影响。当时英藏敦煌文献的缩微胶卷尚未大量发行，法藏、北图藏文书胶卷尚未摄制，《敦煌资料》遂成了相关学者研究利用敦煌文献的最便利，有时甚至是唯一的途径，被我国和日本等国的敦煌学者长期倚重，嘉惠学林十余年。

史学研究方面，这一时期我所学者也发表了较多成果，其中贺昌群《汉唐间封建国有土地制与均田制》（上海人民出版社 1958 年版）和《汉唐间封建土地所

有制形式研究》（上海人民出版社 1964 年版）以唯物史观为指导，在探讨唐代均田制的实施、均田制与府兵制的关系等问题时，利用了大量敦煌吐鲁番出土的籍账类文书，是同类研究中的典范。

是知历史研究所是国内最早开展敦煌学研究并组建了专门团队的单位之一，最初的研究工作即站位高，影响大，为我所后来相关研究的发展奠定了良好基础。

令人遗憾的是，20 世纪 60 年代中期开始，社会形势发生巨变，学术研究无法正常进行，我所的敦煌学研究自然也陷入停滞状态，连已经完成初稿的《敦煌资料》第二辑的修订出版工作都被搁置，以致我们今日看到的《敦煌资料》不是

原计划的一套而是一本。

二   重建复兴：中国社会科学院正式成立至 20 世纪 80 年代后期

1978 年，中国社会科学院在原中国科学院哲学社会科学学部的基础上正式成立，我所的敦煌学研究机构建设随之加强，于 1981 年正式设立了敦煌学研究组，并成为促成中国敦煌吐鲁番学会成立的发起单位之一。敦煌组极其重视相关资料的搜集与整理工作，经过近十年努力，至 20 世纪 80 年代末已逐渐积累了一套以英藏、法藏、北图藏敦煌文献缩微胶卷、照片、复印件、图录等为主体的相当可观的敦煌文献资料，在国内同类研究单位中居领先地位。在此基础上，我所的敦煌学研究工作迅速复兴。

资料整理方面，师勤、卢善焕先生合作或单独编辑的《中国敦煌吐鲁番学著述资料目录索引（1909—1984）》及其《续编（1985—1990）》（非正式出版，分别印制于 1985 年、1990 年）汇集揭示了自敦煌学发轫至 1990 年之前学界刊发的主要论著，为同仁检索利用前贤研究成果提供了很多便利。更值得感佩的是，选编辑校《敦煌资料》的优良传统也在继续：唐耕耦先生曾在我所工作多年，其间即长期从事敦煌文书的释录工作，其校录的《敦煌社会经济文献真迹释录》（第 1 辑由书目文献出版社于 1986 年出版，第 2—5 辑由全国图书馆文献缩微复制中心于 1990 年出版）将当时已公布的、文史学者最关注的社会经济文书逐一校录，内容涉及历史地理、军事、政治、僧团组织、寺院经济、社邑、契约、科学技术、文化交流等，全面丰富且录文相当准确。该书将文书图版与录文上下对照排列，极便学者使用，形成了当时敦煌文献整理的新范式新高峰，在国际敦煌学界产生了重大影响，至今仍是众多学者，尤其是年轻学者的必备工具书。

敦煌学是一门国际显学，除中国外，日本、法国、苏联、英国、美国等国的学者也在进行不同方向、不同程度的敦煌学研究。在国外研究成果的推介方面，我所学者做出了巨大贡献。我所主办的《中国史研究动态》1981 年第 9 期为敦煌学专号，在引介敦煌学成果方面意义重大，卢善焕、那向芹、耿昇三位先生分别发表了对中国台港地区，以及日本、法国敦煌学研究情况的介绍文章，为学人拓宽了学术视野。日本的敦煌学研究开始较早，水平较高，成果备受关注，我所姜镇庆、那向芹先生选译的《敦煌学译文集——敦煌吐鲁番社会经济文书研究》（甘肃人民出版社 1985 年版）翻译了多篇日本学者利用敦煌吐鲁番文书研究唐代均田制、徭役制度、交易法等的长篇论文，为我国学者掌握日本学界动态创造了条件。作为敦煌文献重要收藏国并具有优良汉学研究传统的法国，其敦煌学研究在欧美国家中始终居于领先地位，刊发的数量相当可观的高质量专著和论文深受国际学界重视，而将这些成果推介给中国敦煌学界的正是我所的耿昇先生。耿先生于 20 世纪 80 年代翻译的戴密微《吐蕃僧诤记》（甘肃人民出版社 1984 年版）、《敦煌译丛》（第一辑）（甘肃人民出版社 1985 年版）、哈密顿《五代回鹘史料》（新疆人民出版社 1986 年版）、谢和耐《中国五—十世纪的寺院经济》（甘肃人民出版社 1987 年版）等名著为正在崛起的国内敦煌学界提供了了解法国学术界相关研究状况的在当时几乎是唯一的途径，有力促进了中国与国际敦煌学界的交流，为中国敦煌学研究尽快恢复并赶超国际先进水平提供了必要条件。

此一阶段我所关涉敦煌学的学术研究主要集中于制度史、经济史领域。张泽咸《唐五代赋役史草》（中华书局 1986 年版）在对唐五代时期赋役情况进行综合研究的过程中，使用了相当多的敦煌文书，系经济史研究方面的力作。张弓《唐朝仓廪制初探》（中华书局 1986 年版）将敦煌吐鲁番文书与传世文献相结合，全面探究了正仓、转运仓、太仓、军仓、常平仓等的设置与职能，深入考察了唐代仓廪制度的基本特点及其在唐代经济与政治生活中的历史作用。

综合来看，与当时全国学术界的总体形势相一致，此期是历史研究所敦煌学研究迅速恢复与蓬勃发展时期，文书校录、外文论著选译、以敦煌文书为基本史料研究隋唐五代史等是主要特色，这些都是促成此后我所敦煌学研究发展的重要因素。

三　承续拓展：《英藏敦煌文献》项目启动至 20 世纪 90 年代后期

此期我所的敦煌学研究既承续了重视文书整理工作和外文论著译介工作的优良传统，又拓展了新的研究领域。

《英藏敦煌文献（汉文佛经以外部分）》（以下简称《英藏敦煌文献》）的编辑是我所敦煌学发展史上的重要事件，该项目的酝酿、筹备起始于 1987 年 8—11 月宋家钰、张弓先生对英、法两国的出访。纵观敦煌学发展的历史可以明显看出：敦煌学研究每一高潮的到来都与新资料的刊布密切相关。开风气之先的 15 卷全新大型文献集《英藏敦煌文献》（四川人民出版社，前十四卷图录出版于 1990—1995 年，第十五卷即总目索引卷出版于 2009 年）（见图 2）正是主要由我所与中国敦煌吐鲁番学会、英国国家图书馆、伦敦大学亚非学院合作编辑。它将英藏品中对多数研究者来说最具研究价值的非佛经文书搜罗殆尽，所收图片均据原卷重新拍摄，并用当时十分先进的电子分色技术印制而成，阅之如睹原卷，负责拍摄工作的我所王㧑、王亚蓉等先生为此做出了重要贡献。在刊布清晰图版的同时，通过为数千件文书定名，包括我所宋家钰、张弓、杨宝玉等在内的《英藏敦煌文献》的编者们也使这套文献集具有了很高的学术价值。前已论及，无论就难度还是就意义而言，敦煌学的资料整理工作与其他学科的资料整理都大不相同，它不仅为研究提供基础和保障，而且它本身也是一项艰巨专深的研究工作，而《英藏敦煌文献》正是这方面的代表。故此，这套在敦煌界人尽皆知的全新大型文献集一直深受国内外学术界的重视与好评，已获第五届中国图书奖一等奖和第二届国家图书奖两项大奖，不仅早已成为各国敦煌学者的必用工具书，还极大地鼓舞了敦煌界和出版界的有识之士，带动了此后法藏、俄藏、日藏、中国收藏敦煌文献，以及英、法、中所藏敦煌西域藏文文献等的刊布和重刊。可以说，正是《英藏敦煌文献》的成功整理出版掀起了敦煌文献整理工作的新浪潮，从而促成了敦煌学这一格外依赖原始文献的特殊学问在最近 30 余年间的突飞猛进的发展。

外文论著译介方面，姜镇庆、艾廉莹等《唐代均田制研究选译》（甘肃教育出版社 1992 年版）所收主要为日本学者利用敦煌吐鲁番文书研究唐代均田制的论文，深受相关学者推重。耿昇先生此一时期继续在敦煌学方面投注了大量精力，翻译出版的 A. 麦克唐纳《敦煌吐蕃历史文书考释》（青海人民出版社 1991 年版）、《国外敦煌吐蕃文书研究选译》（与沈卫荣先生等合译，甘肃人民出版社 1992 年版）、石泰安《川、甘、青、藏走廊古部落》（四川民族出版社 1992 年版）、《伯希和敦煌石窟笔记》（与唐健宾先生合译，甘肃人民出版社 1993 年版）、《法国学者敦煌学论文选萃》（中华书局 1993 年版）、莫尼克·玛雅尔《古代高昌王国物质文明史》（中华书局 1994 年版）等多部法国学者的敦煌学或敦煌学相关论著深受学界瞩目。

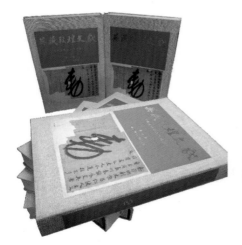

图 2 《英藏敦煌文献》书影

左图由四川人民出版社邹近先生提供

此期我所的敦煌学研究颇为兴盛，刊发的学术论著不仅数量多，涉及的研究领域亦相当广泛。宋家钰《唐朝户籍法与均田制研究》（中州古籍出版社 1988 年版）通过对户籍、田制等类敦煌文书的剖析，指出户口调查、统计以及编造户籍等措施是均田制实行的前提条件，并据之探讨了均田制的具体实施情况、均田制有关立法在唐代法制史中的地位、唐代封建土地所有制等问题。杨宝玉《敦煌学目录初探》（与白化文先生合著，河北人民出版社 1989 年版）是学界第一本也是到目前为止唯一一本专门研究敦煌目录学的专著，对于特别重视目录学方法的敦煌学研究而言，该书对中、英、法、苏、日等国的敦煌文献编目工作的全面探讨可供文书目录编制工作借鉴，对当时已经刊出的各种敦煌文书目录索引特点的分析介绍更可为文书检索利用提供很大便利。李锦绣《唐代财政史稿》（北京大学出版社，上卷 1995 年，下卷 2001 年）将敦煌吐鲁番文献与传世典籍相结合，全面系统地研究了唐代财政机构、财政收入与支出等问题，尤其论述了唐代财政行政机构的重要地位，极大地推进了唐代财政史研究。张泽咸《唐代工商业》（中国社会科学出版社 1995 年版）利用敦煌文书等史料，讨论了唐代冶铁、印刷行业的发展，以及行会、和籴等唐代社会经济中的重要方面，成就颇丰。张弓《汉唐佛寺文化史》（中国社会科学出版社 1997 年版）综合利用敦煌文书、敦煌壁画、传世文献及其他考古资料，以佛寺为切入点，研究了汉唐时

期佛教在中国的传播与发展状况，被学界誉为体大思精的高水平著作。黄正建《唐代衣食住行研究》（首都师范大学出版社 1998 年版）参用敦煌资料，在介绍唐代社会生活的具体内容之外，重点探讨了引起衣食住行变化的社会原因，考察了社会生活中的阶层性、民族性、地域性问题，颇受国内外敦煌学者关注。

总体而言，此期《英藏敦煌文献》的编辑出版是巩固我所在敦煌学界地位的关键举措，学者研究领域的拓宽是显著特点。严格说来，敦煌学概念具有学科群特点，内中包含众多分支学科。此期我所学者已将以往专注的敦煌史学研究扩展至敦煌目录学、敦煌佛教、敦煌民俗学等分支领域，使我所的敦煌学研究具有了更加广阔的学术前景。正是在取得上述丰硕成果的背景下，此期我所的敦煌学研究组曾发展为敦煌学研究室。

四　深化繁荣：中国社会科学院敦煌学研究中心成立至今

相对于中国社科院其他研究所而言，历史研究所的敦煌学及相关学科学者最为集中，故随着上一阶段我所敦煌学研究的大发展，1998 年 6 月我院正式成立的敦煌学研究中心挂靠我所，中心正副主任亦主要由我所科研人员担任。自成立之日起，该中心即积极发挥成员间多科协作、综合研究的群体优势，开展了若干重要活动。2019 年 1 月，中国历史研究院成立，

历史研究所更名为古代史研究所并成为中国历史研究院下设六个研究所之一，史学研究更受重视，我所的敦煌学研究也随之进一步加强。

相较于前一阶段，此期我所学者在学界更为活跃，出版的敦煌学及相关学科学术成果也相当丰富。

资料整理方面，黄正建《敦煌占卜文书与唐五代占卜研究》（学苑出版社2001年版，中国社会科学出版社2014年增订）从已公布的敦煌文献中甄别出占卜类文书，编为颇为详尽的叙录，并与传世文献进行比对，为其他学者的研究工作提供了很大便利，亦反映了作者利用敦煌占卜文书研究唐代政治史、社会史的部分成果。杨宝玉编著《英藏敦煌文献》第十五卷（四川人民出版社2009年版）不仅为《英藏敦煌文献》提供了方便实用的总目录、分类索引、文书名索引、可拼合卷号索引等，更根据《英藏敦煌文献》前十四卷出版后学界最新研究成果，对该文献集的文书拟名进行了修正补充。第十五卷完成于2000年3月，同年顺利通过《英藏敦煌文献》编委会审稿，后却延宕了近十年，至2009年终获出版（出版前夕进行了修订），为《英藏敦煌文献》的编纂出版画上了句号。

译著方面，耿昇先生翻译的路易·巴赞《突厥历法研究》（中华书局1998年版）、《法国汉学·敦煌学专号》（中华书局2000年版）、《伯希和西域探险记》（云南人民出版社2001年版）、《法国中国学的历史与现状》（上海辞书出版社2010年版）、《伯希和西域探险日记（1906—1908）》（中国藏学出版社2014年版）等受到了学界的广泛关注。由于耿先生的敦煌吐鲁番学译著深受几代学者的好评，为从事相关研究所必需，2011年，甘肃人民出版社遂集中推出耿昇翻译作品10种，即3册《法国敦煌学精粹》、3册《法国西域史学精粹》、4册《法国藏学精粹》。此外，耿先生对已刊译著也不断修订，推动了一批经典译作的再版，《吐蕃僧诤记》（西藏人民出版社2001年版、中国藏学出版社2013年版）、《中国五—十世纪的寺院经济》（上海古籍出版社2004年版，中国藏学出版社2020年版）、《敦煌吐蕃历史文书考释》（青海人民出版社2010年版）、《古突厥社会的历史纪年》（中国藏学出版社2014年版，原题《突厥历法研究》）、《古代高昌王国物质文明史》（中国藏学出版社2021年版）等即是。此期我所学者也更加关注英文论著的译介，刘忠先生等译注的《敦煌西域古藏文社会历史文献》（民族出版社2003年版、商务印书馆2019年增订）汇集了数百件斯坦因收集的学术价值极高的敦煌西域藏文文献，并进行了逐篇解译、注释和研究，对敦煌文献中藏文文书的研究具有重要意义。

此期研究论著中首先应予以称道的是三项集体研究成果。其一，以我所学者为主，并约请部分所外、院外专家撰著的《英国收藏敦煌汉藏文献研究：纪念敦煌文献发现一百周年》（中国社会科学出版社2000年版），所收论文专以英国收藏的敦煌汉文和藏文文献为研究对象，既包括相关学者上一阶段编辑《英藏敦煌文献》的研究心得，又汇集了其他学者针对部分英藏文书编撰的叙录与论文，内容涉及职官、经济社会、礼制、佛教、医学等多个方面，是英藏敦煌文献整理研究工作的深入与拓展。该书亦收录了数篇有关藏经洞开启百年以来敦煌学研究史与未来前景展望的文章。其二，《敦煌典籍与唐五代历史文化》（上下卷，中国社会科学出版社2006年版）（见图3），系我院敦煌学研究中心成立后实施的第一个集体项目——国家社科基金项目"敦煌典籍与唐五代历史文化"的研究成果。该课题负责人

为我所研究员张弓先生，参与合作的十多位研究者以我所学者为主体，并邀请了世界宗教研究所、文学研究所，以及国家文物局文物研究所、中国医学科学院中医医史研究室、中央民族大学藏学系等单位的敦煌学者，发挥各自专长，分类分专题剖析敦煌典籍的历史源流、学术价值及其折射的唐五代社会历史文化内涵。其三，我所数位学者共同撰写的《中晚唐社会与政治研究》（中国社会科学出版社2006年版），在研究探讨中晚唐时期政治、宗教、礼俗、社会等方面问题时，使用了大量敦煌文献，推进了相关研究。

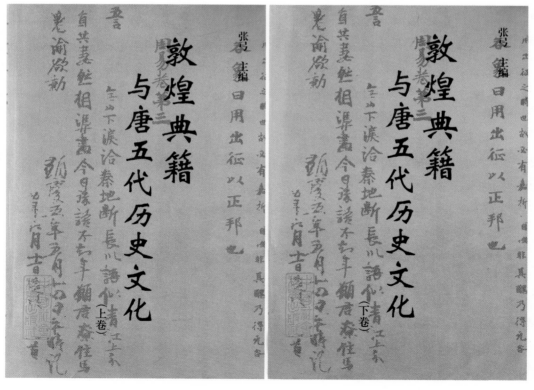

图3　《敦煌典籍与唐五代历史文化》（上下卷）封面

此期我所学者的敦煌学研究成果还集中刊布于几种会议论集。黄正建主编《中国社会科学院敦煌学回顾与前瞻学术研讨会论文集》（上海古籍出版社 2012 年版）系 2011 年 4 月我所与我院敦煌学研究中心共同承办的"2011 年中国社会科学院国学研究论坛暨中国社会科学院敦煌学研究回顾与前瞻研讨会"的会后正式论文集，所收论文内容既聚焦于我院敦煌学研究历程，又关涉敦煌文献整理与研究等方面。中国社会科学院敦煌学研究中心、武威市凉州文化研究院编《交流与融合：隋唐河西文化与丝路文明学术研讨会论文集》（中西书局 2020 年版）为 2019 年 9 月召开的"交流与融合：隋唐河西文化与丝路文明"学术研讨会的正式论文集，收录了我所数位学者利用敦煌文献探讨唐五代时期河西地区史、河西走廊与中原关系、丝绸之路经济交往与民族交流等问题的学术论文。此外，此期我所余太山、李锦绣先生主编的《丝瓷之路》《欧亚学刊》《欧亚译丛》等刊物以及《欧亚备要》《汉译丝瓷之路历史文化丛书》《丝瓷之路博览》等丛书亦发表、译介、收录了相当数量的有关敦煌学的文章和学术著作，深受学界关注。

此期我所学者出版的个人专著也相当多，研究内容涵盖政治、经济、礼制、宗教、社会生活、学术史等多个方面。李锦绣先生于此期出版了多部著作：《唐代制度史略论稿》（中国政法大学出版社 1998 年版）运用大量敦煌吐鲁番文书讨论了唐代官制问题，其中对永徽职员令残卷的深入研究等极大地推进了学界对唐代王府官、视品官制度的理解。《敦煌吐鲁番文书与唐史研究》（福建人民出版社 2006 年版）则回顾了 20 世纪各国学者利用敦煌吐鲁番文书研究唐代历史的过程，既是一部学术史总结论著，自身的学术性又很强，书中的许多中肯评价对敦煌吐鲁番文书的进一步利用与研究具有启发指导意义。李先生的另一部专著《唐代财政史稿》下卷（北京大学出版社 2001 年版、社会科学文献出版社 2007 年上下卷增订再版）已见上文对该书上卷的介绍。吴丽娱先生的专著成果亦多：《唐礼摭遗——中古书仪研究》（商务印书馆 2002 年版）对敦煌文献中保存的书仪文本进行了考证分析，并利用这些文书深入探究了唐五代时期的礼制与社会，在礼仪史研究方面取得了很大成就。《敦煌书仪与礼法》（甘肃教育出版社 2013 年版）对前书（《唐礼摭遗》）的观点有所补充，系统全面地梳理了敦煌书仪，分析、总结了书仪的类型、来源、写作规范、使用场合等问题，将书仪与唐五代政治、社会的变迁结合起来，进一步推进了中古礼制研究。《礼俗之间——敦煌书仪散论》（浙江大学出版社 2015 年版）聚焦于书仪的一些具体问题，从"书仪的书式与仪体"和"礼仪与民俗"两个维度进一步深化书仪研究，继续订补过往研究观点。张泽咸《汉晋唐时期农业》（中国社会科学出版社 2003 年版）利用丰富的汉藏敦煌文献，以专章形式讨论了包括敦煌在内的河西地区的农业史以及西藏地区的农业发展状况。杨宝玉《敦煌本佛教灵验记校注并研究》（甘肃人民出版社 2009 年版）对敦煌文书中存留的佛教灵验记作品进行了集中校录、考释，并以之与其他类别敦煌文书和传世文献相结合，从敦煌地区史、佛教史、文学史等角度对这些作品中的学术研究价值进行了挖掘探讨，是学界刊发的对敦煌本佛教灵验记进行专门研究的第一本专著。杨宝玉、吴丽娱《归义军政权与中央关系研究——以入奏活动为中心》（中国社会科学出版社 2015 年版）通过梳理晚唐五代时期的敦煌地方政权——归义军政权面向中原王朝的入奏活动，着重探讨了归义军政权处理与中央关系的方式方法与变化过程，利用书仪书状、愿文、抄经序等此前未被充分挖掘的敦煌史料，揭示了归义军政权内部矛盾斗争及其与中原政权之间的互动与影响等问题。该书对归义军政权的存亡兴废及其在晚唐五代时局中的位置有着更深刻的认知和阐释，填补了这一研究领域的部分空白。刘子凡《瀚海天山——唐代伊西庭三州军政体制研究》（中西书局 2016 年版）分阶段讨论了伊西庭三州军镇的建立、发展与陷落的过程，在前人研究基础上，参用了大量敦煌吐鲁番文书对西域史上一些重大问题进行了系统考证，是近年刊发的研究唐代西北军事史的力作。黄正建《走进日常：唐代社会生活考论》（中西书局 2016 年版）与《走进日常——唐代的衣食住行》（前书之重印精装版，中西书局 2019 年版）接续其上一阶段的研究，从衣食住行角度切入，将社会生活史

的个案考察与唐代制度变迁、人的活动与背后的社会原因结合起来进行探讨，深化了对唐五代时期社会发展状况的认识。

可附此一提的是，此期我所学者也参与了一些敦煌学知识普及方面的工作，杨宝玉《敦煌史话》（中国大百科全书出版社 2000 年初版、社会科学文献出版社 2011 年再版）、《敦煌沧桑》（长江文艺出版社 2003 年版）、《敦煌文献探析》（人民美术出版社 2005 年版）、《敦煌文献》（北京人民出版社 2020 年版）等即简明扼要地梳理了敦煌地区史、敦煌石窟艺术史、敦煌文献、敦煌学学术史等方面的基本情况。

综上所述，这一时期是我所进一步扩大在敦煌学界影响的重要阶段，中国社科院敦煌学研究中心成立并挂靠历史所为我所学者与学界的交流提供了良好平台，集体研究项目的顺利进行与大量个人论著的出版展示了我所学者的综合实力，中国历史研究院的成立及对科研工作的合理规划与强有力推进为我所的敦煌学研究开辟了更加广阔灿烂的前景。

结　语

限于篇幅，上文梳理回顾的主要是著作类研究成果，实际上，在各个阶段我所学者发表的敦煌学研究论文都非常多，有些被收入了后来出版的专著，有些则仅以论文形式存在。各位先生所撰论文关涉的研究领域包括但不限于：卢善焕先生对部

分敦煌文学作品的校勘整理，唐耕耦先生对社会经济尤其是会计类文书的研究，刘忠先生对于藏文文书及吐蕃史的研究，宋家钰先生对户籍田制及斋文等类别文书的研究，张弓先生对寺院经济与宗教民俗文书的研究，吴丽娱先生对礼制与归义军史的研究，黄正建先生对民俗占卜与文书制度的研究，楼劲先生对官制与法律文书等的研究，牛来颖先生对民俗经济与律令文书等的研究，刘乐贤先生对敦煌数术类文书的研究，杨宝玉对敦煌地区史、中外文化交流史及文学宗教等类别文书的研究，华林甫先生对敦煌地名学和敦煌经济地理的研究，李锦绣先生对中外关系史、唐代制度史及财政经济等方面文书的研究，陈爽先生对敦煌绘本《瑞应图》等的分析，孟彦弘先生对唐代军事与官制等的研究，雷闻先生对礼仪职官宗教及文书制度等的研究，侯爱梅先生对英藏敦煌社会历史文献的校释及对部分史籍的研究，陈丽萍先生对中国国家图书馆藏与散藏敦煌文书等的整理研究及社会史、女性史、石窟艺术的探讨，李艳玲先生对西域绿洲经济的研究，刘子凡先生对西域地区史等方面的研究，赵洋先生对区域社会史视野下敦煌吐鲁番社会的研究，等等，或属敦煌学研究范畴，或与敦煌学研究密切相关，在学界都有相当影响。

目前我所经常刊发敦煌学研究论文的刊物，除在史学界享有盛誉的《中国史研究》《中国史研究动态》《中国社会科学院古代史研究所学刊》外，由隋唐五代十国史研究室、宋辽西夏金史研究室、元史研究室合力打造的年刊《隋唐辽宋金元史论丛》，以及文化史研究室主办的季刊《形象史学》均着意刊载敦煌学研究论文。上述各研究室和中外关系史研究室主办的网站也将敦煌学作为重点报道对象，为敦煌学界很多学者所熟悉。

近年我所的敦煌学研究队伍也在不断壮大，目前共有相关科研人员十余人，专业领域涉及敦煌史学、敦煌民俗、敦煌文学、敦煌目录学、敦煌佛教研究等，这样的能涵盖多科的学者群体在国内外敦煌学界并不多见。在提升自身学术水平与整体力量的同时，我所与我院敦煌学研究中心也积极同其他高校、科研机构交流，多次举办敦煌学学术会议，扩大了我所在学界的影响力。

斗转星移，我所建所伊始即开启的敦煌学研究已经走过了七十年的辉煌历程，取得了一系列为学术界瞩目的成绩，在敦煌学资料的整理刊布、国外研究成果的翻译推介、学术问题的研究探讨、敦煌学知识的普及宣传等方面均做出了积极贡献。七十年来，我所数代敦煌学学者秉持求真务实的优良学风，潜心研究，形成了很好的学术传统和自己的研究特色，也使我所始终是受学界重视和认可的敦煌学研究重镇，有力推动了中国敦煌学研究的发展与繁荣。薪火相传，未来可期，我们衷心祝愿古代史研究所的敦煌学研究继往开来，更上层楼。

附记

本文在杨宝玉《历史研究所的敦煌学研究》（《求真务实六十载——历史研究所同仁述往》，中国社会科学出版社2014年版）基础上修改、增补而成。

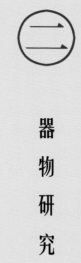

器物研究

早期艺术中的"介"字形纹饰研究[*]

■ **韩 鼎**（河南大学文博考古系、夏文化协同创新中心） **崔诗嘉**（河南省文物考古研究院）

"介"字形饰是我国早期艺术中重要的标识性符号。从历时性角度来看，它出现于约公元前 5000 年的南方地区（高庙文化、河姆渡文化），经古国时代（前 3800—前 1800）的有序传承，直至三代艺术中仍有表现。从共时性角度来看，在同时期的文化互动中（尤其是龙山时代[1]），各文化积极借鉴、吸收"介"字形饰的形式特征，使得该时期的神面纹在冠饰上呈现出一定的时代共性（均常戴"介"字冠）。从艺术表现来看，"介"字形饰在各时期均有新变体，并融入陶器、玉器、青铜等不同材质载体之上。既表现出一脉相承的连续性，又体现出形式多样的创新性与多元性，展现出非凡的艺术生命力。因此，对早期艺术中"介"字形饰的系统考察，有助于深化对该重要标识意义的认识，也可推进对中国早期艺术传承模式的研究。

"介"字形饰指轮廓形似"〰〰"或"〰〰"的纹饰部件，该名称最初由邓淑苹提出，认为"（良渚神人纹的）冠顶花纹有如'介'字"[2]（▨▨）故名（学界另有纵梁冠[3]、弓形冠[4]等命名），并指出该冠具有"引导通天"的意义，是"神祖面纹"的重要特征[5]。随着"介"字形饰的发展，中部尖凸渐成平凸，使整个纹饰更接近"凸"字形（龙山时代以后的变体多以"凸"字形饰为基础），行文中笔者会用"介（凸）"字

* 本文系河南省高等学校青年骨干教师培养计划（2020GGJS041）阶段性研究成果。

1 相当于古国时代第三阶段，距今约 4300—3800 年。参见严文明《龙山文化和龙山时代》，《文物》1981 年第 6 期。

2 邓淑苹：《古代玉器上奇异纹饰的研究》，《故宫学术季刊》1986 年第 1 期。

3 王仁湘：《中国史前的纵梁冠——由凌家滩遗址出土玉人说起》，《中原文物》2007 年第 3 期。

4 刘斌：《法器与王权：良渚文化玉器》，杭州大学出版社，2019，第 117 页。

5 邓淑苹：《晋、陕所见东夷系玉器的启示》，《考古与文物》1999 年第 5 期；邓淑苹：《论雕有东夷系纹饰的有刃玉器》（上、下），《故宫学术季刊》1999 年第 3、4 期。

形的名称。近年来，学界对于戴有"介"字冠的神面纹研究已取得了一系列学术成果，[1] 但对于"介"字形饰本体尚缺乏系统探讨。下面我们将以"介"字形饰为研究对象，从渊源、演变、表现形式等角度开展讨论。

一　"介"字形饰的渊源

早期艺术中形似"〰〰"或"〰"的几何纹饰并不罕见，如何确定其与本文讨论的古国时代的"介"字形饰具有源流关系，我们认为除了造型相近这一基础条件外，还应考虑纹饰位置、组合等相关因素，以及是否具备可传承的时空条件。依此，根据现有考古材料来看，高庙文化、河姆渡文化中的相关纹

饰，最可能是古国时代"介"字形饰的来源。

（一）高庙文化中的"介"字形饰

高庙文化（前5800—前4800）主要分布在长江中游的湖南地区，洪江高庙遗址和桂阳千家坪遗址均发现了丰富的刻纹陶器，[2] 其中不少陶器上都出现了类似"介"字形的符号。[3] 以桂阳千家坪出土的刻纹陶器为例，高领罐（T2G1②：69、68、28）（图1：1—3），[4] 在鸟纹双翅之上、之中有▲形或⊥形纹饰，通过位置对比可知两纹饰应具有相同的意义。这些例子体现出"介"字形饰与鸟纹的相关性。

高庙文化中的"介"字形饰还常见于獠牙神像上方，如斜颈罐（T3G1②：37）器颈雕刻有翼獠牙神像（翼上▲形与前例一

1　巫鸿：《一组早期的玉石雕刻》，《美术研究》1979年第1期。张长寿：《记沣西新发现的兽面玉饰》，《考古》1987年第5期。杜金鹏：《石家河文化玉雕神像浅说》，《江汉考古》1993年第3期。周南泉：《论西周玉器上的人神图像——古玉研究之五》，《故宫博物院院刊》1995年第3期。林巳奈夫：《中国古玉研究》（第五章），艺术图书公司，1997。陈星灿：《兽面玉雕、兽面纹、神人兽面纹》，《远望集——陕西省考古研究所华诞四十周年纪念文集》，陕西人民美术出版社，1998，第389—395页。孙机：《龙山玉鷩》，《远望集——陕西省考古研究所华诞四十周年纪念文集》，第164—176页。王青：《西朱封龙山文化大墓神徽饰纹的复原研究》，山东大学考古学系编：《刘敦愿先生纪念文集》，山东大学出版社，1998，第171—181页。王仁湘：《中国史前的纵梁冠——由凌家滩遗址出土玉人说起》，《中原文物》2007年第3期。林继来：《史前玉雕鸟翼兽眼与复合鹰纹研究》，杨建芳师生古玉研究会编：《玉文化论丛（2）》，文物出版社，2009，第145—181页。方向明：《神人兽面的真相》，杭州出版社，2013。刘斌：《法器与王权：良渚文化玉器》，杭州大学出版社，2019。邓淑苹：《龙山时期"神祖灵纹玉器"研究》，北京大学考古文博学院：《考古学研究》（15），文物出版社，2022。韩鼎：《饕餮纹渊源研究》，《形象史学》2022年冬之卷。

2　湖南省文物考古研究所：《洪江高庙》，科学出版社，2022。湖南省文物考古研究所：《凤舞潇湘——桂阳千家坪出土陶器》，故宫出版社，2020。

3　相对来说，千家坪遗址白陶上常见介字形符号要比高庙遗址多得多（高庙仅有零星发现），该纹饰是否为地方性风格有待进一步研究。

4　湖南省文物考古研究所：《凤舞潇湘——桂阳千家坪出土陶器》，第46、52、33页。本文中分为上、下两部分的图，上为纹饰图或器物图，下为"介"字形饰细节图。

致），需要注意的是獠牙神像上方的 ⌒ 形纹；斜颈罐残片（T3G1②：73）上也有此类纹饰（图1：4、5）。[1] 斜颈罐（T1G1②：53）獠牙神像上方的 ⊓ 形纹饰（图1：6）[2]，可视为 ⌒ 形纹的变形。上述几例"介"字形饰的位置相同：獠牙神像的正上方——"冠"的位置。

通过形象和位置的对比可以发现高庙文化中与"介"字形饰相近的 ∧、⊥、⌒、⊓ 等纹饰，应是基于相同观念的相近表达。至于其意义，可参考一件陶杯残片（T1G1②：125）的纹饰（图1：7），[3] 杯底有四个 ⊥ 形围绕一个圆形，结合高庙文化中圆形和放射线表现太阳的艺术传统，我们认为王仁湘推测 ⊥ 形象征太阳光芒的观点是有道理的。[4]

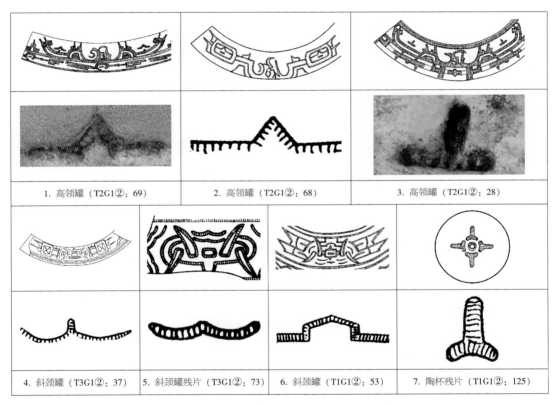

图1 高庙文化桂阳千家坪遗址出土陶器纹饰

（表格内）

1. 高领罐（T2G1②：69）　2. 高领罐（T2G1②：68）　3. 高领罐（T2G1②：28）

4. 斜颈罐（T3G1②：37）　5. 斜颈罐残片（T3G1②：73）　6. 斜颈罐（T1G1②：53）　7. 陶杯残片（T1G1②：125）

1　湖南省文物考古研究所：《凤舞潇湘——桂阳千家坪出土陶器》，第471、488页。

2　湖南省文物考古研究所：《凤舞潇湘——桂阳千家坪出土陶器》，第478页。

3　湖南省文物考古研究所：《凤舞潇湘——桂阳千家坪出土陶器》，第537页。

4　王仁湘：《飞翔的獠牙：面目狰厉的光明使者》，《南方文物》2021年第3期。

总之，高庙文化中的"介"字形饰，表现出如下特征：第一，与鸟结合，出现在鸟翼之上或之中。第二，与獠牙神像结合，出现在神像"冠"的位置。第三，意义可能与太阳的光芒相关。

（二）河姆渡文化中的"介"字形饰

河姆渡文化（前5000—前3000）主要分布在长江下游的杭州湾南岸和舟山群岛，遗存中也发现了"介"字形饰。[1] 如河姆渡遗址出土骨匕（T21④：18）（图2：1）[2] 和象牙器（T226③B：79）（图2：2）[3]，两器纹饰的共性表现在：相背或相对的双鸟共体部分中有多层圆形，其上有近似火焰的"介"字形饰。学界一般认为双鸟、圆形、火焰状纹饰的组合中，圆形表现了太阳，火焰状"介"字形饰象征了太阳的光芒，这与高庙文化中的"介"字形饰意义一致。

河姆渡文化中还出现了两圆形与"介"字形组合的新形式，如田螺山遗址出土的双鸟木雕（图2：3）[4]，背向的双鸟身上均有双环圆形，而两鸟翅膀相接处（两圆形之上）有"介"字形镂孔。相似的组合在河姆渡遗址出土的敞口盆（T29④：46）上也有反映（图2：4）[5]，盆腹刻纹中：两侧各有一近似鸟的图案，中有两圆形，其上有弓形纹与"介"字形纹。

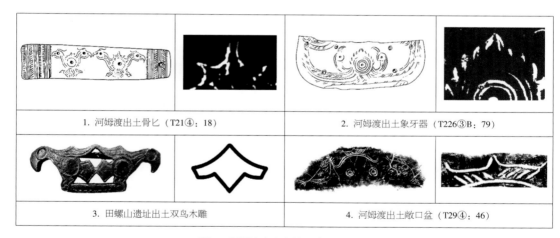

| 1. 河姆渡出土骨匕（T21④：18） | 2. 河姆渡出土象牙器（T226③B：79） |
| 3. 田螺山遗址出土双鸟木雕 | 4. 河姆渡出土敞口盆（T29④：46） |

图2　河姆渡文化中的"介"字形饰

1　方向明曾对河姆渡文化中的"介"字形饰有过整理。见方向明《神人兽面的真像》，第91—108页。

2　浙江省文物考古研究所：《河姆渡——新石器时代遗址考古发掘报告》，文物出版社，2003，第116页。

3　浙江省文物考古研究所：《河姆渡——新石器时代遗址考古发掘报告》，第285页。

4　国家文物局主编：《2012中国重要考古发现》，文物出版社，2013，第31页。

5　浙江省文物考古研究所：《河姆渡——新石器时代遗址考古发掘报告》，第47页。拓片引自浙江省博物馆《史前双璧》，浙江古籍出版社，2009，第11页。

神经科学证明人脑有将两个圆形组合识别为双目的倾向，[1] 依此，如果将上两例中的两圆形视作双目，那么"介"字形饰则处于"冠"的位置。

通过梳理高庙文化、河姆渡文化中与"介"字形饰相关的例子，可以看到：第一，就组合来说，两文化中"介"字形饰体现出与鸟、太阳的相关性，其意义很可能与光芒相关。第二，就位置来说，高庙文化獠牙神像上方、河姆渡文化双目纹的上方，根据位置可将其视作"冠"。第三，考虑到两文化时代有交错，且均属长江中下游流域，不排除上述共通性是文化交流、传承的结果。

二　神人纹所戴"介"字冠

如上文所述，部分"介"字形饰在高庙文化、河姆渡文化中位于"冠"的位置，但由于其下形象较抽象，是否可确论为"介"字冠，仍有可探讨空间。而至古国时代，"介"字冠则成为中华文明核心区神祇形象的重要标志之一。其延续时间之长、影响范围之广，在早期艺术中

均是令人瞩目的，因此，戴"介"字冠的神人纹可视为中华文明古国时代重要精神符号。学界对此已有较深入的探讨，下面仅在梳理材料的基础上简要讨论。

（一）凌家滩文化的"介"字冠

凌家滩遗址（前3500—前3300）位于安徽马鞍山含山县，该遗址出土了多件玉人像，如玉人（87M1：1）和玉人（98M29：14）（图3：1、2）。[2] 两玉人上部造型相近，腿部有差异（可能表现了站立和蹲踞的区别），玉人均戴有中部凸起"介"字冠。又如2007年出土的戴冠人头雕像残件（07M22：14）（图3：3），[3] 报告称为"三瓣叶式冠"，如果考察该冠的轮廓造型（⌒⌒），亦与介字形相近，可能是基于介字冠观念的另一种表达。除了人像，凌家滩遗址还出土了三件造型相近的玉冠饰，如玉冠饰（87M15：38）（图3：4），[4] "顶端呈'人'字直角，'人'字两侧向上卷成透空圆"[5]，"人"字形也即"介"字形。玉冠饰即玉梳背，下方应存在有机质的梳齿（现已朽毁），除梳理头发外，"更为重要的功能则是插在头上用作装饰"[6]。

1　Tomalski, Przemyslaw, Gergely Csibra, Mark H. Johnson, "Rapid orienting toward face-like stimuli with gaze-relevant contrast information", *Perception*, 38（2009），pp. 569-578.

2　安徽省文物考古研究所：《凌家滩玉器》，文物出版社，2000，第52、48、49页。

3　凌家滩遗址考古队：《安徽含山县凌家滩遗址新石器时代墓葬的清理》，《考古》2020年第11期。

4　安徽省文物考古研究所：《凌家滩玉器》，第8页。

5　安徽省文物考古研究所：《凌家滩：田野考古发掘报告之一》，文物出版社，2006，第138页。

6　杨晶：《良渚文化玉质梳背饰及其相关问题研究》，《文物》2002年第11期。

| 1. 玉人
（87M1：1） | 2. 玉人及头部拓片
（98M29：14） | 3. 人头雕像残件
（07M22：14） | 4. 玉冠饰
（87M15：38） |

图3　凌家滩遗址出土"介"字冠相关器物

可以想象，当把此类玉梳插戴在头顶，其性质一定程度上也可视作"介"字冠。

无论是凌家滩玉人所戴中部凸起的冠，还是"人"字顶玉冠饰，其形态特征均与"介"字冠相近。这些证据表明凌家滩先民已对"介"字形的冠具有一定的观念，但在艺术表达中尚未形成统一的表现模式。

（二）良渚文化的"介"字冠

良渚文化（前3300—前2300）主要分布于与凌家滩遗址相距不远的太湖周围地区，戴"介"字冠的形象在良渚文化中非常流行，神兽、神人顶部均有出现。

第一，有"介"字冠的兽形。以三件玉冠状器为例（反山M22：11、反山M17：8、反山M16：4）（图4：1—3）[1]。从整体造型来看，三器顶部均有"介"

字形饰，因此，对于佩戴者来说则可被视为戴有"介"字冠。从器物自身纹饰来看，三器均刻有兽形纹饰，第一器（反山M22：11）的兽形双目间有尖状凸起，可视作自带"介"字冠。第二器（反山M17：8）兽形自身虽然没有"介"字冠，但玉冠饰顶部的"〜〜〜"形造型正位于兽面上方，可视作与兽形纹饰相分离的"介"字冠。第三器（反山M16：4）器型整体分为上下两层，上层为下方兽形的"介"字冠。除冠状器外，玉璜上也有融入"介"字形的兽形，如玉璜（瑶山M4：34）（图4：4）。[2]

第二，戴"介"字冠的神人像。良渚文化中的神人像基本均有"介"字形羽冠，如玉璜（反山M22：8）、玉冠状器（反山M15：7）、玉牌饰（瑶山M10：

1　浙江省文物考古研究所：《反山》，文物出版社，2005，第280、188、154页。

2　浙江省文物考古研究所：《瑶山》，文物出版社，2003，第62页。

20）（图4：5—7）[1]。这些形象中，"介"字形羽冠或作为构图中最大的部分，或作为整器构形的一部分（器形随羽冠凸起），均显示出其重要性。可能正如学者指出的：神人可视作"介"字羽冠的附属或延伸，[2] 而"介"字冠才是被重视和重点表现的部分。羽冠内部由内向外的放射性线条构成，表现了羽冠中的羽毛，有学者认为这种放射状的刻纹与太阳的光芒有关，[3] 体现出与高庙、河姆渡文化"介"字形饰意义的一致性。

总之，良渚文化中戴"介"字形冠的神兽、神人形象非常丰富，"介"字冠在神人像中往往被夸张表现以凸显其重要性。部分"介"字冠神祇形象两侧配有双鸟（图4：1），该组合表现出对高庙、河姆渡文化中纹饰组合的传承。

（三）龙山时代的"介"字冠

笔者曾讨论过龙山时代戴"介"字冠的神面纹形象，[4] 不再赘述，仅按所属文化简单列举材料，以展示时代特征。山

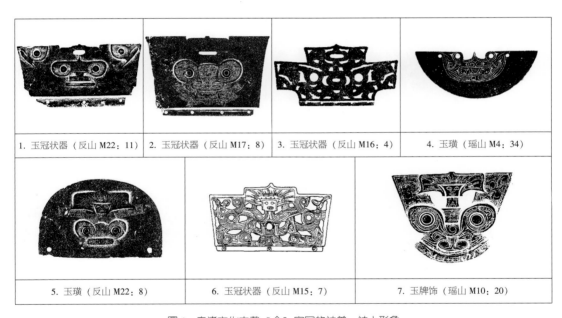

1. 玉冠状器（反山 M22：11）	2. 玉冠状器（反山 M17：8）	3. 玉冠状器（反山 M16：4）	4. 玉璜（瑶山 M4：34）
5. 玉璜（反山 M22：8）	6. 玉冠状器（反山 M15：7）		7. 玉牌饰（瑶山 M10：20）

图4 良渚文化中戴"介"字冠的神兽、神人形象

1 浙江省文物考古研究所：《反山》，第283、143页。浙江省文物考古研究所：《瑶山》，第142页。
2 王仁湘：《史前玉器中的"双子琮"——兼说良渚文化玉器上的兽面冠饰》，《文物》2008年第6期。方向明：《神人兽面的真像》，第88、90页。另有观点认为兽头的"介"字冠为头戴"介"字冠神人的简化形式。
3 牟永抗：《东方史前时期太阳崇拜的考古学观察》，《故宫学术季刊》1995年第4期。
4 韩鼎：《饕餮纹渊源研究》，《形象史学》2022年冬之卷。

东龙山文化常见在有刃玉器上刻画神面纹，如两城镇圭（图5：1）[1] 和台北"故宫"藏圭（图5：2）[2]；后石家河文化中常以独立的玉雕表现神面纹，如谭家岭出土的或具象，或抽象的神面纹（图5：3—6）[3]；陶寺文化中也曾出土一对神面纹玉雕（图5：7、8）[4]；石峁文化石雕中也有与戴"介"字冠神像相近的形象（图5：9、10）[5]。除石峁石雕的"介"字冠有些变形外，其他各例的"介"字冠形式较为一致，证明龙山时代区域文化间密切的文化交流，神祇形象的相近性则

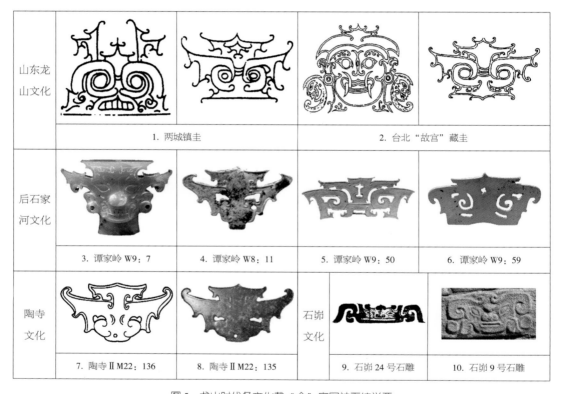

山东龙山文化			
	1. 两城镇圭		2. 台北"故宫"藏圭
后石家河文化			
	3. 谭家岭 W9：7	4. 谭家岭 W8：11	5. 谭家岭 W9：50	6. 谭家岭 W9：59
陶寺文化		石峁文化	
	7. 陶寺 Ⅱ M22：136	8. 陶寺 Ⅱ M22：135	9. 石峁 24 号石雕	10. 石峁 9 号石雕

图5　龙山时代各文化戴"介"字冠神面纹举要

1　刘敦愿：《记两城镇遗址发现的两件石器》，《考古》1972 年第 4 期。

2　杨美莉编著：《黄河流域史前玉器特展》，台北"故宫博物院"，2001，第 69 页。

3　湖北省文物考古研究所等：《石家河遗珍——谭家岭出土玉器精粹》，科学出版社，2019，第 1、44、122、119 页。

4　该玉雕很可能源自后石家河文化。中国社会科学院考古研究所、山西队山西省考古研究所、临汾市文物局：《陶寺城址发现陶寺文化中期墓葬》，《考古》2003 年第 9 期。线图改绘自朱乃诚《论肖家屋脊玉盘龙的年代及有关问题》，《文物》2008 年第 7 期。

5　孙周勇、邵晶、邸楠：《石峁遗址的考古发现与研究综述》，《中原文物》2020 年第 1 期。陕西省考古研究院等：《石峁遗址皇城台地点 2016—2019 年度考古新发现》，《考古与文物》2020 年第 4 期。

表明精神信仰领域的一体化趋势。

除"介"字冠外，龙山时代冠旁的内卷纹也应引起注意。龙山时代神面纹所戴"介"字冠的轮廓、位置等特征均显示出与良渚文化的传承关系，但也有特殊之处：冠的两侧常见向外延伸、末端内卷的特殊纹饰（图6：1—5），[1] 这在良渚文化的"介"字冠侧是不曾见到的。对于冠旁内卷纹饰的性质与来源，后石家河文化谭家岭遗址出土的一件双鸟神面纹玉雕（谭家岭 W8：13）（图6：7）[2] 提供了重要的线索。该玉雕下部为戴有"介"字冠的神面纹，上部为相对的双鸟。上文论及"介"字冠神面纹与双鸟的组合，在良渚文化中不乏其例，如良渚玉璜（反山 M23：67）（图6：6）[3] 和玉冠状器（反山 M22：11）（图4：1），因此，从组合关系上看，该玉雕应受到了良渚文化的影响。[4] 再观察上部鸟形与"介"字冠旁的内卷纹的关系，通过与谭家岭 W9：59内卷纹（图5：6）、两城镇圭内卷纹（图5：1）的对比，可发现三者在鸟纹的喙、翼、尾三处存在对应的凸凹关系（图6：8）。可推测龙山时代"介"字冠旁的内卷纹是对侧视鸟纹的抽象化表现，而更早的来源则可追溯到良渚文化（甚至河姆渡文化）中戴"介"字冠的神面纹与双鸟的组合。

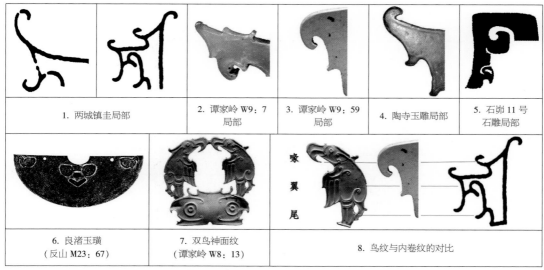

1. 两城镇圭局部	2. 谭家岭 W9：7 局部	3. 谭家岭 W9：59 局部	4. 陶寺玉雕局部	5. 石峁 11 号 石雕局部
6. 良渚玉璜（反山 M23：67）	7. 双鸟神面纹（谭家岭 W8：13）	8. 鸟纹与内卷纹的对比		

图6 "介"字冠旁内卷纹的来源分析

1　完整器物图及出处，见图5。

2　湖北省文物考古研究所等：《石家河遗珍——谭家岭出土玉器精粹》，第52页。

3　浙江省文物考古研究所：《反山》，第309页。

4　谭家岭玉雕的双鸟姿态较为特殊，翅、尾、喙均朝向内侧，似一展翅翱翔的鹰在空中扭头180度，出现这一情况应是基于良渚侧视玉鸟的传统与该玉器两鸟相对的设计的一种融合。

（四）夏商时期的"介"字冠

以玉器为载体的神面纹，在夏商时期急剧减少；以青铜器为主要载体的饕餮纹快速增加。笔者曾讨论过饕餮纹的来源，认为饕餮纹正是基于神面纹发展而来的，而"介"字冠也融进了饕餮纹之中。[1] 本文不再展开，仅以一组图像表现两者的关系。

按时代顺序举例：山东龙山文化西朱封遗址出土玉簪首（M202：1）（图7：1），[2] 最上方有多层造型相近的纹饰，如果将最中间部分视作"介"字冠（也可将上方两层视为双层"介"字冠），冠侧部分则为抽象化的内卷纹。该玉簪首上的多层纹饰结构，在二里头文化的骨匕

（2004 V H285：8）（图7：2）[3]、早商时期的辉县琉璃阁铜爵（M110：11）和郑州商城南顺城街铜爵（H1 上：7）的饕餮纹上均有对应的部分（图7：3、4）。[4] 差异仅表现在"介"字冠渐变为"T"形，并在冠两侧增加了角。

通过对比可知，"介"字冠在青铜时代并没有消失，而是融入了饕餮纹之中。早期饕餮纹额上的"T"形冠和目纹外侧的内卷纹正来自龙山时代神面纹上"介"字冠和内卷纹的组合。

通过上述梳理，可以看到："介"字冠的形象自高庙文化、河姆渡文化时期出现雏形；在良渚文化时期成为神兽、神人的重要标志；龙山时代，多个区域文化中

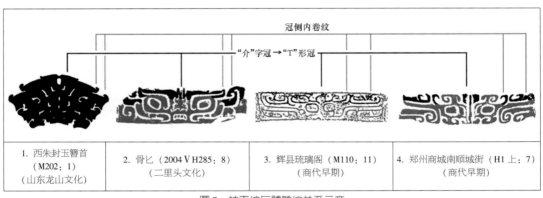

1. 西朱封玉簪首 （M202：1） （山东龙山文化）	2. 骨匕（2004 V H285：8） （二里头文化）	3. 辉县琉璃阁（M110：11） （商代早期）	4. 郑州商城南顺城街（H1 上：7） （商代早期）

图7　神面纹与饕餮纹关系示意

1　韩鼎：《饕餮纹渊源研究》，《形象史学》2022 年冬之卷。

2　中国社会科学院考古研究所等：《临朐西朱封——山东龙山文化墓葬的发掘与研究》，文物出版社，2018，第174 页。

3　中国社会科学院考古研究所：《二里头 1999—2006》（4），文物出版社，2014，彩版三四五：4。拓片见王青《二里头遗址新见神灵及动物形象的复原和初步认识》，《考古》2020 年第 2 期。

4　中国科学院考古研究所：《辉县发掘报告》，科学出版社，1956，第 27 页。河南省文物考古研究所、郑州市文物考古研究所：《郑州商代铜器窖藏》，科学出版社，1999，第 27 页。

都出现了具有一定共性的 "介" 字冠神面纹，证明当时密切的文化交流和精神领域共同观念的初成；夏商时期，"介" 字冠神面纹的诸多特征为饕餮纹所吸收。直至西周时期，仍有发现戴有 "介" 字冠的铜人像（茹家庄 BRM2：22）（图 8），[1] 其所戴 "介" 字冠与新石器时代凌家滩文化的玉冠饰（图 3：4）颇为相近（但两者间是否具有传承关系尚需更多证据）。

图 8　西周戴 "介" 字冠铜人
（茹家庄 BRM2：22）

整体来看，介字冠是我国新石器时代晚期神祇形象重要的标识性符号，最初发端于南方地区，在龙山时代被广泛接受；至青铜时代融入饕餮纹这一新的纹饰系统之中，并对整个青铜礼器文化圈都产生了影响。[2] 通过 "介" 字冠这一形象，可以

看到我国早期艺术源远流长的传承性，体现出多元一体的文明进程和不间断的文明史。

三　"介" 字形刻纹

介字形纹在高庙文化（图 1：1—3）、河姆渡文化的陶器上均有作为独立刻纹存在的情况（并不作为冠饰），通过梳理材料可以发现，这种独立 "介" 字形刻纹也为后世所传承。

河姆渡文化陶器上曾出现：上为两连弧、下由长弧线连接两端的双层独立刻纹（⏝），整体呈现 "介" 字形。如河姆渡文化早期阶段田螺山遗址出土的黑陶龟背盉（T103⑧：25），盉外壁以独立双层介字形纹为中心，刻画了四猪两鹿（图 9：1）；[3] 又如河姆渡遗址出土的刻纹陶块（T33④：98）（图 9：2）[4] 中部为 "介" 字形纹，两旁各有一兽形（残缺）。

良渚文化中的 "介" 字形刻纹更加丰富，按照自身形式特征可分为两种类型：第一种形如 ⏝，与河姆渡文化中的形象相近。如庄桥坟遗址出土的三足陶盘（M50：10），每个足部均有该刻纹

1　李伯谦主编：《中国出土青铜器全集 17》（陕西下），科学出版社、龙门书局，2018，第 555 页。

2　徐良高：《文化因素定性分析与商代 "青铜礼器文化圈" 研究》，中国社会科学院考古研究所：《中国商文化国际学术讨论会论文集》，中国大百科全书出版社，1998，第 227—236 页。

3　李安军主编：《田螺山遗址——河姆渡文化新视窗》，西泠印社出版社，2009，第 115 页。

4　浙江省博物馆：《史前双璧》，第 20 页。

（图9：3）；[1] 除陶器外，在玉器刻纹上也有表现：如美国弗利尔美术馆所藏良渚文化玉镯（图9：4），[2] 其上方还出现了较大圆形（◐）；另外，该馆所藏的一件玉璧上也刻有相关纹饰，从上到下包括四元素：鸟纹（🐦）+台形（⚏）+圆形（◉、内部填充旋线）+介字形纹（◡，尖部不突出）（图9：5）。[3] 上述两例中，介字形饰虽已与其他纹饰组合，但自身形态基本仍为 ◠ 形。第二种形如 ◠◠，可视为在第一种的基础上，将下方的长弧线变成了相连的双弧线，并常成组出现。如新地里遗址出土陶盘的足部有三组（G12：118）、戴墓墩出土陶器盖上对称分布四组（M2：1）、北湖遗址出土陶豆（89C3：723）内壁有两组"介"字形纹（之间有重环圆形）（图9：6—8）。[4]

大汶口文化的陶刻符号中也常见"介"字形元素，按组合可分为两种形式：其一为"圆形+'介'字形"（◡），如山东陵阳河采集的两件陶瓮上的刻纹（图9：9、10）[5]（第二件复原◡），其"介"字形部分与良渚文化第二种"介"字形刻纹相近，又如安徽蒙城尉迟寺遗址出土陶瓮刻纹（JS10：4）（图9：11）；[6] 其二为"圆形+'介'字形+'山'字形"（⛰），如山东莒县大朱村陶瓮（采：01）（图9：12）[7] 和尉迟寺出土陶瓮（M321：2）（图9：13）。[8] 学界对这些刻纹性质与意义曾有过热烈的讨论，提出过纹饰、文字、符号、族徽以及与天文历法、生殖崇拜相关等观点。[9] 此处不讨论其意义，仅从纹饰来看，可确定大汶口刻纹体现出河姆渡文化、良渚文化的"介"字形刻纹传统。[10]

1　良渚博物院：《良渚文化刻画符号》，上海人民出版社，2015，第64页。

2　弗利尔美术馆藏品号F1917. 385，照片见江伊莉、古方《玉器时代——美国博物馆藏中国早期玉器》，科学出版社，2009，第54页。线图见邓淑苹《古代玉器上奇异纹饰的研究》，《故宫学术季刊》1986年第1期。

3　照片见江伊莉、古方《玉器时代——美国博物馆藏中国早期玉器》，第84页。线图见邓淑苹《古代玉器上奇异纹饰的研究》，《故宫学术季刊》1986年第1期。

4　良渚博物院：《良渚文化刻画符号》，第66、67、74页。

5　山东省文物管理处、济南市博物馆：《大汶口——新石器时代墓葬发掘报告》，文物出版社，1974，第118页。王树明：《谈陵阳河与大朱村出土的陶尊"文字"》，山东省《齐鲁考古丛刊》编辑部：《山东史前文化论文集》，齐鲁书社，1986，第289页。

6　中国社会科学院考古研究所、安徽省蒙城县文化局：《蒙城尉迟寺（第2部）》，科学出版社，2007，第106页。

7　山东省文物考古研究所、莒县博物馆：《莒县大朱家村大汶口文化墓葬》，《考古学报》1991年第2期。

8　中国社会科学院考古研究所、安徽省蒙城县文化局：《蒙城尉迟寺（第2部）》，第106页。

9　相关研究综述可见王吉怀《再论大汶口文化的陶刻》，《东南文化》2000年第7期，注释1—7。

10　杜金鹏：《关于大汶口文化与良渚文化的几个问题》，《考古》1992年第10期。刘斌：《大汶口文化陶尊上的符号及与良渚文化的关系》，吉林大学考古学系编：《青果集——吉林大学考古学专业成立二十周年考古论文集》，知识出版社，1993，第114—123页。方向明：《大汶口、良渚晚期和好川——从图符考察观念形态的交流和融会》，中国考古学会编：《中国考古学会第十四次年会论文集》，文物出版社，2012，第156—168页。

所属文化 刻纹形式	典型器物纹饰			
河姆渡 文化 	 1. 田螺山黑陶龟背盉（纹饰局部）（T103⑧：25）		 2. 河姆渡遗址刻纹陶块（T33④：98）	
良渚文化 （类型一） 	 3. 庄桥坟陶盘足部（M50：10）	 4. 弗利尔美术馆刻纹玉镯及纹饰线图	 5. 弗利尔美术馆刻纹玉璧及纹饰线图	
良渚文化 （类型二） 	 6. 新地里三足盘足部拓片 （G12②：118）	 7. 戴墓墩器盖局部拓片 （M2：1）	 8. 北湖遗址陶豆 （89C3：723）	
大汶口 文化  或 	 9. 陵阳河采集陶瓮	 10. 陵阳河采集陶瓮 及复原	 11. 尉迟寺出土陶瓮 （JS10：4）	 12. 莒县大朱村采集 陶瓮（采：01）	 13. 尉迟寺出土陶瓮 （M321：2）

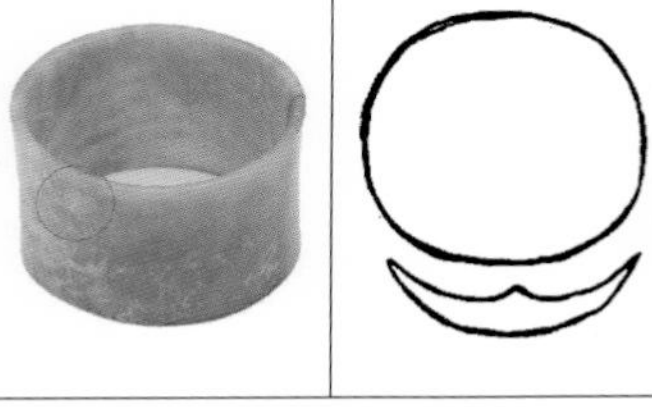

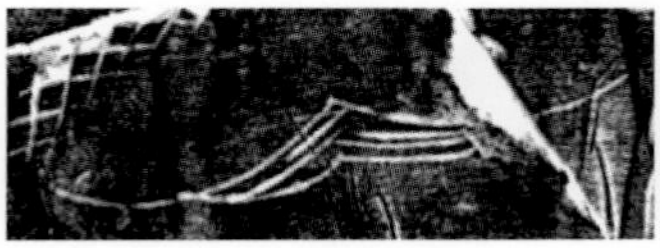

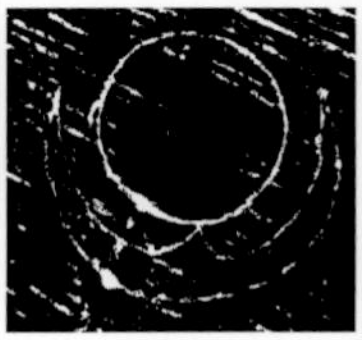

图 9　早期艺术中的"介"字形刻纹

从河姆渡文化，到良渚文化，再到大汶口文化，在保留"介"字形刻纹的基础造型（ ⌒ ）的基础上，也不断出现新的形式（ ⌒ ）和组合（ ◎、 ⛨ ），这表现出区域文化在吸收外来纹饰的基础上融入自身观念，并不断创新。

四 "介（凸）"字形装饰部件

"介"字形纹饰除了作为神祇的介字冠和器表刻纹外，还常见作为凸起于玉器棱边的立体装饰部件，自良渚文化至三代有序传承。需要注意的是，该饰件在良渚文化中已向"凸"字形发展（顶部由尖变平），之后虽"介"字形、"凸"字形饰件均有发展，但"凸"字形饰件及其变体更为流行。下文以"介（凸）"字形概括两者，不再细化区分。

（一）良渚文化中的"介（凸）"字形装饰部件

良渚文化神人、神兽的"介"字冠常与所在器形的轮廓呈现同形性（如图

4：3、6、7），不少冠状器上部凸起的尖，同时也是器表所刻神人纹"介"字冠的顶尖。[1] 另一方面，良渚文化中还有不少素面冠状器（瑶山 M10：4、新地里 M124：12、汇观山 M4：4）（图 10：1、4、5），[2] 上部有尖，但器表并未刻神人纹，这证明"介"字形已经脱离与神人、神兽"介"字冠的相关性，已作为装饰部件独立存在。除冠状器外，玉璜也有类似情况，可对比玉璜（瑶山 M4：34）（图 4：4）和素面玉璜（瑶山 M11：83）（图 10：2）。[3] 这种"介"字形装饰部件还见于耘田器上（也有学者认为其功能为手刀），如台北"故宫"藏（图 10：3）[4] 和桐乡姚家山遗址出土的耘田器（图 10：6）。[5]

按照形式差异，良渚文化中的此类装饰部件可分为"介"字形（图 10：1—3）和"凸"字形（图 10：4—6）两种形式。前者基于"介"字冠的轮廓演变而来（台北"故宫"藏耘田器可视为中间状态），后者则以前者为基础，顶部凸尖变平，两端微上扬，最终形成凸起于器表的两层平台（ ⊓ ），整体近似"凸"字。

1　部分例子中神兽与"介"字冠相分离（如图 4：1、2），可视为"介"字冠开始独立化。

2　浙江省文物考古研究所：《瑶山》，第 279 页。浙江省文物考古研究所、桐乡市文物管理委员会编：《新地里》，文物出版社，2006，彩版二八四。古方主编，刘斌卷主编：《中国出土玉器全集 8·浙江》，科学出版社，2005，第 136 页。

3　浙江省文物考古研究所：《瑶山》，第 296 页。

4　台北"故宫博物院"藏"玉弧刃刀"（购玉 000298），选自台北"故宫"《器物典藏资料检索系统》。

5　浙江省文物局编，周刃主编：《越地藏珍——浙江馆藏文物大典（玉器卷）》，浙江古籍出版社，2022，第 160 页。细节图见邓淑苹《远古的通神密码"介"字形冠》，氏著《古玉新诠——史前玉器小品文集》，台北"故宫博物院"，2016。关于冠状器与耘田器的关系，可参见刘斌《良渚文化的冠状饰与耘田器》，《文物》1997 年第 7 期。

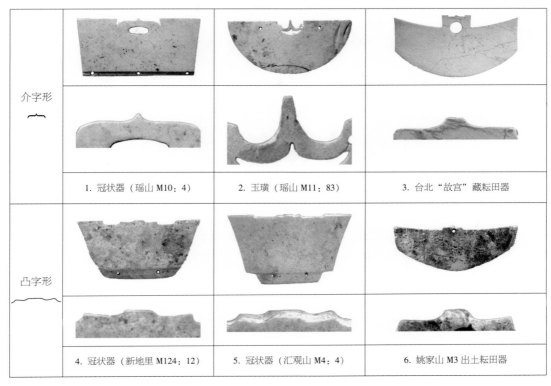

图10　良渚文化中具有"介（凸）"字形装饰部件的器物

（二）好川文化、大汶口文化的"介（凸）"字形装饰部件

　　海岱地区的大汶口文化、太湖流域的良渚文化、瓯江流域的好川文化，时代有重合，且均在东部沿海地区，考古材料表明三者间曾发生交流互动，在"介"字形装饰部件上也有体现。

　　好川文化中曾出土多件玉饰片，如遂昌好川遗址出土漆觚（好川 M60：2）[1] 上镶嵌有多件装饰玉片（图11：1）。[2] 这些玉片既有尖顶"介"字形，也有平顶"凸"字形。考虑到后者在良渚文化中已有雏形，因此"凸"字顶玉片很可能是好川文化对良渚文化"凸"形装饰部件的模仿与改造。另外，在良渚文化玉器上常见有与好川文化"凸"字顶玉片形状一致的刻纹，如良渚博物院、上海博物馆、浙江省博物馆藏玉璧上的凸形刻纹

1　方向明：《好川和良渚文化的漆觚、棍状物及玉锥形器》，《华夏文明》2018 年第 3 期。

2　古方主编，刘斌卷主编：《中国出土玉器全集 8·浙江》，第 145 页。

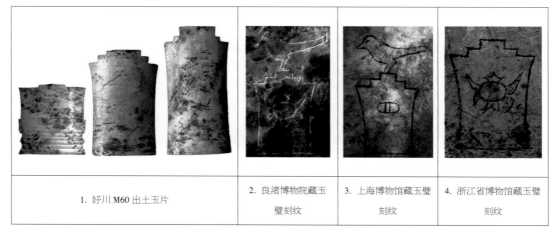

| 1. 好川 M60 出土玉片 | 2. 良渚博物院藏玉璧刻纹 | 3. 上海博物馆藏玉璧刻纹 | 4. 浙江省博物馆藏玉璧刻纹 |

图 11　好川文化🗿形玉片与良渚文化玉璧刻纹

（图 11：2、3、4），[1] 考虑到良渚文化中并未发现此造型的玉器，因此，🗿形刻纹很可能源自好川文化对良渚文化的反向影响。[2]

整体来看，好川文化借鉴改造了良渚文化中的"介（凸）"字形装饰部件，并创新出🗿形玉片（"凸"字顶+束腰矩形）。之后，🗿形装饰反向影响了良渚文化刻纹符号的形成。

在大汶口文化中也发现有与好川文化造型相同的🗿形玉片，如莒县陵阳河墓地出土玉片（图 12：1）。[3] 这些玉片是好川文化传播而来，还是本地仿制，尚难以确论。但我们的确看到了大汶口文化对🗿形的接受，如五莲丹土遗址出土的六边形玉环（图 12：2），[4] 玉环的每个外角均为"凸"字顶，其下在器表刻画束腰弧线，组成🗿形，表现出与陵阳河玉片造型的高度一致性，表明🗿造型已开始融入其他类型玉器。

结合大汶口文化中的"介"字形刻纹（图 9：9—13），可以看到大汶口文化时期，来自良渚文化（可能还包括好川文化）的"介（凸）"字形观念已传入海岱地区，并融入大汶口文化玉器、刻纹符号的塑造之中。

1　良渚博物院：《良渚文化刻画符号》，第 696、700、710 页。

2　方向明：《大汶口、良渚晚期和好川——从图符考察观念形态的交流和融会》，中国考古学会编：《中国考古学会第十四次年会论文集》，第 156—168 页。

3　古方主编，梁中合等卷主编：《中国出土玉器全集 4·山东》，科学出版社，2005，第 12 页。

4　山东博物馆、良渚博物院：《玉润东方：大汶口—龙山、良渚玉器文化》，文物出版社，2014，第 169 页。

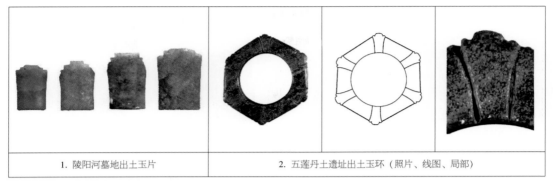

| 1. 陵阳河墓地出土玉片 | 2. 五莲丹土遗址出土玉环（照片、线图、局部） |

图12　大汶口文化中的⌒形玉器

（三）龙山时代的"介（凸）"字形扉牙及变体

　　山东龙山文化继承了大汶口文化的诸多要素，"介（凸）"字形饰也是其中之一。龙山时代的"介"字形饰已基本摆脱"介"字冠或⌒形玉片等原型，仅以"介（凸）"字的形式成为单纯的装饰部件。学界一般将玉器边棱上对称分布的连续凸齿状装饰物称为"扉牙"（亦有扉齿、脊齿、脊牙、扉棱之名），因此，龙山时代的"介（凸）"字形饰亦可称为"介（凸）"字形扉牙。具体形象为：整体凸出于器身，中齿呈尖状或台状凸齿，端齿常微上翘，近"介"字形（⌒）或"凸"字形（⌒），后者更为常见。随着龙山时代密切的文化互动，"介

（凸）"字形扉牙也由山东地区传至其他区域，各区域文化又在"介（凸）"字形扉牙的基础上演变出形式多样的变体。下文依据形式特征，将龙山时代的"介（凸）"字形扉牙，分为原型类和变体类。

　　第一，原型类。以目前材料来看，龙山时代最早出现"介（凸）"字形扉牙的是山东龙山文化玉器，如五莲县丹土遗址采集牙璧（环），三处扉牙等距分布（图13：1），形象近⌒，临朐西朱封遗址采集的牙璧残件（采：08）有与之相近的扉牙（图13：2）；[1] 五莲丹土采集玉戚（图13：3），[2] 两边棱上各有一组扉牙，对称分布，中齿呈台状，两端齿微翘起，近"凸"字形（⌒）。除山东龙山文化外，在石峁也发现饰有"凸"字

<hr>

[1]　中国社会科学院考古研究所等：《临朐西朱封——山东龙山文化墓葬的发掘与研究》，第21页。学界一般将牙璧上沿切线方向旋线外沿称为"牙"或"玑牙"，垂直器棱的凸起，称为"扉牙"。

[2]　图13：1、3，山东省文物管理处、山东博物馆：《山东文物选集》（普查部分），文物出版社，1959，第2、4页。关于"玉戚"的命名，其器型与玉钺无大差异，发掘报告中也有戚、钺混用的情况。本文按照清吴大澂《古玉图考》中的分类，将两侧带有扉牙的钺形器称为玉戚。

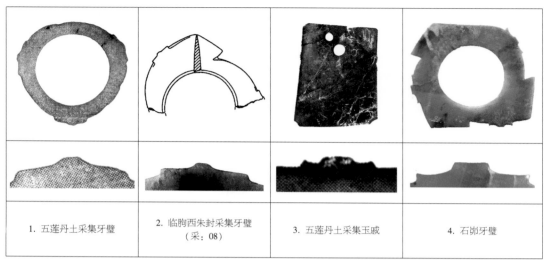

1. 五莲丹土采集牙璧	2. 临朐西朱封采集牙璧（采：08）	3. 五莲丹土采集玉戚	4. 石峁牙璧

图13　龙山时代"介（凸）"字形扉牙器

形扉牙的牙璧（图13：4）。[1]

上述几例扉牙造型与良渚文化"介（凸）"字形饰对应，显示出传承性，造型也较完整地保持了良渚文化中"介（凸）"字形饰件的原型特征。

第二，变体类。龙山时代各区域文化互动频繁，在多层面体现出文化共性，构成了"早期中国的主体文化"[2]。该时期"介（凸）"字形扉牙由海岱地区传播至黄河、长江流域的诸多区域文化之中，并产生了多种变体。这些变体多以"凸"字形扉牙的特征（三处凸起，端齿上翘，中齿较宽可分解）为基础进行形变，形成了三连齿、"凹"字形齿、多中齿等

变体。

变体一：三连齿。仅强调"介（凸）"字形扉牙的三处凸起并密集排列，形成三个连续的小齿（），常见多组三连齿组合使用。以三件牙璧为例，山东滕州庄里西出土牙璧（图14：1）、[3] 山西吕梁兴县碧村出土牙璧（图14：2）、[4] 陕西石峁遗址出土牙璧（图14：3），[5] 每单元分布由4组、3组、2组三连齿组合而成。

变体二："凹"形齿。强化"凸"字形扉牙上翘的两端齿，取消中齿，整体呈现"凹"字形（）。虽然该变体的形式与"凸"字形扉牙（）已

1　神木市石峁文化研究会：《石峁玉器》，文物出版社，2018，第179页。

2　韩建业：《龙山时代：新风尚与旧传统》，《华夏考古》2019年第4期。

3　山东博物馆、良渚博物院：《玉润东方：大汶口—龙山、良渚玉器文化展》，第112页。

4　王晓毅：《山西吕梁兴县碧村遗址出土玉器管窥》，《故宫博物院院刊》2018年第3期。

5　神木市石峁文化研究会：《石峁玉器》，第168—169页。

有较大差距，但考虑到之前的玉器并未有过类似的"凹"字形饰件，同时，"凸"字形扉牙的两端齿无论在造型，还是装饰模式等方面均与该变体呈现出一致性，因此，我们推测"凹"字形齿源自"凸"字形扉牙省略中齿的表现。如山东龙山文化罗圈峪遗址发现的牙璋（图14：4），[1]两端齿外侧垂直向上。后石家河文化汪家屋场遗址发现的牙璋（图14：5），[2]两端齿斜向上。"凹"形齿扉牙还有成组出现的情况，如山西陶寺遗址 M22 发现的玉佩（图14：6）。[3]

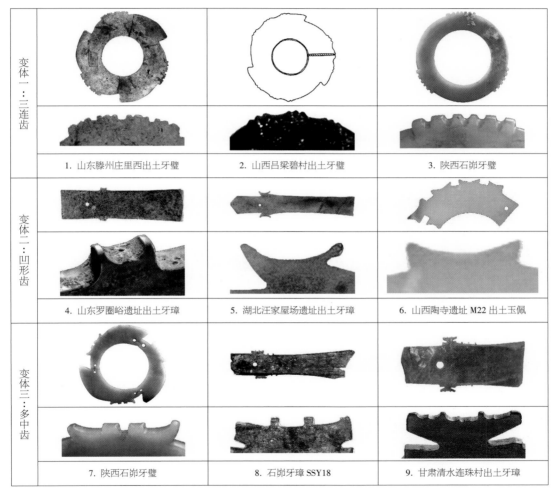

变体一：三连齿		
1. 山东滕州庄里西出土牙璧	2. 山西吕梁碧村出土牙璧	3. 陕西石峁牙璧
变体二：凹形齿		
4. 山东罗圈峪遗址出土牙璋	5. 湖北汪家屋场遗址出土牙璋	6. 山西陶寺遗址 M22 出土玉佩
变体三：多中齿		
7. 陕西石峁牙璧	8. 石峁牙璋 SSY18	9. 甘肃清水连珠村出土牙璋

图14　变体类"介（凸）"字形扉牙

1　邓聪主编：《牙璋与国家起源：牙璋图录及论集》，科学出版社，2018，第 8 页。

2　荆州博物馆：《石家河文化玉器》，文物出版社，2008，第 168 页。

3　古方主编，宋建忠卷主编：《中国出土玉器全集 3·山西》，科学出版社，2005，第 48 页。

变体三：多中齿。将"凸"字形扉牙的中齿拆分为两个或多个凸齿，形成多中齿型扉牙，两中齿类型较为常见（〰〰〰）。如石峁牙璧（图14：7）[1] 和石峁牙璋SSY18（图14：8）[2] 均可视作将"凸"字形扉牙的中齿一分为二。而甘肃清水连珠村出土的牙璋，又在端齿与两中齿的各间隔内增加了一个小尖齿（图14：9），[3] 整体构成两大三小共五中齿的形式。

（四）三代间"介（凸）"字形扉牙传承与发展

第一，传承方面。三代间对龙山时代 "介（凸）"字形扉牙的各种类型均有传承。如河南淮阳冯塘村出土牙璧（图15：1），[4] 较多体现出良渚文化的"介"字形饰特征，可视作对龙山时代"原型类"的传承。而龙山时代常见的三种变体，在三代中也均有出现，"三连齿"类型，如二里头遗址出土石钺（81YLM6：1）（图15：2）[5] 两棱各有两组三连齿。"凹形齿"类型，如安阳小屯出土牙璧（小屯M11：3）（图15：3）。[6] "两（多）中齿"类型，如安阳苗圃北地出土玉戚（921PNM186：12）（图15：4）。[7]

"介"字形	三连齿	凹形齿	双中齿
1. 淮阳冯塘村出土牙璧	2. 二里头遗址出土石戚	3. 安阳小屯出土牙璧	4. 安阳苗圃北地出土玉戚（921PNM186：12）

图15　三代对龙山时代各类型"介（凸）"字形扉牙的传承

1　神木市石峁文化研究会：《石峁玉器》，第176页。

2　邓聪主编：《牙璋与国家起源：牙璋图录及论集》，第72页。

3　邓聪主编：《牙璋与国家起源：牙璋图录及论集》，第244页。

4　古方主编，田凯卷主编：《中国出土玉器全集5·河南》，科学出版社，2005，第113页。

5　中国社会科学院考古研究所：《考古中华：中国社会科学院考古研究所成立六十年成果荟萃》，科学出版社，2010，第130页。

6　中国社会科学院考古研究所：《安阳小屯》，世界图书出版公司，2004，第247页。

7　中国社会科学院考古研究所：《安阳殷墟出土玉器》，科学出版社，2005，第14页。

1. 安阳黑河路出土玉戚	2. 安阳花园庄出土玉戚	3. 金沙遗址出土玉戚
（96M5：45）	（01M54：314）	（2001CQJC：775）

图 16　双端齿"介（凸）"字形扉牙

第二，创新方面。双端齿"介（凸）"字形扉牙是该时期的主要创新。[1] 其特征表现为龙山时代双中齿扉牙（〰〰）的基础上，重复表现端齿而形成的（〰〰〰），如安阳黑河路出土的玉戚（96M5：45）和花园庄出土玉戚（01M54：314）（图 16：1—2）。[2] 另外，在四川金沙遗址出土玉戚（2001CQJC：775）的扉牙表现为中间三凸齿，两侧双端齿的形式，可视为三连齿与双端齿的组合（图 16：3）。[3]

玉器上"介（凸）"字形装饰部件的演变可总结如下：良渚文化中神祇介字冠的轮廓被独立化表现，成为玉器上凸出于器表的"介（凸）"字形饰件，包括"介"字形（⌓）和"凸"字形（〰）两类，后者基于前者演变而来。好川文化、大汶口文化中出现了基于良渚文化"凸"字形饰件发展而来的台状玉片（▢）。大汶口文化还将台状玉片的形式融入玉环，在棱面出现多处"凸"字形凸起（◎），由此，源自"介"字冠的"介"字形饰脱离"冠"的意义，而成为纯粹的装饰部件——扉牙。山东龙山文化继承了这一装饰模式，出现了"介（凸）"字形扉牙，并随着文化交流对龙山时代多个区域文化都产生了影响。该时期"介（凸）"字形扉牙出现了三

1　牙璋上的双中齿扉牙也曾发生一系列变化，如几何化、复杂化、龙首化，可参见邓聪的相关研究。邓聪《二里头牙璋（ⅤM3：4）在南中国的波及——中国早期国家政治制度起源和扩散》《东亚视野下金沙玉璋源流》，邓聪主编《牙璋与国家起源：牙璋图录及论集》，第 252—269、283—294 页。

2　中国社会科学院考古研究所：《安阳殷墟出土玉器》，第 17、11 页。

3　成都市文物考古研究所、北京大学考古文博院：《金沙淘珍——成都市金沙村遗址出土文物》，文物出版社，2002，第 116—117 页。

种主要变体：三连齿（〰）、凹形齿（〰）、两（多）中齿（〰）类型，均为三代玉器所传承，三代间还出现了双端齿"介（凸）"字形扉牙（〰）的新形式。

五　从玉器"介"字形扉牙到铜器扉棱

龙山时代晚期，随着青铜的出现，青铜器成为三代最重要的礼器，不少青铜器的造型和纹饰都借鉴了新石器时代以来陶礼器、玉礼器的传统。以青铜器上一种重要的装饰部件——扉棱为例，我们认为它正是源自新石器时代玉器上的"介（凸）"字形扉牙。所谓"扉棱"，是纵向凸起于器表的有凸凹齿的棱条状饰件，可起到分割纹饰单元的间隔作用，其位置常位于铸造时范与范的拼接处（具有一定美化范线的效果）。商代晚期，扉棱的有无往往与器物等级存在关联，一般来说

有扉棱的青铜器等级较高。[1] 夏鼐曾概要性地指出："晚商和西周的青铜器中如尊、彝、觚、爵之类，它们的扉棱上也常有这类成组的锯齿形的装饰。但是它们出现较晚，可能是受了玉器上这种装饰的影响。"[2] 更具体来说，我们认为铜器扉棱的产生和早期形式正源自对玉器"介（凸）"字形扉牙的模仿。[3]

商代早期的盘龙城遗址中曾出土若干件带有"介（凸）"字形扉牙的玉器，如玉璜（PYWH6：44）和玉刀（PTZ：0328）（图17：1、2）[4]，均为双中齿形"介（凸）"字形扉牙，明显传承自龙山时代以来的扉牙传统（图14：7），很可能本身就是前代遗玉。[5] 在早商地层出土带有"介（凸）"字形扉牙的玉器，证明早商先民是了解此类装饰部件的。

再看青铜器方面，盘龙城曾出土两件造型相近的铜刀（PYWM11：1、33）（图17：3）[6]，对比前例玉刀（图17：2），可发现两者在上方穿孔、下方刃部的一致性，可确定其"刀"的性质。[7] 需

1　岳洪彬：《殷墟青铜器纹饰研究》，杜金鹏主编，中国社会科学院考古研究所夏商周考古研究室编：《三代考古》（2），科学出版社，2006，第394—427页。

2　夏鼐：《所谓玉璿玑不会是天文仪器》，《考古学报》1984年第4期。

3　张明华曾提出相近的看法，但并未对铜器扉棱的出现以及如何借鉴扉牙造型进行讨论。参见张明华《扉棱、鉏牙的关联、起源与意义》，《上海博物馆集刊》第9期，2002。

4　古方主编，张昌平、郭伟民卷主编：《中国出土玉器全集10·湖北湖南》，科学出版社，2005，第54、56页。

5　前者似为牙璧的改制玉，后者与二里头玉刀形式相近（可参见二里头遗址出土玉刀82ⅨM5：1、75ⅦKM7：3、87ⅥM57：9）。

6　李伯谦主编：《中国出土青铜器全集11·湖北上》，科学出版社、龙门书局，2018，第82页。

7　最初报告中未明确其功能，井中伟最先指出其为铜刀。参见井中伟《盘龙城商代"铜饰件"辨析》，《江汉考古》2017年第3期。

要注意的是铜刀两端有 ～ 形的饰件，其位置和造型均与玉刀的"介（凸）"字形扉牙一致（除中齿数量）。考虑到两件器物器型、功能的一致性，边棱饰件部分位置、造型的相近性，可以确定铜刀上两端的 ～ 形的装饰正仿自玉刀上的"介（凸）"字形扉牙。除铜刀外，盘龙城出土铜鼎（PWZM1：3）的扁足上端也

有相近的装饰（图17：4），[1] 表明从模仿同形器的扉牙（铜刀模仿玉刀）向铜器特有扉棱的转变。商代中期，河北藁城台西遗址也发现饰有扉棱的铜鼎（C：4）（图17：5），[2] 其扉棱（ ～ ）造型与商代玉器常见的"介（凸）"字形扉牙双中齿类型（ ～ ）一致。商代晚期早段，殷墟出土铜尊（M331：2071）

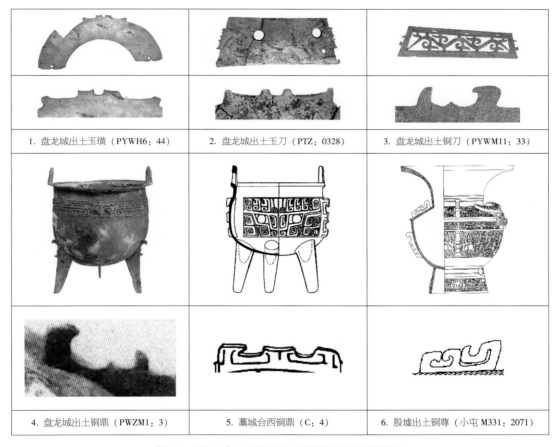

1. 盘龙城出土玉璜（PYWH6：44）	2. 盘龙城出土玉刀（PTZ：0328）	3. 盘龙城出土铜刀（PYWM11：33）
4. 盘龙城出土铜鼎（PWZM1：3）	5. 藁城台西铜鼎（C：4）	6. 殷墟出土铜尊（小屯 M331：2071）

图17　玉器"介"字形扉牙对青铜器早期扉棱的影响

1　李伯谦主编：《中国出土青铜器全集 11·湖北上》，第 10 页。

2　河北省文物研究所：《藁城台西商代遗址》，文物出版社，1985，第 123 页。

肩部扉棱（图17：6），[1] 内部结构虽然已经复杂化（ ），但整体造型仍然与为"介（凸）"字形扉牙相仿。

上述几例商代早、中期的器物代表了青铜器扉棱的早期阶段，其共性特征为：与同时期或之前玉器上的"介（凸）"字形扉牙形式相近，证明早期青铜器扉棱源自对玉器扉牙的模仿，铜器扉棱可视为"介（凸）"字形扉牙在青铜时代跨材质的新发展。

六　"介"字形饰融入动物纹饰

（一）作为动物顶饰

良渚文化时期"介"字冠是神人、神兽常见配置，并对龙山时代神面纹的形象产生了重要影响，为该时期神面纹的核心特征之一，因此，"介"字冠在该时期一定程度上可视为神圣性标志。这一观念也影响到写实动物纹饰的刻画，在塑造动物时最上端时常会融入"介"字形特征，可看作对"冠"的一种借用。从观者的角度出发，既然该时期先民对 形的纹饰有着格外的重视和特殊的认识，那么塑造或看到这些动物纹饰时顶部的 形时，应该也会产生如面对"介"字冠时相近的观念。

良渚文化中兽面纹在额间常有尖状凸起，如反山出土的良渚文化半圆形饰（反山M12：85）（图18：1）。[2] 相对来说，良渚文化所发现的写实动物玉雕较少，但它们的头部常被塑造为 形，如良渚玉鸟（反山M17：60）（图18：2）、[3] 良渚玉蝉（反山M14：187）（图18：3），[4] 在最上端均有尖状凸起，近似"介"字形。

如果说良渚文化中写实动物玉雕顶部的 形装饰是否源自对"介"字形饰的借鉴尚不明显，那么龙山时代后石家河文化中最具代表性的写实动物纹（玉虎头、玉蝉），则明显表现出对"介"字冠（或"介"字形饰）的借鉴。如后石家河文化中的玉虎头像（谭家岭W9：49、62）（图18：4、5），[5] 前者头顶两耳间有"介"字冠，后者则有高冠，冠顶部仍为"介"字形。再如玉蝉（肖家屋

1　石璋如：《小屯第一本·遗址的发现与发掘·丙编·殷墟墓葬之五，丙区墓葬》（上），"中研院"史语所，1980，第150页。

2　中国国家博物馆、浙江省文物局：《文明的曙光——良渚文化文物精品集》，中国社会科学出版社，2005，第211页。

3　中国国家博物馆、浙江省文物局：《文明的曙光——良渚文化文物精品集》，第328页。（玉鸟整体造型也与"介"字形相近）

4　浙江省文物考古研究所：《反山》，第189页。

5　湖北省文物考古研究所等：《石家河遗珍——谭家岭出土玉器精粹》，第42、111页。

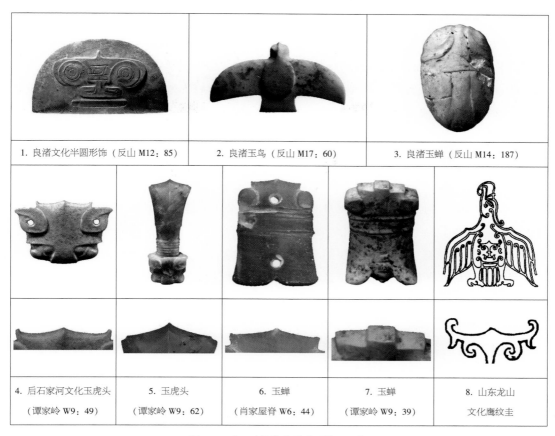

1. 良渚文化半圆形饰（反山 M12：85）	2. 良渚玉鸟（反山 M17：60）	3. 良渚玉蝉（反山 M14：187）
4. 后石家河文化玉虎头（谭家岭 W9：49）	5. 玉虎头（谭家岭 W9：62）	6. 玉蝉（肖家屋脊 W6：44）	7. 玉蝉（谭家岭 W9：39）	8. 山东龙山文化鹰纹圭

图 18 "介"字形作为动物顶饰、附饰

脊 W6：44、谭家岭 W9：39）（图 18：6、7），[1] 前者双目间凸起"介"字形饰，后者近"凸"字形。龙山时代，"介"字形饰还有作为附加标志装饰于对象之上的情况，如现藏于台北"故宫"的山东龙山文化鹰纹圭（故玉 1856）（图 18：8），[2] 鹰腹部有"介"字形刻纹（该鹰整体造型也与"介"字形有一定的相近之处）。

（二）从扉牙到龙脊、花边

二里头文化中出现了较丰富的龙形象，[3] 但商代早期龙的形象匮乏，在商代中期的青铜器上才首次出现了龙形，形象表现为在二里头龙形的基础上增加龙角，

1 荆州博物馆：《石家河文化玉器》，第 61 页。湖北省文物考古研究所等：《石家河遗珍——谭家岭出土玉器精粹》，第 68 页。

2 杨美莉编著：《黄河流域史前玉器特展》，第 65 页。

3 朱乃诚：《二里头文化"龙"遗存研究》，《中原文物》2006 年第 4 期。

如阜南龙虎尊（图19：1）。[1] 商代晚期早段（殷墟一期）侯家庄墓地发现了商代最早的玉龙（侯家庄 M1443：1385）（图19：3），[2] 该龙整体呈环状、瓶状角、身躯上有菱形纹饰，这两点与阜南龙虎尊上的龙纹一致，创新之处在于龙爪和龙背上的"介"字形饰。这里主要谈一下后者。[3]

首先，从扉牙到"介"字形龙身装饰。侯家庄玉龙全身有四处"介"字形饰，额部一处，身躯三处，基本等距分布，另外，玉龙首尾相接的造型接近环状。而环状玉器+"介"字形扉牙的形式在牙璧上并不罕见，如金沙遗址出土牙璧（2001CQJC：11）（图19：2）[4]，牙璧边棱等距分布四处"介"字形扉牙（多中齿类）。对比可知，侯家庄玉龙的造型很可能是借鉴了牙璧造型特征（环状、"介"字形扉牙等距分布），使龙纹的背脊上第一次出现装饰。

其次，从"介"字形饰到 ▭ 形龙脊。可能因为龙身上零星的几处凸起并不美观，在殷墟二期的玉龙背部便不再出现，而是创造出一种连续龙脊的新形式，如妇好墓出土玉龙（小屯 M5：988、408、932，图19：5—7）。[5] 对比此类龙脊的造型单元（▭）与侯家庄玉龙（侯家庄 M1443：1385）上的"介"字形饰（▭），可发现两者造型上的密切关系（图19：4）：如果将侯家庄出土玉龙的"介"字形饰一分为二，并将前一部分水平翻转，就形成了 ▭▭ 的形式，而这一造型正是殷墟二期玉龙龙脊的基础形式。考虑到形式上的相关性和装饰位置的一致性，可推断殷墟二期之后的连续龙脊正是基于侯家庄玉龙背部的"介"字形饰发展而来。

最后，从龙脊到花边。以 ▭ 形为装饰单元的轮廓线，除作为玉龙的龙脊外，在殷墟二期的其他多种玉雕上也有表现，成为常见的"花边"。以妇好墓出土器物为例，玉鱼（小屯 M5：418）、玉鹦鹉（小屯 M5：993）、玉鹰（小屯 M5：390）、玉人（小屯 M5：470）、玉人首蝉身像（小屯 M5：1324）、玉刀（小屯 M5：476）（图19：8—13），[6] 这些玉雕

1　深圳博物馆、中国国家博物馆：《国家宝藏——中国国家博物馆典藏精品展图录》，文物出版社，2008，第32页。

2　梁思永、高去寻：《侯家庄第九本·1400，1443，1129号大墓》，"中研院"史语所，1996，图版二三。李永迪：《殷墟出土器物选粹》，"中研院"史语所，2009，第215页。

3　关于龙爪的出现，可参考韩鼎《商代阜南龙虎尊纹饰的再研究》，《中国美术研究》2020年第2期。

4　成都市文物考古研究所、北京大学考古文博院：《金沙淘珍——成都市金沙村遗址出土文物》，第97—98页。

5　中国社会科学院考古研究所：《王后·母亲·女将——纪念殷墟妇好墓考古发掘四十周年（玉器篇）》，科学出版社，2016，第13页。文物出版社：《中国考古文物之美2·殷墟地下瑰宝：河南安阳妇好墓》，文物出版社，1994，第57页。杜金鹏：《玉华流映——殷墟妇好墓出土玉器》，中国书店，2017，第126页。

6　中国社会科学院考古研究所：《殷墟妇好墓》，文物出版社，1980，第171、166、166、154、142页。

的边棱均有▢▢形组成的轮廓线。至此，这种从"介"字形饰（双中齿型）变形而来的▢▢形轮廓线，成为商代晚期玉雕（尤其是玉雕动物）流行的花边。

从上述例子可以看到，"介"字形饰融入动物纹饰在不同时期有两种不同的模式：第一种，在龙山时代，受到"介"字形冠的影响，后石家河文化动物玉雕

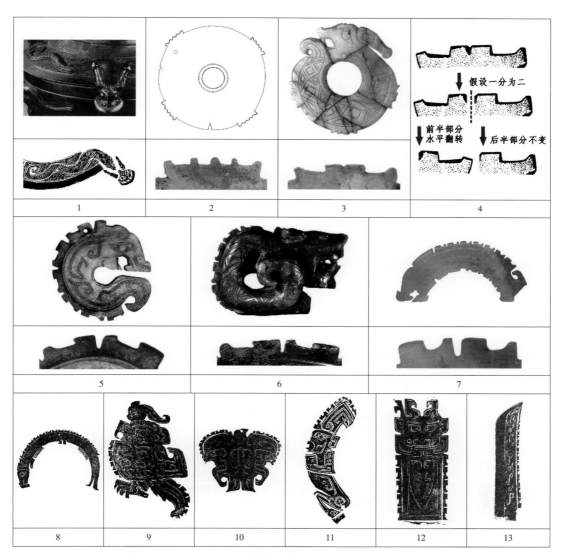

图 19　商代龙纹龙脊的出现与演变

1. 安徽阜南龙虎尊（局部）；2. 金沙牙璧（2001CQJC：11）；3. 玉龙（侯家庄 M1443：1385）；4. 龙背介字形饰的形变；

5. 玉龙（小屯 M5：988）；6. 玉龙（小屯 M5：408）；7. 玉龙（小屯 M5：932）；8. 玉鱼（小屯 M5：418）；

9. 玉鹦鹉（小屯 M5：993）；10. 玉鹰（小屯 M5：390）；11. 玉人（小屯 M5：470）；

12. 玉人首蝉身像（小屯 M5：1324）；13. 玉刀（小屯 M5：476）

（尤其是玉虎与玉蝉）的顶部常装饰为"介"字形，可视为融入"介"字冠观念的一种借用。第二种，在商代，蜷体玉龙造型最初受到牙璧的影响，仿照牙璧在龙身上等距装饰四处（双中齿型）"介"字形饰，后将"介"字形饰一分为二并同向化，装饰于整个龙身，形成了以形为基础单元的龙脊。之后这种装饰成为动物形玉雕常见的花边造型。

结　语

通过上文对"介"字形饰多方面的探讨，我们可以得到以下几方面的认识：

首先，对于"介"字冠所反映的观念传承。作为神祇形象的冠饰，"介"字冠在高庙文化（獠牙神像）、河姆渡文化（双环目纹之上）中可视为雏形阶段，经凌家滩文化（玉人、玉梳背）的传承，至良渚文化中，"介"字冠成为神人、神兽形象的重要特征。龙山时代，中华文明核心区地方社会常见戴有"介"字冠的神面纹，并影响了青铜时代早期饕餮纹额间 T 形冠的形成，直至西周时期仍有相近冠饰出现（图 20）。另外，受神祇戴"介"字冠观念的影响，在塑造较写实的动物形象时，也将"介"字冠融入动物顶部，如后石家河文化的玉虎头和玉蝉。

整体看来，自公元前 5000 年的高庙文化至公元前 1000 年的商周时期，将"介"字形饰作为"冠"的观念在 4000年间一直有序传承，虽然最初出现于南方地区，而至龙山时代则已经影响到包括黄河、长江中下游的诸多区域文化，并于三代融入核心礼器纹饰饕餮纹之中。介字冠的传承与发展，从一个侧面表现了中华文明早期阶段"多元一体"文明进程在观念层面的认同过程。

其次，"介"字形饰的形式演变方面。作为玉器上独立的"介"字形饰（非冠饰），从良渚文化时期至三代间发

图 20　"介"字冠的传承

生了一系列的形式演变：在良渚文化中"介"字形饰的主要特征表现为中部有尖凸的～形（与良渚文化神人纹羽冠轮廓同形），但随着独立"介"字形饰的广泛应用，另出现一种轮廓呈"凸"字形的形式（），顶部较平不再呈尖状。在好川文化中以此为基础创新出作为漆器饰件的形玉片，并北传至大汶口文化。大汶口文化将这种玉片造型融入玉环（），"凸"字形顶部凸出棱边（），形成了"介（凸）"字形扉牙的雏形。龙山时代，山东龙山文化传承了该模式，出现了以一中齿、两端齿为主要特征的"介（凸）"字形扉牙（），并对其他区域文化产生影响。随着"介（凸）"字形扉牙的流行，龙山时代出现了三种主要变体：紧凑表现各齿的三连齿型（）、取消中齿的凹形齿型（）、拆分中齿的两（多）中齿型（）。三代间，龙山时代

的各种形式均有传承，并出现了双端齿（）的新形式。商代玉龙最初受到牙璧影响，身周等距出现四处两中齿型扉牙（），后经拆分、同向化后（）成为商代玉龙龙脊的基本单元，并进一步发展为商代晚期玉雕的常见轮廓花边。

"介"字形饰的演变过程，反映出其脱离"介"字冠独立发展的自由性，尤其是龙山时代各种"介"字形扉牙的变体。虽然从外形来看，有些形象已经脱离了"介"字形的原型，但基本均基于一中齿、两端齿的基础形式，既表现出传承性，又体现了创新性。

再次，作为器表的"介"字形刻纹，从河姆渡文化至大汶口文化也发生了形式演变：河姆渡文化的陶器上较早出现了独立的（双层）"介"字形刻纹（），良渚文化传承了该形式，并在陶器、玉器上均有体现。除形式外，还发展

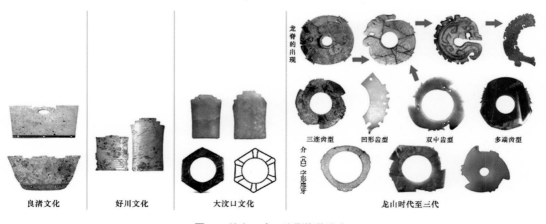

图21　独立"介"字形饰的演变

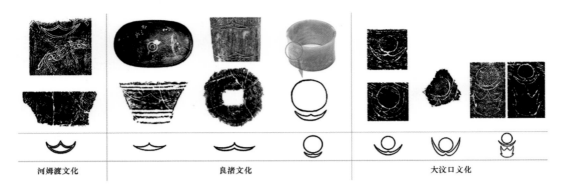

图 22 "介"字形刻纹的演变

出下方为双弧线的新类型（〰）。需要注意的是，良渚玉器上新出现的"圆形+介字形"（◯）组合纹饰对大汶口文化的陶瓮刻纹产生了重要的影响。大汶口文化中的〰、〰形象，其中"介"字形正与良渚文化中的两种类型相对应，表明了两者间的传承关系。大汶口文化对该形象进行创新，如出现了"圆形+介字形+山字形"（◯）的新组合。

"介"字形刻纹的演变，体现出文化互动对纹饰传播的影响。学界曾对于大汶口文化陶刻符号的意义讨论热烈。如果从文化互动的角度来看，这种纹饰在大汶口文化缺乏本土来源，而在良渚文化中有着丰富的表现和久远的渊源，因此，从文化互动角度认识这些符号的形成更加符合历史情景。

最后，"介"字形饰的跨材质影响。以"介"字形为代表的早期艺术，很大程度上可视之为观念的外化，而材质仅是展示观念的载体。上引表现"介（凸）"字形纹饰的材质包括陶器、玉器、石器、骨器，尤其是随着青铜这种新材质的出现，不仅"介"字冠融入了青铜器上最重要的纹饰饕餮纹，凸起器表的"介"字形扉牙也影响了扉棱的出现。这种影响不仅是"介"字形扉牙的造型方面，还包括凸起于器表的装饰模式方面。

这种跨材质的传承，正表现了早期艺术的生命力，很多重要的标识性符号之所以能够延续几千年，新材质赋予其新的生命力是重要原因。但形式的传承并不意味着意义的延续，还要结合原境动态地加以理解。

新见曾侯剑研究
——兼论曾侯昃的年代 *

■ **许子潇**（北京大学出土文献与古代文明研究所）

两周时期的曾（随）国被认为是周王室分封在汉东地区的"诸姬"之首，[1] 国力一度强盛，又因其地近长江中游铜矿产区，在"金道锡行"上发挥着重要的战略意义。考古发现的曾国铜器群以数量庞大、造型华美著称。在已往发现和著录过的曾国铜器中，尚无一柄属于曾侯或曾国贵族的实用铜剑，以致学界有"曾国无剑"的说法。近年新见的曾侯剑对此说造成直接冲击。曾侯剑现藏湖北长江文明馆，首次公布于 2010 年，[2] 2022 年又有文章对其作了详细介绍。[3] 一般认为考古发现的南方曾国即传世文献中的随国，其国君世系在传世文献中隐没不显。曾侯剑铭明确记录了私名为昃的一代曾侯，对曾国历史、曾国世系等问题的研究具有重要价值。目前，在曾侯剑铭文释读及曾侯昃诸器时代的认识上，学界尚有一些分歧，有继续讨论之必要。

图 1　曾侯剑

* 本文受"古文字与中华文明传承发展工程"规划项目"荆门纪山镇林场遗址车马坑出土简牍文献整理研究"（项目编号：G1922）资助。

1 《左传》桓公六年：汉东之国，随为大。随张，必弃小国。

2 曹锦炎：《曾侯昃剑小考》，《中国考古学会第十三次年会论文集》，文物出版社，2010，第 272—276 页。

3 邹秋实等：《长江文明馆藏曾侯子昃剑初探》，《江汉考古》2022 年第 5 期。

一　形制与时代

从形制上看，曾侯剑属于吴越系铜剑，通长 67.2 厘米，剑身束腰，菱形薄格，喇叭形剑茎，近首端半中空，圆茎上两道凸箍，凸箍表面装饰细密夔纹并且镶嵌绿松石片，剑格及剑首上有鸟虫书铭文，剑首铭文 12 字，隔字错金银。吴越系铜剑有三种主要类型，其一为茎上带扉耳剑；其二为厚格有箍有首剑；其三为薄格无箍有首剑。[1] 三者虽然在细节上偶有互见，但主要特征一般不相混淆。曾侯剑属于后两种类型相结合的产物，比较特殊。这种形制的铜剑从前也有过发现，器主不乏诸侯国君级别的高级贵族，如苏州博物馆藏的吴王余眛剑等。[2]

两周时期，吴越系铜剑的整体演变趋势是剑体逐渐加长。春秋晚期以前，吴越系铜剑的长度基本在 40—50 厘米，几乎没有超过 60 厘米者。进入战国以后，相当部分的吴越系铜剑已经可以达到 60 厘米，有的甚至达 70 厘米以上。已有学者

图 2　剑箍纹饰

指出，在剑茎的凸箍上施加纹饰，多见于一些有铭的王、侯之剑，是判断春秋晚期及战国时期铜剑高规格的重要标志，[3] 可见曾侯剑的器主同样享有极高的社会地位。为方便比较，表 1 按照时代顺序列举了一些保存完整的东周王、侯使用的高规格吴越系铜剑。

增加兵刃的长度是迎合现实使用的需要，但也须确保剑体的刚度，因此，这种进步要在合金技术和加工工艺的进步下才能实现。[4] 上举春秋晚期的吴王余眛、夫差剑的长度已经接近当时铸剑技术所能达到的极限，[5] 以此视之，长达 67.2 厘米的曾侯剑年代上限不会早过战国早期。

1　毛波：《吴越系铜剑研究》，《考古学报》2016 年第 4 期。

2　程义、张军政：《苏州博物馆新入藏吴王余眛剑初探》，《文物》2015 年第 9 期。

3　毛波：《吴越系铜剑研究》，《考古学报》2016 年第 4 期。

4　肖梦龙：《吴干之剑研究》，收入高崇文、安田喜宪主编《长江流域青铜文化研究》，科学出版社，2002，第 72 页。

5　上海博物馆曾征集到一柄长达 77 厘米的吴王光剑。此剑原本是无格无首的扁茎剑，非典型吴越式铜剑，而且这把剑在原来的基础上又套接了剑格，另铸接了一段圆茎及剑首，所以此剑的原长并没有 77 厘米。因其形制特异，不纳入本文的比较范畴。

表1	东周王侯级别吴越系铜剑对比											
器主年代	前585—前561	前560—前548	前543—前527	约前536	前514—前496	前495—前473	前495—前473	前496—前465	前488—前432	前464—前459	前448—前412	前411—前376	前411—前333
器名	工吴大子姑发诸樊剑	吴王诸樊剑	吴王余眛剑	徐王义楚之元子剑	攻吴王光韩剑	攻吴王夫差剑	攻吴王夫差剑	越王勾践剑	楚王酓章剑	越王者旨於睗剑	越王州句剑	越王旨不光剑	越王丌北古剑
器形													
长度（cm）	36.5	41.8	57.5	48.2	49.2	59.1	51	55.7	50.5	64	63.6	65.4	64
国别	吴	吴	吴	徐	吴	吴	吴	越	楚	越	越	越	越

二　铭文与时代

曾侯剑剑格铭文 16 字，剑首铭文 12 字，皆为鸟虫书。依翟静雯意见释读如下：[1]

　　曾侯子🐦　　曾侯子🐦　　（剑格正面）

　　自作用剑　　自作用剑　　（剑格背面）

　　曾侯🐦以吉金自作元用之剑（剑首）

鸟虫书会在文字构形中改造原有的笔画使之盘旋弯曲如鸟虫形，或者加以鸟形、虫形等纹饰。[2] 曾侯剑剑格铭文每字宽 2 毫米，分布于宽 2.6 毫米的薄格之上，在如此逼仄的空间内想要将每个字都繁化处理，殊难为之。但仔细观察其中用为曾侯私名的🐦、🐦字，字形的上部笔画繁化为一个侧出喙的鸟头。此字在剑首铭文中的对应字形作"🐦"，鸟头变成了两侧对称出喙，类似的例子可参子䀠戈的🐦字[3]。

1　翟静雯：《曾侯㞷剑铭文考释》，《江汉考古》2022 年第 6 期。

2　曹锦炎：《鸟虫书通考》，上海书画出版社，1999，第 1 页。

3　中国社会科学院考古研究所编：《殷周金文集成》（以下简称《集成》）11000 号，中华书局，2007。

诸家将此字释为"昃",并将此剑与2003年襄阳梁家老坟M11所出曾侯昃戈,以及另一件私藏的曾侯昃戈相联系。[1] 今按,这种看法在字形演变上还存在缺环,有必要做出更细致充分的论证。

昃字在古文字中存在如下一些形体:

（合 20965　师小）

（合 10405 反　典宾）

（花东 437）

（合 29910　无名）

（蓬子昃鼎）

（滕侯昃戈）

（中山王墓 M1,BDD：42 泡饰）

（包山 2.181）

（新蔡甲三 292）

（三体石经）

（曾侯昃戈）

（曾侯昃戈）

甲骨文昃字从日矢,日在人旁,会日照人影倾斜之意,商代卜辞中常用来指称一日之中的固定时段。虽然昃字的形体在后代有一些变化（如偏旁相对位置的调整,以及表示人形的矢旁音化为仄形等）,但参照三体石经古文,将两件曾侯戈中的字释为昃（昃）是没有问题的。那么,曾侯剑中用为私名的"　"字又该如何认识呢?据《初探》介绍："曾侯剑格两侧的铭文都是从剑脊起读,比如两个'曾'位置相邻,而两个'昃'字各在铭文区两端。"准此可将剑格铭文的排列方式复原如图3。

值得注意的是,在剑脊两侧的铭文中,凡是非轴对称的字形,左右两个字的朝向都是相同的。比如两个"侯"字所

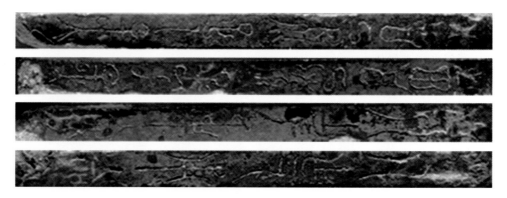

图 3　曾侯昃剑格铭文

1　曹锦炎:《曾侯昃剑小考》;吴镇烽:《商周青铜器铭文暨图像集成续编》（以下简称《铭图续编》）1350 号,上海古籍出版社,2016;邹秋实等:《长江文明馆藏曾侯子昃剑初探》;黄锦前:《再论"穆穆曾侯"及随州文峰塔 M4 的墓主》,《文物春秋》2020 年第 4 期。

从的矢旁都贴近上边缘、两个"作"字所从的又旁开口都向下。这种颇具匠心的设计说明，🦅、🦅鸟头出喙的方向设计也是有意为之。实际上，🦅、🦅二字的鸟头既不是日形，也不是凭空添加的装饰部件，而是该文字原有笔画的繁化，侧面出喙即表示此笔画的朝向。"昃"字古文从矢不从大，"矢"与"大"的区别在于人形头部是否向一侧倾斜，这一点在上举滕侯昃戈、曾侯昃戈铭文中表现得十分清晰。🦅、🦅特意表现出的鸟头鸟喙，就是对人形头部倾斜的繁化表达，属于鸟虫书构形手法中常见的"化合式"[1]，恰恰证明此字不从大，而当从矢旁。至于剑首中对应的字形"🦅"，鸟头由单侧出喙变成了双侧出喙，乃是为了追求文字的对称之美。作为一种装饰功能极强的文字，鸟虫书不单单要讲究字体的繁缛华丽，还常常会追求字形本身的对称。营造对称的方法可以是凭空累加鸟虫构件，如🦅（攻）[2]、🦅（用）[3]、🦅（季）[4] 等；也可以是改变文字部件的相对位置，如🦅（铝）[5] 等；

还可以是添加一侧的轴对称笔画，如前举的🦅（子）字上部。[6] 凡此设计，都跟曾侯剑首的"🦅"字相似。了解这一点，也就知道"🦅"字矢旁两侧所从的两个日形，同样是为了满足对称需要，该字实际上就是从矢从日的"吴（昃）"字。

前文言及曾侯昃剑属于吴越系铜剑，其实还不够准确，从铭文内容及分布方式来看，此剑当属越式剑。已见的诸多越王剑，铭文所处位置以及排列方式的变化是有时代轨迹可循的，每一位越王剑铭不仅内容不同，而且铭文布局和读法都各自特点。[7] 表2简要列举一些典型的越式有铭铜剑，用以说明越式剑铭文分布的演变过程。

表2所举越王勾践剑铭位于剑身，是沿袭春秋时期吴式剑的传统。自越王者旨於睗后，铭文开始出现在剑格之上，但铭文的分布方向还没有确定下来。越王州句以降，格上铭文确定为由中间向两侧书写。越王者殹即越王不光，也就是典籍中的越王翳，[8] 从越王不光开始，剑格常作薄格形制，而且开始出现剑首的环列铭文。依传世文献记载，越王翁（或作"朱句"，

1　严志斌：《鸟书构形简论》，《江汉考古》2001 年第 2 期。

2　攻吴王光剑，见张光裕、曹锦炎主编《东周鸟篆文字编》37 号，香港翰墨轩出版有限公司，1994。

3　子昃戈，见《集成》11000。

4　吴季子之子逞剑，见《集成》11640。

5　玄镠戈，见《集成》10970。

6　子昃戈，见《集成》11000。

7　周亚：《越王剑铭与越王世系》，《古文字与古代史》第二辑，历史语言研究所，2009，第 243 页。

8　曹锦炎：《越王嗣旨不光剑铭文考》，《文物》1995 年第 8 期。

表 2			越式有铭铜剑		
器名	铭文位置	铭文图片	器主在位年代	出处	备注
越王勾践剑	剑身		前 496—前 465	《集成》11621	
越王者旨 於睗剑	剑格（厚）	（正） （反）	前 464—前 459	《集成》11598	正面文字由两侧向中间释读
越王州句剑	剑身		前 448—前 412	《集成》11625	
越王州句剑	剑格（厚）	（正） （反）	前 448—前 412	《集成》11622	文字由中间向两侧释读
越王者殹剑	剑格（厚）	（正） （反）	前 411—前 376	曹锦炎《新见越王兵器及其相关问题》，《文物》2000 年第 1 期	剑格文字由中间向两侧释读。剑首情况未详
越王旨 不光剑	剑格（薄）	（正） （反）	前 411—前 376	曹锦炎《越王嗣旨不光剑铭文考》，《文物》1995 年第 8 期	剑格文字由中间向两侧释读。剑首铭文顺时针释读
	剑首				

续表

器名	铭文位置	铭文图片	器主在位年代	出处	备注
越王者旨 不光剑	剑格（薄）	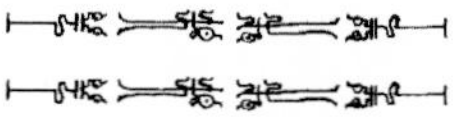 （正） （反）	前411—前376	《铭图续编》1328	剑格文字由中间向两侧释读。剑首铭文逆时针释读
	剑首				
越王丌北古剑	剑格（厚）	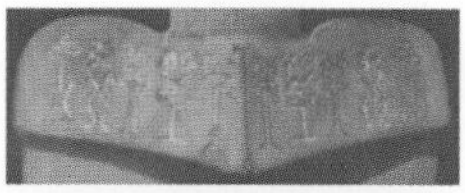 （正） 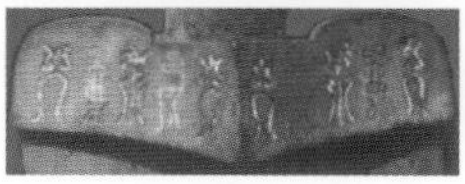 （反）	不明	黄光新《安庆王家山战国墓出土越王丌北古剑等器物》，《文物》2000年第8期	剑格文字由中间向两侧释读。剑首铭文顺时针释读
	剑首	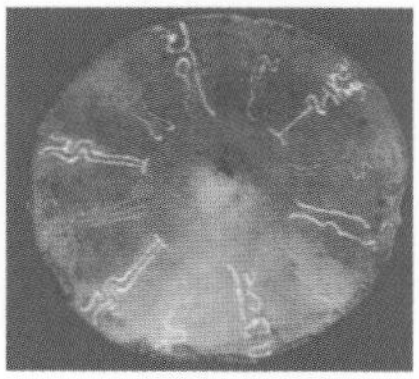			

剑铭作"州句"）和翳（不光）二人父子相继，其间无法容纳另一位越王，由于剑首铭文的出现不能早于州句，所以越王丌北古的时代必定在越王不光之后。[1] 需要说明的是，以上所论只是大体梳理越式剑的发展脉络，旧特征的消亡和新特征的出现并不完全是此消彼长的关系，具体到某一时期或者某位越王的器物上出现一些早先流行的因素，也是可以理解的，比如州句剑的剑身铭文和丌北古剑的厚剑格等。

回过头来观察曾侯昃剑，其剑格为薄格式，铭文从中间向两侧排布。剑首鸟虫书，12字逆时针排列，隔字错金银。诸多特征叠加在一起，与之最为相似的当属越王不光诸剑。不光在位的时间为公元前411—前376年，此时段可作为曾侯昃年代的最重要参考。不少学者据曾侯昃戈的

1　目前所见属于越王不光的铜剑约十柄，剑首铭文多为顺时针排布，唯独表2中所举《铭图续编》1328为逆时针排布。已公布的若干柄越王丌北古剑，剑首铭文均为顺时针排布，此现象或可在侧面说明丌北古时代晚于不光。

梁家老坟 M11	香港私人收藏
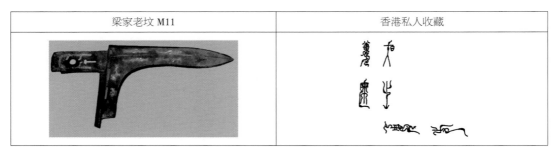	

图 4　曾侯昃戈

形制，判定曾侯昃在位时间应当在春秋中晚期之交或者春秋晚期前段，[1] 与笔者的判断相差近百年，后文将对此作进一步解释。

三　曾侯昃戈的年代

曾侯昃戈共有两件，形制、铭文内容相同，字体略有不同。一件为香港私人收藏，仅有铭文摹本著录，器形不明。另一件出自襄阳梁家老坟 M11（见图 4），该墓材料未正式公布，据介绍为战国中期楚墓。[2]

M11 戈为弧线形锋，中胡二穿，胡上阑侧有一半圆形穿。内上二穿，伞形穿在前，圆形穿在后，下缺角。内上装饰有双勾线抽象鸟纹，内下角相交处勾勒出鸟喙，圆穿恰好象征鸟目。援、胡上错金鸟虫书铭文 2 行 6 字"曾侯昃之用戈"。类似形制的戈在东周楚文化区比较常见，早晚期都有，如淅川下寺 M11：29/30 戈（图 5）、[3] 随州义地岗 M1：7 戈（图 6）、[4] 随县擂鼓墩 M1：N3 曾侯邸戈（图 7）、[5] N236 曾侯乙戈（图 8）[6] 等。其中曾侯乙戈的内下缺角、内援持平、阑与内的夹角接近 90 度，形制与曾侯昃戈最为相近。此类戈的演变趋势是戈锋由折角转为弧线形，援身收窄变短、内变长。从这个层面来看，曾侯昃戈的时代不会很早。

1　湖北省文物考古研究所编：《曾国青铜器》，文物出版社，2007，第 388—389 页；徐少华：《曾侯昃戈的年代及相关曾侯世系》，《古文字研究》第三十辑，中华书局，2014，第 218—222 页；方勤：《曾国历史的考古学观察》，《江汉考古》2014 年第 4 期；方勤：《曾国世系及相关问题研究》，《江汉考古》2021 年第 6 期；黄锦前：《再论"穆穆曾侯"及随州文峰塔 M4 的墓主》，《文物春秋》2020 年第 4 期。

2　湖北省文物考古研究所编：《曾国青铜器》，第 388—389 页。

3　河南省文物考古研究所等：《淅川下寺春秋楚墓》，文物出版社，1991，图版——二·一。

4　湖北省文物考古研究所等：《湖北随州义地岗墓地曾国墓 1994 年发掘简报》，《文物》2008 年第 2 期。

5　《集成》11094。

6　《集成》11168。

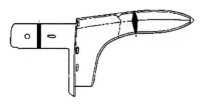

图 5 淅川下寺 M11：29/30 戈

图 6 义地岗 M1：7 戈

图 7 曾侯㵸戈

图 8 曾侯乙戈

此外值得注意的一点是，这种形式的戈一般没有纹饰，但井中伟曾指出属于蔡国的几件戈上出现过与曾侯昃戈相类似的鸟纹。[1] 曾、蔡两国同属周王室分封在江汉地区的重要姬姓国，在文化上确有相互借鉴的可能。观察这些蔡戈（图 9—图 12），[2] 可以发现它们的鸟纹比较写实，

而曾侯昃戈的鸟纹更加抽象化、几何化，证明后者的时代应晚于前者。蔡戈中时代明确的器主有蔡昭侯申（前 518—前 491 在位）、蔡声侯产（前 471—前 457 在位）等，曾侯昃的在位年代应排在他们之后。

曾侯乙墓的文字材料中出现过先后相继的曾侯遬[3]、曾侯㵸、曾侯乙三代曾

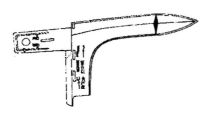

图 9 霍山十八塔蔡侯申戈

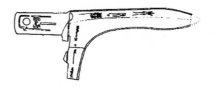

图 10 六安西窑厂 M5：3 蔡侯产戈

1　井中伟：《早期中国青铜戈·戟研究》，科学出版社，2011，第 190—193 页。

2　诸戈信息参看王步毅《安徽霍山县出土吴蔡兵器和车马器》，《文物》1986 年第 3 期；六安市文物管理所《安徽六安市西窑厂 5 号墓清理简报》，《文物》1999 年第 7 期；上海博物馆《上海博物馆藏青铜器》87 号，上海人民美术出版社，1964；张光裕《雪斋学术论文二集》武陵新见古兵三十六器集录 16，台北艺文印书馆，2004。

3　字亦作䜌，见《集成》11178。

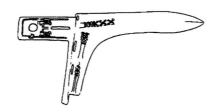

图 11　蔡公子加戈

图 12　君用戈

侯。[1] 随州文峰塔 M1 曾侯㵘（即曾侯遰）编钟制作于吴入郢之后的前 497 年，[2] 曾侯乙下葬于前 433 年前后，三代曾侯的活跃年代正好处于春秋晚期至战国早期之间，厘清他们与曾侯昃的关系很有必要。若将曾侯昃在位时间定为春秋中晚期之际或春秋晚期前段，进而排在曾侯遰之前，则曾侯昃与蔡昭侯、吴王光、楚昭王、秦哀公等同为春秋晚期时人，这样的安排恐怕会引发一系列器物形制方面的矛盾。只有将曾侯昃定为曾侯乙之后的第一代或第二代曾侯，才能与上面讨论的曾侯昃剑、曾侯昃戈时代相合，也能跟梁家老坟 M11 楚墓的时代（战国中期）相印证。[3]

四　关于"曾国无剑"说法的反思

回到本文讨论的曾侯昃剑上。剑首铭"曾侯昃以吉金自作元用之剑"，至少透露了曾侯昃在位时曾国内部的两方面信息：曾人有佩剑习俗，或者说曾人对佩剑并不排斥；曾国有制造高规格越式铜剑的能力，或者说有越国铸剑师在曾国为曾侯铸剑。凡此条件，战国早期以前的曾国均不具备。

凭借目前的考古发现已经可以建立起曾侯编年的大致序列。从西周早期的曾侯谏、伯生、曾侯犹，到两周之际的曾侯絴伯，再到春秋时期的曾侯宝、曾侯得、曾侯遰、曾侯邲，直到战国早期的曾侯乙、曾侯丙，无论是各级别的贵族墓还是一般的平民墓，诸多曾国墓葬未见有实用铜剑出土。[4] 春秋晚期以降，曾国在政治上已经完全倒向楚国，沦为附庸，文化上也可以纳入楚文化体系。进入战国后，楚人逐渐表现出一种对佩剑的狂热，成年男子基

1　三者时代关系，可参看徐少华《曾侯昃戈的年代及相关曾侯世系》，《古文字研究》第三十辑。

2　李学勤：《曾侯㵘（與）编钟铭文前半释读》，《江汉考古》2014 年第 4 期。

3　关于曾侯昃戈的类型学研究，亦可参看黄凤春《曾侯世系编年的初步研究》，《湖南省博物馆馆刊》第 14 辑，2018 年，第 318—319 页。

4　曾侯乙墓钟虡被设计成腰间带剑的铜人形象。这些铜剑的剑身和剑鞘铸为一体，剑茎外露，薄格无箍，很可能仿自吴越系铜剑（见湖北省博物馆编，《曾侯乙墓》图版三〇，文物出版社，1989 年）。《考工记·梓人》："厚唇弇口，出目短耳，大胸耀后，大体短脰：若是者谓之臝属，恒有力而不能走，其声大而宏。有力而不能走，则于任甚宜。大声而宏，则于钟宜。若是者以为钟虡，是故击其所县而由其虡鸣。"所谓"臝属"，郑注："虎豹貔螭为兽浅毛者。"曾侯乙编钟以铜人取代猛兽来承重，不似寻常人可以为之，推测应该是当时的力士武士等特殊人群，他们的穿戴和装备不能代表曾国人的常态。

本都会随葬铜剑。曾人对楚文化的吸收是全方位多角度的，但在佩剑方面却表现得异常淡漠，随葬大量精美铜器的曾侯乙墓竟无一柄铜剑出土就是最好的证明。若将曾侯昃的世系排在曾侯乙之前，骤然一现的铜剑会显得十分突兀。

曾人对佩剑习俗接纳的时代较晚，不能忽视其中现实层面的因素。春秋早中期以前，楚地几乎没有铜剑发现。春秋晚期开始，吴越相继崛起，两国的铜剑也因锻造精良而被世人奉为瑰宝，出土地的分布范围亦扩及楚地。但受限于诸国的矿产和铸造技术，彼时吴越式剑的流通还只能依靠战争或者赠与，[1] 贵若诸侯国君也常常一剑难求。[2] 进入战国时代后，吴国灭亡，越国也逐渐衰落，其他诸侯国方才得以吸纳吴越之地的铸剑人才或者直接学习吴越的铸剑技术，此时吴越式剑已经成为各国的主要剑式。但各国铸品始终不能与吴越本地之剑相媲美，战国中晚期的仰天湖楚墓 23 号遣策简提到了一柄"越铸剑"，可以推测当时吴越之地铸造的铜剑或许有专名，《考工记》："吴粤之剑，迁乎其地而弗能为良"，是之谓也。在春秋晚期至战国的这段时间内，楚国先是连越抗吴，而后又与越国长期并存伺机灭越。文化的交融是渐进的，作为楚国的附庸，曾国对吴越文化的接纳应该较楚国晚一些，程度也应该较同时期的楚国轻一些，

所以曾人对吴越式剑的接纳也会迟滞一些。曾侯昃剑双箍装饰夔纹且镶嵌绿松石的形制非常罕见，战国早期以前的曾侯想要"以吉金自作"这样一柄精良的高规格越式剑，几乎难以实现。

结　语

对新见曾侯剑进行考察后，笔者认为曾侯剑的器主与两把曾侯昃戈的器主为同一人。曾侯昃的在位年代当在战国早中期之际，也就是曾侯乙之后、曾国灭亡之前。两周的大部分时间内，周人墓葬随葬兵器都是以铜戈—盾鍚为基本组合，吴越式铜剑并不常见。目前发现的曾侯昃高规格佩剑，是社会顶层人群才能享用的外来奢侈品，不能视为当时曾国人的一般习俗或日常用器。

附记

本文的一些看法受黄凤春先生启发。黄先生提示我曾侯昃剑出土于一座战国晚期的低等级楚墓，此信息可以侧面印证本文的观点，现附记于此，备读者参考。初稿完成后，蒙张天宇先生、董家宁女士指教，匿名审稿人的意见也已酌情吸纳，谨对诸位师友表示感谢。

1　《史记·仲尼弟子列传》："越王大说，许诺。送子贡金百镒，剑一，良矛二。子贡不受，遂行。"《左传》哀公十一年："将战，吴子呼叔孙，曰：'而事何也？'对曰：'从司马。'王赐之甲、剑铍，曰：'奉尔君事，敬无废命！'叔孙未能对。"

2　《史记·吴太伯世家》："徐君好季札剑，口弗敢言。季札心知之，为使上国，未献。还至徐，徐君已死，于是乃解其宝剑，系之徐君冢树而去。"

承人升天

——试论战国及西汉的笭床

■ 佘永通（南京师范大学文物与博物馆学系）　高　悦（淮安市文物保护和考古研究所）

笭床是战国楚墓中出现的一种特殊葬具，为一块镂孔花纹的木板，多有髹漆装饰，位于内棺底板上，垫于尸体下。20世纪50年代，在长沙楚墓中首次发现此物，称为"雕刻花板"，并判断是文献中的"笭床"[1]。此后，这种葬具在战国楚墓中常有发现，主要分布于湖南、湖北、安徽等地，至西汉时在江苏亦有发现（图1）。这种葬具不见于"三礼"，文献中少有记载。前辈学者对这种葬具的名称、性质做了一些讨论。叶定侯先生认为此种葬具不是"笭床"或"楄柎"，而是"簀"，为承尸沐浴、入棺籍干之用；[2]贺刚先生则认为这是对生前床簀的模仿，并对其发展谱系做了较充分的研究；[3]高崇文先生提出此种葬具为"夷床"，人死后在其上进行一系列丧葬仪节。[4]目前对于笭床的研究多置于战国楚墓研究体系内，对战国之后笭床发展、消亡等问题的研究略显不足，对笭床的性质、功能亦无定论。下文即试对笭床这一特殊葬具进行专门讨论，不妥之处敬请方家指教。

一　笭床的发现与类型

本文共搜集目前已公布资料中战国及西汉时期笭床99例，其中战国时期93例，西汉6例。具体情况情况如下。

湖北：

江陵49例。分别发现于雨台山M150、M169、M183、M206、M231、M297、M319、

1　《长沙仰天湖战国墓发现大批竹简及彩绘木俑、雕刻花板》，《文物参考资料》1954年第3期。

2　叶定侯：《长沙楚墓出土"雕刻花板"名称的商讨》，《文物参考资料》1956年第12期。

3　贺刚：《"笭床"正义》，《江汉考古》1991年第4期；《楚墓出土"笭床"研究》，载楚文化研究会编《楚文化研究论集（第三集）》，湖北人民出版社，1994，第277—305页。

4　高崇文：《楚墓的考古发现与研究》，《古代文明（第8卷）》，文物出版社，2010，第163—203页。

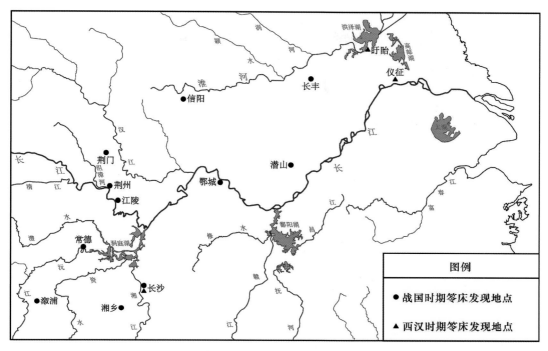

图1　战国西汉时期笭床发现分布示意

笔者绘制

M323、　M376、　M416、　M441、　M486、
M543、M555,[1] 拍马山M5,[2] 望山M1、
M2、M3,[3] 马山M1、[4] M2,[5] 李家台
M3、M4,[6] 车挡M1,[7] 九店M3、M7、
M13、M17、M26、M33、M51、M56、

M246、　M251、　M256、　M264、　M295、
M410、　M430、　M439、　M447、　M451、
M453、　M483、　M617、　M620、　M642、
M711、M712,[8] 枣林铺M1。[9]

1　中国社会科学院考古研究所、湖北省荆州地区博物馆：《江陵雨台山楚墓》，文物出版社，1984，第16—23、
　　35、38、42、52页，图版四。

2　湖北省博物馆发掘小组、荆州地区博物馆发掘小组、江陵县文物工作组发掘小组：《湖北江陵拍马山楚墓发掘简
　　报》，《考古》1973年第3期。

3　湖北省文物考古研究所：《江陵望山沙塚楚墓》，文物出版社，1996，第13、121、194页。

4　湖北省荆州地区博物馆：《江陵马山一号楚墓》，文物出版社，1985，第8页。

5　荆州地区博物馆：《江陵马山砖厂二号楚墓发掘简报》，《江汉考古》1987年第3期。

6　荆州博物馆：《江陵李家台楚墓清理简报》，《江汉考古》1985年第3期。

7　荆沙市文物处：《江陵车挡战国墓清理简报》，《江汉考古》1996年第1期。

8　湖北省文物考古研究所：《江陵九店东周墓》，科学出版社，1995，第31、45、47—49、51、83—88、90、92、97、
　　99、104、106、107、117、127、129、469、470、474、476、图版一五、图版一八、图版二一、图版二四页。

9　江陵县博物馆：《江陵枣林铺楚墓发掘简报》，《江汉考古》1995年第1期。

荆门 5 例。分别发现于包山楚墓 M1,[1] 十里砖厂 M1,[2] 郭店楚墓 M1,[3] 黄付庙楚墓 M10、M24。[4]

鄂城 2 例。分别发现于钢厂 M1、M94。[5]

荆州 4 例。分别发现于秦家山 M2,[6] 曹家山 M1,[7] 施家地 M880,[8] 王家嘴 M798。[9]

湖南:

长沙 18 例。分别发现于仰天湖 M14、M25、M26,[10] 左家公山 M15,[11] 杨家湾 M6、五里牌 M13、烈士公园 M3、子弹库 M1、丝茅冲 M4、砂子塘 M6,[12] 广济桥 M5,[13] 义茶亭 M1,[14] 左家塘 M1,[15] 回龙山 M1,[16] 燕山街 M5,[17] 《长沙发掘报告》中记载的 M124、M125、M257。[18]

湘乡 2 例。分别发现于牛形山 M1、M2。[19]

常德 9 例。分别发现于德山 M25、

1　湖北省荆沙铁路考古队:《包山楚墓》,文物出版社,1991,第 20 页。

2　荆门市博物馆:《荆门十里砖厂一号楚墓》,《江汉考古》1989 年第 4 期。

3　荆门市博物馆:《荆门郭店一号楚墓》,《文物》1997 年第 7 期。

4　荆门市博物馆:《湖北荆门黄付庙楚墓发掘报告》,《江汉考古》2005 年第 1 期。

5　鄂城县博物馆:《鄂城楚墓》,《考古学报》1983 年第 2 期。

6　荆州博物馆:《湖北荆州秦家山二号墓清理简报》,《文物》1999 年第 4 期。

7　荆州博物馆:《湖北荆州曹家山一号楚墓发掘简报》,《江汉考古》2015 年第 5 期。

8　湖北省文物考古研究所:《湖北荆州市施家地楚墓发掘简报》,《考古》2000 年第 8 期。

9　荆州博物馆:《湖北荆州王家嘴 798 号楚墓发掘简报》,《江汉考古》2023 年第 2 期。

10　湖南省博物馆、湖南省文物考古研究所、长沙市博物馆、长沙市文物考古研究所:《长沙楚墓》,文物出版社,2000,第 11—13 页。M14 书中墓葬编号为 M1348,M25 书中墓葬编号为 M167,M26 书中墓葬编号为 M1350。

11　同上注。书中墓葬编号为 M185。

12　以上杨家湾 M6 至砂子塘 M6 均同上注。书中墓葬编号依次为 M569、M1576、M1569、M365、M835、M1606。

13　湖南省文物管理委员会:《长沙广济桥第五号战国木椁墓清理简报》,《文物参考资料》1957 年第 2 期。

14　贺刚:《楚墓出土“笭床”研究》,载楚文化研究会编《楚文化研究论集(第三集)》,第 279 页,文中称为长沙市文物工作队考古发掘资料。

15　同上注。

16　同上注。

17　同上注。

18　中国科学院考古研究所:《长沙发掘报告》,科学出版社,1957,图版六。

19　湖南省博物馆:《湖南湘乡牛形山一、二号大型战国木椁墓》,《文物资料丛刊》第 3 集,文物出版社,1980,第 99、101、108 页。

M50，[1] 汉寿姚家坝 M1、[2] 株木山 M1、[3] 株木山 M27，棉纺厂东山 M21，桃源陈家岗 M19、陈家岗 M20、三元村 M1。[4]

溆浦 1 例。发现于马田坪 M20。[5]

其他地区：

安徽 2 例。分别发现于潜山彭岭 M32，[6] 长丰杨公 M8。[7]

河南 1 例。发现于信阳长台关 M7。[8]

表1			部分笭床登记表		
墓葬名称	笭床类型	墓葬时代	墓葬名称	笭床类型	墓葬时代
江陵雨台山 M323	A 型 I 式	战国中期早段	江陵九店 M430	B 型 III 式	战国晚期早段
江陵望山 M1	A 型 I 式	战国中期早段	汉寿株木山 M27	B 型 III 式	战国晚期早段
江陵拍马山 M5	A 型 I 式	战国中期晚段	1954 长沙杨家湾 M6	B 型 III 式	战国晚期早段
江陵李家台 M4	A 型 I 式	战国中期晚段	1958 德山 M25	B 型 III 式	战国晚期早段
江陵雨台山 M183	A 型 II 式	战国中期早段	长丰杨公 M8	B 型 IV 式	战国晚期晚段
江陵九店 M295	A 型 II 式	战国中期晚段	1954 长沙左家公山 M15	C 型 I 式	战国中期晚段
荆州王家嘴 M798	A 型 II 式	战国晚期早段	1953 长沙仰天湖 M26	C 型 II 式	战国中期晚段
江陵九店 M51	A 型 II 式	战国晚期晚段	1959 长沙五里牌 M13	C 型 III 式	战国晚期早段
江陵九店 M712	A 型 III 式	战国晚期早段	1958 长沙烈士公园 M3	C 型 III 式	战国晚期早段
荆州施家地 M880	A 型 IV 式	战国中期	长沙发掘报告 M124	D 型 I 式	战国晚期
江陵雨台山 M169	A 型 V 式	战国中期早段	1953 长沙仰天湖 M25	D 型 I 式	战国中期晚段
江陵枣林铺 M1	A 型 V 式	战国中期早段	桃源陈家岗 M19	D 型 I 式	战国晚期晚段

1　湖南省博物馆：《湖南常德德山楚墓发掘报告》，《考古》1963 年第 9 期。

2　贺刚：《楚墓出土"笭床"研究》，载楚文化研究会编《楚文化研究论集（第三集）》，第 280 页，文中称为湖南省博物馆发掘资料。

3　同上注。

4　湖南省常德市文物局、常德市博物馆等：《沅水下游楚墓》，文物出版社，2010，第 77 页。书中墓葬编号为 M1493、M303、M1428、M1429、M1452。

5　湖南省博物馆：《湖南溆浦马田坪战国、西汉墓》，《文物资料丛刊》第 10 集，文物出版社，1987，第 90 页。

6　安徽省文物考古研究所、潜山县文物管理所：《安徽潜山彭岭战国西汉墓》，《考古学报》2006 年第 2 期。

7　安徽省文物工作队：《安徽长丰杨公发掘九座战国墓》，《考古学集刊》第 2 集，中国社会科学出版社，1982，第 47—60 页。

8　河南省文物考古研究所、信阳市文物工作队：《河南信阳长台关七号楚墓发掘简报》，《文物》2004 年第 3 期。

续表

墓葬名称	笭床类型	墓葬时代	墓葬名称	笭床类型	墓葬时代
江陵望山 M3	A 型 V 式	战国中期晚段	1953 长沙仰天湖 M14	D 型 Ⅱ 式	战国晚期
江陵九店 M617	A 型 V 式	战国中期晚段	常德棉纺厂东山 M21	D 型 Ⅱ 式	战国晚期早段
荆门包山 M1	A 型 V 式	战国中期晚段	1958 德山 M50	D 型 Ⅱ 式	战国晚期晚段
荆州秦家山 M2	A 型 V 式	战国中期晚段	潜山彭岭 M32	D 型 Ⅲ 式	战国晚期晚段
江陵雨台山 M555	A 型 V 式	战国晚期早段	仪征刘集联营 M1	D 型 Ⅳ 式	西汉早期
江陵九店 M711	A 型 V 式	战国晚期早段	仪征刘集联营 M4	D 型 Ⅳ 式	西汉早期
江陵九店 M483	A 型 V 式	战国晚期晚段	仪征刘集联营 M12	D 型 Ⅳ 式	西汉早期
荆门十里砖厂 M1	A 型 Ⅵ 式	战国中期晚段	长沙咸家湖曹㛥墓	E 型	西汉早期
江陵李家台 M3	B 型 Ⅰ 式	战国中期早段	仪征刘集联营 M59	F 型	西汉早中期之交
江陵九店 M410	B 型 Ⅱ 式	战国晚期早段	盱眙军庄汉墓 M208	F 型	西汉中期
江陵马山 M1	B 型 Ⅲ 式	战国晚期早段			

西汉时期的笭床发现剧减，目前湖南长沙仅发现 1 例，而在江苏等地发现了一批笭床：

江苏 5 例。仪征刘集联营 M1、M4、M12，[1] M59，[2] 盱眙军庄汉墓 M208。[3]

湖南 1 例。长沙咸家湖曹㛥墓。[4]

由于此种葬具保存不易且长期被忽视，报告中多是一笔带过，能够搜集到的图片资料较少。以上材料中有图片，包括线图在内可供观察的战国笭床共 39 例，汉代 6 例（表 1）。限于笔者水平，或有疏漏，但这些材料应已能较准确地反映出战国秦汉时期笭床的发展演变。通过对有图片可供观察的笭床进行类型学划分，战国西汉时期的笭床可分四型，每型中又可分若干式。

A 型 "十"字形纹饰笭床，也称此为凤鸟形、"十"字形或"亚"字形纹饰。以"十"字形图案为核心，居于每组纹饰的中央。这种纹饰出现时间应当是最早的，大约在战国中期早段就已出现。据其纹饰数量与组合方式的不同，可分六式（图 2）：

1　仪征市博物馆：《江苏仪征刘集联营 1—4 号西汉墓发掘简报》，《东南文化》2017 年第 4 期；《江苏仪征联营三座西汉墓的发掘》，《中国国家博物馆馆刊》2017 年第 8 期。

2　南京博物院、仪征市博物馆：《江苏仪征联营西汉墓地 M58、M59 发掘简报》，《文物》2024 年第 1 期。

3　秦颖：《西汉时期木椁墓木质葬具研究》，硕士学位论文，南京大学，2018。

4　长沙市文化局文物组：《长沙咸家湖西汉曹㛥墓》，《文物》1979 年第 3 期。

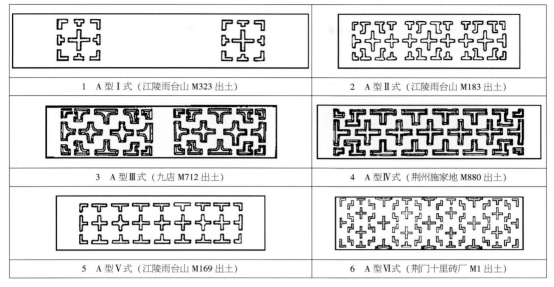

1　A型Ⅰ式（江陵雨台山 M323 出土）	2　A型Ⅱ式（江陵雨台山 M183 出土）
3　A型Ⅲ式（九店 M712 出土）	4　A型Ⅳ式（荆州施家地 M880 出土）
5　A型Ⅴ式（江陵雨台山 M169 出土）	6　A型Ⅵ式（荆门十里砖厂 M1 出土）

图 2　A 型笭床

1.、2.、5. 采自中国社会科学院考古研究所、湖北省荆州地区博物馆《江陵雨台山楚墓》，1984，第 38、42、35 页；3. 采自湖北省文物考古研究所《江陵九店东周墓》，1995，第 88 页；4. 采自湖北省文物考古研究所《湖北荆州市施家地楚墓发掘简报》，《考古》2000 年第 8 期；6. 采自荆门市博物馆《荆门十里砖厂一号楚墓》，《江汉考古》1989 年第 4 期

　　Ⅰ式　"十"字形纹饰只有两组，分别位于笭床的两端。以江陵雨台山 M323 笭床为例，该墓时代应为战国中期早段。

　　Ⅱ式　"十"字形纹饰增多为三组，分别位于笭床的两端及中间。以江陵雨台山 M183 笭床为例，该墓时代为战国中期早段。

　　Ⅲ式　"十"字形纹饰有两组，但与Ⅰ式不同，每组纹饰中有两个"十"字。此式目前发现较少，应为过渡阶段。以九店 M712 笭床为例，该墓时代为战国晚期早段。

　　Ⅳ式　"十"字形纹饰为三组，每组纹饰不再相对独立，而是将两侧的"T"

型纹饰相互融合。Ⅲ式的两组纹饰合二为一亦即成此式。以荆州施家地 M880 笭床为例，该墓时代为战国中期。

　　Ⅴ式　"十"字形纹饰为四组，与Ⅳ式的组合方式相同，区别仅为增加了一组纹饰。此式目前发现较多，延续时间较长。以江陵雨台山 M169 笭床为例，该墓时代为战国中期早段。

　　Ⅵ式　"十"字形纹饰为八组，纹饰组合相对独立。以荆门十里砖厂 M1 笭床为例。该墓时代为战国中期晚段。

　　B型　三角形纹饰笭床。每组纹饰呈方形，由四个三角形图案构成。资料中多称其为三角形纹饰，学者对此类纹饰称为

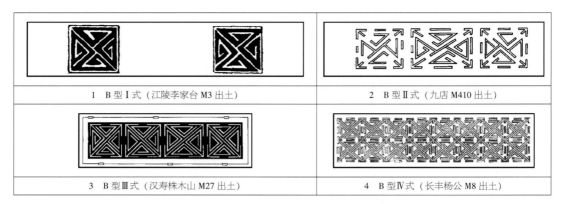

| 1　B型Ⅰ式（江陵李家台 M3 出土） | 2　B型Ⅱ式（九店 M410 出土） |
| 3　B型Ⅲ式（汉寿株木山 M27 出土） | 4　B型Ⅳ式（长丰杨公 M8 出土） |

图 3　B 型筡床

1. 采自荆州博物馆《江陵李家台楚墓清理简报》，《江汉考古》1985 年第 3 期；2. 采自湖北省文物考古研究所《江陵九店东周墓》，第 127 页；3. 采自湖南省常德市文物局、常德市博物馆等《沅水下游楚墓》，第 80 页；4. 采自安徽省文物工作队《安徽长丰杨公发掘九座战国墓》，《考古学集刊》第 2 集，第 57 页

龙纹还是三角形纹还有争议。[1] 三角形纹出现时间大致与"十"字形纹饰出现的时间相当，约为战国中期早段。据其纹饰数量不同，可分四式（图 3）：

Ⅰ式　三角形纹饰只有两组，分别位于筡床的两端，布局与 A 型 Ⅰ 式相同。以江陵李家台 M3 筡床为例，该墓时代为战国中期早段。

Ⅱ式　三角形纹饰增加至三组，与 A 型 Ⅱ 式布局相同。以九店 M410 筡床为例，该墓时代为战国晚期早段。

Ⅲ式　三角形纹饰增加至四组。以沅水下游楚墓 M1493 筡床为例，该墓时代为战国晚期早段。

Ⅳ式　三角形纹饰增加至十六组。以长丰杨公 M8 筡床为例，该墓时代为战国晚期晚段。

C 型　"十"字形与三角形混合纹饰筡床。此类纹饰是由"十"字形与三角形图案混合构成，出现的时间应当要稍晚于"十"字形纹饰和三角形纹饰，大约在战国中期晚段。据其纹饰数量与组合方式不同，可分三式（图 4）：

Ⅰ式　由三组三角形纹饰与两组半个"十"字形纹饰组成。两组半个"十"字形纹饰位于三角形纹饰之间。以 1954 年长沙左家公山 M15 筡床为例，该墓时代为战国中期晚段。

Ⅱ式　与 Ⅰ 式基本相同，变化仅在于两组"十"字形纹饰变得完整。以 1953 年长沙仰天湖 M26 筡床为例，该墓时代为战国中期晚段。

Ⅲ式　由两组三角形纹饰与两组"十"字形纹饰组成。三角形纹饰位于筡床两端，"十"字形纹饰位于筡床中间。

1　贺刚：《"筡床"正义》，《江汉考古》1991 年第 4 期；高至喜：《湖南楚墓与楚文化》，岳麓书社，2012，第 105 页。

1　C 型 I 式（1954 长沙左家公山 M15 出土）

2　C 型 II 式（1953 长沙仰天湖 M26 出土）

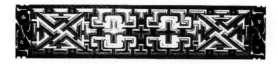

3　C 型 III 式（1959 长沙五里牌 M13 出土）

图 4　C 型笒床

采自湖南省博物馆、湖南省文物考古研究所、长沙市博物馆、长沙市文物考古研究所《长沙楚墓》，图版二

两组"十"字形纹饰相接处的"T"形纹饰融合为一个小"十"字纹饰。以 1959 年长沙五里牌 M13 笒床为例，该墓时代为战国晚期早段。

D 型　"龙穿璧"纹饰笒床。这类纹饰不见于湖北、河南等地，其中又以长沙发现最多。长沙出土的龙形较为形象，安徽发现的则已完全抽象，不可辨别首尾，江苏发现的西汉时期笒床上龙形则又重新变得生动形象。此类纹饰笒床主要出现在战国晚期。根据纹饰形状与数量不同，可分四式（图 5）：

1　D 型 I 式（1953 长沙仰天湖 M25 出土）

2　D 型 II 式（常德棉纺厂东山 M21 出土）

3　D 型 III 式（潜山彭岭 M32 出土）

4　D 型 IV 式（仪征刘集联营 M12 出土）

图 5　D 型笒床

1. 采自湖南省博物馆、湖南省文物考古研究所、长沙市博物馆、长沙市文物考古研究所《长沙楚墓》，图版三；2. 采自湖南省常德市文物局、常德市博物馆等《沅水下游楚墓》，第 80 页；3. 采自安徽省文物考古研究所、潜山县文物管理所《安徽潜山彭岭战国西汉墓》，《考古学报》2006 年第 2 期；4. 采自仪征博物馆《江苏仪征联营三座西汉墓的发掘》，《中国国家博物馆馆刊》2017 年第 8 期

Ⅰ式　笭床中间有两条双身大龙相互缠绕，龙头较为形象。两端各有两条呈"8"字形的小龙，大龙与小龙穿过一璧联系在一起。以1953年长沙仰天湖M25笭床为例，该墓时代为战国晚期早段。

Ⅱ式　整体布局与Ⅰ式相同，龙头则变得抽象，前端尖锐，后端圆弧，近似桃形。以沅水下游楚墓M303笭床为例，该墓时代为战国晚期早段。

Ⅲ式　龙纹完全抽象为条状，首尾不分。整个笭床共有8条龙纹，并且笭床中央增加一璧，共有三璧，各龙穿璧相互连系，两端各两条小龙纹。大体仍呈"8"字形，但略有变形，中间分左右两部分，均为四条较大龙纹缠绕在一起。以潜山彭岭M32笭床为例，该墓时代为战国晚期晚段。

Ⅳ式　龙纹彩绘，重新变得生动形象，数量减少，不再相互扭曲缠绕，形态舒展流畅，穿璧而过。以仪征刘集联营M12笭床为例，该墓时代为西汉早期。

E型　"祥云拱璧"纹笭床。仅见于长沙咸家湖曹𡡉墓，纹饰透雕，朱绘描金，由三个玉璧、一个半璧组成，玉璧四周有云纹围绕。该墓时代为西汉早期（图6）。

F型　折线穿璧纹笭床。公开资料中仅见于仪征联营M59和盱眙军庄汉墓M208，笭床上彩绘多枚玉璧，用彩绘折线相互串联，玉璧间有的还装饰有虎、朱雀之类的神兽。以仪征联营M59为例，该墓时代为西汉中期之交（图7）。据笔者所知，扬州地区西汉早期墓葬中还有此型笭床的发现。

图6　E型笭床

采自长沙市文化局文物组《长沙咸家湖西汉曹𡡉墓》，《文物》1979年第3期

图7　F型笭床

采自南京博物院、仪征市博物馆《江苏仪征联营西汉墓地M58、M59发掘简报》，《文物》2024年第1期

表2		各类型笭床时代统计					
类型 ＼ 时间		战国中期		战国晚期		西汉	
		早段	晚段	早段	晚段	早期	中期
A 型	I 式	√	√				
	II 式	√	√	√	√		
	III 式			√			
	IV 式	√					
	V 式	√	√	√	√		
	VI 式		√				
B 型	I 式	√					
	II 式			√			
	III 式			√			
	IV 式				√		
C 型	I 式		√				
	II 式		√				
	III 式			√			
D 型	I 式		√		√		
	II 式			√	√		
	III 式				√		
	IV 式					√	
E 型						√	
F 型							√

据上文对笭床所做的类型学初步分析，可得出如下认识：在时空范围上，笭床主要出现在战国中期至晚期早段，集中分布在湖北江陵附近，其次是湖南长沙地区，战国晚期晚段笭床数量锐减且发现地点东移。这一特点与战国中晚期政治形势可谓密切相关。在纹饰上，江陵地区流行 A 型、B 型笭床的几何形纹饰。长沙受到江陵地区传统的影响，在融合了 A 型、B 型笭床纹饰的基础上出现了 C 型笭床，同时还产生了 D 型"龙穿璧"纹笭床，龙形抽象，数量逐渐增多，具有地方特色。战国晚期晚段安徽发现的笭床，则可见受到了江陵与长沙的共同影响，几何形纹饰与"龙穿璧"纹饰共存。战国时期，各型纹饰的演变从简单逐渐复杂，而西汉早期扬州地区发现的 D 型笭床纹饰重新

变得形象，最终被"折线穿璧"纹饰取代。笔者目前粗略地认为各类型纹饰式别间应存在相对年代早晚关系，但早期纹饰仍会沿用至晚期。对此更精准的类型学研究，还有待于材料更加全面的公布。

二　筓床的源流

文献中最早出现"筓床"一词在《释名·释船》中，"舟中床以荐物者曰筓，言但有簀如筓床也。南方人谓之筓突，言湿漏之水突然从下过也"[1]。《释名·释车》中还提到，"筓，横在车前，织竹作之，孔筓筓也"[2]。据此可知，筓意指孔洞，考古所见春秋战国时期的车轮即为纵横木杆交错而成，形成网格结构，如文献中所言"孔筓筓也"（图8）。而筓床原是一种船中用于置物的用具，其具体形制目前暂不可知，但应当也是布满孔洞的结构，以使水流通过。将筓床和葬具联系在一起的文献是《左传·昭公二十

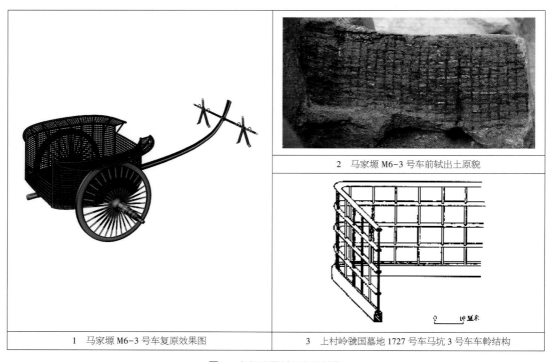

1　马家塬 M6-3 号车复原效果图　　2　马家塬 M6-3 号车前轵出土原貌　　3　上村岭虢国墓地 1727 号车马坑 3 号车车轮结构

图 8　春秋战国时期车轮结构

1、2. 采自甘肃省文物考古研究所《战国戎人造车》，文物出版社，2020，第 135、137 页；3. 采自中国科学院考古研究所《上村岭虢国墓地》，科学出版社，1959，第 42 页

1　（汉）刘熙：《释名》，中华书局，2016，第 112 页。

2　（汉）刘熙：《释名》，第 110 页。

五年》:"惟是楄柎所以藉干者",晋人杜预注曰:"楄柎,棺中笭床也。干,骸骨也。"[1] "楄"意为方木。[2] 从这些文献可以明确得知此种由方木构成的、起着承尸作用的垫尸板,即称为楄柎,也称为笭床。有学者认为楄柎就是笭床的说法是误订,其关键理由是楄柎若为承尸的笭床,应至晚在《左传》成书的春秋晚期就已出现,但考古发现中并未见到此类器物。然而在山西上马墓地春秋中期墓葬 M1006 中发现了此物,报告中亦称为笭床,平面略呈"干"型,为若干方木条穿榫而成[3](图9)。这些方木并非紧密排列,而是交错形成网格孔洞,正符合"笭"的本意。杜预所注并无问题,楄柎与笭床实是一物而二名,"笭"即对此种葬具多孔洞结构的描述。由于中原地区木质葬具不易保存,与此类葬具相关的考古发现仅上马墓

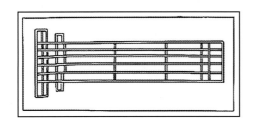

图9　上马墓地 M1006 发现笭床

采自山西省考古研究所《上马墓地》,第 185 页

地一例,不具备讨论条件,但楄柎,即棺中笭床,至少在春秋中期就已出现,在春秋晚期也见于文献记载。

目前发现楚文化中的笭床,最早出现于战国中期早段,其镂孔花纹很可能即是对春秋时期中原楄柎上孔洞的继承。而楚国夹处在中原与百越之间,楚文化中的笭床除受到中原影响以外,还可能有着一些越文化的因素。楚国自春秋以来不断打击越人,向南、向东扩张,在战国早期已占据了益阳、长沙一带,至战国中期,楚国吞并越国,扩张至现在的江苏、浙江地区。在这一过程中,强势的楚文化逐渐同化了此地的越人,但越文化也不可避免地对楚文化有所影响。越人在春秋战国时已有在棺中垫尸的习俗,如在福建崇安武夷山白岩崖洞墓中就发现了由竹片和木棒构成的垫尸架。[4] 战国早期的江西贵溪崖墓中,发现分别为由若干方木条排列而成、由若干木板排列且特意留出了孔隙、由整块木板组成的三种垫尸板,并且垫尸板上出现了纹饰。[5] 其中值得注意的是 M1、M2 棺 4,棺内两壁近底部有凸出的壁台,而垫尸板就铺在台面上,这与一些楚墓中笭床放置方式如出一辙。[6] 此外,在战国

1　(战国)左丘明:《左传》,上海古籍出版社,2016,第 883 页。

2　(汉)许慎撰,(宋)徐铉校定:《说文解字》,中华书局,2013,第 120 页。

3　山西省考古研究所:《上马墓地》,文物出版社,1994,第 183、185 页。

4　福建省博物馆、崇安县文化馆:《福建崇安武夷山白岩崖洞墓清理简报》,《文物》1980 年第 6 期。

5　江西省历史博物馆、贵溪县文化馆:《江西贵溪崖墓发掘简报》,《文物》1980 年第 11 期。

6　如包山楚墓 M1 内棺中,侧板、挡板、底板间垫有木板,使底板形成若干个二层台,其上放置笭床。

时期的绍兴凤凰山 M2 内，棺内底板上铺了八块木板组成了垫尸板。[1] 此墓中既有楚文化因素，又有越文化因素，恰体现出了楚越文化的交融。战国晚期长沙出现的"龙穿璧"纹笭床更加反映了越文化的影响。这种笭床与在湖北江陵等地发现的笭床截然不同，纹饰以龙为核心，龙形相对抽象，相互扭曲缠绕，不能排除这是受到了越人崇尚龙蛇的影响。西汉时期的笭床在湖南仅发现一例，出土于长沙曹䢅墓，墓主被认为是西汉吴氏长沙国的王后。西汉吴氏长沙国开国国王吴芮恰恰为越人，因此在西汉早期，作为楚国故地的湖南已不见其他笭床痕迹的情况下，吴氏长沙国王后墓内却出现一件笭床，或也可佐证前文所述战国楚墓中的笭床受到了一些越文化影响。

"龙穿璧"纹笭床对西汉早期的笭床有重要影响，尤其是战国晚期安徽潜山彭岭 M32 出土的笭床，其三个圆环的布局为西汉早期笭床所继承。西汉早期笭床上承战国晚期笭床特点，以"四龙穿三璧"图案作为笭床纹饰，髹漆彩绘，龙形重新变得形象逼真。随后，"折线穿璧"纹取代了"龙穿璧"笭床，同时纹饰中的雕刻镂孔逐渐减少，不再依靠雕刻而主要通过彩绘表现图案，纹饰图案出现神兽等形象。山东诸城木椁墓，时代为西汉中晚期，报告中描述有一件彩绘板画，位于棺内底板上，板上浅刻出三个方框，内画有乌龟图案，并且在三个方框之间还画有两条飞龙，同时在飞龙与乌龟图案之间还辅以云气纹[2]（图 10）。这里镂空已彻底消失，完全借助彩绘表现纹饰图案，难以再称为笭床，但应该是西汉笭床演变的最终形态。

根据目前发现战国楚墓中的笭床，其主要发现于一椁一棺、一椁双棺的墓葬。这类墓葬的主人应当是等级不高的贵族，很可能是"士"这一级。同时，这种笭

图 10　诸城木椁墓出土彩绘板画摹本

采自诸城县博物馆《山东诸城县西汉木椁墓》，《考古》1987 年第 9 期

1　绍兴县文物管理委员会：《绍兴凤凰山木椁墓》，《考古》1976 年第 6 期。

2　诸城县博物馆：《山东诸城县西汉木椁墓》，《考古》1987 年第 9 期。

床最早见于战国中期，之后逐渐增多，到战国晚期在湖南才比较普遍。扬州仪征刘集联营墓群为西汉早期诸侯王的陪葬墓，其中出土笭床的三座墓葬为一椁一棺墓，墓主身份亦应为中下级官吏。因此，笭床应是一种形成时代较晚，局限于一部分中低级贵族官吏中使用，而非一种普遍存在于各级人群中的葬具。由于它出现时间晚，流传范围小，故而这种葬具的生命力较弱。战国晚期，楚国接连受到重大打击，政治重心东迁，笭床的发现数量锐减，地点也随之东移。江苏则受到楚文化的影响，扬州地区出现了一批西汉早中期笭床，其图案纹饰与战国楚墓中的"龙穿璧"纹笭床一脉相承，应是楚文化在此地的残余。楚国在战国那个纷乱的时代吸收中原与越文化因素，创造出了笭床这种极具特色的葬具，而随着汉代思想、观念的大一统，具有深厚楚文化烙印的笭床亦逐渐消亡。

三　笭床的功能

首先，目前发现的笭床均放置在墓主尸体之下，它的性质毫无疑问就是垫尸板，并且有的笭床嵌入内棺四壁的浅槽内，说明其应与棺一同制造安装完成，而非殓葬时单独放入。有学者认为此物是对卧床的模仿，并且其重要功能在于隔水防湿。[1] 但绝大部分笭床是直接平铺在内棺底板之上的，只有少数笭床才与底板间有空隙。既然笭床直接铺在底板之上，由于笭床上镂孔的存在，水可以直接浸入。江陵雨台山 M555 中笭床甚至取代了内棺底板，直接铺在外棺底板上，[2] 一旦有水进入外棺，便可直接通过笭床的镂孔漫入内棺，这种情况下笭床隔水防湿的功能便不存在了。《释名》中明确指出舟中笭床为荐物之用，而非卧床，毕沅疏证此处亦解释笭床为船上衬板，言"水或浸淫而入"[3]；《荀子》载："荐器，则冠有鍪而毋縰，瓮庑虚而不实，有簟席而无床第，木器不成斫，陶器不成物，薄器不成内，笙竽具而不和，琴瑟张而不均，舆藏而马反，告不用也。"[4] 其言棺中不施床第。从此来看笭床并无隔水之用，反而水能进出通过，同时与卧床也毫无关联。而且笭床在西汉时期，镂孔越来越少，这亦体现出其所谓通过孔洞来隔水防湿的实用功能似乎无足轻重，其上纹饰图案的象征意义或成主导，以至于可以减少、取消镂孔。

笔者认为笭床非是对卧床的移植，更可能就是单纯作为荐尸之用。其功能不在于隔水防湿，而在于使遗体腐烂产生的尸

1　贺刚：《"笭床"正义》，《江汉考古》1991 年第 4 期。

2　中国社会科学院考古研究所、湖北省荆州地区博物馆：《江陵雨台山楚墓》，第 52 页。

3　（汉）刘熙撰，（清）毕沅疏证，（清）王先谦补：《释名疏证补》，中华书局，2008，第 266 页。

4　（战国）荀况撰，（唐）杨倞注：《荀子》，上海古籍出版社，2014，第 239 页。

图 11　马王堆一号墓出土帛画
采自湖南省博物馆、中国科学院考古研究
所编《长沙马王堆一号汉墓》，文物出版社，
1973，第 40 页

窥一二。[1] 七星板的功能有着较明确的记载，"七星板者，古所谓笭床也。其銮七孔者，欲令尸汁渗漏下灰也"。"开元礼，将大敛灰炭之类先设于棺内。家礼治棺，以炼熟秫米灰铺其底，厚四寸许。"[2] "七星板何用，棺内铺秫米灰，故别以薄板，承尸隔之也。穿孔者，以尸汁渗漏也。"[3] 文献中提到棺底铺有炭、灰、秫米灰等物，所以用七星板将尸体与这些灰土等物隔离开来，而板上的七个镂孔，除了象征北斗七星之外，实用功能是使尸汁漏下。七星板与笭床均系垫尸板，笭床上的镂孔或与七星板的镂孔功能相似，极有可能也为使尸汁漏下之用，而且使水漏下这一功能与《释名》所载也有相符之处。

其次，笭床上所装饰的日渐繁复的纹饰，特别是战国晚期与西汉时期流行的"龙穿璧"纹，显然不仅具有装饰意义，而应有着更深层次的内涵。无论是战国晚期湖南等地，还是西汉时期扬州发现的笭床，均流行"龙穿璧"纹饰。这种龙与璧的图案在同时期可谓屡见不鲜，其中最有名的莫过于马王堆汉墓出土帛画上的"双龙穿璧"图像（图 11）。巫鸿先生曾推测马王堆汉墓帛画中墓主肖像之下长方形横板可能即是笭床，[4] 练春海先生则认

水通过镂孔漏下排出。由于这种葬具在战国西汉时仅被少部分人群使用，不具有普遍性，文献中与之相关的记载极少，或可借鉴南北朝时出现并一直延续的七星板以

1　《颜氏家训》卷七《终制》中即记载此物。

2　[韩] 丁若镛：《与犹堂全集》卷七，景仁文化社，2002，第 5 页。

3　[韩] 沈潮：《静坐窝集》卷十三，景仁文化社，2009，第 343 页。

4　巫鸿：《马王堆一号汉墓中的龙、璧图像》，《文物》2015 年第 1 期。

为其可能是通天台，[1] 而王煜先生认为其是"昆仑悬圃"[2]。暂且不论对这处长方形横板的性质做何种认识，大部分学者均赞同此处的"双龙穿璧"图像表现着携带墓主升天的含义。有学者指出，升仙与升天是关系密切而又难以厘清的一对概念，两者存在混融情况。[3] 从实物与文献资料来看，不论升仙还是升天，人物多非凭空飞升，而是需要有所凭借，或驭龙，或驾凤，或乘云车。如湖南长沙子弹库一号墓帛画中的人物御龙升天，[4] 洛阳烧沟卜千秋墓中墓主立于三头鸟与舟形蛇之上升天，[5] 陕西定边郝滩汉墓中人物乘龙与鱼牵引的云车赴西王母的宴会，[6] 陕西靖边杨桥畔汉墓中人物乘云车、虎车、象车、龙车等升天，[7] 四川三台柏林坡一号崖墓中人物则是驾鹤升天（图 12）。[8]《九辩》云："窃精气之抟抟兮，鹜诸神之湛湛。骖白霓之习习兮，历群灵之丰丰"[9]；公孙卿欺骗汉武帝，言之黄帝驭龙升天。[10] 笭床作为棺内荐尸的葬具，直

接承托着墓主遗骸，而在这种葬具上镂刻"龙穿璧"图案，正是将二维的图像三维化。飞龙自由舒展，穿璧而过的平面图像被雕刻为一件器物，墓主承于其上，由这些飞龙背负升天。这些装饰"龙穿璧"图案的笭床，明显表达着承托护佑墓主升天的愿望。

笭床功能的变化与其逐渐消亡也密切相关。一种工具消失的原因可分为两种，一种是出现了新工具取代了旧有工具的功能，另一种则是人们的需求改变，不再需要此工具了。目前扬州地区发现的西汉墓葬多为中小型墓葬，反映着当时此处中下层人群的生活状况与思想观念，这些墓葬在继承楚文化的基础上，也出现了一些新的变化。如扬州地区西汉中晚期墓葬中出现了较多的木板画，这些木板画基本位于椁室的天花板和内部隔板上，天花板上的图案题材多为十字双弦穿璧或日月星辰，椁室内部隔板上的题材则有门、窗、楼阙、旌旗、神兽、人物故事、百戏杂技、

1　练春海：《论汉墓内棺盖上所置玉璧的礼仪功能》，《美术研究》2019 年第 1 期。

2　王煜：《也论马王堆汉墓帛画——以阊阖（璧门）、天门、昆仑为中心》，《江汉考古》2015 年第 3 期。

3　韦正、谢安琪：《马王堆一号汉墓帛画三题》，《故宫博物院院刊》2021 年第 12 期。

4　中国美术全集编辑委员会：《中国美术全集·绘画编 1·原始社会至南北朝绘画》，人民美术出版社，1986，第 51 页。

5　徐光冀主编：《中国出土壁画全集 5》，科学出版社，2011，第 16 页。

6　徐光冀主编：《中国出土壁画全集 6》，第 66—67 页。

7　徐光冀主编：《中国出土壁画全集 6》，第 77—81、91 页。

8　徐光冀主编：《中国出土壁画全集 10》，第 145 页。

9　林家骊译注：《楚辞·九辩》，中华书局，2015，第 207 页。

10　（汉）司马迁：《史记》卷二八《封禅书》，中华书局，1982，第 1394 页。

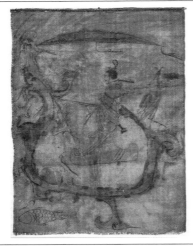

1　子弹库一号墓帛画人物御龙图

2　千秋墓墓主升天图

3　靖边杨桥畔汉墓云车升天图

4　三台柏林坡一号崖墓驾鹤升天图

图 12　考古所见部分人物升天图

1. 采自中国美术全集编辑委员会《中国美术全集·绘画编 1·原始社会至南北朝绘画》，人民美术出版社，1986，第 51 页；
2. 采自徐光冀主编《中国出土壁画全集 5》，第 16 页；3. 采自徐光冀主编《中国出土壁画全集 6》，第 77 页；4. 采自徐光冀主编《中国出土壁画全集 10》，第 145 页

宴飨等现实生活画面（图 13）。同时期墓葬中出土漆器上有从楚文化传承下来的云龙、怪兽、升天等极富想象力的夸张抽象纹饰，亦有写实的动植物纹饰，而且以写实性纹饰占比较大。此外，该地区西汉晚期至新莽时期规模较大、等级较高的墓葬椁室设置木门，形成前堂后室的布局。[1]现实生活题材的木板画、写实性的漆器纹

1　刘松林、王玉主：《"楚风东渐"之影响——以扬州地区西汉中小型墓葬为例》，载安徽博物院编《安徽文博》第十四辑，安徽美术出版社，2019，第 144—161 页。

图 13　江苏盱眙东阳汉墓出土木刻百戏杂技图

采自南京博物院《江苏盱眙东阳汉墓》,《考古》1979 年第 5 期

饰以及居室化的墓葬结构, 无不表明西汉时期当地人群的思想观念发生较大转变, 目光从充满仙人、怪兽的天上世界, 转移到了富有生活气息的现实人间。

在这种关注现实生活的思想指导下, 人们对死后升天的热情大大衰减, 转为希望能长久、永恒地安魂泉下,[1] 甚至在东汉时人们仍祈愿 "死者魂归棺椁, 无妄飞扬, 行无忧, 万岁之后乃复会"[2]。理解了这一点, 再回顾扬州地区西汉墓葬中

天花板上的十字双弦纹穿璧图案, 按照巫鸿先生对穿璧图案分 "运动模式" 与 "锁定模式" 的观点,[3] 这种十字双弦纹穿璧图案属于 "锁定模式", 玉璧中心孔洞被封住, 玉璧牢牢地固定在构图中心, 体现着一种凝固不变的永恒状态。这种图案出现在椁室天花板上, 正是希望墓主灵魂能永远地安居于这个模拟现实生活的永恒空间之中。"折线穿璧" 纹笭床便在这

1　巫鸿、练春海等人都曾对此有过论述, 认为天在汉代并不是一个 "理想之境", 甚至是极为危险的所在, 死者最安全的地方是他建筑的墓室。参见巫鸿《礼仪中的美术——马王堆再思》,《礼仪中的美术》, 生活·读书·新知三联书店, 2005, 第 110 页; 练春海《论汉墓内棺盖上所置玉璧的礼仪功能》,《美术研究》2019 年第 1 期。

2　辽宁省博物馆文物队:《辽宁盖县九垅地发现东汉纪年砖墓》,《文物》1977 年第 9 期。

3　巫鸿:《马王堆一号汉墓中的龙、璧图像》,《文物》2015 年第 1 期。

种社会思潮下随之出现，完全是对于同时期高等级墓葬棺椁中玉璧铺底的有意模仿，所承担的功能无疑也从之前的承人升天转变为保护尸身不朽。这种功能的变化又使得笭床的可替代性增加，使用玉衣、铺玉，或直接在棺上进行描绘等方式均可表现希冀尸身不朽的意图。而当人们不再向往死后升天时，作为直接承托尸身，寄予希望墓主升天愿望的笭床也失去了存在的必要。

结　语

笭床从战国中期的楚国一直延续至西汉，其长期以来虽不受重视，但背后却反映着国家的兴替，观念的转变。作为楚文化葬具中的一种，战国中期主要分布于楚国的核心地区，之后则不断向东转移，至西汉主要残留于扬州地区。笭床作为荐尸之用，使尸水通过镂孔漏下为其实用功能，象征意义则从承托墓主升天，到保护尸身不朽，安魂泉下，而这种象征意义的转变又何尝不是楚文化渐消于汉文化之中的写照。汉代大一统不仅是版图疆域的统一，更是文化、观念的统一。在此过程中，对这种极具楚文化特色的葬具的需求不断减少，笭床自然而然地走向湮灭，后世所见的"七星板"或正是其孑遗。

图像研究

西海胡风：穿越西域的"青海道"丝路文物

■ **葛承雍**（陕西师范大学人文科学高等研究院）

丝绸之路作为东西方文化交汇的路网式通道，中国路段除了河西走廊主干道之外，还有被称为"中国境内第二条国际化丝绸之路"的"青海道"。以前很长时间学术界对青海湖周边以及海西州的历史文物研究较少，甚至视为边缘地带忽略，所以对"青海道"认知不够。但随着30多年来对青海省都兰县热水古墓群陆续考古发掘，出土大量令人惊奇的文物珍品，尤其是古墓群被盗掘而流散出去的精品文物，更是刷新了人们对吐谷浑—吐蕃历史的认知，从而引起了海内外各界高度重视和关注的热潮，研究论著和展览图录均有出版，[1] 本文集中对异域珍宝作一探讨。

一 "青海道"是诠释丝路外来文物又一源流

典籍里关于"青海道"最有名的记载，来自《新唐书·高宗本纪》：龙朔三年六月，"吐蕃攻吐谷浑，凉州都督郑仁泰为青海道行军大总管以救之"[2]，这是史书记载"青海道行军"的明确文字，又称为"吐谷浑道"。李贺《塞下曲》"天含青海道，城头月千里"[3]，表明"青海道"成为唐人诗歌里交通要道的文化符号了。

吐谷浑原是辽西鲜卑慕容部的一支，公元4世纪初（西晋末），这一支强悍的鲜卑人离开辽西地区穿越阴山山脉，西迁到现在甘肃东南部、川西北和青海东部，这里原先是羌、氐族人部落的家园，吐谷浑人来到青海高原后，首先就是通过征战降伏了羌人各个部落，以青海海西地区德令哈、都兰为主要活动地区，创建了鲜卑人、羌人、氐人和汉人为主体的新政权，东晋咸和四年

1　徐新国：《西陲之地与东西方文明》，北京燕山出版社，2006。霍巍：《吐蕃时代考古新发现及其研究》，科学出版社，2012。《山宗·水源·路之冲——"一带一路"中的青海》，文物出版社，2019。《丝绸之路上的文化交流：吐蕃时期艺术珍品》，中国藏学出版社，2020。

2　《新唐书》卷三《高宗本纪》，中华书局，1975，第63页。

3　李贺：《塞下曲》，《全唐诗》卷三九三，中华书局，1975，第4432页。

（329）叶延以先祖之名为姓，以吐谷浑为国号。[1]

吐谷浑在青藏高原存在了 350 多年，最强盛时他们控制了今青海、甘南和川西北地区，先期居穹庐毡帐，后期有城居，主要从事畜牧业，良马"青海骢"号称龙种，也从事农业种植粮食，白兰山矿出产铜铁、硃砂、黄金有名。吐谷浑时代向南朝、北魏等贡马，是其贸易的主要手段。因境内白兰道位于中西交通要道之一，商队曾东至长江和黄河下游，西达波斯，南抵吐蕃、天竺。（图 1）

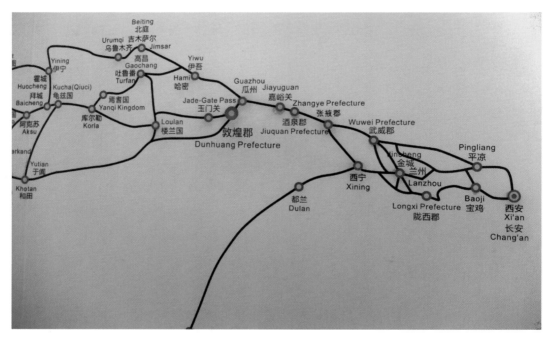

图 1　丝绸之路上青海道示意图

作者自摄

当北魏分裂和南北朝对峙时，由于连环战争割据等原因，吐谷浑趁机占据了河西走廊，其与西域、羌中、湟中、柔然、高车均有密切联系，交往不断，尤其在交通要道经常出现中断时，各个民族皆取道吐谷浑境内青海道，成为使者、商人、求法高僧往返之要道，中原、蜀地、吐蕃皆以此为重要通道与枢纽，即作为丝绸之路辅道取而代之主道。青海道从长安经甘肃天水、秦安等地至青海西宁，在青海境内分成三条：北线经海北到门源穿越祁连山并入张掖到玉门关，连接到丝绸之路主

1　《梁书》卷五四《河南传》记载吐谷浑，因其统治地区位于黄河以南，首领叶延被赫连大夏和刘宋等封为河南王，因此被南朝称为河南国或河南。

道；中线绕过青海湖北岸，以伏俟城为次级枢纽，向西进入柴达木盆地、茫崖直通南疆若羌；南线经柴达木盆地南至香日德—诺木洪—格尔木—乌图美仁，到达塔里木盆地的且末，并与主干道汇合。

由于西汉张骞通西域后，西汉王朝据两关（阳关、玉门关）设立四郡，西域与中原商旅往来大都走相对安全的河西走廊，史书上对青海境内原先称为"羌中道"记载少有关注了。但实际上，6世纪吐谷浑夸吕（535—591）建都伏俟城（今青海湖附近共和县铁卜卡古城）号可汗，通使东魏北齐，对抗西魏北周，并与隋朝常有军事冲突。591年世伏继位后求和亲，隋朝以光化公主嫁之。609年隋朝军队大举进攻吐谷浑，并置立西海（今青海湖西）、河源（今青海兴海东南）、鄯善（今新疆若羌）、且末（今新疆且末南）四郡，但隋末唐初双方对青海故地反复角逐，唐朝还以宗室女弘化公主嫁给诺曷钵可汗。随着吐谷浑内部失和，气候趋劣，力量衰弱，逐渐强大起来的吐蕃作为高原后起的霸主，意图扩张疆土，青海道是其不可放弃的控制咽喉要道，以期获得政治、战略和经济上的巨大收益。特别是吐蕃恼火吐谷浑阻碍唐蕃通婚，他们翻越巴颜喀拉山后，利用叛臣一举攻灭吐谷浑，诺曷钵王和弘化公主逃亡凉州，公元663年后青海吐谷浑故地全部纳入吐蕃的版图。

吐谷浑政权的消亡并不等于部族的消亡，吐谷浑王室中归降吐蕃的部分王室成员仍得以保留其可汗名号，并同吐蕃王室通婚，两个曾经的敌对者开始结盟。留在故地的吐谷浑人分出众多大、小王，虽为吐蕃统治与压迫，但吐谷浑青年壮丁被急需扩员的吐蕃军队收编，承担戍边、征调、料集等职责；吐谷浑的十多万遗民成了吐蕃的奴隶，实行了编户齐民式的管理；吐谷浑也像吐蕃属部吐蕃一样推行了千户制，头领成为赞普下小邦王和吐蕃下层官员，不仅保留着自己的建制、官位，而且有自己部族组织和特定的活动区域，2002年海西州德令哈郭里出土棺板画显示了他们的生活场景（图2、图3）。吐谷浑人不断向吐蕃称臣朝贺，缴纳赋税，还要为吐蕃提供物资，当兵打仗，成为"军粮马匹，半出其中"的补给基地与外扩的跳板。

吐谷浑一直善于与周边几大政权交往，曾向北魏遣使共达61次，远远超过西域和邻近政权交往的次数。[1] 吐谷浑积攒的几百年文明影响和蔓延到吐蕃，吐蕃则尽情地享受着吐谷浑在青海留下的物质财富和外来珍宝，吐蕃与唐朝交往中的所谓金器、玛瑙杯和纺织品等，很可能就是吐谷浑贡献的。后来吐谷浑人已经作为吐蕃王朝的臣民效力，史书已经无法区别他们之间的特点，也不可能记录下吐谷浑的终结，我们只能从汉文记载里知道逃往唐朝的吐谷浑人，在吐蕃东侵紧逼下和唐朝西北方防御战略部署下，从河西、灵州

1　周伟洲：《吐谷浑史》，广西师范大学出版社，2006，第56页。

图2　棺板画 A 面临摹图

图3　棺板画 B 面临摹图

（今宁夏中宁）迁徙到朔方（今内蒙古白城子）、河东之地，后裔被其他部族同化湮没在历史之中。

2019 年 10 月甘肃天祝县祁连镇岔山村考古发掘的唐代"大周云麾将军守左玉钤卫大将军员外置喜王"慕容智墓，根据墓志记载慕容智是拔勤豆可汗、青海国王慕容诺曷钵第三子，因病于天授二年（691）三月二日薨，终年 42 岁，[1] 这是武威地区发现保存最完整的吐谷浑王族墓

葬，使人们知道吐谷浑后期王族仍坚持自己的谱系，墓道顶端的楼阁、墓中人物壁画和天象图，随葬的彩绘天王俑、镇墓兽、陶俑和甲胄、箭箙、腰带等，连珠团窠对鸟图和黄底大象图案的丝绸（图4、图5）。出土 300 余件文物充分证明吐谷浑王族既全面吸收唐制文化，又有西域胡风熏染下的文化，是东西方交通上一个善于吸纳四方文化的民族。

1　国家文物局公布 2019 年四项重大考古发现，见《2019 中国重要考古发现·甘肃天祝县岔山武周时期吐谷浑王族喜王慕容智墓》，文物出版社，2020，第 153—157 页。又见 CCTV-10，2020 年 2 月 27 日《甘肃祁连大墓发掘记》。

图4　慕容智墓现场图

研究者们认为最后一支活动在青海的吐谷浑人，活动在都兰草原、察汗乌苏河流域，就是都兰墓群存在的区域。都兰墓葬虽划归于吐蕃文化，但它比当时的吐蕃文化有着更先进的文明形态，它应该是吐蕃统治下的吐谷浑邦国的遗存。这种遗存既是吐蕃的更是吐谷浑的，如果说吐谷浑人和吐蕃人长期冲突交锋与互融交流过程中，吐谷浑以自己在物质上、文化上和观念上的优越，影响改造了吐蕃人的生活，为吐蕃文化做出了贡献，现在考古出土发现的大量精品文物，就是这种影响和改造的证明。

青海考古研究所原所长徐新国先生认为："六字真言最早是吐谷浑人的发明，藏族文字最早的形态是吐谷浑人的创造，吐谷浑是青藏高原最早的丝绸持有者，都兰墓群出土了大量北朝晚期到初唐时期的丝绸，这一时期整个柴达木都在吐谷浑的有效控制下，享受丝绸这种高档奢侈品的只能是吐谷浑人。"[1]

吐谷浑是最早向中原王朝顶礼膜拜并汲取有效文化成分的周边民族政权，吐谷浑第五代君主视连（376—390 年在位）就将自己定位为"中国之西藩"[2]。而对辽阔而落后的吐蕃疆域来说，吐谷浑人就

1　作家杨志军对徐新国访谈，见《敲响人头鼓》，《当代》2005 年第 2 期。

2　《晋书》卷九七《吐谷浑传》，中华书局，1974，第 2540 页。

图 5　慕容智墓出土金蹀躞革带上跳胡舞者

像从青海湖周边跑来搭桥过河的传递文明使者，把自己积累的物质文明贡献给吐蕃人后，却被迫倒下瓦解。吐蕃就利用吐谷浑建立的商队、使者、驿站等在"青海道"上迅猛发展起来了。文明的链条就是这样，一个较为先进的民族往往会用自己的失败和覆亡，来推动另一个民族的进步。吐谷浑作为吐蕃第一块"王朝拼版"，决定了吐蕃文化压制和掩盖了吐谷浑文化，尽管双方都是无意识和不情愿的。

二　"青海道"见证了多样
文化的交流与互鉴

隋唐时期"青海道"因隋与吐谷浑、

唐与吐蕃等战争多次被阻碍，稍遇和平安定时就又繁荣起来，特别是吐谷浑有着对外贸易的传统，史书记载北齐粟特商队与吐谷浑贸易往来被劫掠之事，作为丝绸之路贸易之事屡屡被史学界所引用。《周书·吐谷浑传》记载公元 553 年"夸吕又通使于齐氏，凉州刺史史宁觇知其还，率轻骑袭之于州赤泉西，获其仆射乞伏触扳、将军翟潘密、商胡二百四十人，驼骡六百头，杂彩丝绢以万计"[1]。因而吐谷浑王室贵族青睐的金银制品以及各种高级奢侈品完全可能是来自西域中亚运送。既有来自波斯风格的物品，也有来自希腊风格拜占庭的银盘，展示贡赋之道、贸易之道的精美物品。

如果唐朝能够固守吐谷浑疆域，将会锁死吐蕃的发展空间。但是唐朝东征高句丽，西击突厥汗国，等发现吐谷浑被灭后造成吐蕃军事力量攻克西域十八州时，已经很难收复吐谷浑故地，也造成对西域战略十字路口的屡次失控。吐蕃人可以充分利用河西走廊和"青海道"带来的种种好处与超级红利。

（一）异域货币

吐谷浑虽然是东晋初至唐前期活动在青海高原上的游牧王国，但是青海多地发现了这个时期的域外货币，揭示出当时有非常频繁的贸易交流与经贸往来。1956年，西宁隍庙街（今解放路）出土波斯萨珊王朝卑路斯王朝时期（457—482）银

1　《周书》卷五〇《异域传·吐谷浑》，中华书局，1971，第 913 页。

图6　青海都兰出土的罗马金币与西宁隍庙街出土波斯萨珊银币

币76枚，20世纪70年代在青海大通县上孙家寨出土一件西亚安息人制作的单耳银壶，1999年乌兰县铜普大南湾遗址出土1枚查士丁尼一世时期（527—565）东罗马金币及6枚波斯萨珊王朝不同时期的银币，2000年又在都兰县香日德镇以东3公里处的沟里乡牧草村的吐谷浑墓地中发现一枚东罗马帝国狄奥多西斯时期（408—450）索里德斯金币的金币（图6），这位皇帝在位时间为408—409年，而吐谷浑第12代王拾寅在位是452—481年。[1] 目前中国出土东罗马金币及仿制品已有百枚之多，主要在北方地区。青海陆续发现外来金银货币，这是贸易圈的重要反映，由此可知西方商人来此地交易，证实当时青海道上商贸的繁荣。

（二）纺织品

丝绸是丝绸之路东西方商贸的重要载体，都兰吐蕃墓群出土纺织品可以说囊括了从粟特到汉地作坊里众多的品种，其数量之多、种类之全、图案之美、技艺之精，

时间跨度之大，都是前所未有的，从北朝晚期到唐初，即6世纪末到8世纪初，出土的丝绸百分之八十是中原汉地织造，剩下的来自西域中亚或西亚。西域织锦中独具异域风格的粟特锦以及波斯锦数量较多，例如一件织有中古波斯人使用的8世纪钵罗婆文字的金锦（图7），是目前所发现的世界上仅有的波斯文字锦，锦文内容为"王中之王，伟大的、光荣的……"这说明6—8世纪青海道贸易空前繁荣，作为东西方商业中转站和重要干线，其重要位置绝不亚于河西走廊。

近年都兰墓群被盗的丝绸大量地流向国外，迅速在国际上形成一个"丝绸热"，质地精美的种类有锦、罗、缂丝、绢、纱、绮、绝、紬等，其中金锦、缂丝、素绫、花绫等高级纺织品，不仅品位高，而且都是国内首次发现的。以前依据《唐六典》提到的川蜀织造土贡"蕃客锦袍"，可知每年由唐代成都织锦工人织造二百件，上贡朝廷作为专供礼品馈赠远来长安使臣，代

1　夏鼐：《青海西宁出土的波斯萨珊朝银币》，《考古学报》1958年第1期；王丕考：《青海西宁波斯萨珊朝银币出土情况》，《考古》1962年第9期。罗马金币与波斯银币实物，见《海纳百川：青海历史文物展》，文物出版社，2023，第130页。

图7　中古波斯文字织锦残片

1983 年都兰出土

表了唐朝丝绸的最高水平。[1] 但是都兰丝绸纹锦上面的图案，很多是典型的萨珊波斯风格的"胡锦""番锦"，说明吐蕃上层对由吐谷浑沿袭来的奢华追求达到了极致。

我们看到 2019 年敦煌吐蕃展上展出了其中两件织锦（图8、图9），它们的性质很可能与衣物无关，而是作其他物品上的装饰物。[2] 这块 7 世纪中叶至 8 世纪中亚风格织锦呈九十度扇形，有着虎斑纹带状边缘，织物上装饰性的图案，开着大花朵的树木下缠绕着成串葡萄，中间是高坐公羊座的国王，王座雕刻有精美图案。国王身穿八瓣花朵密布的长袍，边饰成排珍珠（图10）。国王头戴王冠，山羊胡，卷曲头发，戴大耳环，双手置于胸前，每只手各握一个短物。尤其是王冠两翼和护发圆形物常常是萨珊波斯王冠的共同特征，虽然不能肯定这是描绘当时哪一个国王肖像，但是所表现的是波斯帝国王权明确无疑。

现收藏于瑞士阿贝格基金会纺织品研究中心的一件织锦成衣，是迄今为止所能见到的为数不多的吐蕃时代成衣（图11）。这件绣狮、鹿、牛、山羊纹及藏文的带假袖披风，据考证是来自 7 世纪上半叶波斯地区的丝织品。[3] 这种披风从中

1　丝绸可以说是唐王朝实施对外政策、维持大国地位的战略物资。由于唐朝掌握了当时世界上最先进的丝织技艺，"中国制造"的丝绸实际上成了当时世界上的一种珍稀物资，因而受到各国的喜爱，甚至是窥视。唐贞观十五年（641），唐太宗将文成公主下嫁吐蕃赞普松赞干布。据《旧唐书》记载，面对唐朝浩浩荡荡的送亲队伍，吐蕃人第一次领略到了大唐丝绸所带来的震撼，不禁"叹大国服饰礼仪之美，俯仰有愧沮之色"。此后，吐蕃和大唐和好时，吐蕃还数次请求从唐朝引进蚕种、丝织工匠。

2　敦煌研究院、普利兹克艺术合作基金会合编：《丝绸之路上的文化交流：吐蕃时期艺术珍品展》，图录，2019。

3　据瑞士阿贝格基金会纺织品研究中心专家介绍，这件披风的丝绸纤维精良，织造工艺出众，面料质量上乘，根据其异域图案，应该是来自萨珊的制品。特别是人面狮身、鹿、尖顶角牛、弯角羚羊四种动物图案带有浓厚的波斯艺术风格。

图 8   7—8 世纪团窠对鹿纹挂锦

瑞士阿贝格基金会藏

图 9 团窠对鹿纹挂锦

美国芝加哥普利兹克藏

图 10　7—8 世纪戴皇冠国王形象织锦

瑞士阿贝格纺织研究中心收藏

图11　7世纪带假袖波斯披风

亚到"青海道"的棺板嵌片和壁画上都有表现，从肩部垂下的装饰性假袖（或为飘带），两条带扎缚住敞开的前襟，既便于肩部运动，又显得非常潇洒。披风门襟处有墨书藏文铭文，应是未裁剪衣服前写上去的，可能是入库时留下的登记文字。

有一件50厘米长的幼儿锦袍，类似唐装对襟直领样式裙衣，锦袍上有精美的

"联珠纹大团窠对鸭纹"。还有小孩绛红色20厘米套袜一双，也有联珠团窠缠枝花鸟纹等（图12）。这套衣衫来源很有可能为采用粟特锦绣而缝制的唐装，在吐蕃统治下的吐谷浑贵族墓葬中，出现这种多元文化浸润的产品。

出土文物和流散丝绸残片提供给我们一些新的艺术画面：在深受北朝隋唐中原汉服文化影响下的裙、袜样式，其衣料上的图案纹饰又都是当时"丝绸之路"沿线流行的"联珠团窠"对鸟、对兽、对马纹之类的西方图案。甚至马鞍上也有这类西域"联珠团窠纹"的图案（图13），反映出一个时代的审美意趣和流行风尚。织锦的风貌，因而一改汉锦的质朴古拙而博大华丽。这些藏品中，隐藏着一个重要的历史信息：织锦出现于吐谷浑墓中，

图12　8世纪联珠纹对鸭童子服

普利兹克收藏

图 13　吐蕃时期中亚团窠纹织锦鞍鞯

材料来自中亚，制作则是唐朝样式。真正的三角四方竞争。也许可以这么说：7—10世纪全亚洲最好的丝绸，都汇集到了这里。透过这些精品丝绸，我们不仅能领略大唐手工业的盛世芳华，更能发掘出一段丝绸之路上的大国兴衰史。

（三）金银器物

　　海西都兰热水墓群是吐蕃统治时期吐谷浑邦国最重要文化遗存。2018年3月，青海公安部门破获了"热水大墓盗掘案"，追回646件涉案文物，[1] 其中与丝绸之路相关的域外文物非常精美。

　　最引人瞩目的就是人物纹鎏金银盘、人物图案贴金锡盘和卷草纹贴金铜盘。这三件文物中人物纹鎏金银盘主体纹饰，为三个高鼻深目的人物，均头发卷曲，身着披帛，左侧一身材魁梧健壮的裸体男子，腰带佩

剑，屈腿站立在台阶上，右手拉着中间一位身穿长袍女性右手，而右侧俯身弯曲的老者，左手持三叉戟。人物身后还有葡萄蔓藤（图14）。由于银盘弯折显露部分未画出线描图，但其为希腊艺术表露无遗。[2] 浅腹平底的贴金锡盘，残存严重，中心为花草团窠人物，头戴花冠，四周环绕宴饮人物，或坐于毯上，或立于帐旁，或相拥相伴，外围有胡人牵马、奔马骑射等图案，画面中夹杂山石、花草、飞鸟、奔狮等（图16）。这件锡盘很有可能是异域外邦纳贡进献的礼品。至于卷草纹铜盘，尽管盘中锈蚀模糊，可是周边装饰的双重卷草花纹，呈现出垂帐式连续图画（图15），加以贴金显得繁复华丽，层次丰富，也是一件外来艺术图样的精品。

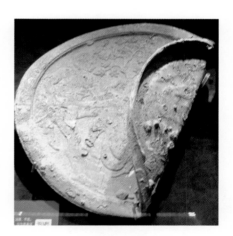

图 14　希腊人物鎏金银盘
都兰热水墓地出土

1　见《青海2018"3·15"盗掘古文化遗址古墓葬案》，公安部等编《众志成城守护文明——全国打击防范文物犯罪成果精粹》，北京时代华文书局，2019，第298—324页。

2　康马泰著，李思飞译：《青海新见非科学出土奢华艺术品：吐蕃统治区域的伊朗图像》，《敦煌研究》2020年第1期。

图 15 卷草纹贴金铜盘

都兰热水墓地出土

图 16 人物纹贴金锡盘

都兰热水墓地出土

出土金银器当中，有成组的金"胡瓶"（图 17），还有团窠纹贴金锡瓶。北朝隋唐时"胡瓶"作为重要赏赐和馈赠礼物经常出现，前凉张轨时期（255—314），"西胡致金胡瓶，皆拂林作，奇状，并人高，二枚"[1]。这里所说的"拂林"，即指东罗马拜占庭帝国，如同真人般的高大"金胡瓶"作为奇异礼物纳贡给中原王朝，可见西域"西胡"的影响早已传布。唐太宗李世民为了表彰凉州都督李大亮劝谏献名鹰的忠心，下书道："今赐卿胡瓶一枚，虽无千镒之重，是朕

图 17 都兰热水墓地出土金胡瓶

1 《太平御览》卷 876 引《前凉录》，中华书局，1960，第 517 页。

图18　贴金盘口锡瓶

都兰热水墓地出土

图19　神鸟神兽纹银瓶

美国芝加哥普利兹克藏

自用之物。"[1]　由此可知胡瓶受到从皇帝到高官的喜爱。热水墓群出土的贴金锡瓶（图18）属于整体铸造而成，表面贴金，腹部四个花形团窠，内有身饰联珠纹的立鸟，不仅与美国芝加哥普利兹克收藏的花鸟纹神兽纹银瓶类似（图19），也与都兰墓葬中出土的丝绸图案相似，具有萨珊式立鸟纹特征，也是萨珊宫殿建筑上常应用的浮雕花纹。

在唐蕃交往当中，胡瓶作为"异宝"还成为唐朝与吐蕃王朝之间友好往来的重器。芝加哥普利兹克艺术基金会收藏的神鸟神兽纹嵌绿松石金胡瓶则是胡瓶中的另一个精品（图20），这种也被称为"持壶"的胡瓶，它的基本形态是细长颈一侧带有鸭嘴状流，另一侧附有超出壶体的高手柄，具有鲜明的波斯、粟特风格，是典型的来源于西方的器型。其在器物表面上常常会出现人物和植物纹样的装饰性图案，均带有强烈的希腊化艺术的风格。胡瓶腹部团窠纹中按顺序摆有三只"立鸟"，后人误以为是"凤鸟"，其实就是流行于古希腊罗马的"不死鸟"或叫"长命鸟"。下部团窠纹中还有带翼神兽，

1　《旧唐书》卷六二《李大亮传》，中华书局，1975，第2388页。

图 20　神鸟神兽纹嵌绿松石胡瓶
芝加哥普利兹克藏

图 21　普利兹克收藏吐蕃时期金器

图 22　都兰热水墓地出土扳指金杯

似马似鹿，造型生动。隋唐时期这种器物不仅是当时现实生活当中使用的常用器物，也是社会交际往来的重要物品。[1]

　　阿勒萨尼基金会收藏的吐蕃时期嵌绿松石凤鸟纹金胡瓶、双角石兽鸭纹金盘（图21）、金瓶等，有西方学者认为是最具吐蕃文化色彩的银瓶，其实溯其源流，仍是受到喜欢用联珠圈内饰成对奇兽异禽为主体纹饰的粟特样式影响。也不排除在粟特地区定制

的产品，按照吐蕃统治下吐谷浑人的要求提供的，但还是显露出西域的艺术痕迹。

　　都兰热水墓群被盗金银器中，亦有来自西方器型的"带把金杯"，又称为金银扳指杯（图22），特点是在杯把上加舒适的指垫。全世界发现和收藏 7—9 世纪的带把杯有 30 多件。西安何家村唐代窖藏中有类似器型，这是波斯、粟特金银器东传过程中被不断模仿和改造的实例，在纹

1　卢纶《送张郎中还蜀歌》："垂杨不动雨纷纷，锦帐胡瓶争送君，须臾醉起箫筘发，空见红旌入白云。"（《全唐诗》卷二七七，中华书局，1960，第 3149 页。）可知"胡瓶"是赠送的重要礼品。

饰和造型上呈现出八棱状、圆筒状、碗状等多彩多姿的样态。

　　类似的瑰宝还有与粟特葬礼习俗有关系的金覆面，表示身份等级标志的金带具（14 件），水晶金带饰（7 件），锤揲有双狮、双马、奔跑山羊等的金鞍桥饰，以及马具上的金杏叶、金玲、金缨坠，等等，他们正是出土于隋唐时期"青海道"的中继点上，使得分处欧亚大陆遥远两地的青海湖和地中海，通过丝绸之路发生了神奇的文明连接。

（四）金银饰片

　　用黄金捶拓、剪切而成的各类金银（含鎏金）饰片，应是"青海道"出土文物的一个重要特色。这些金银饰片大多带有小孔，有的出土时附着有残木片，有的在底部贴有绢片，有的孔内残存有铜钉，有的带有铜锈，表明其原来均系装饰固定在其他质地器物上的金银饰片。

　　我们看到从古墓葬盗掘被追缴的金饰片上，一个骑马武士，弯弓射箭，策马飞奔，从武将身着皮袍和护身软甲、腰带、脚穿长筒皮靴以及头戴皮帽来看，尤其是手拿角质弯弓趋身射箭，配合鞍镫、箭壶、佩剑等，应是吐谷浑人的战地先锋官打扮（图 23、图 24、图 25）。或是集合了古羌部落首领、吐谷浑武士和吐蕃武官的综合体，创造出一个新的艺术形象。金饰片武士头戴长裙帽，两根辫子垂于脑后，八字须，大耳坠，小袖翻领对襟服装，[1] 根据史书记载，吐谷浑男子服饰就是着小袖，小口袴，大头长裙帽。帽上以罗幂遮住脸容，骑马可避风沙。吐谷浑妇女服饰与汉族妇女相似，但发式即辫发。以金花为首饰，特别是可敦则首戴金花冠。男女服饰均具有鲜卑遗风。

图 23　都兰出土吐谷浑骑士金饰片（一）

1　青海省博物馆、首都博物馆编：《山宗·水源·路之冲——"一带一路"中的青海》，文物出版社，2019，第 217 页。

图 24　都兰出土武士骑射金饰片（二）

图 25　都兰出土骑士金饰片

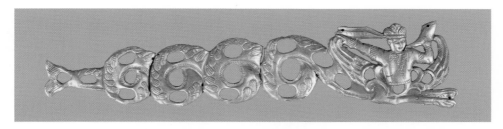

图 26　人首鱼尾海神金饰片

都兰热水墓群出土金饰片中还出现了"人身鱼尾"神灵形象（图 26），一个象征神祇人物的贵族骑士，束发额带，后飘绶带，穿着翻领袍服，左手持来通酒杯，右手凌空挥舞，身下是飞翔的双翼，并有兽足前伸，身后为翻滚回旋的鱼身与鱼尾，鱼鳞镂空处原镶嵌有宝石，据推测这可能属于剑鞘装饰片。"人身鱼尾"形象和手持"来通"造型应是古希腊罗马神话的艺术表现，康马泰教授认为这是在希腊文献中称为"斯库拉"（Scylla）的海妖，脑后绶带是典型萨珊主题纹样，来通则是中亚同类型器物，[1] 有了这些异域色彩参照物，可知随着西域宗教传播而进入"青海道"后体现神祇护佑，值得进一步研究。

金饰片一般用于服饰或马具上，另一件金饰片的人物盘腿坐在兽头带腿矮榻上，束发戴冠，三角形翻领窄袖胡袍，袍边缝饰花纹（图 27）。从人物饰片的标志性服饰特点来看，结合了草原游牧民族服饰却又是中亚特征，生动反映了贵族生活的形象，应是体现东西方文化交流互动的艺术品。

图 27　都兰墓地出土人物坐榻金饰片

与其他草原游牧民族一样，吐谷浑人和吐蕃人都对马、牛、羊、鹿等各种动物纹饰十分偏爱。在大量的金银饰片上，这些动物形象常常作为最为显著的主纹出现在图案当中，它们或者昂首挺立，或者扬蹄奔腾，雄健威武，形象十分生动鲜活，充满

1　见康马泰《青海新见非科学出土奢华艺术品：吐蕃统治区域的伊朗图像》，《敦煌研究》2020 年第 1 期。

图 28　唐錾刻联珠纹独角翼马金饰片
青海湟源县古道博物馆

图 29　都兰墓地出土大象艺术金饰片

着灵动感。一个尤其值得注意的特点在于，在这些动物原型的基础之上，工匠们对其加以了大胆的艺术夸张，许多动物都在其肩部装饰以粗短的双层或多层羽翼，成为传说中的翼马、翼羊等"有翼神兽"。在欧亚草原文化中曾经流行大量有翼神兽的形象，"青海道"金银器中这类有翼神兽的来源，很有可能是结合了中亚和北方草原文化的影响（图28）。

此外，在这些神奇动物当中，独角兽、多枝状的大角鹿、头尾相接、蜷伏成团状的各类动物形象，也和欧亚草原流行的"斯基泰艺术风格"中的动物造型十分相似。7—8世纪初中亚风格的孔雀纹、鸳鸯纹、凤鸟纹等立鸟纹金饰片，动物纹中奔驰的鹿、狮、羊以及大量出现的联珠纹样，都可以在西亚、中亚艺术中找到渊源。

除大量动物形象之外，都兰墓地还出土有大象纹金饰片（图29），雕刻的大象图案比例匀称，栩栩如生。亚洲大象主要分布在南亚、东南亚，驯象作为一个古老行当和一种重要的交通工具被人们所看重。热水墓地大象金牌上的大象身披绣花毯，说明已经被驯化，令人惊讶的是，2019年甘肃天祝县祁连镇考古发掘的唐代"大周云麾将军"慕容智墓（他是青海国王慕容诺曷钵第三子），在这个墓葬里棺材上也覆盖巨幅大象成排列队图案的橘黄色丝绸，对我们考虑东西方文化交流以及此处地理位置的通达性，具有重要价值。

（五）宗教用品

吐谷浑在与北魏和南北朝的文明交流中，宗教信仰从原先的萨满教逐渐改为信奉佛教。514年立九层佛寺于益州。1996年曾在海西都兰发现过佛寺遗址。隋唐时更注重宗教仪式的隆重，每年各加盟部族集会时，或是邦国进贡礼品时，要设立豪华的"金帐"营地，以可移动的建筑形式来展现王权的威风，隋炀帝巡视河西走廊和河套地区时，就以这种移动式"朝堂"大帐震慑了北方突厥各个蕃王。吐蕃征服了吐谷浑后延续了拜谒盟主的传统，发展了宗教文化传播，使用连续的迦陵频伽鸟金银饰片布置佛教宗教仪式之中，因而毡帐装饰具有独特性的精美图案，即比较完整的一组立鸟与一组迦陵频伽鸟的银鎏金饰片，立鸟的造型生动活跃，迦陵频伽鸟均为人身鸟足，头戴宝冠，两翼向外扩展，站立于椭圆形的小毯之上，手中各持乐器做吹奏状（图30—

图33）。由于在饰片上残留有小孔和丝线的残段，推测其用途很有可能是缝缀在"金帐"（大型毡帐）之上使用。因为有的"金帐"能容纳上百人，帐篷内部用精美丝绸和金银饰片连缀装饰出一个富丽堂皇的空间，不仅是王权和财富的象征，也是宗教的广布显示。突厥可汗、粟特君王、阿拉伯哈里发等都是如此，吐蕃赞普在吐谷浑的文化影响下，更进一步凸显了这种"金帐"文化标识。

敦煌吐蕃艺术珍品展上引人注目的

图30　弹琵琶迦陵频伽饰片

图31　吹排箫迦陵频伽饰片

图32　吹笙迦陵频伽金银饰片，普利兹克收藏

图33　弹箜篌迦陵频伽金饰片

图34　还愿用鎏金银神鹿
普利兹克收藏

"还愿用包金银神雄鹿"，高83厘米，长54厘米，雄鹿前有双翼，臀后有金麟，这么大的艺术品确实少见（图34），据说是来自吐蕃统治时期（608—866）的中亚艺术品，也是用于佛教祈祷灵验后感恩还愿的艺术杰作。英国亚伦（Aaron）画廊藏有类似公元前8世纪中亚青铜雄鹿，但只高47厘米，宽21厘米，用雄鹿表示至高无上的神圣性，其形制具有艺术纪念性，为接受各方朝拜与赞美。

（六）玛瑙杂物

古羌人与吐谷浑人都有傩祭习惯，后来吐蕃人把它全盘接受过来了。他们在傩祭中使用玛瑙碗（杯）、玻璃碗（杯）等（图35），表示对神的尊敬。遗憾的是器物上没有发现超凡入圣的神谕箴言，但崇拜神权的重要性处处显现。平时里广泛使用各种斑斓的玛瑙石、绿松石、玻璃珠、蚀花珠等，比比皆是，例如金带饰品专门镶嵌水晶、嵌蓝宝石紫水晶的金胸饰、

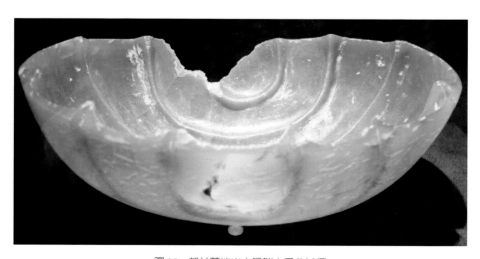

图35　都兰墓地出土玛瑙十二曲长杯

象头纹镶海宝石蓝金手镯等。

如果说早期吐蕃制品粗朴和古奥，到了吞并吐谷浑后迅速提升成为精美艺术品，这种嵌入式的文化格局，得以使吐蕃文化翻开了精彩的一页。吐蕃墓群所展现当时人们追求的极尽奢华可以成为文化繁荣的催化剂，也可能成为加速政权衰落颓败的润滑油。历史往往就是多种力量聚合而成的结果，也是所有族群和民族之间互动互鉴的结果。

三 "青海道"的文物融会了多元文明的艺术之美

过去我们认为历史上丝绸之路主干道肩负着东西方交流的主要作用，而青海道由于受自然条件限制，只是起到辅助作用，是在特定历史时期、特定环境下所选择的线路。如张骞通西域返回长安时，本打算走河西走廊主干道，但迫于匈奴活动频繁袭击，为避免被俘与干扰，不得已选择羌人聚集的"羌中道"，即青海道西路，这也标志着青海道至少在汉代已经存在。

公元 5—9 世纪南北朝至隋唐之际，"青海道"最为繁盛，因为大分裂促使"吐谷浑道""白兰道"这类偏于主道争夺而相对安定，一度发挥了东西方陆路交通主干道东段主线的作用。吐谷浑人在青海高原、河西走廊、西域于阗等交错地带既从事畜牧又从事经商贸易，后世人们把"吐谷浑道"分为五条支道：西蜀分道、河南分道、柴达木分道、祁连山分道、吐蕃分道，五道相互衔接，共同构成一个通达四方的交通网络。

应该注意到，吐谷浑数代首领、王、可汗，都认同中原地区的"中国"，愿意"永为中国之西蕃"[1]，他们偏居一隅，却时常周旋于南北两大政权之间，通过献马献羊出使联络，积极吸收中原文化。[2] 青海当时正宗的吐蕃人不会很多，这个问题在西藏腹地并不重要，但在青海湖环湖地区和德令哈、都兰等古代各族交叉、交汇的地区就显得有点重要，因为不仅涉及对吐谷浑"藉其兵为前驱"，还涉及工匠的来源，牵扯到是工匠制作还是西域输送。至于有人认为吐蕃曾迁入大量中亚工匠，我们还未找到确凿证据。

吐谷浑人在被吐蕃人兼并时，已经汲取了中原汉人和西域胡人的丰富文化，所以他们用自己丰裕的日常生活用品和外域奇珍异宝，给经济落后的吐蕃人打开了认识更高经济形态的眼界，那就是除了掠夺战争之外的商贸道路和贡赋关系，它使吐蕃很快有了丝绸审美的水平，有了模仿丝绸和织锦的地毯，有了完全不同唐蕃交往的西域金银器皿，有了自己仿制艺术装饰品的制作工艺。沿着吐谷浑长途商贸和贡品赏赐传统，与隋唐和西域中亚来往获取

1　《晋书》卷九七《吐谷浑传》，第 2541 页。

2　吴洪琳：《吐谷浑的"中国"认同》，见《合为一家：十六国北魏时期的民族认同》，社会科学文献出版社，2020，第 81 页。

图 36 贵族狩猎彩绘漆木胡禄
普利兹克藏

了各类丝锦织物，极大地丰富了吐蕃自身的经济生活与技术实力。由吐谷浑文化到吐蕃文化的进化，肯定经过了漫长的滋养过程，由简陋粗糙到富丽堂皇的转变，让不同文化的使节和商人体会到吐蕃贵族的强盛奢华，有助于巩固互相之间的关系。吐蕃之所以允许吐谷浑作为藩属邦国存在，就是吞并后的文化溶解和物质享受，从而产生了新的艺术魅力。

笔者曾指出，从阿富汗黄金之丘的金带到青海都兰吐谷浑大墓的银带，几百年间外来文化的继承和传承，始终不绝。[1] 无论是礼尚往来各具特色的精美贡品——上层贵族使用的奢侈品，还是本土工匠受命模仿的制品，都说明西域外来文化与吐谷浑的联系。新疆精绝遗址发现汉晋"五星出东方利中国""延年益寿长保子孙""王侯合婚千秋万岁宜子孙"等铭文锦，以及民丰尼雅"元和元年"东汉铭文锦囊，都使人不难联想到"青海道""天山道"的密切交流关系。

在造型艺术方面，"青海道"文物呈现的动植物图案造型优美，人物画大中套小，精美绝伦，不管是实物还是饰片，流行镶嵌各种宝石和绿松石的工艺，纹饰的排列方式采用纵列式、横列式、独列式、四方连续式等不同的式样，变化极为丰富，其中尤其以连续的忍冬纹、立鸟（凤）纹、狮、狼、大角羊等纹样最具特色，体现出萨珊、中亚、吐谷浑和吐蕃多元装饰工艺的混合特点。

在人物画方面，例如贵族猎师纹箭筒装饰金牌（芝加哥普利兹克收藏）（图36），长 68 厘米，一个头戴萨珊波斯君王冠的武士，头后飘扬着绶带，与波斯君王头饰一模一样，身穿对襟三角立领短臂长袍，腰挂箭箙，手持带圆点旗长矛正在追赶前面狂奔的狮子。远处还有跳跃的灵芝鹿，犹如一幅生动的狩猎图。实际上，狩猎只不过是王室盛典上展现权威与统率军队能力的表演而已。

吐蕃统治时期对马纹鎏金银牌饰中（图37），上部为一对剪鬃梳缨被绊腿站立歇息的骏马，下部为一对吐谷浑服饰打扮的饲养人盘腿而坐，手牵骏马缰绳，正

1　葛承雍：《金腰带与银腰带——从阿富汗黄金之丘到青海都兰墓地》，《文物》2017 年第 1 期。

在席地交谈。这种草原上见面会友的场面在棺板画上也有印证。

　　瑞士私人收藏的吐蕃时期金骑士像，头戴高顶束腰帽（图38），究竟是用于埋葬的俑，还是墓主人喜好的摆设，未能确定。都兰墓地也出土了不少武士或人物造型的金饰片（图39、图40），都是奴仆环绕侍从场面。但与青海高原上骑士形象可

图 37　对马鎏金银牌饰

普利兹克收藏

图 38 吐蕃时期金骑士人物造型

瑞士苏黎世私人收藏

图 39 都兰墓地出土人物金饰片之一

青海藏医药文化博物馆藏

图 40 都兰出土鎏金人物银饰片之二

图 41　鎏金银马具一套

普利兹克收藏

图 42　吐蕃时期银质王冠

普利兹克收藏

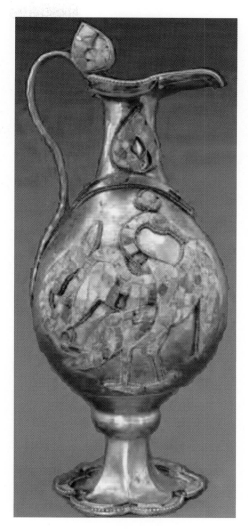

图 43　镶嵌绿松石凤鸟纹金胡瓶

阿勒萨尼收藏

以相互衬托的，是吐蕃的马具，用黄金和丝绸加以装饰的宝鞍（图 41），正是高原骑马民族这种意气风发的情怀最为真实的写照，也是目前吐蕃时期艺术珍品中的另一个亮点。

　　在动植物方面，被确定为 8—9 世纪初的银制王冠（图 42）（芝加哥普利兹克收藏）面上花枝交叉缠绕，上下对称的缠卷花布满，显得富贵大气。又像花鸟纹神兽纹银瓶（图 43），8 世纪鎏金联珠纹银碗上的舞狮、神兽栩栩如生（图 44），都是来自萨珊波斯和中亚粟特的艺术风格。嵌绿松石饰有卷翼龙纹的马鞍金饰残件，旁边侧处还刻有一圈藏文铭文，似乎标明自己的身份和地位，但这又是多元文化结合的证据。

　　我们现在调查柴达木周边有将近 30 万平方千米号称"吐蕃"的墓群，昆仑

图44　中亚或波斯风格银碗

山以北，阿尔金山以东，祁连山以南，青海湖以西，似乎到处都有吐蕃墓，只不过都兰墓地规模最大、气势最高。都兰大墓屡屡被盗并流出国外的珍宝，促使我们反思西藏地区吐蕃王陵为何很少有穿越西域而来的中亚粟特和西亚波斯文物？为什么西藏吐蕃时期墓葬中没有大批量这些精美的文物出土。西藏古代吐蕃人风行天葬和火葬，与吐谷浑实行集中土葬仿照中原汉地丧葬形式大不相同，史书对此记载很少，只有墓葬成为解答的最好说明。霍巍教授《西藏古代墓葬制度史》曾对琼结藏王陵有过很好的研究，[1] 他认为吐蕃王陵要比都兰大墓等级高，但早年的盗墓不仅使王陵可能成为空墓，而且破坏了对吐蕃高等级墓葬的整体认识。

唐初吐谷浑虽在经济上获得长足发展，但是军事上却羸弱不堪，东有大唐，西有西域，南有吐蕃，几方纷争不断，相互牵制。在这种形势下，没有维护丝绸之路的动力与需求，丝路难以畅通。伴随着唐朝向西横跨草原的军事行动，丝绸之路主道才开始变得活跃起来，古老的青海道开始渐渐地被人再次重视。我们也是发现了大量中古历史时期东西方交流的文物古迹，才意识到曾经有这样一条横穿亚欧大陆连接东西方世界的路，起名为"丝绸之路—青海道"才不虚幻。

虽然吐蕃与唐朝微弱的和亲关系，时常中断，攻战时间多和亲时间少。而且不见得所有的民族或族群都会走向汉化道路，一方被另一方完全同化极其罕见。吐蕃经济水平和生活方式并不优越，与中原汉族差距较大。从历史记载来看，吐蕃人始终没有学会种桑、养蚕和制作丝绸技术，既与青藏高原无法种桑取得原料的自然条件所限有关，也与游牧民族通过结盟馈赠、贸易甚至依靠战争掠夺纺织品有关。青藏地区气候寒冷，不宜穿着轻薄丝织品，作为衣料只有少数人使用，大量丝绸成为贵族上层人物之间的馈赠佳品，也是象征政治地位和荣耀的礼品。

我们不知道吐蕃接受周边各国的礼品清单，但《南诏德化碑》上记载了吐蕃给予南诏的礼品，"属赞普仁明，重酬我勋效。遂命宰相倚祥叶乐持金冠、锦袍、金宝带、金帐床、安扛伞、鞍、银兽及器皿、珂贝、珠、毯、衣服、驼马、牛鞍等，赐为兄弟之国"[2]。特别是装饰有特

1　霍巍：《西藏古代墓葬制度史》之"吐蕃王陵——藏王墓地研究"，四川人民出版社，1995，第132—145页。

2　《全唐文》卷九九九，郑回《南诏德化碑》，中华书局影印本，1983，第10547页。

图45　中亚艺术双马双兽嵌绿松石带扣
瑞士苏黎世私人收藏

图46　甘肃武威吐谷浑慕容智
墓出土银胡瓶

图47　狮纹神兽鎏金金银器一套
美国克利夫兰艺术博物馆收藏

色的金银器作为外交贡品，很受贵族欢迎喜爱。胡瓶、酒杯、大盘子、腰带等（图45—图47），往往伴随外交信函扮演着重要角色。

但是吐谷浑人给吐蕃人贡献了文化积累，使得吐蕃超水平发展的实现，吐蕃人占据哪里就会将吐谷浑部落大批迁移到哪里，8世纪下半叶吐蕃占据鄯善建立萨毗军镇等殖民聚落就移民吐谷浑人到此。笔者不赞成将吐蕃研究剥离出中国历史的整体脉络，这割断了与中原王朝冲突或交流的关系，切掉了吸纳和继承吐谷浑的文化链条，将吐蕃族属拔高为独特的孤零零的青藏高原文明，有矫枉过正之嫌，恐怕会误入歧途。

中古时代早期是产生伟大国家的时代，中国北魏隋唐与拜占庭帝国是在原有古代文明基础上发展起来的，而突厥、吐谷浑、吐蕃、回鹘以及中亚诸汗国都是作为新崛起的民族登上了世界舞台，文化的交流融合是大的趋势。中国历史上文明被野蛮所倾覆的历史并非孤例，后来蒙古铁骑灭了宋朝，女真人灭了明朝，皆是如此。但是，文明可以被野蛮所倾覆，但不会屈服消失。最后各个民族都成为中华民族传统文化的继承者，这是我们研究时必须尊重的历史规律。

过去人们总爱用唐蕃关系角度观察甘青历史，实际上吐谷浑的文化中介作用不容忽视，在史书中，吐谷浑人多以丝绸之路中介者的身份出现，南朝萧梁就以吐谷浑为中继站，与西域龟兹、于阗、波斯等交好。史称"与旁国道，则使旁国胡为胡书，羊皮为纸……其言语待河南人译然后通"[1]。不仅如此，吐谷浑还是"青海道"正常交往的维护者和经营者。将青藏高原上的所有文化都归于吐蕃达到文明的高度，目前实际是很难去论证的，我们从一种古老的已经消失的吐谷浑文化对另一种古老的吐蕃文化的体悟，就可以深深感到，吐谷浑、中原汉文化和西域外来文化共同合力成为吐蕃历史发展的动力。

丝绸之路横跨亚欧大陆，沿途的"长安道""青海道""白兰道""河西道""天山道"等地域文化都有一种异乎寻常的多样性，呈现出相互交流、浸透、同化的复杂面貌，与传统汉文化社会风格各异，从亚洲西部源源不断传入东部的各种物品，改变了古人对外部世界的向往，也加深了我们对丝绸之路的新认识。

附记

本文图片除部分由作者现场拍摄外，敦煌研究院资料中心、首都博物馆展览部、青海考古研究所、甘肃文物考古研究所等单位领导和同仁分别提供相关图片，特此致谢。

1　周伟洲编著：《吐谷浑资料辑录》（增订本），商务印书馆，2017。

题材内容与墓主经历
——从山东沂南北寨村墓门楣胡汉战争图说起

■ 杨爱国（山东博物馆）

1954 年，由当时的华东文物工作队主持发掘的山东沂南北寨村画像石墓，仅隔了一年就出版了发掘报告。[1] 资料公布后，一直受到学术界的广泛关注，为了满足学术界的需求，沂南文物干部先后两次重印了发掘报告。[2] 70 年来，不仅不计其数的著作引用该墓建筑和画像，以该墓图像为研究对象的论文数量也相当可观，[3] 人们对它的关注与热情一直持续着，似乎有说不尽的话题，1956 年出版的发掘报告更是常读常新，至今仍是考古发掘报告的典范。[4]

报告者认为，北寨村墓"全部画像石可分为四组：第一组为墓门上画像，第二组为前室画像，第三组为中室画像，第四组为后室画像，每组各有其主体和明确的主题思想。" "在第一组画中，主题思想是写出墓主生前最重要、最值得人'景仰纪念'的事迹——曾率领军队打败异族的人，于是用攻战图来表现。"[5]（图 1）由此可知，报告者认为门楣上的胡汉战争图是墓主的亲身经历。这种解释方法可以归入巫鸿总结的"特殊历史现象论"[6]。

把祠堂或墓室里的战争图与墓主经历联系起来并不是曾昭燏等人的发明。早在乾隆时期，阮元（1764—1849）在《山左金石志》中就引述申兆定的说法，推测山东长清孝堂山石祠西壁斩馘献俘和覆

1　曾昭燏、蒋宝庚、黎忠义：《沂南古画像石墓发掘报告》，文化部文物事业管理局，1956。

2　山东省沂南汉墓博物馆编，崔忠清主编：《山东沂南汉墓画像石》，齐鲁书社，2001；曾昭燏、蒋宝庚、黎忠义原著，王培永等增补：《沂南古画像石墓发掘报告》（增补本），齐鲁书社，2021。

3　参见曾昭燏、蒋宝庚、黎忠义原著，王培永等增补《沂南古画像石墓发掘报告》（增补本），王培永等增补的部分。

4　杨爱国：《汉代画像石墓发掘报告的典范——重读〈沂南古画像石墓发掘报告〉》，《中国文物报》2021 年 4 月 30 日第 6 版。

5　曾昭燏、蒋宝庚、黎忠义：《沂南古画像石墓发掘报告》，第 30 页。

6　巫鸿：《国外百年汉画像研究之回顾》，《中原文物》1994 年第 1 期。

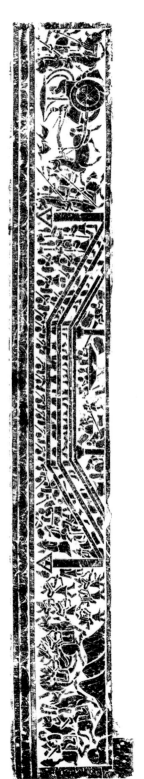

图 1 山东沂南北寨村墓门楣胡汉交战图

车坠河两幅图像"即为墓中人实录未可知也"。清末金石学家叶昌炽（1849—1917）认为"此说奇而确"，引用之，还申述道："汉时，公卿墓前皆起石室，而图其平生宦迹于四壁，以告后来，盖当时风气如此。"[1] 冯云鹏、冯云鹓、[2] 容庚[3] 等人皆有类似观点，或引用、赞同该观点。曾昭燏等人把北寨村墓门楣上胡汉战争图与墓主经历联系在一起应是这一传统的延续。还有学者虽然没有把战争图与具体的墓主联系起来，却与特定背景、特定事件联系在一起。另一类则属于象征主义，认为画中的事和人物都是象征性的。[4]

本文要讨论的是题材内容与墓主经历的关系。我们的讨论不限于胡汉战争图，更不限于北寨村墓门楣上的胡汉战争图。不过，可以肯定的是，到目前为止，我们见到的汉代坟墓艺术中的胡汉战争图，没有一例明确与墓主经历相关，只是与胡汉战争图相关的献俘图，有与墓主经历相关的。那么，在坟墓艺术中，哪些图像明确与墓主经历相关呢？我们认为，要回答这个问题，必须依靠图像上的榜题。[5] 通过榜题与图像的对应关系，来考察图像与墓主经历或身份的对应关系。

通过观察，如下图像与墓主经历或身份相关。

一　献俘图

内蒙古和林格尔新店小板申东汉护乌桓校尉墓是一座有前中后三室的大型壁画墓，该墓前室至中室甬道北壁和中室东壁绘献俘图，图上有榜题"宁城南门""宁城东门""宁县寺门"等标明描绘的是东汉护乌桓校尉管辖下的宁县城图（图2）。[6] 从墓室壁画上的榜题看，墓主护乌桓校尉不仅关注宁城献俘这样的庆功场面，还关注自己的升迁历程。由榜题可知，墓主是由举孝廉入官的，任护乌桓校尉之前，有过多次升迁，整个升迁过程中担任的官职都绘制在前室四壁甬道门上方。从前室西壁甬道门上方开始：前室西壁甬道门上方绘"举孝廉时""郎""西河长史"出行图，前室南壁甬道门上方绘"行属国都尉时"出行图，前室东壁甬道门上方绘"繁阳令""雁门长史"出

1　叶昌炽撰，柯昌泗评：《语石　语石异同评》卷五，中华书局，1994，第330页。

2　冯云鹏、冯云鹓：《金石索·石索》卷三。

3　容庚：《汉武梁祠画像录》，燕京大学考古学社，1936，第27页。

4　参见邢义田《汉代画像胡汉战争图的构成、类型与意义》一文的总结，载《画为心声》，中华书局，2011，第315—397页。

5　邢义田在研究汉代画像胡汉战争图时，也是"以榜题、类型、格套和意义脉络分析的方法，厘清过去的分歧，并提出对胡汉战争图意义的理解"。把榜题放在第一位。《画为心声》，第315页。

6　内蒙古自治区博物馆文物工作队：《和林格尔汉墓壁画》，文物出版社，1978，第33页。

图2 内蒙古和林格尔护乌桓校尉墓宁城图

行图,前室北壁甬道门上方绘"使持节护乌桓校尉"出行图,"别驾从事""功曹从事"跟随。不仅如此,他还把整个墓室装饰成"护乌桓校尉莫府",墓门后的甬道榜题"莫府门",前室甬道门两侧绘"莫府东门"及"尉曹""左仓曹""右仓曹""功曹""兵弩库"等莫府所属部门。中室则绘为官的官寺,如南壁绘"繁阳县令官寺""行属国都尉时所

治土军城府舍""西河长史所治离石城府舍",中室东壁甬道门上方绘"使君从繁阳迁度关时""居庸关"。后室北壁绘武成县城图,榜题"武成寺门""武成长舍""长史官门""长史舍""尉舍"等。从这些榜题看,墓主主要是在今天山西北部、内蒙古中南部、河北西北部等地为官。

邢义田认为,山东诸城前凉台东汉汉

图 3　内蒙古和林格尔护乌桓校尉墓莫府门图

阳太守孙琮墓甬道画像石上原定的"髡答图"[1] 或"髡钳图"[2] 是复合型"献俘图"（图 4），图中的俘虏应是羌人，该图

与百戏、饮宴等是歌颂主人的武功，[3] 也就是说，该图与墓主孙琮经历有关。

画像石和壁画墓上的献俘图不止如上

1　任日新：《山东诸城汉墓画象石》，《文物》1981 年第 10 期；黄展岳：《记凉台东汉画像石上的"髡答图"》，《文物》1981 年第 10 期。

2　王恩田：《诸城前凉台孙琮画像石墓考》，《文物》1985 年第 3 期。

3　邢义田：《画为心声》，第 356—358 页。

图 4　山东诸城前凉台墓献俘图

两幅，只是缺少榜题或其他佐证材料，我们无法判断它们与墓主经历或身份是否有内在联系。如山东济南长清孝堂山石祠西壁[1]（图 5）、济宁喻屯墓画像石上的献俘图[2]等。

二　车骑出行图

与墓主经历或身份相关的车骑出行图比献俘图要多。

山东东平银山东汉壁画墓前室西壁上栏绘翔凤、"伏羲"等形象，下栏绘车骑出行画面，前有"游徼"导骑、"功曹"车骑，中间绘墓主"淳于谒卿车马"，后随"主簿"车骑及执板躬送者（图 6）。[3]

河南荥阳苌村东汉墓是一座带甬道的前堂后室墓。甬道内壁画虽然保存较差，榜题却基本可以辨识。两壁绘人物，可以辨认的有："□君解艺""门下贼曹"

图 5　济南长清孝堂山石祠西壁献俘图

1　蒋英炬、杨爱国、信立祥、吴文祺：《孝堂山石祠》，文物出版社，2017。

2　夏忠润：《山东济宁县发现一组汉画像石》，《文物》1983 年第 5 期。

3　关天相、冀刚：《梁山汉墓》，《文物参考资料》1955 年第 5 期。

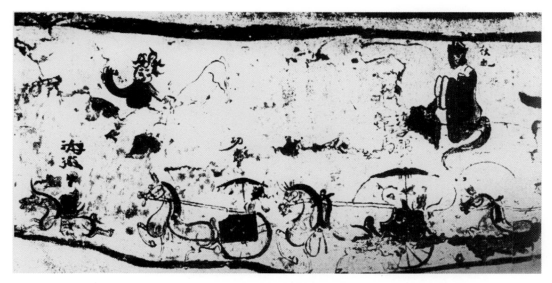

图 6　山东东平后银山墓车马图

"门下□""功曹""骑吏""郡官□"
"主簿"等。前室四壁画面分上下四层，
用赤线分界，多为车骑出行，一些车辆有
墨书榜题，如："郎中时车""供北陵令
时车""长水校尉时车""巴郡太守时车"
（图 7）及"济阴太守时车""齐相时车"
等。西壁绘"凤皇"和"骐骥"等祥
瑞。[1] 与护乌桓校尉墓一样，该墓墓主也
没有留下姓名，只是题写了自己的为官经
历，最高做到了郡太守和王国相。

山西夏县王村安定太守裴将军墓是一
座带甬道的前堂后室墓。横前室东壁绘主
人坐帷帐中，头侧题"安定太守裴将
军"；西壁南侧残存出行图，有"为上计

掾""式进与功曹""进守长"等榜题。[2]
该墓墓主做到了安定太守，留下了自己的
姓——裴。

山东济南长清孝堂山石祠后壁下层刻
"二千石"出行图（图 8），该"二千石"
被推定为祠堂主人，他还曾参加迎接
"大王车"出行活动。[3]

山东嘉祥武氏前石室西壁上层石第三
层车骑出行图上刻有"此骑吏""此君车
马""主簿车""主记车"等榜题，后壁
横额石车骑出行图上刻有"门下贼曹"
"门下游徼""门下功曹""令车""主簿
车"（图 9）等榜题。[4] 蒋英炬等人结合
榜题与东汉车制，推测该祠主人是武荣。

1　郑州市文物考古研究所、荥阳市文物保护管理所：《河南荥阳苌村汉代壁画墓调查》，《文物》1996 年第 3 期。

2　山西省考古研究所、运城地区文化局、夏县文化局博物馆：《山西夏县王村东汉壁画墓》，《文物》1994 年第 8 期。

3　蒋英炬、杨爱国、信立祥、吴文祺：《孝堂山石祠》，第 81—83 页。

4　蒋英炬、吴文祺：《汉代武氏墓群石刻研究》，山东美术出版社，1995，第 61、66 页。

图 7　河南荥阳苌村墓巴郡太守时车图

图 8　济南长清孝堂山石祠北壁二千石出行图

不论此推测是否成立，作为祠主的"令""君"重视自己的为官经历，并把它刻在

祠堂里带到死后世界去则属无疑。山东泰安旧县村墓门楣上的"王君车"出行图、[1]

1　泰安市文物管理局：《山东泰安县旧县村汉画像石墓》，《考古》1988 年第 4 期。

图 9　山东嘉祥武氏前石室后壁后壁横额令车出行图

图 10　山东肥城博物馆藏君车出行图

图 11　山东诸城前凉台墓上计图

肥城门楣石上的"君车"出行图[1]（图10），用意可能与武氏前石室相同。

三　接见属地官员

接见属地官员，尤其是同时接见多名地方行政机构的官员，最大的可能是举行上计的时候。

山东诸城前凉台汉阳太守孙琮墓有一幅画像，下段刻庭院人物，原报告定为"讲学图"，王恩田结合墓主身份考释为"上计图"（图11），反映的是汉阳郡所辖十三县向郡"上计"的情景。[2]

陕西米脂官庄 2 号墓为石仿砖前后室墓，据前室北壁中立柱题记，墓主为"故大将军掾并州从事属国都尉丞平周寿贵里木君孟山夫人"，虽然从题记上看不出是谁为木君孟山夫人建的墓，据行文特点可以推测，应是她的家人子孙建的。他们在给母亲建的墓中刻了"诸郡太守待见传"，应是木孟山的为官经历。门楣左右两边，待见太守分别在自己的房间里等候，旁边有榜题："太原太守扶风法君""雁门太守颖川□君"，门楣中间绘太守车骑，也有榜题："五原太守车马""朔方太守车马""上郡太守车马""定襄太守车马"，这些太守都是并州诸郡太守，另外还有上党太守和云中太守未刻榜题，而并州所驻西河太守可能不在"待见"之列。[3] 由榜题可知，所刻内容是木孟山任并州从事时参与接见诸郡太守的经历，而这种接见很有可能是在上计时。在夫人墓中刻夫君的为官经历，应是妻以夫贵的图像表达。

四　和属吏在一起

图像上墓主与自己属下的吏员在一起，用榜题标明各自的身份。江苏泗洪曹

1　焦德森主编：《中国画像石全集 3·山东汉画像石》，山东美术出版社、河南美术出版社，2000，第 204 页，图二二○。

2　王恩田：《诸城前凉台孙琮画像石墓考》，《文物》1985 年第 3 期。

3　榆林市文物保护研究所、榆林市文物考古勘探工作队：《米脂官庄画像石墓》，文物出版社，2009，第 53—57 页。

庙墓门楣石上层刻羽人戏兽和五星相连，下层刻"令"及其属下"铃下""主簿""门下干""小史""书佐""骑吏""功曹""五（伍）白（伯）""贼曹""游徼""主记""门下史""行亭掾"[1]，如此详细地刻出"令"及其属下，在汉代画像石墓中仅此一见。

山东平阴孟庄墓是一座有前中后三主室的石室墓，中室北侧柱栌头西面刻韦君与故吏在一起的图像，有榜题"小使也""韦君故吏""从吏""韦君""故吏""君故吏"[2]。该图虽然标明了墓主姓韦，也曾当过官，却不知道他当的是什么官，且把与属吏在一起的图像刻在不起眼的栌斗上，而不是刻在门楣和过梁上的车骑图上，比较奇特。

陕西旬邑百子村墓甬道东壁持盾扬剑卫士头后墨书"邠王力士"，前上方朱书"诸观者解履乃得入"；西壁持盾佩剑卫士头前上方墨书"亭长"。前室西壁南侧墨书"大仓□夫""此仓□□九千万石粟""此仓万皆□□"，朱书"邠王"；北侧墨书"丞小史"；北壁西侧墨书"丞主

薄"。前室东耳室南壁墨书"大宰""牛月""奴□□持月"；北壁墨书"益金子"。后室西壁墨书"小史""将军门下走（？）""画师工""诸□使""□邠王""邠王御吏"；东壁墨书"侍者""王先夫人"[3]。从榜题文字看，墓中壁画都是围绕墓主邠王绘制的，这位邠王不见于经传，也许是动乱年代自封的。

四川中江塔梁子 3 号崖墓三室左侧室壁画宴饮图一人物上方题记："先祖南阳尉□□土乡长里汉太鸿芦文君子宾子宾子中黄门侍郎文君真坐与诏外亲内亲相检历见怨□□诸上放颠诸□□□□□绝肌则骨当□□父即鸿芦拥十万众平羌有功赦死西徙处此州郡县乡卒。"[4]（图12）宴饮图 5 人物上方题记："文□守丞瓦曹吏创农诸□掾□字子女长生荆□□□□□父造此墓"，"蜀太守文鲁掾县官啬夫诸书掾史堂子元长生"。左第 2 人脑后题"司空"，第 1 人头上方题"司空佐"[5]。宴饮图 7 上有"荆子安字圣应主""应妇""侍奴""从奴""从小"等榜题。[6] 墓主

1　尤振尧：《江苏泗洪曹庙东汉画像石》，《文物》1986 年第 4 期。墓已毁，不知门楣的具体位置。

2　济南市文化局文物处、平阴县博物馆：《山东平阴孟庄东汉画像石墓》，《文物》2002 年第 2 期。

3　徐光冀主编：《中国出土壁画全集·陕西卷上》，科学出版社，2012，第 106 页，图 100；第 107 页，图 101；第 110 页，图 104；第 112 页，图 105；第 113 页，图 106；第 121 页，图 114；第 122 页，图 115；第 123 页，图 116；第 124 页，图 117；第 125 页，图 118；第 126 页，图 119；第 127 页，图 120；第 128 页，图 121。邢义田认为该墓的年代晚于东汉，见《陕西旬邑百子村壁画墓的墓主、时代与"天门"问题》，载《画为心声》，第 631—677 页。

4　四川省文物考古研究院、德阳市文物考古研究所、中江县文物保护管理所：《中江塔梁子崖墓》，文物出版社，2008，第 57 页。

5　四川省文物考古研究院、德阳市文物考古研究所、中江县文物保护管理所：《中江塔梁子崖墓》，第 58—60 页。

6　四川省文物考古研究院、德阳市文物考古研究所、中江县文物保护管理所：《中江塔梁子崖墓》，第 60 页。王子今、高大伦：《中江塔梁子墓壁画榜题考论》，《文物》2004 年第 9 期。

图 12　四川中江塔梁子 3 号崖墓壁画大鸿胪宴饮图

做到了大鸿芦（胪）。从榜题文字看，他的功绩不在于文献记载的接待宾客，而是"拥十万众平羌有功"。

与上述诸墓不同，河北望都 1 号墓内的榜题只题写了墓主手下的掾吏。如前室南壁墓门西侧绘捧盾佩剑的"门亭长"，东侧绘双手拥彗的"寺门卒"，皆躬身向着墓门，作迎送宾客的姿态。西壁共画六人，由北向南依次为"门下功曹"（图13）及"门下游徼""门下贼曹""门下史""搥鼓掾""口口掾"。门下史身后有"……皆食太仓"题记。东壁共画 11 人，由北向南为"门下小史"（图 14）及

"辟车伍伯八人""贼曹""仁恕掾"等。门券北侧，画一火盆置于四足方座上，榜题"戒火"二字。北壁甬道口两侧，西为"主簿"（图 15），东为"主记史"。通向中室的甬道两壁共画四名属吏，西壁为"小史"和"勉口谢史"，东壁为"侍阁"和"白事史"，榜题皆墨书。[1] 我们推测这些掾吏的名称是墓主的手下，是根据该墓的规模做出的。该墓是一座有前中后三室的大型壁画墓，不次于和林格尔护乌桓校尉墓，榜题中提到的这些掾吏拥有如此规模的壁画墓可能性极小。

1　北京历史博物馆、河北省文物管理委员会编：《望都汉墓壁画》，中国古典艺术出版社，1955。

图 13　河北望都 1 号墓门下功曹等人物图

图 14　河北望都 1 号墓门下小史等人物图

图15 河北望都1号墓主簿图

五 和先贤在一起

有的墓主并不关注自己的为官经历，而是关注自己死后和谁在一起，如东汉京兆长陵人赵岐。汉献帝时"拜岐为太常。年九十余，建安六年卒。先自为寿藏，图季札、子产、晏婴、叔向四像居宾位，又自画其像居主位，皆为赞颂"[1]。

我们注意到，更多的画像石祠堂和墓葬，虽然墓主身份明确，但图像上未见与其经历相关的内容。如陕西绥德黄家塔永元二年（90）辽东太守墓、[2] 陕西绥德四十里铺永元四年（92）西河太守都集掾田鲂墓、[3] 陕西绥德苏家圪坨永元八年（96）西河太守杨孟元墓、[4] 陕西绥德黄家塔永元十六年（104）王圣序墓、[5] 陕西米脂官庄永初元年（107）牛文明墓、[6] 山西离石马茂庄和平元年（150）使者持节中郎将莫府奏曹史左元异墓、[7] 江苏邳州燕子埠乡尤村元嘉元年（151）彭城相缪宇墓、[8] 安徽宿县褚兰建宁四年（171）胡元壬祠墓[9]等墓葬画像上都未见与墓主经历相关的内容。山东邹城北龙河汉安元年（142）鲁国邹亭掾文通祠堂[10]和东阿

1　范晔：《后汉书》卷六四《赵岐传》，中华书局，1965，第2124页。

2　李林：《陕西绥德县黄家塔汉代画像石墓群》，《考古学集刊》（第14集），文物出版社，2004，第54—79页。

3　榆林地区文管会、绥德县博物馆：《陕西绥德县四十里铺画像石墓调查简报》，《考古与文物》2002年第3期。

4　绥德县博物馆：《陕西绥德汉画像石墓》，《文物》1983年第5期。

5　李林：《陕西绥德县黄家塔汉代画像石墓群》，《考古学集刊》（第14集），第54—79页。

6　陕西省博物馆、陕西省文管会：《米脂东汉画象石墓发掘简报》，《文物》1972年第3期。

7　高维德：《左元异墓汉画像石浅析》，载南阳汉代画像石学术讨论会办公室编《汉代画像石研究》，文物出版社，1987，第270—279页。

8　南京博物院、邳县文化馆：《东汉彭城相缪宇墓》，《文物》1984年第8期。

9　王步毅：《安徽宿县褚兰汉画像石墓》，《考古学报》1993年第4期。

10　邹城市文物局：《山东邹城峄山北龙河宋金墓发掘简报》，《文物》2017年第1期。

图 16　山东嘉祥宋山许卒史安国祠堂题记

永兴二年（154）芗他君祠堂[1]已被后人拆毁，仅存题记石，题记文字里主要是表明家人之孝，没有提到祠堂画像内容。山东嘉祥宋山永寿三年（157）许卒史安国祠堂亦仅存题记石，题记文字里记载了祠堂画像内容："调文刻画，交龙委蛇，猛虎延视，玄猿登高，师熊嗥戏，众禽群聚，万狩云布，台阁参差，大兴舆驾。上有云气与仙人，下有孝友贤仁，尊者俨然，从者肃侍。"[2]（图16）这些内容在同时期祠堂画像中常见，与安国的个人经历没有直接关系。山东苍山（今兰陵县）城前村元嘉元年（151）画像石墓虽经后人修补使用，基本结构没有大的变动，原石大多还在，更重要的是墓中的长篇题记基本完好地保留了下来，题记里的大段文字记载了墓中的画像内容与方位，同样与墓主的个人经历没有关系。[3]

通过对东汉画像石祠堂、墓葬和壁画墓的梳理，我们可以得出如下初步认识：把自己的经历用图画的形式刻画在祠堂和墓室里，带到死后世界去，只是少数在世时曾经当官为吏的人喜好，如和林格尔护乌桓校尉；[4]或者是其家人子孙的喜好，如米脂官庄木孟山子孙。绝大多数墓主，不论生前是否做过官或当过吏，他们自己或其家人并不热衷于把他们的经历以图像的方式装饰在祠堂或墓室里。那些少数喜好的人，也只是把自己当官为吏的经历以车骑出行、官舍、接见属官、献俘庆功等内容刻画出来，或是自我炫耀，或是家人赞颂。总之，所谓"大象其生以送其死也。故如死如生，如亡如存，终始一也"[5]。诚如邢义田在《汉代画像胡汉战争图的构成、类型与意义》一文中强调的那样："除了个别特殊的情况，胡汉战争图是一种格套化的画像产品。它们出现在墓葬或祠堂中，并不表示其主人生前真有如画像中描绘的那样的战功。"[6]"造墓者或祠堂的家人子孙不过是依照当时流行的价值观和习惯，以'应有'的排场和

1　罗福颐：《芗他君石祠堂题字解释》，《故宫博物院院刊》1960年第2期。

2　济宁地区文物组、嘉祥县文管所：《山东嘉祥宋山1980年出土的汉画像石》，《文物》1982年第5期。

3　山东博物馆、苍山县文化馆：《山东苍山元嘉元年画象石墓》，《考古》1975年第2期。

4　从护乌桓校尉壁画墓的规模和装饰水平、榜题文字观察，该墓是墓主生前预作寿藏的可能性极大。

5　荀况撰，王先谦集解：《荀子集解》卷十三《礼论第十九》，《诸子集成》本，中华书局，2006，第243页。

6　邢义田：《画为心声》，第364页。

'合乎理想'的画像内容去颂赞死者。"[1] 当然，墓主生前使用的物品，有一部分会作为"生器"放到墓里，[2] 随他而去。对墓主的颂赞，更多的是以文字的方式刻在东汉时期，尤其是桓灵以后流行的墓碑上，山东嘉祥武氏墓群石刻中的武梁碑、武开明碑、武斑碑、武荣碑文中有大量文字记录墓主的事迹，颂赞墓主的品行。

最后回到沂南北寨村墓，我们认为门楣上的胡汉战争图与墓主个人经历没有必然联系，是当时流行的墓室建筑装饰之一。同时我们并不否认报告者对该墓画像的分组，以及对每组各有主题的判断，这些主题虽然是当时流行的内容，未必与墓主的喜好一点关系没有，恰恰相反，可能关系极为密切，尤其是中室四壁的历史人物故事图像，极有可能是墓主个性的表现，[3] 只是在缺少直接证据的前提下，我们无法判断是否与墓主的个人经历有直接关系。

附记

2024 年是沂南北寨村墓发掘 70 周年，撰此小文，纪念曾昭燏等先贤。

1　刑义田：《画为心声》，第 364—365 页。

2　巫鸿：《"生器"的概念与实践》，《文物》2010 年第 1 期。

3　目前所见东汉墓中，刻画如此多历史人物故事图的除了该墓之外，就是和林格尔护乌桓校尉壁画墓，而后者的壁画内容与墓主关系密切，据此，我们推测北寨村中室历史人物故事画与墓主的个人喜好关系密切。

武周时期沙州保卫战的图像记忆
——以莫高窟第332窟"八王分舍利图"为中心[*]

■ 蔡艺源　沙武田（陕西师范大学丝绸之路历史文化研究中心）

按《大周沙州刺史李无亏墓志》记载，长寿二年（693）到延载元年（694），吐蕃对沙州发动了猛烈进攻，"狡虏数万，来犯城池"，沙州刺史、豆卢军经略使李无亏率领军民奋起抵抗，直至伤重身死。[1] 四年后的圣历元年（698），敦煌李氏建成了莫高窟第332窟，沉寂了近百年的涅槃经变再次出现在其南壁，其中的"八王分舍利图"画面十分独特，是莫高窟现存唯一一幅表现游牧族骑兵互相冲击搏杀的"八王分舍利图"。

史苇湘先生较早指出，敦煌莫高窟反映了古代豪门世族的意识形态。[2] 马德先生进一步指出："因为敦煌在历史上实际上是世家大族的敦煌，所以从某种程度上讲，莫高窟的营造历史实际上是敦煌世家大族的历史的一部分……敦煌李氏是莫高窟营造史上最活跃的家族。"[3] 张景峰先生认为，莫高窟第332窟是初唐时期敦煌家窟的代表之作。[4] 基于以上观点，我们有理由推测，这幅独特的"八王分舍利图"所表达的意涵与敦煌李氏在这一阶段的历史息息相关。

史苇湘先生在谈到盛唐晚期敦煌李氏营建莫高窟第148窟时提出，李大宾等人首次将报恩经变引入莫高窟，是为了在沙州被围攻期间，通过经变故事鼓舞沙州军民的抗蕃士气。[5] 基于类似的逻辑，我们也可以进一步推测，这幅独特的"八王分舍利图"是对敦煌李氏亲身参与的长

* 本成果得到陕西省社科基金项目"唐武周敦煌大族家窟莫高窟第332窟研究"（项目编号：2023G003）、高等学校学科创新引智基地计划（Supported by the Project 111）"长安与丝路文化传播学科创新引智基地"（项目编号：B1803）资助。

1 王团战：《大周沙州刺史李无亏墓及征集到的三方唐代墓志》，《考古与文物》2004年第1期。

2 史苇湘：《世族与石窟》，收入敦煌文物研究所编《敦煌研究文集》，甘肃人民出版社，1982，第151页。

3 马德：《敦煌的世族与莫高窟》，《敦煌学辑刊》1995年第2期。

4 张景峰：《敦煌阴氏与莫高窟》，博士学位论文，兰州大学，2014。

5 史苇湘：《丝绸之路上的敦煌与莫高窟》，收入敦煌文物研究所编《敦煌研究文集》，第44—122页。

寿二年（693）到延载元年（694）沙州保卫战的复现，是一幅生动形象的图像记忆画卷。

一 "八王分舍利图"的独创性

（一）先前学者的研究

针对这幅奇特的"八王分舍利图"，学者们已经做了一些解释。贺世哲先生在《敦煌石窟全集7·法华经画卷》中指出，此处"八王分舍利"图像与经文记载不符，很可能是武则天时期争强斗胜的画工自由创作的结果，该画面所处的332窟与武周时期中央政治局势存在很大的关联。[1] 邢莉莉女士认为，这幅"八王分舍利图"的出现是由于332窟开凿的年代距离北朝不远，是北朝时期战争频繁的社会现实场景的投射。[2] 尹潇则认为，这是对唐高宗与武则天时代唐蕃战争的复现，构图受到了龟兹石窟的影响。[3] 至于该像的深入解读，学者们似乎并未涉及。

杨效俊先生指出，武周时期佛教礼治化，舍利信仰的政治意味十分浓厚。[4] 焦树峰博士结合巫鸿先生关于中心柱窟作用的分析，提出往昔窟形与新式的大型叙事画相结合体现了332窟的"当下性"，即莫高窟第332窟敦煌李氏家族为庆祝李唐皇族在政治斗争中获得胜利而建设的"纪念碑"。[5] 可见，此窟的开凿一方面是敦煌李氏对武周中央朝廷政策的一种反馈，另一方面也是敦煌李氏家族自我展示的一种方式。要阐释好这幅"八王分舍利图"，必须考虑武周中央的影响，结合唐蕃战争的历史背景，站在敦煌李氏的角度进一步深入思考。

（二）第332窟"八王分舍利图"图像细读

为了深入阐释这幅"八王分舍利图"，我们首先要对图像进行细读。为了方便描述，笔者给画面上的每个骑兵加了编号，左侧骑兵用大写字母编号，右侧骑兵用小写字母编号（图1）。

画面以对称轴为界，可以分为两个骑兵军阵，双方都未穿着甲胄，身上的服饰似乎不是中原样式，其所持武器装备有长矛、弓箭、盾牌、胡禄、弓韬等。两边的骑兵各分三列，第一列接战，第二列准备接战，第三列从其马腿不作奔驰状可推测

1　贺世哲编：《敦煌石窟全集7·法华经画卷》，商务印书馆，1999，第141—142页。

2　邢莉莉：《莫高窟第332窟涅槃经变壁画特点及影响探析》，《天津美术学院学报》2022年第4期。

3　尹潇：《武周时期敦煌与中原王朝的关系——以莫高窟第332窟涅槃图为中心》，《甘肃开放大学学报》2023年第3期。

4　杨效俊：《武周时期从长安到敦煌的佛舍利崇拜——以莫高窟第332窟为中心》，《考古与文物》2019年第4期。

5　巫鸿：《空间的敦煌：走进莫高窟》，生活·读书·新知三联书店，2022，第132页；焦树峰：《莫高窟第332窟营建的政治隐喻——基于武周政治视角的观察》，《安阳师范学院学报》2023年第3期。

图 1　敦煌莫高窟第 332 窟南壁涅槃经变 "八王分舍利图"

采自贺世哲编《敦煌石窟全集 7 · 法华经画卷》，商务印书馆，1999，第 146—147 页

其主要负责指挥。右侧骑兵击败了左侧第一列骑兵的冲击，使得右侧获得了一定的优势，左侧第一列骑兵 B 坠马，骑兵 A 举盾后撤。左侧第二列的骑兵为了扭转战局，第二列骑兵 D 开始放箭，右侧骑兵 a、c 与 d 立刻举起盾牌保护身体。双方在战场上随机应变，展现出极好的战术素养，结合双方队列整齐的特征，可以推测双方都是训练有素的正规骑兵，换言之，双方都不是普通的游牧族非正规骑兵。[1]

田昭林先生总结了唐前期各军战斗队形的普遍特点，其战斗队形一般是两个梯队的横阵，"第一列战锋队和第二列战队组成第一梯队（亦合称为战队），第三列驻队（支援队）和第四列机动预备队组成第二梯队（亦合称驻队）"[2]。将这个普遍特点与图 1 中的阵型进行比校，可以清晰地发现左右两侧的骑兵阵型都包含了"战队"和"驻队"，两个梯队横阵的结构十分明显。所不同的是，图像第二梯队的刻画比较简单，只有一列。图像中士兵人数很少，双方总共只有 15 人，这可能是对实际战场的一种象征性简易画法。

（三）第 332 窟"八王分舍利图"的原创性

第 332 窟"八王分舍利图"所表现

的两军激烈厮杀，出现人员伤亡的场景与《大般涅槃经》《长阿含经》《佛般泥洹经》《大般涅槃经后分》等相关经文的记载大相径庭。经文中没有任何两军相斗，出现死伤的记载，都描写了在双方兵马对峙后，舍利被和平分取的场景。同时，《大般涅槃经后分》已经明确性"为舍利故，起兵相夺，诸君当知此非敬事"[3]。按常理来说，画工不应当变本加厉地去描绘为舍利争夺而流血伤亡的画面。

1. 与龟兹石窟中的"八王分舍利图"比较

按笔者观察，西域石窟中的"八王分舍利图"主要集中在龟兹的各石窟寺内。笔者将 6—8 世纪龟兹各石窟中的"八王分舍利"与莫高窟第 332 窟的"八王分舍利"进行了比较发现，龟兹各石窟中现存的"八王分舍利"图像也没有为争夺舍利而流血伤亡的战争场面，其主要有三种类型，即和平分舍利（图 2）、纵兵围城（图 3）、武装对峙（图 4、图 5）。基于此，我们可以认为，第 332 窟的"八王分舍利图"并非根据来自西域的粉本绘制。

1　田昭林先生将骑兵分为正规骑兵与非正规骑兵。"正规骑兵，指经过严格训练，在战争中能保持严整队形和协同动作，因而能充分发挥集体战斗力的骑兵部队。没有经过严格训练，战斗时没有严整的队形和协同，只凭个人勇敢与技术作战的游牧族骑兵，称非正规骑兵。"见田昭林《中国军事史 2·三国两晋至隋唐五代》，江苏人民出版社，2019，第 598 页。

2　田昭林：《中国军事史 2·三国两晋至隋唐五代》，第 581 页。

3　（唐）若那跋陀罗译：《大般涅槃经后分》卷二，《大正藏》第 12 册，第 912 页。

图2　新疆龟兹克孜尔石窟第175窟后甬道前壁"八王分舍利图"

采自赵莉主编《西域美术全集9·龟兹卷·克孜尔石窟壁画③》，新疆文化出版社、天津人民美术出版社，2016，第33页

图3　新疆龟兹克孜尔石窟第163窟东甬道内侧壁

采自新疆维吾尔自治区文物管理委员会等编《中国石窟·克孜尔石窟二》，文物出版社，1996，第174页

图4　新疆龟兹克孜尔尕哈石窟第14窟后甬道右端壁

图5　新疆龟兹克孜尔尕哈石窟第14窟后甬道左端壁

图4、图5采自《西域美术全集11·龟兹卷·森木赛姆·克孜尔尕哈等石窟壁画》，第178—180页

2. 与山西临猗大云寺涅槃变相碑中的"八王分舍利图"比较

杨效俊先生推测武周时期两京地区率先出现以《大般涅槃经后分》为依据的涅槃经变，然后再传播到全国各地，莫高窟第332窟的涅槃经变和山西临猗大云寺涅槃变相碑都是这种影响下的结果。[1] 山西临猗大云寺涅槃变相碑造于天授二年（692），在时间上比第332窟涅槃经变早；在空间上，距离两京地区更近，其内容当更接近武周时期涅槃经变的最初形态。有意思的是，该碑的"八王分舍利"画面

（图6）与莫高窟第332窟的画面截然不同，诸王正在和平地分取舍利。综合考虑，332窟的"八王分舍利图"来自两京地区的可能性不大。

3. 与莫高窟唐代"八王分舍利图"的比较

贺世哲先生指出，莫高窟第332窟南壁的涅槃经变"八王分舍利图"是玉门关以东的石窟寺中现存最早的一幅。[2] 其后的涅槃经变大都不绘制"八王分舍利图"，目前所见还有两幅，分别位于第130窟东壁底层和第148窟西壁，都是唐

图6　山西临猗大云寺涅槃变相碑背阴"八王分舍利图"

徐金鹏摄

1　杨效俊：《武周时期从长安到敦煌的佛舍利崇拜——以莫高窟第332窟为中心》，《考古与文物》2019年第4期。

2　贺世哲：《敦煌莫高窟〈涅槃经变〉》，《敦煌研究》1986年第1期。

代的作品。

第 130 窟，按 P. 3720 V《莫高窟记》的记载，开凿于开元时期。[1] 其东壁底层有一铺残泐的涅槃经变，其中保留了一部分"八王分舍利图"（图7、图8）。与第332 窟的"八王分舍利图"相比，该图也没有表现人员伤亡的画面，很可能是在表现两军对峙时挑战、斗将的场面。画面中出现了象兵、步兵、骑兵，符合《长阿含经》的记载，"波婆国诸末罗即下国中，严四种兵——象兵、马兵、车兵、步兵，到拘尸城"[2]。两侧军阵中，双方军

士皆不动，唯有画面中央有一象兵与一骑兵相斗。该骑兵身着胡服，不穿盔甲，脑后似有一根发辫，回身射象兵，其马匹装饰与 332 窟"八王分舍利图"中骑兵 a、b、f、g 的马匹装饰几乎完全相同。在该骑兵身后，一个象兵正在追击他，象辇上有驭手，大象四蹄腾空作奋力奔驰状。

有唐一代，两军对峙时，常常会有斗将、挑战的环节。这一环节应当看成是两军对峙的一个阶段，因为双方大军并不交战，只派出少量人马交锋，例如尉迟恭擒王琬、[3] 薛仁贵三箭定天

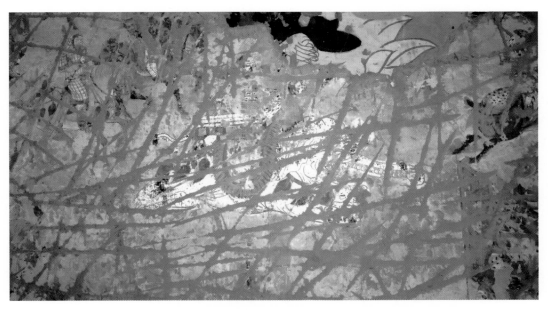

图7　莫高窟第130窟东壁底层的"八王分舍利图"（一）

1　"又开元中，僧处谚与乡人马思忠等造南大像"，见郑炳林、郑怡楠《敦煌碑铭赞辑释》，上海古籍出版社，2019，第 701 页。

2　（后秦）佛陀耶舍、竺佛念译：《长阿含经》卷四，《大正藏》第 1 册，第 29 页。

3　"时世充兄子琬使于建德，乘隋帝厩马，铠甲华整，出入军中以夸众。王望见，问'谁可取者？'敬德请与高甑生、梁建方三骑驰往，禽琬，引其马以归，贼不敢动。"见（宋）欧阳修、宋祁《新唐书》卷八九《尉迟敬德传》，中华书局，1975，第 3753 页。

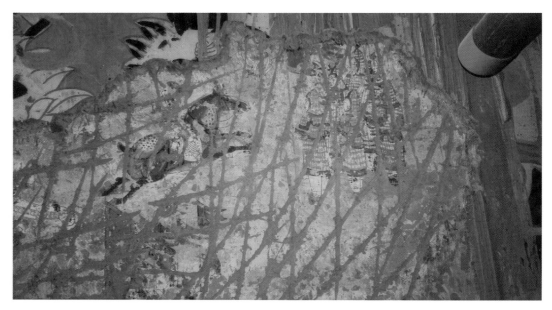

图 8　莫高窟第 130 窟东壁底层的 "八王分舍利图"（二）

图 7、图 8 由敦煌研究院提供

山、[1] 白孝德智斩刘龙仙[2] 等。按《中国敦煌壁画全集 6・盛唐》的推测，这幅 "八王分舍利图" 展现了盛唐时期墨离军与豆卢军的形象。[3] 结合该窟有巨幅的晋昌太守、墨离军使乐庭瓌及其夫人的供养像，这是极有可能的。

第 148 窟仍然是敦煌李氏开凿的洞窟，大历十一年（776）建成。其西壁与北壁关于 "八王分舍利" 这一情节有着极其详细的描绘，分为 "诸王求分舍利"（图 9）"均分舍利"（图 10）"起塔供养"（图 11）等情节，与经文相符，没有战争场面。三幅画面中世俗人物的衣着都是中原样式，尤其是 "均分舍利" 的构图与临猗大云寺涅槃变相碑（图 6）几乎完全一致，其粉本应当来源于两京地区。

文至此处，我们可以认为，莫高窟第 332 窟的 "八王分舍利图" 很可能是敦煌地区的原创作品。其既与西域或两京地区的同类图像存在明显的差别，也与莫高窟其他 "八王分舍利图" 大相径庭，又不符合经文原义，应当是敦煌李氏出于自身

1　"时九姓众十余万，令骁骑数十来挑战，仁贵发三矢，辄杀三人，于是虏气慑，皆降。" 见（宋）欧阳修、宋祁《新唐书》卷一一〇《薛仁贵传》，第 4141 页。

2　"使骁将刘龙仙以五十骑挑战……左右以孝德对……龙仙环堤走，追斩其首以还。" 见（宋）欧阳修、宋祁《新唐书》卷一三六《白孝德传》，第 4593 页。

3　中国敦煌壁画全集编辑委员会：《中国敦煌壁画全集 6・盛唐》，天津人民美术出版社，1989，第 18 页。

图9　莫高窟第148窟西壁涅槃经变"诸王求分舍利"

采自《中国敦煌壁画全集6·盛唐》，第193页

图10　莫高窟第148窟北壁涅槃经变"均分舍利"

采自《中国敦煌壁画全集6·盛唐》，第194页

图11　莫高窟第148窟北壁涅槃经变"起塔供养"

采自《中国敦煌壁画全集6·盛唐》，第191页

需要而进行的临时性创作。为了更多地破译其中的信息，我们将从骑兵形象的来源入手，进行进一步探究。

二　骑兵形象来源分析

随着近几十年青海地区考古工作的深入，一大批中古时期的棺板画被发现，霍巍[1]、仝涛[2]、周伟洲[3]等诸位先生认为，这些棺板画的主人是青海地区的吐谷浑人。有意思的是，莫高窟第332窟南壁涅槃经变"八王分舍利图"中的骑兵与青海地区棺板画中的人物有许多相似之处。下文将从首服、袍衫、弓韬、整体图式四个方面进行分析。

（一）首服

首服的相似性一方面体现在都出现了垂在脑后的飘带与席帽。第332窟"八王分舍利"画面中骑兵d（图12）与骑兵g（图13）脑后都有飘带，这种形象与青海地区棺板画上部分人物（图14、图15）极为相似。尤其是骑兵g，头戴席帽，脑后垂有两条飘带，这一形象很可能是这一时期吐谷浑人的典型形象，图14、图15

1　霍巍：《青海出土吐蕃木棺板画的初步观察与研究》，《西藏研究》2007年第2期。

2　仝涛：《青海郭里木吐蕃木棺板画所见丧礼图考释》，《考古》2012年第11期。

3　周伟洲：《青海都兰暨柴达木盆地东南沿墓葬主民族系属研究》，收入中国社会科学院考古研究所、青海省文物考古研究所编《热水考古四十年》，科学出版社，2021，第138—167页。

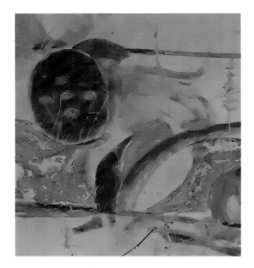

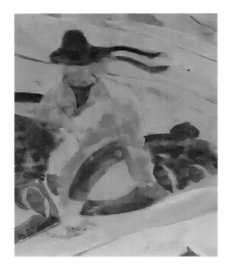

图 12 右侧骑兵 d

采自贺世哲编《敦煌石窟全集 7·法华经画卷》，第 147 页

图 13 右侧骑兵 g（局部）

采自贺世哲编《敦煌石窟全集 7·法华经画卷》，第 147 页

图 14 青海湟源县古道博物馆藏彩绘木棺板画侧板 5（临摹图）

采自青海省博物馆编《尘封千年的岁月记忆：丝绸之路"青海道"沿线古代彩绘木棺板画》，文物出版社，2019，第 127 页

图 15　青海湟源县古道博物馆藏彩绘木棺板画侧板 6（临摹图）
采自《尘封千年的岁月记忆：丝绸之路"青海道"沿线古代彩绘木棺板画》，第 131 页

中皆可以见到。孙机先生研究认为，席帽是帷帽、羃䍠的本体，其名称取决于帽檐垂网的长短及有无。[1] 按唐人的记载，"席帽本羌服，以羊毛为之，秦汉鞿亦故席。"[2] 按五代时期的《中华古今注》载："藤席为之，骨鞿以缯，乃名席帽。"[3] 这些特点恰好与《旧唐书·吐谷浑传》记载相对应，"男子通服长裙缯帽，或戴羃䍠"[4]。

另一方面，首服的相似性也体现在都出现了尖顶虚帽和缠头冠。332 窟"八王分舍利图"中骑兵 B、E、G、a、c、e 头戴尖顶虚帽（图 16），骑兵 A、D、F、H、b、d 为缠头冠（图 17）。这种头戴虚帽与缠头冠的骑兵形象亦常见于青海地区棺板画上（图 18、图 19）。

（二）袍衫

第 332 窟"八王分舍利图"对于骑兵服饰的描绘比较简单，其服装主要为唐代常见的圆领袍和交领袍，类似的服饰也常见于青海地区的棺板画中（图 20）。骑兵 g 则为对襟开领长袍，领形为三角形大翻领（图 13）。对襟开领长袍是吐蕃长袍最常见的三种形制之一。谢静女士认为，三角形大翻领是吐蕃服饰最突出的特点。[5] 在青海地区吐谷浑墓葬的棺板画中，这种服饰同样很常见，青海郭里木乡夏塔图 1 号墓 A 侧板（图 21）、青海藏文化博物院藏彩绘木棺板画（图 22）中就有许多人穿戴类似的服饰。

1　孙机：《唐代妇女的服装与化妆》，收入氏著《中国古舆服论丛》，文物出版社，2001，第 231 页。

2　（唐）佚名撰，夏婧点校：《新辑玉泉子》，中华书局，2014，第 148 页。

3　（五代）马缟撰，吴启明点校：《中华古今注》，中华书局，2012，第 106 页。

4　（后晋）刘昫：《旧唐书》卷一九八《吐谷浑传》，中华书局，1975，第 5297 页。

5　谢静：《吐蕃大翻领长袍探源》，《装饰》2008 年第 3 期。

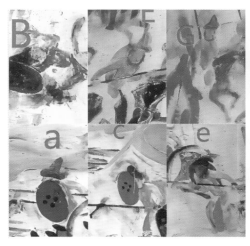

图16 头戴尖顶虚帽的骑兵　　　　　　图17 头戴缠头冠的骑兵

图18 青海湟源县古道博物馆藏彩绘木棺板画挡板4

采自《尘封千年的岁月记忆：丝绸之路"青海道"沿线古代彩绘木棺板画》，第146页

图19 郭里木乡夏塔图1号墓A侧板局部（临摹图）

采自《尘封千年的岁月记忆：丝绸之路"青海道"沿线古代彩绘木棺板画》，第150页

图 20　青海湟源县古道博物馆藏彩绘木棺板画侧板 4（临摹图）

采自《尘封千年的岁月记忆：丝绸之路"青海道"沿线古代彩绘木棺板画》，第 124 页

图 21　青海郭里木乡夏塔图 1 号墓 A 侧板局部（临摹图）

采自《尘封千年的岁月记忆：丝绸之路"青海道"沿线古代彩绘木棺板画》，第 152 页

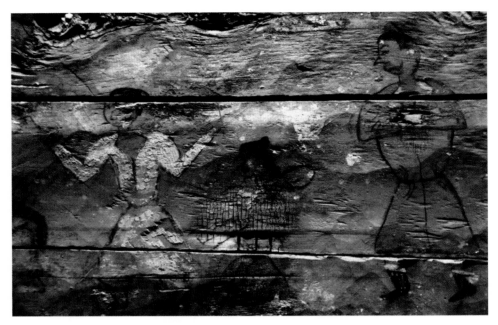

图22　青海藏文化博物院藏彩绘木棺板画局部

采自《尘封千年的岁月记忆：丝绸之路"青海道"沿线古代彩绘木棺板画》，第122页

（三）弓韬的形制和位置

弓韬即装弓的容器，几乎是中古骑兵的必备之物。骑射的准确性很大程度上取决于平时对弓的维护，故一名合格的骑兵都要携带弓韬。在第332窟"八王分舍利图"中，画面右侧每个骑兵都携带了弓韬，并且置于骑手左后方，表现为一个"弓"形的弧形器（图1）。从骑兵A向其队列反方向奔驰时也露出了弓韬，我们可以推测，整个画面左侧的骑兵都装备了弓韬，且也置于骑手的左后方。有意思的是，在青海地区棺板画中，骑兵如果携带弓韬，一般情况下也置于骑手左后方（图23、图24），形制与第332窟"八王分舍利图"中的形制几乎完全相同。军械

放置的位置与骑手的使用习惯有关，弓韬位置的相同，或许可以侧面说明第332窟"八王分舍利图"中骑兵骑射技能的渊源。

（四）整体图式

第332窟南壁涅槃经变后部绘有诸王分得舍利后返回的场景（图25），骑兵们排成纵队，行走穿行于山水之间。相同的构图形式，也常见于青海地区的吐谷浑棺板画中（图14、图15、图20），这或许是该时期吐谷浑骑兵形象的生动展示。

综合以上四点论述，我们可知，在时代相近的不同空间背景下，青海和敦煌两个地区存在着形象相似、源流相近的骑兵形象。在这些相似点中，有吐谷浑人的特

图 23　青海湟源县古道博物馆藏彩绘木棺板画挡板 4（临摹图）

采自《尘封千年的岁月记忆：丝绸之路"青海道"沿线古代彩绘木棺板画》，第 148—149 页

图 24　海西州民族博物馆藏棺板画"男女合欢图"局部

采自《尘封千年的岁月记忆：丝绸之路"青海道"沿线古代彩绘木棺板画》，第 161 页

图 25　莫高窟第 332 窟涅槃经变分得舍利后返回的诸王

采自敦煌研究院编《中国石窟·敦煌莫高窟三》，文物出版社，2011，第 91 页

点，也有吐蕃人的特点。考虑到吐蕃人崛起后在其境内推行的"吐蕃化"[1] 政策，这一时期的吐谷浑人在军制、服饰等方面含有吐蕃人的特点是比较合理的。由此可知，莫高窟第 332 窟"八王分舍利"的骑兵形象应当来源长期活跃于西北地区的吐谷浑人。

三　吐谷浑骑兵在敦煌

（一）轻骑兵兴起与吐谷浑人迁入河西

6—7 世纪上半叶，突厥人崛起于蒙古高原，掀起了轻装骑兵取代具装重骑兵的潮流。[2] 在突厥汗国周边，具装骑兵渐次退出历史舞台或退居次要地位。伴随着轻装骑兵重要性的增强，骑兵在军队中的占比进一步提高，骑兵的优劣往往可以决定一场战役的胜负，甚至一个国家的兴衰，因此骑手和马匹在这个时代变成了更为珍惜的资源。

自 7 世纪上半叶起，随着吐蕃的崛起，吐谷浑人的生存空间被一步步蚕食，大量吐谷浑人陆续迁入河西地区。吐谷浑人出身游牧，长于游击，骑术精湛，善于畜牧，能够培育优质马种的特点，逐渐使之成为

河西地区不可轻视的政治势力，其政治倾向逐渐可以影响到地区政治的发展。

（二）来自吐谷浑核心部落的豆卢军与墨离军

长寿二年（693）到延载元年（694），唐军主力远在西域，敦煌周边唐军的骑兵部队，主要来自豆卢军与墨离军。两支军队都有数量可观的骑兵部队，在瓜、沙二州相互拱卫，呈掎角之势。按《元和郡县图志》载，墨离军，"管兵五千人，马四百匹"；豆卢军，"管兵四千五百人，马四百匹"[3]。钱伯泉先生研究认为，吐蕃成为边患后，唐中央政府征召在瓜、沙二州的吐谷浑人，在瓜州组成墨离军，在沙州组成豆卢军，墨离和豆卢都是吐谷浑语或鲜卑语的译音。[4] 这恰好可以部分地解释画面中一半的骑兵为何身穿异族服饰。

"豆卢"的鲜卑语意思是"归义"，北魏时期一部分慕容鲜卑改姓豆卢，以表示归附北魏。按《隋书》卷三九《豆卢勣传》载，"豆卢勣，字定东，昌黎徒何人也。本姓慕容，燕北地王精之后也，中山败归魏。北人谓归义为豆卢，因氏焉"[5]。"豆卢"本义"归义"，唐廷将这

1　杨铭：《试论唐代西北诸族的"吐蕃化"及其历史影响》，《民族研究》2010 年第 4 期。

2　王援朝：《唐初甲骑具装衰落与轻骑兵兴起之原因》，《历史研究》1996 年第 4 期。

3　（唐）李吉甫撰，贺次君点校：《元和郡县图志》卷四〇《陇右道下》，中华书局，1983，第 1018 页。

4　钱伯泉：《墨离军及其相关问题》，《敦煌研究》2003 年第 1 期。

5　（唐）魏徵：《隋书》卷三九《豆卢勣传》，中华书局，1973，第 1155 页。

支军队命名为豆卢军，明显是在用典。《隋书》是初唐编纂，唐人对其内容应当非常熟悉，此举很可能是对北魏政策的模仿，表达了对这支军队归附王化的期望。同时也侧面体现出这支军队身份特殊，因为吐谷浑王室出自慕容鲜卑，姓慕容氏，其祖先弈洛韩曾被封为昌黎公，封号与豆卢勣的籍贯相同。归唐后吐谷浑王室的墓志里，也有许多人自称来自昌黎，如慕容威、[1] 慕容明、[2] 慕容曦光[3] 等。

"墨离"，钱先生认为，按吐谷浑语音为 buri，结合鲜卑语、突厥语可以推测，其本义为"狼"，"墨离川"即"狼多的平川"，该词在北方民族中广泛使用。罗新先生将此类读音记作 böri，并指出在鲜卑语中，böri 是作为官号使用的，北魏太武帝拓跋焘鲜卑本名中的"佛狸"就是这个词，拓跋鲜卑的核心部族曾经以狼（böri）为官号；在突厥语中，有用 böri 做可汗号的传统，如隋代突厥的步离可汗（《通典》作附邻可汗）。[4] 《太平寰宇记》载："风俗：深入羌胡习俗，全是吐谷浑可汗子孙，其先是狼种，今旌旗皆有狼形，备卫，人亦称附离，即彼所谓狼也。"[5] 其中的"附离"，按古无轻唇音，即"墨离"。由此观之，"墨离"是北族常用的高级官号，吐谷浑族源于鲜卑，与突厥人也有一些渊源，故这个官号在其政权中很可能也被核心部族所采用。以此名号命名的军队，其兵源几乎可以断定出自吐谷浑的核心部落。

基于钱先生与罗先生的研究成果及以上分析，再考虑到陇右道各军几乎都是因地为名或以汉语寓意为名的普遍情况，[6] 我们可以认为豆卢军与墨离军的名称都与吐谷浑王室核心部落有关。周伟洲先生研究指出，唐朝在任用官员管理河西吐谷浑人的同时，每年都要让吐谷浑可汗宣赵前来巡视抚慰，"岁往巡按以抚护之"[7]。这从侧面反映了河西地区有些吐谷浑部落与吐谷浑可汗的关系十分亲密，因此豆卢军、墨离军的兵源很可能就来自这些特殊的核心部落。

1　"君讳威，字神威，其先昌黎人也"，见钟侃《唐代慕容威墓志浅释》，《考古与文物》1983 年第 2 期。

2　"王讳明，字坦，昌黎鲜卑人也"，见夏鼐《考古学论文集》，河北教育出版社，2000，第 249 页。

3　"王讳曦光，字晟，昌黎鲜卑人也"，见夏鼐《考古学论文集》，第 219 页。

4　罗新：《北魏太武帝的鲜卑本名》，《民族研究》2006 年第 4 期；收入氏著《中古北族名号研究》，北京大学出版社，2009，第 166—174 页。

5　（宋）乐史撰，王文楚等点校：《太平寰宇记》卷一五一《陇右道》，中华书局，2007，第 2924 页。

6　赤水军、大斗军、建康军、玉门军、白亭军等属于因地为名的情况，见（唐）李吉甫《元和郡县图志》卷四〇《陇右道下》，第 1017—1019 页；威戎军、宣威军、宁寇军等属于以汉语寓意为名的情况，见谭其骧编《中国历史地图集 5·隋唐五代十国时期》，中国地图出版社，1982，第 61—62 页。

7　周伟洲：《吐谷浑史》，广西师范大学出版社，2006，第 163 页。

（三）吐蕃征发的吐谷浑仆从军

莫高窟第 332 窟"八王分舍利图"中双方骑兵的服饰几乎相同，很难通过服饰来区分唐蕃两军。画工如此绘制，笔者认为，这是由于进攻沙州的吐蕃军队其组成也主要是吐谷浑人。杨铭先生认为，吐蕃对于其治下的吐谷浑人采用了"扶植小王、保存部落、驱以为用"的方针。[1] 陆离先生结合《大事记年》中"蛇年……大论钦陵赴吐谷浑地方"[2] 的记载指出，693 年，吐蕃大相论钦陵到吐谷浑邦国组织军队进攻沙州。[3] 在吐蕃内乱，论钦陵兵败身死后，其余部陆续向河西的唐军投降，其子论弓仁仍然拥有 7000 帐吐谷浑人。[4] 稍晚于武周时期的盛唐名将哥舒翰在给唐玄宗的奏疏中描述道，"吐浑部落，数倍居人，盖是吐蕃举国强授，军粮马匹，半出其中"[5]。由此可知，这一批进攻沙州的军队来自吐谷浑故地，其势必以吐谷浑士兵为主力。

笔者认为，长寿二年（693）到延载元年（694）这场惨烈的沙州保卫战给沙州人民留下了深刻的印象，沙州地区可能出现了记录这场战争的粉本。粉本作者对双方主力骑兵的族属都有比较直观的认识，因此将双方服饰画成一致，看似突兀，实则仍然是据实录之。出于一些目的，敦煌李氏将该粉本运用到自己的家窟之中。通过这幅画面，我们也可以更容易理解在莫高窟第 332 窟建成一年后的吐谷浑人归朝事件中，武周朝廷为什么专门让豆卢军与墨离军前去迎接。[6] 豆卢军与墨离军不但战力强悍，更重要的是他们和归降的吐蕃属吐谷浑邦国的吐谷浑人本为一族，语言风俗相同，可以起到更好的安抚效果和示范作用。

四 "八王分舍利图"的表意分析

结合以上论述可知，第 332 窟这幅"八王分舍利图"创作于如此复杂的战争年代，其独特性的背后必然蕴含了多层含义，下文试做解析。

其一，莫高窟第 332 窟"八王分舍利"画面彰显了李氏家族的战功，纪念

1　杨铭：《论吐蕃治下的吐谷浑》，《青海民族研究》2010 年第 2 期。

2　马德、黄布凡：《敦煌藏文吐蕃史文献译注》，甘肃教育出版社，2000，第 12、44 页。

3　陆离：《〈大周沙州刺史李无亏墓志〉所记唐朝与吐蕃、突厥战事研究》，《西藏研究》2015 年第 4 期。

4　"钦陵子弓仁，以所统吐谷浑七千帐来降，拜左玉钤卫将军、酒泉郡公。"见（宋）欧阳修、宋祁《新唐书》卷二一六《吐蕃传》，第 6075 页。

5　（宋）王钦若：《册府元龟》卷九七七《外臣部·降附》，凤凰出版社，2006，第 11313 页。

6　按吐鲁番阿斯塔那第 225 号墓出土的豆卢军文书可知，699 年十万吐谷浑人前往瓜沙地区归降内附，豆卢军与墨离军前往迎接。

阵亡的亲属。莫高窟第332窟的续建时间恰好是在长寿二年（693）到延载元年（694）这次战役之后，李氏家族必然直接参与，甚至可能有家族成员战殁。按P. 2551V《沙州效谷府李君莫高窟佛龛并序》载，李克让是"沙州效谷府校尉、上柱国"，"亡兄感，昭武校尉、甘州禾平镇将、上柱国。弟怀节，上柱国。弟怀忠，骑都尉。弟怀恩，昭武校尉、行西州白水镇将、上柱国。弟怀操，昭武校尉、行紫金镇将、上柱国。侄奉基，翊麾副尉、行庭州盐池戍主、上骑都尉。侄奉逸，翊卫，上柱国。男奉诚，翊卫。侄奉国，翊卫。男奉裕，翊卫。孙令秀，翊卫"[1]。由此可知，李氏家族有很多人在军中任职，有的本身就是骑兵将领，故一幅骑兵战争图像出现在其家窟中，明显具有彰显武功，纪念功绩的含义。

其二，这幅纪念碑性质的"八王分舍利图"表达了对同宗地方长官李无亏的纪念之情。按《大周沙州刺史李无亏墓志》载，李无亏正是豆卢军的经略使，从"披坚执锐，率众先锋"的描述看，李无亏曾率领豆卢军骑兵向吐蕃军队发起过冲锋，他很可能死于骑兵冲击时所受的伤害。[2] 按墓志的说法，李无亏虽然生在范阳，但其郡望仍然是陇西李氏，敦煌李氏也自称陇西李氏。敦煌李氏拥护武则天，而李无亏曾经担任过武则天的禁军将领，"实掌外兵警卫，所姿寄重中禁"，是武则天直接任命的"沙州刺史、兼豆卢军经略使"，某种程度上就是武则天在敦煌的代言人。敦煌李氏作为敦煌地方势力的代表，用这样一个画面来纪念这位保卫敦煌而牺牲的同姓同郡望的地方长官，也在情理之中。又考虑到敦煌李氏曾在《大历碑》中用大段文字歌颂周鼎，第332窟这幅"八王分舍利图"则更加有可能是在用图像的形式向沙州刺史李无亏致敬。[3]

其三，莫高窟第332窟"八王分舍利图"体现了敦煌李氏家族对战死士兵的纪念及对河西地区吐谷浑核心部落的拉拢。将吐谷浑骑兵作战的形象置于敦煌李氏家窟的涅槃经变之中，其作用可能是接引战死的士兵往生极乐世界。史苇湘先生在分析以涅槃为主题的第148窟时用文学化的语言指出，"它表现了沙洲人民在城破家亡之前将要誓死一战，祈求保护的决心。那个菡萏盛开，管弦悠扬、轻歌曼舞的'极乐世界'将不会拒绝为保卫家乡而战死的'灵魂'得以往生净土"[4]。第148窟也是敦煌李氏的家窟，窟主李大宾营建该窟的中心思

1　郑炳林、郑怡楠：《敦煌碑铭赞辑释》，第20—24页。

2　王团战：《大周沙州刺史李无亏墓及征集到的三方唐代墓志》，《考古与文物》2004年第1期。

3　P. 3608 V《大唐陇西李氏莫高窟修功德记》载"时节度观察处置使、开府仪同三司、御史大夫、蔡国公周公道洽生知、才膺命世……"见郑炳林、郑怡楠《敦煌碑铭赞辑释》，第43页。

4　史苇湘：《丝绸之路上的敦煌与莫高窟》，收入敦煌文物研究所编《敦煌研究文集》，第43—122页。

想，势必受到 332 窟窟主李克让的影响。以吐谷浑骑兵形象代指整个士兵团体，则是李氏家族为了增进与豆卢军、墨离军的关系而有意为之。

其四，莫高窟第 332 窟"八王分舍利图"的绘制，体现了以李氏家族为代表的敦煌军民对于长寿二年（693）到延载元年（694）沙洲保卫战重要意义的认识。陆离先生指出，论钦陵于这个时间点进攻敦煌，实际上是为了扭转吐蕃在西域处于劣势的战局。[1] 结合敦煌的地理位置可知，一旦吐蕃于此时攻陷敦煌，西域南道唐军的补给线会被切断，吐蕃便可在西域东西并进，两路出击，逐渐包围、歼灭孤立的唐军。[2] 其战略上的构想，与安史之乱后，吐蕃切断河西走廊，蚕食北庭、安西都护府的军事行动是一致的。武周朝廷也很重视敦煌的安危，因此，载初元年（689）武则天将有对抗突厥军队经验的宿卫将领李无亏任命为沙州刺史，兼豆卢军经略使。同理，在长寿二年（693）沙州刺史李无亏赢得初步胜利时，武则天立刻给李无亏"加太中大夫，又进爵长城县开国公，并赏懋功"[3]。这幅寓意丰富的"八王分舍利图"在战后出现在洞窟之中，某种程度上反映了胜利战果带给敦煌人民的自豪感。

结　语

综上所述，我们可以证明敦煌李氏采用了以实际战场为基础，略带艺术加工，绘制而成的"八王分舍利图"粉本，是一种"纪念碑"性质的图像。其内涵是彰显自身武功，纪念"同宗"的沙州刺史李无亏，表现忠君爱国（忠于武则天）、守护地方的思想，表现自身与吐谷浑民族为主体的豆卢军或墨离军之间的紧密关系。其深层次的目的可能是通过这一幅特殊的图像，配合整个"纪念碑"式的洞窟，巩固家族在敦煌地区的权势。以这幅特殊的"八王分舍利图"为代表的表现洞窟"当下性"的诸多元素，与该窟的"圣历碑"共同组成了类似于德政碑一样的政治景观。仇鹿鸣先生关于德政碑的作用有独到的见解，他认为"分布于帝国各地，可以被民众阅读、观看到的德政碑，则作为一种物质性存在，展现出国家对地方社会的关注与引导。德政碑不仅是帝国体制下理想政治秩序的象征物，同样也成为普通民众感知国家权威存在的重要渠道之一"[4]。考虑到敦煌远离中原王朝统治核心的实际情况，可以认为以军

1　陆离：《〈大周沙州刺史李无亏墓志〉所记唐朝与吐蕃、突厥战事研究》，《西藏研究》2015 年第 4 期。

2　李宗俊：《读〈李无亏墓志铭〉》，《西域研究》2006 年第 2 期。

3　王团战：《大周沙州刺史李无亏墓及征集到的三方唐代墓志》，《考古与文物》2004 年第 1 期。

4　仇鹿鸣：《长安与河北之间：中晚唐的政治与文化》，北京师范大学出版社，2018，第 150 页。

功出身的敦煌李氏正在通过"德政碑"式洞窟的建设，将自身从与皇权对立的地方大族转换成皇权在地方的代言人。在这一过程中，敦煌李氏尤其重视对瓜、沙地区吐谷浑族为主体的豆卢军、墨离军的影响与拉拢，因此将吐谷浑骑兵的图像绘制于洞窟之中。由此亦可反映出，以吐谷浑骑兵为代表的吐谷浑族群对于敦煌地方政局产生了一定的影响。

印尼三宝垄三保大人郑和形象探析

■ 李　峰（马来西亚马六甲郑和文化馆）　万　明（中国社会科学院古代史研究所）

三宝垄（印尼语 Kota Semarang），是印度尼西亚中爪哇省首府，也是印尼仅次于泗水、雅加达的第三大港口城市。相传中国明代郑和下西洋时曾在这里登陆，"三宝垄"的名字就起源于中国航海家郑和。每年农历六月三十日是郑和抵达的"圣日"，三宝垄举行盛大的三保大人巡游活动，其时，人们以金轿抬着三保大人和侍者金身，自大觉寺出发前往 5 公里外的三保洞，进香祭拜后，再返回唐人街巡游华人庙宇。在三宝垄大觉寺《大觉寺诸神佛圣诞录表》刻录有："六月三十，三保大人绕境。"[1] 重要的是，庆典活动历时四天，是印尼三宝垄市华人社会规模最大的盛会，已传承数百年，是全球最为完整的三保大人信仰仪式活动。尽管三宝垄的三保洞和三保大人巡游，在 19 世纪已为中外学者和旅行者所记述，20 世纪以后也有不少相关研究，[2] 但是，原有文字记述与研究没有造像和巡游图片，不能给我们以视觉感受和认识，因此，三宝垄三保大人郑和信仰迄今尚缺乏完整的图文记述。为此，笔者李峰在 2022 年 7 月 27—30 日，即新冠疫情暂停三年进香庆典后，恢复庆祝郑和抵达三宝垄 617 周年时特地前往，历时四天，参加了这一海内

1　印尼三宝垄市大觉寺（Tay Kak Sie）墙壁上《大觉寺诸神佛圣诞录表》碑刻。郑和小名"三宝"，而明代宫廷戏剧关于郑和下西洋，即用"三保"称之，见（明）内府抄本《奉天命三保下西洋》，（明）赵琦美《脉望馆钞校本古今杂剧》，载《古本戏曲丛刊四集》76 册，商务印书馆，1958。

2　主要论著有：［印尼］林天佑著，李学民、陈巽华合译：《三宝垄历史——自三保时代至华人公馆的撤销，1416—1931》，暨南大学华侨研究所，1984；李雪民：《郑和·华侨·三宝垄》，《华侨历史》1986 年第 12 期；Justinius Schoor, letters de java oujounal d'un voyage dans cetteile, en. 1829；［新加坡］李炯才：《印尼—神话与现实》，新加坡教育出版社，1979；孔远志：《印尼三宝垄的三宝庙》，《华侨华人历史研究》1990 年第 3 期；Denys Lombard, Nusa Jawa: Silang Budaya, Kajian Sejarah Terpadu, Bagian Ⅱ: Jaringan Asia, trans by Winarsih-Partaningrat Arifin, Rahayu S. Hidayat, NiniHidyati Yusuf. Jakarta: Gramedia Pustaka Utama, 1996；郑一省：《印尼的郑和遗迹与印尼华人的"郑和崇拜"》，《东南亚研究》2005 年第 5 期；曾玲：《东南亚的"郑和记忆"与文化诠释》，黄山书社，2008；施雪琴：《郑和形象建构与中国—东南亚国家关系发展》，《海南师范大学学报》2011 年第 5 期等。

外仅存的三保大人进香、行香、巡境、绕境仪式的全过程，并实地调查采访，拍摄了三宝垄供奉与巡游的三保大人郑和造像的珍贵图片。本文将首次全面披露三宝垄供奉与巡游的三保大人郑和诸多造像及其巡游仪式过程，并将结合三宝垄郑和形象的前世今生略加探析，以祈方家教正。

一　三宝垄的三保大人郑和信仰

三宝垄的三保大人郑和信仰，集中表现在有两处供奉三保大人的重要场域，分别是大觉寺（Tay Kak Sie）和三保洞（Sam Poo Kong），前者是三保大人进香巡游活动的主要主持者，后者则以祖庭形式，也即相传郑和首次登陆地而不同寻常。下面分别论述。

（一）大觉寺

1. 大觉寺供奉的三保大人郑和

大觉寺位于三宝垄老城唐人街，是当地规模最大的华人庙宇，始建于 1746 年，与华人自治机构"指南斋"（即中华公堂）实为一体。1893 年，获得荷属东印度政府批准，"照拂塚亭及诸神祭祀，并周助唐人贫苦者"[1]。1931 年当局撤销中华公堂的行政职能。1965 年印尼局势巨变，大觉寺与指南斋分拆为各自独立的基金会。

大觉寺正殿主奉释迦牟尼三圣，其前主供桌为观音，大殿左侧神龛供奉天后妈祖，右侧神龛供奉三保大人。这种供奉位置，即在大殿左侧供奉天后妈祖，而在右侧供奉三保大人郑和，将航海神妈祖与郑和并列的情况，见诸郑和下西洋的开洋地中国福建长乐显应宫塑像的供位安排。[2]对于航海神的崇拜信仰在中国本土与三宝垄表现完全一致，可见三保大人郑和崇高的历史地位，三保信仰或由中国传播而来。

大觉寺供奉三保大人神龛上方悬有"晶天普照甲必丹陈金沙立""悟真机"两匾。神龛内悬"三保大人"匾，神像说明牌的 Sam Poo Tay Djen，是闽南语"三保大人"的注音。三保大人神龛上方悬挂两只闽南风格的灯笼，上有"三保大人"金字和绿色飞龙纹。神龛左柱刻有"圣洞三保大人殿前"，右柱刻有"公元一九六九年岁次己酉年六月廿九垄川弟子吴文安敬"。神龛两侧为执事仪仗，有"三保大人"圣号，"肃静""回避"仪仗木牌，"三保大人"圣号灯笼，"日""月"，刀枪剑戟等兵器。供桌前大小两

1　2024 年 1 月，笔者李峰在大觉寺档案文献中发现一份指南斋手稿文件，书有"承吧（巴达维亚）总督大人谕垄川唐人要设一会，其名指南斋，乃是照拂塚亭及诸神祭祀，并周助唐人贫苦者"。

2　参见万明《显应宫"巡海"大臣为郑和考》，《中国社会科学院报》2003 年 6 月 5 日；《明代郑和的塑像——福建长乐显应宫出土彩塑再探》，《故宫博物院院刊》2005 年第 3 期。此研究从明朝衣冠制度出发，主要依据 7 种历史文献记载将右侧巡海大臣彩塑确定为郑和，认为明朝万历年间民间造像已经将郑和神化，并提高到与天妃并列的程度。

图1　大觉寺大殿供奉图

只铜香炉均有"三保大人"字款，小者落款为"一九六五年七月十三日"。三保大人供桌神案桌腿有题款："至圣二四七四癸亥，唠森在垄川弟子杨碧溪敬。"[1]

　　大觉寺供奉三保大人郑和的造像，有大小两组，每组均有侍者。大尊造像高约50厘米，于圈椅中呈坐姿，金面，微闭双眼，左手抚膝，右手拈花状，掌心向上。头戴官帽，身着金色团领蟒龙袍，肋下和腰间有束带，颈间挂有一串念珠。三保大人大将即侍者左为张溪（Thio Kee），右为刘阴（Lauw Im），侍者形象明显来

源于明代神魔小说《三宝太监西洋记》的左先锋张计和右先锋刘荫。[2] 两尊像均为武将打扮，刘荫金面，双手抱印于左侧；张溪赤面，一手握拳一手执武器居右。这里也说明了明代万历年间神魔小说对于大觉寺郑和造像群的直接影响。

　　小尊造像高约30厘米，在大尊造像之前，其被抬出巡游时着装有所不同，身披有金丝绣龙纹披风，颈上挂茉莉花环。

　　举行三保进香期间，两尊三保大人造像和侍者要从神龛移到大殿主供桌上，原本放置的观音像则被移走。

1　即1923年。杨碧溪，生卒不详。笔者在大觉寺现存文献档案中查到，杨碧溪曾担任指南斋负责人。

2　左先锋张计和右先锋刘荫，见（明）罗懋登《三宝太监西洋记通俗演义》上第三十三回《宝船经过罗斛国，宝船计破谢文彬》，上海古籍出版社，1985，第430页。

图2　大觉寺供奉的三保大人郑和及侍者造像

图3　大觉寺三保大人造像（前为巡游造像）

三保造像前的供桌上放着占卜用的筊杯，供善信使用。大觉寺常用的11种符箓中，有三保大人符箓。善信向三保大人有所求，会先向寺庙索要一张符箓，然后用筊杯占卜，筊杯在闽南地区也叫卜杯。两块筊杯一正一反，意味着神灵应允你所求之事。两面全阳（平面向上）则说明你没表达清楚，继续占卜。如两面全阴（鼓起来的面）则是本次祈求，神灵不许。

在大觉寺所见郑和造像均敬称为"三保大人"。三保大人在印尼常见的拼写见有：San Pao，Sam Po，Sam Poo，Sam Poh；Sam Po Tay Djien，San Pao Thai Chien，Sam Po Thai Kam，Sam Po Toa Lang，Sam Po Kong（三保公）。

2. 汇聚各地三保大人郑和造像

在印尼有不少寺庙与私人家堂供奉三保大人，自2016年起，三宝垄大觉寺举

行三保大人进香活动期间，这些庙宇或堂会将三保金身送至大觉寺，参加进香，共同祭拜。也有的庙宇用金轿运载其庙宇供奉的三保大人金身，参加巡游活动。活动期间，这些庙宇被称为"客庙"，2022年参加进香的三保大人造像计有9尊，罗列如下。

1号造像：来自三宝垄私人庙堂（Keluarga Eyang Kanjeng Slamet）。呈坐姿于扶手圈椅中，左手抚膝，右手半握。身穿金色团领蟒龙袍，金色折上巾冠，颈挂茉莉花环，腰间有束带，穿黑色皂靴。面部呈金色，容貌慈祥，旁有侍者塑像两尊。

2号造像：来自法提寺（Wihara Dharma Dipa Tangerang Jabar），位于西爪哇唐格朗地区。塑像为立像，黑色木雕，面貌威严，身披绣龙纹红绸披风，颈挂茉

莉花环。

3 号造像：来自三保垄佛寺 Vihara Sri Kukus Rejo，位于中爪哇省三宝垄郡 Ungaran 镇 Gunung Kalong（蝙蝠山），是一座南传佛教寺庙。造像为坐姿，面呈赭石色，容貌和蔼，戴黄色折上巾冠，颈部挂有茉莉花环，身披彩绣龙纹红绸披风。

4 号造像：来自三宝垄惠德庙（Hwie Tek Bio），位于三宝垄市区，曾是一座家庙。造像坐姿于扶手圈椅，双手抚膝，粉面，头戴帽正和结子类瓜皮帽，着酱色带绿色翻领蟒龙袍，腰间有束带，颈上戴茉莉花环。

5 号造像：来自三宝垄私人佛堂莲华寺（Kelenteng Lian Hwa She）。造像为站姿，黑色木雕，身披色绣莲花纹红绸披风，颈上有茉莉花环。莲华寺堂主陈忠成（Tan Tiong Seng）供奉各种神像，堪称万佛堂。

图 4　1—10 号为参加进香活动的三保造像，11 号为三宝垄惠德庙供奉的三保造像之一

6 号造像：来自三宝垄私人庙堂护生堂（Keluarga Hok Seng Tong）。造像坐姿于圆台上，左手抚膝，右手执文书。粉面，着黄色蟒龙袍，头上戴乌纱帽，颈上有茉莉花环，腰有束带。

7 号造像：来自三宝垄玄武堂（Keluarga Hian Bu Tong）供奉。造像坐姿，着赭石色袍，头戴珠饰红色三山冠，身披绣龙纹红绸披风，颈上有茉莉花环。

8 号造像：来自三宝垄私人供奉，供奉者为大觉寺主席陈毓琳（Tanto Hermawan）。神像坐姿于扶手圈椅，头戴平顶金冠，身着蟒龙袍，颈上有茉莉花环。造像为陶瓷制作，通体赭石色。

9 号造像：来自三宝垄 Kudus 私人供奉。造像坐于扶手圈椅，左手抚膝，右手执文书。粉面，戴有帽正之金冠，身着翻领金色蟒龙袍，颈上有茉莉花环，腰间有束带，脚踩绣金靴。

在 9 尊造像之外，10 号造像与郑和宝船一起出现，是来自印尼万丹省唐格朗三保庙[1]供奉的一艘三保大人宝船。宝船长约 120 厘米，船头有三保大人郑和立像，身着黄色蟒龙袍，外披一件红色绣龙纹长披风。宝船有 6 面风帆，船身上书

"圣洞三宝大人祈求平安"。因为船体尺寸较大，这尊宝船与客庙的金轿一同摆放在寺庙外的广场上接受祭拜。

11 号造像为笔者李峰在三宝垄惠德庙中所见三保造像，是该庙供奉的 4 尊三保郑和造像中的一尊，是目前唯一手持笏板的郑和形象。

三宝垄大觉寺供奉与汇聚的郑和造像，是以往郑和研究中忽视的郑和形象的宝贵资料，这些造像有彩塑、木雕、陶瓷、木质贴金，各种材质不一，但主要都是身着明代官员冠服，最大的特征是蟒龙袍。[2] 这无疑是郑和的身份见证。金色、赭色造像的面容尽显慈眉善目和蔼可亲，黑色木雕造像则显示威严，这反映了中国传统神灵造像的特征。但是，这些造像又都呈现出中国文化与爪哇文化的交融，我们在每尊造像的颈上无一例外地看到有一个茉莉花环，茉莉花环是一种具有爪哇文化特色的装饰品，常用于欢迎和庆祝的场合。这种花环通常由当地的花朵制成，如白茉莉，这是印度尼西亚的国花，象征着友谊和爱情。白茉莉在印尼文化中有着重要的地位，不仅用于装饰，还用于表达尊敬和友好。在迎接贵宾或庆祝场合，印

1　印尼 Lio Baru 三保大人庙（Sam Pho Thai Jin Lio Baru），位于万丹省唐格朗市，建于 1922 年，由 You Chen Siong 创建。

2　蟒龙袍有别于皇帝龙袍，龙有 5 爪，而蟒龙只有 4 爪。相关冠服参见（清）张廷玉等《明史》卷六七《舆服志三》，中华书局，1974；（明）刘若愚《酌中志》卷一九《内臣服佩纪略》，北京古籍出版社，1994；（明）兰陵笑笑生《金瓶梅词话》，人民文学出版社，1985；（明）沈德符《万历野获编》卷五《服色之僭》，中华书局，1959；（明）罗懋登《三宝太监西洋记通俗演义》下册附录文，上海古籍出版社，1985；（明）王圻、王思义编《三才图会》，中册《衣服一卷》，上海古籍出版社，1988；（明）内府抄本《奉天命三保下西洋》；（明）赵琦美《脉望馆钞校本古今杂剧》，载《古本戏曲丛刊四集》第 76 册；万明《明代郑和的塑像——福建长乐显应宫出土彩塑再探》，《故宫博物院院刊》2005 年第 3 期。

尼人会将白茉莉制作成长串的花环，作为礼物赠送给客人。看到这样的造像群，我们实在不能将历史的郑和与文化的郑和截然分割开来。

（二）三保洞

1. 三保洞的三保大人郑和

林天佑《三宝垄历史》云："相传中国与爪哇的交往已有数百年之久，但中国人大约在公元 1416 年才来到三宝垄。第一个到达三宝垄的中国人是三保大人。"[1] 三保洞相传是郑和的登陆地而闻名遐迩，位于三宝垄市区南部的西蒙干街道（Ngemplak Simongan），距离海岸线约 5 公里，后面是一座小山岗，旁边是一条通海的河道。三保洞最初是一块大石下的山洞，所以印尼称三保洞为葛堂巴都（Gedong Batu，意为石屋）。历史上三保洞前古木参天，立有"圣山圣洞"的牌楼。洞口有 1 米见方，俯身而入，内深数米，面积十余平方米。洞内有一口水井，相传是郑和为供士兵饮用所凿，故名三宝井，水极清澈，被视为圣水。传说郑和率众在这里登陆，是由于副使王景弘重病，于是他留下随从与物品，安排副使在洞里疗养。王景弘病愈后带领随从定居下来，

在洞中置有郑和小雕像，定期膜拜。[2] 三保洞建于 1434 年，为王景弘当年率众参拜郑和时所置。1704 年山洞遭山体滑坡破坏，另凿新洞，香火不绝。三保洞初一、十五进香的传统始于 1724 年（雍正二年）。这一年华社在此举行盛大庆祝会，感谢三保大人保佑他们在此地安居乐业、生意日益兴隆的恩德，并第一次对三保洞修葺，在洞的前面修建了一条檐廊，供游客遮阴，并供香客们在此休憩和消遣。自此，华人公众对三保公的信奉更加虔诚。[3] 1796 年，华社在三保洞举行嘉庆皇帝登基庆贺仪式，并对已陈旧的谒见室加以维修。[4]

1898 年《通报》载有 *Sam Po Tong*（《三保洞》）一文，收录了三保洞的历史照片，即 1704 年修建的山洞，位于今三保洞大殿地基下，今已封闭。《通报》中关于《三保洞》的记载：

> 在唐人街的大觉寺里，三保的像被安放在特定的佛龛里，信徒们都会来这里供奉，祈求他保佑他们的生意、健康等。信徒们认为，在（三宝洞）这个偏僻荒凉的地方，向他的灵魂祈祷比在唐人街的寺庙里祈祷

1　[印尼] 林天佑著，李学民、陈巽华合译：《三宝垄历史——自三保时代至华人公馆的撤销，1416—1931》，第 26 页。

2　孔远志《印尼三宝垄的三宝庙》对于三宝洞进行了历史追寻，《华侨华人历史研究》1990 年第 3 期。

3　[印尼] 林天佑著，李学民、陈巽华合译：《三宝垄历史——自三保时代至华人公馆的撤销，1416—1931》，第 46 页。

4　同上注，第 88 页。

更有效。在三保的虚构或真实生日那天，唐人街寺庙里的雕像会被游行到西蒙干。……游行队伍……还有一匹马。按照惯例，三保的一位信众偶尔会喂马，这被认为是一种崇敬。打扮成马夫的男人用长缰绳牵着马，后面跟着运草车和随从。通常，在游行过程中牵住马缰绳或拿着干草，被认为是向三保表达敬意的行为。……游行队伍抵达西蒙干，信众举行祭拜，然后返回唐人街。农历六月二十九日的游行是三保崇拜的重要组成部分。这个信仰在中国或爪哇的任何其他地方都不为人所知。它起源于三宝垄，尚未传播到其他地方。三保洞旁边的坟墓，根据爪哇人和中国人的传统，这是三保舵手的坟墓，他可能在访问爪哇期间去世，并被埋葬在西蒙干。这座坟墓被爪哇人称为"djouroumoudi"（马来语意为舵手）的坟墓，被中国人称为"Tai Kong"坟墓（舵舡）。他们说华人区曾经位于西蒙干附近，并声称三宝探险队的一名舵手埋葬在这里是可能的。令人遗憾的是，历史并没有提供有关这个问题的信息。直到现在，舵手的坟墓仍然是爪哇人的崇拜中心，爪哇人可能是在模仿古代中国旅行者，后者无疑在每次访问爪哇海岸时，都会在死去的同胞的坟墓前举行仪式。我确信爪哇妇女经常来坟墓撒花并烧香（doupa）。还有一些人带着孩子在那里虔诚地过夜。爪哇血统的华人妇女在这个信仰中效仿他们，并在坟墓上放置了爪哇坟墓装饰品，作为一种虔诚的行为。装饰品上刻有中文和马来文的铭文，并用罗马字符转录，标明了捐赠者的名字。墓上还发现了香炉和中国烛台。这就是为什么这座坟墓具有一半中国和一半爪哇的外观。我认为，舵手的崇拜早于对三保的崇拜，而且中国人认为，崇拜下级而不崇拜上级是不对的。这一点，加上三保的名气，可能是旅行者崇拜的原因。我再说一遍，我们找不到任何历史资料，大家只是讲述过去的传统，真是太遗憾了。[1]

图5　1898年的三保洞洞口与凉亭历史照片

1　I. W. Young, "SAM PO TONG 三寶洞 AL GROTTE DE SAM PO", *Toung Pao* IX, 1898, pp. 94-96, 引文为笔者所译。

现在祭拜的三保洞为十余年前新凿，高广可容数十人，洞口两侧雕刻了从中国定制的郑和下西洋的故事浮雕。新老三保洞内都有一口水井，传说从水井可以直通东爪哇著名的卡威火山（Kawi），甚至有传说水井直通中国。[1]

到 20 世纪 60 年代，三保洞的郑和形象建立在历史叙述上，三保洞左侧有一块用英语、中文和印尼语三种语言刻成的石碑，为 1960 年所立，碑文云：

> 三保洞三保庙三保大人简略
>
> 明永乐年间，有郑和者，是中国云南人氏。奉命特派为钦差大臣，周游各国，故七下西洋，兹如爪哇、苏门答腊、孟加拉、亚拉伯等国，都是必经之地。受命以来，怀抱绥抚政策，宣扬文化为主旨。所到之地，备受各国欢迎。且有派使臣往还，借作□报之谊。五百年来，邦交弗替。故吾侨来此谋生者络绎不绝，几如过江之鲫。问有生斯、食斯、长于斯者，爪瓞绵绵，数以百万计。推愿原委，非郑公功德之赐，而云何公七下西洋，先后到爪哇两次，始于一四〇六年，继后一四一六年，登陆地点是垄川海滨西蒙安，行营驻扎于西蒙安之阳，逝世于一四三五年。后之人追念其丰功伟绩，特于是地辟一洞，建一庙，以奉祀之。通称为三保洞、三保庙、三保大人。弟子林清志立石一九六〇年。[2]

图 6　今三保洞入口

图 7　三保洞大殿与郑和雕像

1　Ny. Titi Soerya, *Gedung Batu Di Semarang*, Proyek Media Kebudayaan Jakarta Departemen Pendidikan Dan Kebudayaan，1981/1982，p. 33.

2　［法］苏尔梦、萧国健：《印度尼西亚华文铭刻汇编》第二卷，上册，爪哇，新加坡南洋学会，巴黎法国远东学院，巴黎群岛学会，1997，第 327 页。

今天三保洞入口处壁上引人瞩目的刻有"受命皇朝临海国，留踪石洞庇人寰"的对联。

三保洞广场立有高达 11 米的郑和像，据说是从中国运去的，充分显示出郑和作为航海保护神的高大英姿，手持文书的造像，则显示出郑和作为和平外交使者的历史认识。

印尼国家文化教育部文化总局出版的旅游书《三宝垄的石屋》[1] 中写道，郑和离开后，他的舵手王景宏（弘）管理三保洞的石屋，并娶了贵族的女儿，去世时享年 87 岁，以伊斯兰方式安葬于三保洞北侧，墓为爪哇伊斯兰墓葬形式（Kijing）。当地人称他为 Kyai Djuru Mudi Dam Poa-wang（意为：舵手丹布阿旺长老）。[2]

但这座墓被华人记为王景弘墓，称墓主为船舡爷。墓的说明牌写两个名字 Embah Kyai Djuru Mudi/Kongco Ong Keng Hong（尊敬的舵手长老/王景弘），同时受华人和土著的共同祭拜，出现了一座墓地两种方式祭拜。

船舡爷墓前面是大殿，后面是经室。华人在墓的前殿上香祭拜，爪哇人则在墓后室席地打坐，念诵祈祷文，焚松香，供鲜花。华人通常会在每月的初一、十五祭拜，而当地人则会按照爪哇历市场日的周二、周五（Kliwon）[3] 祭拜。

2. 贸易神和丹布阿旺

印尼三保洞的郑和形象，还被本地人直接作为贸易之神祭拜。印尼人类学教授 M. Ikhsan Tanggok 认为，对于来到三保洞的群体来说，郑和不仅是中国皇帝派来的使者，也是向有需要的人提供帮助的神。三保公被视为商人的救世之神，因为大多数向他祈求好运的商人随后都得到了丰厚的回报，因此人们来到这里的目的之一就是向三保公祈求商运。这就是为什么来到这里的许多人是商人，他们希望通过销售商品获得更大的利润。[4] 2005 年他撰写的 *Ceng Ho Dewa Dagang*（《贸易之神郑和》）一书在雅加达出版，描述了郑和访问印尼多个城市的历史，包括郑和在三宝垄三保洞的建构历史。

郑和的故事在爪哇岛，特别是爪哇岛北海岸的中爪哇和东爪哇沿海地区流传，与丹布阿旺的民间故事融合在一起。[5]

1　Ny. Titi Soerya, *Gedung Batu Di Semarang*, Proyek Media Kebudayaan Jakarta Departemen Pendidikan Dan Kebudayaan, 1981/1982.

2　同上注，p. 22。

3　Kliwon 是印尼爪哇市场日历（Pancawara）的星期五，印尼爪哇市场日历类似中国乡村按照农历，每五天举行一次"赶集"。

4　M. Ikhsan Tanggok, Faculty of Ushuluddin, Syarif Hidayatullah State Islamic University Jakarta（UIN）, The Traditions and Rituals of the Muslim People in Sam Poo Kong Temple（Kelenteng）in Semarang, Central Java, Indonesia, *Advances in Social Science*, *Education and Humanities Research*, *volume 408*, Atlantis Press SARL, 2020, pp. 117, 119.

5　[印尼] 林天佑著，李学民、陈巽华合译：《三宝垄历史——自三保时代至华人公馆的撤销，1416—1931》，第 331 页。

印尼中爪哇省出版的小学读物《三保洞石屋》（*Gedung Batu Sam Po Kong*），讲述了丹布阿旺（Dampu Awang）的冒险故事：郑和抵达爪哇北海岸，在三宝垄的西蒙干建造了一栋石屋，[1] 直到 1435 年，郑和才返回中国。在三宝垄，郑和被人们称为丹布阿旺（Dampu Awang）或丹布阿旺船长（Juragan Dampoawang [2]）。[3]

法国学者龙巴德（Denys Lombard）认为正是在郑和下西洋的全盛时期，丹布阿旺的神话出现了，它是与历史人物郑和的换位，被改编成英雄故事。[4] 林天佑则认为，在爪哇人的传说中把郑和说成是一位乐善好施的商人，从侧面反映了郑和下西洋的性质，是向东南亚各国寻求和平友好的外交和贸易关系的，并且在经济、文化上给当地人民带来了好处，受到当地人民的欢迎。郑和及其副手王景弘给当地人民留下的印象，不是凶神恶煞的大将军，而是品德高尚的和平使者。这同 16、17 世纪西方殖民者来到印尼群岛时给当地人民留下的印象截然不同。[5]

二　三保大人进香巡游活动

三宝垄的三保大人郑和信仰，集中表现在两处供奉三保大人的重要地点，分别是大觉寺（Tay Kak Sie）和三保洞（Sam Poo Kong），每年一度的盛大进香巡游仪式，从大觉寺到三保洞循例进香活动，这是三宝垄华人社会规模最为盛大的纪念活动，被称为"大三保"巡游。三宝垄历史学家林天佑《三宝垄历史》中说，三宝垄自古以来游行队伍抬的只是三保公的神像，所以人们一般只认识三保公神像。[6] 本地人常把三保游行称为"Sam Po"（意为三保）或"Jaran Sam Po"（印尼文，意为三保马军）。[7]

（一）进香巡游活动的回溯

从大觉寺一年一度抬三保大人到三保洞的"循例进香"[8]，其源自何时，文献

1　Pak Soet, *Gedung Batu Sam Po Kong*, *Tiga Serangkai*, 1985, p. 52.

2　Ny. Titi Soerya, *Gedung Batu Di Semarang*, Proyek Media Kebudayaan Jakarta Departemen Pendidikan Dan Kebudayaan, 1981/1982, p. 22.

3　Pak Soet, *Gedung Batu Sam Po Kong*, pp. 41–58.

4　Denys Lombard, *Nusa Jawa: Silang Budaya, Kajian Sejarah Terpadu, Bagian II: Jaringan Asia*, trans by Winarsih Partaningrat Arifin, Rahayu S. Hidayat, Nini Hidyati Yusuf. Jakarta: Gramedia Pustaka Utama, 1996, p. 269.

5　[印尼] 林天佑著，李学民、陈巽华合译：《三宝垄历史——自三保时代至华人公馆的撤销，1416—1931》，第 367 页。

6　同上注，第 156 页。

7　Ny. Titi Soerya, *Gedung Batu Di Semarang*, Proyek Media Kebudayaan Jakarta Departemen Pendidikan Dan Kebudayaan, 1981/1982, p. 18.

8　郑建庐：《南洋三月记》，中华书局，1933，第 284—286 页。

无载。三宝垄历史学者林天佑以马来文撰写的《三宝垄历史——自三保时代至华人公馆的撤销，1416—1931》（1933 年出版），是三宝垄历史的重要史著，他根据华人公馆的档案资料，确定华侨最早定居于三宝垄是在 1416 年三宝太监郑和第五次下西洋时期，华侨最早定居于塞蒙安河（Kali Semongan）附近的葛堂巴都（Gedong Batoe）即三保洞一带。书中记载，"自古人们就抬着三保公的神像游行"[1]，但没有记录游行的具体情形。1822 年贾斯汀斯·肖尔（Justinius Schoor）著有《爪哇来信：海岛旅行日记》，是目前所见最早的关于三保巡游活动的历史记录，非常珍贵：

最盛大的庆祝活动是在 8 月 15 日[2]星期四举行的。中国人的一些民族记忆肯定与这一天有关，因为他们以游行来庆祝这一天，其目的似乎是提醒他们的国家和习俗。两名铙钹手在前面带路，后面跟着一个披着虎皮的中国人，手里拿着一面三角形紫色底黑边的大旗，接下来是两个拿着灯笼的中国人（此时是中午）和十几个爪哇人，举着很多旗杆，挂着一英尺宽的红色或蓝色的布条旗帜。接下来是六个托盘或桌子，由人抬着底部搬运。每个桌盘上都有两个小孩子，代表来自中国的一男一女，旁边有颜色鲜艳纸扎（或木制）的花园、小屋或假山。这些栩栩如生的图画很迷人，对于那些带回故乡回忆的人来说，更是如此。然后我们看到一个中国男子坐在轿子里。后面是搬运行李的人，之后是中国士兵、中国乐器、旗帜。最后是两行中国人，他们手拉着手，手里握着两根绳子，拴在一匹披着黄色外罩的小黑马的笼头上……坐骑之后是干草车。在最美好的周日里数百名中国人，排在队伍最后……中国人在游行队伍中的良好秩序，表现出的热情，以及每个人眼中闪动的满足感，充分体现了这个国家的特点，勤奋地为自己创造资源，但同样不遗余力地为自己提供收入。[3]

以上记录的巡游内容，对照今天的进香游行活动，仍非常相似，可见三宝垄华人在每年农历六月三十日举行三保大人进香巡游活动，并成为华人社会规模最为盛大的活动，以此祈愿保佑生意兴隆和身体

1　[印尼] 林天佑著，李学民、陈巽华合译：《三宝垄历史——自三保时代至华人公馆的撤销，1416—1931》，第 156 页。

2　1822 年 8 月 15 日的农历为六月二十九日，而不是六月三十日。2024 年 1 月下旬，笔者在三宝垄大觉寺所藏的典籍中，可见农历六月二十九日举办进香活动的记录，《爪哇来信》所记应为此活动。

3　Justinius Schoor, *letters de java oujounal d'un voyage dans cetteile, en*, 1829, p. 59. 法国学者苏尔梦认为此为每年举行的郑和节记录，但未收录译文，可参考 [法] 苏尔梦、萧国健《印度尼西亚华文铭刻汇编》第二卷，上册，第 327 页。

健康，并铭记对故土的记忆，这些仪式保持至今至少两百多年了。

翻阅大觉寺文献记录，三保大人祭祀巡游仪式的名称计有四种：绕境、行香、请香、进香。查大觉寺的捐资和开支记录簿，三保进香活动自1889年（光绪十五年）起，连续举行六年。根据大觉寺文献光绪十五年《庆祝福德正神千秋来往账簿》，我们可以知道当时三保大人供奉巡游的开支。也由此了解到当时大觉寺首先供奉的是福德正神，又名土地神，称社神，在福建民间也称大伯公，是民间信仰中的地方保护神。土地神崇奉之盛，是自明代开始，与明太祖朱元璋有关。据《琅琊漫抄》记载：朱元璋"生于盱眙县灵迹乡土地庙"[1]。故土地庙在明代备受崇敬，在福建也是普遍奉祀。上述提到的福建长乐显应宫的大伯公在中，左为妈祖，右为巡海大臣即郑和，在此得到了印

图8　光绪十五年（1889）
《庆祝福德正神千秋来往账簿》

证。三宝垄的华人移民很多是明清时期漂洋过海去到那里的，他们故土难忘，将家乡的福德正神信仰与三保大人郑和信仰结合，在印尼三宝垄传播与弘扬。

现存大觉寺文献中，1896年之后没有三保进香的开支记录。但1917年和1918年，出现"送迎神买香烛""送游神买香烛"的记录。1927年，出现"首尾芽送迎神做正买香烛茶料炮仔"。1937年，举行了一次规模空前的三保进香活动，共606人捐资，福建同安籍的南洋糖王黄仲涵公司也出现在捐资名单中。1947年，开始出现"谢戏"活动，即三保进香后举行布袋戏表演，持续至1950年。推测1896—1937年的40年间，三保进香活动或有中断，待考。

据大觉寺主席陈毓琳和文艺部柯东海回忆，1950—1965年，三保进香从未中断。1965—1998年，尽管不能进行绕境巡游，但会送三保大人座前香灰至三保洞，再将神像悄悄运到三保洞附近几百米处，然后在三宝洞院子内，举行祭拜和舞龙舞狮活动。1965—1998年间，整个印尼全境，只有三宝垄可以在三保大人进香时举行舞龙舞狮活动，这归功于三宝垄当地一位华人王德功先生，因其年轻时与在三宝垄担任军职的苏哈托相熟，深得信任，勇敢向时任总统苏哈托建议，进香和舞龙舞狮活动得以继续。

1999年，印尼进入新秩序时期，三

1　（明）文林：《琅琊漫抄》，《四库全书存目丛书》子部101册，齐鲁书社，1995，第443页。

保大人进香活动得以恢复，除新冠疫情期间中断三年外，再未中断。今天，参加进香巡游活动的不仅有华人，还有印尼人；不仅有三宝垄本地人，还有来自印尼其他城市的人。活动已被纳入印尼国家活动日历，成为印尼国家旅游部重要的一项旅游活动。2019 年，印尼国家旅游部部长阿里夫·叶海亚（Arief Yahya）表示，这项活动可以"带领游客追寻郑和海军上将所书写的世界航海历史的足迹"[1]。

（二）进香巡游的过程

在三宝垄，郑和被称为"三保大人"，当地每年都会举行抬"三保大人"塑像巡游活动，以纪念郑和到访印尼。这些活动不仅展示了中华传统文化的魅力，也体现了印尼社会的多元和谐。三宝垄的大觉寺是郑和信仰的一个重要道场，汇聚诸多郑和造像，是进香巡游的出发地。

三保大人进香巡游活动有敬神、游神、送神三部分。敬神分为三天举行，游神和送神集中在一天举行。游行活动则有三保大人巡游和民间文艺表演两部分，前者为三保大人金轿绕境巡行的游神和送神，后者通常由舞龙队舞狮队随行表演。

重要的活动程序是：第一天，举行敬香祈福仪式（19 时 30 分）；第二天，诵经仪式（10 时）；第三天，寄放客庙金身（8—14 时），团拜仪式（18 时），文艺演出（19 时）；第四天，送香灰（0 时），

巡境启程（5 时），回程巡唐人街（13 时）。第三天与第四天的活动时间超过 24 小时，全程参加进香活动，对体能也是一个挑战。

巡游活动自大觉寺出发，需要安排的场地分为四处，大觉寺、三保洞、唐人街、游行途经的街道。大觉寺是主场，重要的祭拜仪式和信仰仪式在大觉寺举行。三保洞是游行的目的地，绕境抵达三保洞，约五公里，并举行一次祭拜。送神时，游行队伍要巡行唐人街所有重要寺庙，参加活动的部分客庙的三保金身、郑和宝船也会随同游行。据考察，祭拜仪式的仪轨长期传承，比较固定。游行活动常有新的内容出现，从大觉寺保存的资料看，曾在街边搭建临时观礼台供贵宾观看，也曾邀请三宝垄爪哇表演队身穿本地服饰表演，有嘉年华的样子。

集体祭拜时使用的祭文，语言混杂，混合了华文、印尼文、英文、巴利文等，非常有趣。比如第一天祭拜的祭文中，有以闽南语注音 Giok Hong Tay Thian Cun（玉皇大天尊），Ciong Hud Co（众佛祖），混合英文的 Sin Bing /Buddha（神明/佛），祝福祈祷词也是混合了巴利文 Sabbe Satta Bhavantu Sukhitatta（愿众生快乐安康），道教的 Hok Seng Bu Liong Thian Cun（福生无量天尊），佛教的 Lam Bu O Mie Thuo Hud，Sian Cay（南无阿弥陀佛，善哉）。

关于祭祀的仪轨来源，据大觉寺柯东

1　Menapaki Jejak Maritim Laksamana Muslim Cheng Ho-08-10-2019 by Christian Saputro-Alif. ID-https：//alif.id Ditulis oleh Christian Saputro pada Sabtu，10 Agustus 2019.

海讲述，上任司仪张忠义曾提及，仪轨由20世纪30年代常驻在大觉寺的僧人体磬法师[1]所传授，2006年又参考了部分台湾的道教文书。

巡游当天零时，负责活动的正副炉主（Locu）将大觉寺三保大人座前的香炉（香灰）送往三保洞，并由三保洞的女姑（女性司仪）主持祭拜。凌晨4时许，参加巡游的舞狮团、舞龙团和代表们依次进入大觉寺大殿，敬拜三保大人，并接受三保大人的符箓，贴在龙头、狮头、金轿、旗帜、乐器车上。凌晨5时，三保大人巡游开始。

巡香队伍首先是旗帜队，三位护旗手举着印尼国旗。之后是大觉寺寺旗，三角形，红底金字"大觉寺"三字。随后是三保大人旗，也是三角形旗帜，有红底金色大字"三保大人"，金线绣的龙纹几乎占满旗帜。三保大人的金轿（Kio）为辇轿，非常精美，四根盘龙柱，四面花板刷金，雕刻中国传统故事，座位下方有暗格，放置"金纸"。轿顶插满了榕树树枝，此为爪哇人传统，以树叶法力抵挡妖魔，使其不能靠近。大部分队伍的旗帜、龙角、小车和轿顶，都插满枝叶，即此因。

两位三保侍者，即三保大将（Tay Tjiang）的造像则乘凉轿。三保金轿由男

士抬轿，侍者凉轿则为女士抬轿，均为8人抬轿。

三保大人仪仗队分前后两部，第一部是兵勇执事，行走在三保大人马军之前。戴红色斗笠，身着清代黑色"兵勇褂"服饰，高举"三保大人"圣号，"肃静""回避""三保灯笼""日""月"，刀枪剑戟兵器。第二部则在三保大人金轿之后执华盖和仪扇。"兵勇"服饰可佐证三保进香活动的起源很可能为清代。

乐队由印尼和中国两类传统乐器组成。前者使用爪哇传统乐器甘美兰（Gamelan），后者则是中国打鼓队。三宝垄华社游行活动引入爪哇传统乐器甘美兰始于19世纪初，陈长菁担任甲必丹时期，[2] 由于陈喜爱爪哇艺术和甘美兰音乐，拥有甘美兰乐队，自此甘美兰音乐开始进入华人的庆祝会。[3]

三保大人金轿前有浩浩荡荡的三保大人座马和马军，最为有趣。马军仅存于三宝垄，起源于何时未知。参加"马军"（闽南语，Bhe Kun）的都是志愿者，自愿为郑和将军牵马。马军均施油彩脸谱，颇类中国戏剧脸谱，颜色以黑白红三色为主。服装统一为黑色中式古装，胸前佩戴"三宝太监马军"胸牌。马军队伍中有一匹黑色马匹，以红布包裹马身，马背上挂

1　李峰于2024年1月30日在大觉寺向柯东海调查所记录。查阅大觉寺收藏文献，知体磬法师俗姓邱，受福建怡山法脉，推测于20世纪30年代住持大觉寺。

2　甲必丹，即Kapitan的对音，为殖民地政府任命的华人领袖，负责管理华人社会，南洋地区均有存在。

3　［印尼］林天佑著，李学民、陈巽华合译：《三宝垄历史——自三保时代至华人公馆的撤销，1416—1931》，第116页。笔者注：陈长菁，1811—1828年担任甲必丹。

图9　三保马军

满了茉莉花串。马军志愿者们会争先恐后地牵马，以能拉一下马匹的红色缰绳为荣。还有老妇身背草料，沿途喂马。这些场景与1822年《爪哇来信》和1898年《通报》记载一致，可知三保马军至今已历经200余年。

在三保洞举行祭拜仪式，舞龙舞狮队在三保洞进香表演，群龙舞动，观看的人群人山人海。各支舞狮队中有传统的金狮、红狮、绿狮、粉狮。舞龙队中，则有紫龙、金龙、绿龙。巡游压阵的是由当地驻扎的高炮部队军人组建的龙狮队。到下午1时，三保洞理事会交还三保大人金身。游行队伍乘坐提前准备好的卡车，前往唐人街的路口，下车巡行唐人街。印尼三宝垄唐人街是拥有最多华人神庙的唐人街之一。陈大觉寺外，还有7间华人神庙：寿福庙（Sioe Hok Bio，也称Cap Kauw King，1753）、泽海庙（Tek Hay Bio，1756）、厚福庙（Hoo Hok Bio，1782）、东壁庙（Tong Pek Bio，1782）、维惠宫（Wie Hwie Kiong，1814）、灵福庙（Liong Hok Bio，1866）、西河宫（See Hoo Kiong，1881）。按照路线顺序，巡行第一站是西河宫，西河宫院落较大，金轿进院绕行一周。院落较小的庙宇，如厚福庙、泽海庙，则在门前绕行一周，并伴有龙狮队表演。

图10　三保大人金轿冲门

图 11　三保大将的凉轿

图 12　三保洞基金会成员护送三保金身登轿返程

巡行唐人街结束，回到大觉寺时，山门前已是人山人海，夹道欢迎。此时的大觉寺大门紧闭，贴着三保大人进香巡境的封条，金轿需要冲门而入。至此，三保大人进香绕境巡行的游行活动结束。

三　结论

三宝垄的三保大人形象探析，主要围绕明朝航海家郑和（被称为三保大人）在当地造像与巡游的历史影响和文化意义展开。三宝垄市的名字源于郑和的小名"三宝"，当地人民为了纪念他，将他首次登陆爪哇的地方命名为三宝垄。郑和是明代中国大航海的代表人物，在1405—1433年间七次下西洋，其间多次访问印尼，对当地文化产生了深远的影响。在三宝垄，郑和的形象被尊崇信仰，他在当地被称为"三保大人"，并且与这座城市名称及其发展有着深厚的历史联系。郑和的形象在当地华人社会不仅是对一个历史人物的纪念，更是一种文化传承和民族认同的体现。我们不应将历史的郑和与文化的郑和分割开来，也无法将其截然分开，应该看到的是一个整体的郑和形象。

第一，郑和形象探析是一个跨学科领域，探讨历史形象在信仰、文化、造像以及巡游等其他形式表达中的作用和意义，涉及对形象的产生、传播、接受和影响，以及形象如何塑造人们对信仰的理解和社会的互动。郑和无疑是一个明代历史人物，这一点不能改变。研究历史上的形象

如何反映和塑造了特定地域的文化、社会和环境，在三宝垄，郑和形象成为民间信仰，他在当地被尊为保护神和贸易神，人们祈求他的保佑，希望得到平安和繁荣。当我们将本土历史与三宝垄历史相结合，将大觉寺的郑和造像群体，与明朝万历年间福建长乐显应宫彩塑巡海大臣郑和造像相比较，无论是土地神居中、左妈祖、右郑和的安放位置，还是大觉寺郑和造像群体服饰大都身着蟒袍，都说明了三宝垄三保大人信仰，是中国本土郑和信仰的移植与弘扬。

第二，郑和形象探析是一种跨文化研究，聚焦集体历史记忆中的形象，以及这些形象如何影响人们的情感、认知和行为，包括对历史记忆和心中祈愿的美好理解，探讨中国与印尼文化之间如何通过形象进行交流和理解，以及郑和形象如何影响跨文化关系，这涉及全球化背景下的文化融合研究。郑和形象和进香活动仪式中已经融合了爪哇文化的多种元素，每位郑和造像的脖颈上都挂着白色茉莉花环，我们知道，白茉莉花是印尼国花，白茉莉花在印尼文化中有着重要的地位，不仅用于装饰，还用于表达尊敬和友好。巡游仪式配有印尼甘美兰乐器，还有榕树枝驱魔，都是印尼特别是爪哇文化特有的风俗。更有祭文中杂糅了多种语言和多种宗教的称谓和文本，表明丰富的包容性与动态性，反映出中华传统文化所具有的调适性，也是中国传统文化与印尼文化的交融。

第三，郑和形象探析主要关注郑和在三宝垄留下的文化遗迹，聚焦象征和隐喻

在民间信仰、航海文化表达中的作用，探讨塑造郑和形象对于明代中国大航海认知传达的深层意义和价值观。郑和的航海活动不仅促进了国际贸易，还加强了中国与东南亚国家的文化交流互鉴。在三宝垄，郑和的形象与他的航海成就和对当地社会的贡献紧密相连。郑和在三宝垄的形象不仅体现在历史和文化上，还融入了当地的社会生活，是当地华人社会构建集体意识的重要途径。每年的"三保大人"塑像巡游活动，是当地华人社区纪念郑和的重要节日，这一活动已经成为三宝垄最隆重的节日之一。中外学者对郑和在三宝垄的形象进行研究，探讨他的航海活动对当地社会、经济和文化的深远影响，这些不仅有助于丰富我们对郑和的认识，也加深了我们对中国与印尼历史关系的理解。

朱杰勤先生曾指出："郑和是否到过三宝垄和王景弘是否留在印尼的事，中国史书没有记载，但我们不能认为没有记载就完全否定这件事情，而且古代传说往往不能与历史事实截然分开。当地华人从不怀疑郑和是否来过三宝垄，而且在今天岩穴地址附近登陆，也确实在此地立庙纪念他。不论有无其事，最早在三宝垄建立居留地的就是中国商人，而辛勤开发这个地区的也是中国人，这是大家都承认的。"[1]

郑和在三宝垄呈现的多面形象，基于历史叙述，更深植于公共记忆之场。万明曾指出"公共记忆的'场'，是郑和下西洋前后在爪哇出现的活动场域。传说未必可靠，却折射出明代中国与爪哇之间的历史亲缘关系"[2]。

从全球史的角度，从文明互鉴的维度，从人类命运共同体的视野，透过历史陈述、民间传说、祭祀巡游、郑和造像，三宝垄的三保大人郑和形象栩栩如生。综合分析形象的生产、传播和社会功能，并通过仪式来体现的文化价值和社会意义，最重要的是，印证了郑和中国大航海开拓海上丝绸之路在人类发展史上的重要推动作用。

1　朱杰勤：《东南亚华侨史》，高等教育出版社，1990，第 26 页。

2　万明：《明代中国与爪哇的历史记忆———基于全球史的视野》，《中国史研究》2020 年第 2 期。

跨文化研究

东来北渐及多向互动
——试论青藏高原漩涡纹动物岩画的风格来源及传播路径 *

■ 荀爱萍（西安美术学院）

引　言

在青藏高原东部岩画被大量发现之前，张亚莎教授在《西藏的岩画》中谈到身躯装饰有漩涡纹，蹄部悬浮，鹿角连枝等表现方式与北方或中亚草原岩画风格有明显一致性；任姆栋、拉达克、斯彼堤等地区的美丽风格的鹿与中原地区西周青铜器动物纹样有着明确的联系。但是，任姆栋的美丽风格鹿岩画在青藏高原只是一个相对孤立的存在，影响扩展范围并不大，向东向南并未走出日土县。[1] 荀爱萍在《玉树岩画中的鹿图像》一文中提出，北方草原动物风格有通过新疆，将欧亚草原的斯基泰 S 形动物装饰风格携带至玉树

地区的可能，而玉树东北部鹿岩画的风格与宁夏贺兰山、内蒙古阴山的动物岩画以及中原地区的动物装饰风格均非常类似，玉树鹿岩画的图像风格很大可能受到西北部与东北部的双重文化影响。[2] 王永军在《玉树通天河流域岩画中鹿图像研究》一文中提出，玉树通天河流域 B 型岩画风格（S 纹、漩涡纹）鹿图像可能受到三个方向的影响，一是通过玉树西北通道与新疆斯基泰艺术发生联系；二是通过羌胡道经卢山中转受到北方斯基泰文化影响；三是通过"藏彝走廊"，随羌人西迁受到北方草原文化影响，藏西鹿岩画通过羌塘草原影响了通天河流域的鹿岩画。[3]

近年，随着青藏高原东部岩画的不断新发现，笔者对青藏高原漩涡纹动物岩画的风格来源及传播路径产生了一些新的认

* 本成果系西安美术学院重大人文社科研究团队"艺术学理论创新研究——西部岩画资源田野调查与创新研究团队"研究成果，得到国家社科基金重大项目"中国北方岩画文化遗产资料集成及数据库建设"项目（18ZDA328）资助。

1　张亚莎：《西藏的岩画》，青海人民出版社，2006，第 834 页。

2　荀爱萍：《玉树岩画中的鹿图像》，《艺术评论》2017 年第 2 期。

3　王永军：《玉树通天河流域岩画中鹿图像研究》，《西北民族大学学报》（哲学社会科学版）2018 年第 2 期。

识。笔者认为，青藏西部 S 形漩涡纹动物岩画可能通过新疆接受欧亚草原及中国北方金属器动物 S 形漩涡纹风格，但青藏东部漩涡纹（单漩或双漩）及部分 S 形漩涡纹动物岩画的风格更大可能是通过甘肃或四川甘孜受到中原金属器动物漩涡纹装饰风格的影响，并且，青藏东部漩涡纹动物岩画的年代更早，青藏东部影响青藏西部的可能性则更大。

一 青藏漩涡纹动物岩画的空间分布与图像风格

漩涡纹动物岩画是指凿刻在岩石之上的动物图像，其躯干内装饰有漩涡纹，或者运用漩涡纹曲线作为动物躯体的外轮廓，或者运用漩涡纹装饰动物的前后肢上端的大关节部位。笔者认为，青藏高原的漩涡纹动物岩画是一种受到外来风格影响的图像装饰风格，在青藏高原这种装饰风格主要出现在鹿岩画和牦牛岩画图像之中，以鹿岩画为主，其分布空间也存在一定程度的区域性及聚集性，以青藏东部分布数量最多。

（一）空间分布

青藏高原羌塘岩画分布带西端的漩涡纹动物岩画主要分布在西藏自治区的日土县境内，共计 21 幅。其中日土县鲁日朗卡岩画点有 9 幅，7 幅为 S 形漩涡纹鹿岩画，1 幅为西周漩涡纹风格的鹿岩画，1 幅为西周漩涡纹风格的马岩画；日土县阿

垄沟岩画点有 1 幅 S 形漩涡纹鹿岩画；日松区日姆栋岩画点有 9 幅，4 幅为 S 形漩涡纹鹿岩画，4 幅为西周漩涡纹风格的鹿岩画，还有 1 幅 S 形漩涡纹的牦牛岩画，此岩画点的漩涡纹鹿岩画中西周漩涡纹风格较为显著；扎布乡康巴热久岩画点还有 1 幅漩涡纹鹿岩画；乌江乡那布龙岩画点有 2 幅漩涡纹鹿岩画。

在青藏高原东部，相关岩画仍在继续发现之中，据不完全统计，目前线刻轮廓身体装饰有漩涡纹的动物岩画总计约为 77 幅，玉树州 57 幅，海西州 6 幅，海南州 6 幅，海南州的漩涡纹动物岩画数量可能继续在增加之中，四川甘孜州（仍然在继续增加中）约为 8 幅。

玉树州曲麻莱县分布有 20 幅漩涡纹动物岩画，昂拉岩画点有 5 幅，其中 3 幅鹿岩画身体装饰有 S 形漩涡纹，2 幅为非 S 形双漩涡纹；江荣岩画点有漩涡纹鹿岩画 10 幅，3 幅装饰有 S 形漩涡纹，7 幅为非 S 形漩涡纹；江荣岩画点有漩涡纹牦牛岩画 15 幅，12 幅躯干呈 S 形漩涡状，3 幅装饰有非 S 形双漩涡纹。

玉树州称多县分布有 30 幅漩涡纹动物岩画，东果岩画点有 1 幅鹿岩画躯干后部装饰有单漩涡纹；木苏岩画点 3 幅鹿岩画躯干后部装饰有单漩涡纹，1 幅鹿岩画躯干前端装饰有单漩涡纹，12 幅鹿岩画躯干装饰有双漩涡纹，3 幅牦牛岩画躯干前后上端均装饰有漩涡纹；赛康岩画点分布有 10 幅，其中双漩涡纹鹿岩画 3 幅，单漩涡纹鹿岩画 4 幅，单漩涡纹牦牛 3 幅。

玉树市麦苏岩画点分布有 2 幅，1 幅身体前端已残破并保留有半只鹿角的鹿岩画，其身躯后端装饰有一枚漩涡纹；还有 1 幅装饰有漩涡纹的牦牛岩画。

玉树州治多县分布有漩涡纹动物岩画 5 幅，其中苏轨岩画点 4 幅，2 幅为非 S 形双漩涡纹鹿岩画，2 幅为非 S 形单漩涡纹鹿岩画；秀各崇岩画点有 1 幅鹿岩画，其躯干整体呈 S 形漩涡状。

海西州天峻县分布有 6 幅，其中卢山岩画点 4 幅，1 幅为身体装饰有 S 形漩涡纹的动物岩画，1 幅为躯干上部装饰有非 S 形双漩涡纹的牦牛岩画，2 幅躯干后部装饰有漩涡纹的猛兽岩画；天棚岩画点分布有 2 幅，2 幅岩画均为躯干刻画有非 S 形双漩涡纹的猛兽形象。

海南州分布有漩涡纹动物岩画 6 幅，共和县和里木岩画点分布有 1 幅，为单漩涡纹猛兽岩画；2022 年四川大学李永宪教授在田野调查中在青海海南州共和盆地发现了若干装饰有 S 形漩涡纹的鹿岩画，根据笔者目前所获得的海南州共和盆地的漩涡纹动物岩画图像资料，该地域至少有 5 幅 S 形漩涡纹鹿岩画。

四川甘孜州据不完全统计约有 8 幅，新龙县日姆达岩画点至少发现有 2 幅漩涡纹动物岩画，1 幅为躯干前端装饰单漩涡纹的鹿岩画，1 幅为 S 形漩涡纹牦牛岩画；道孚县八美岩画点有 6 幅，4 幅为身躯上部装饰有双漩涡纹的鹿岩画，2 幅为身躯上部装饰有双漩涡纹的牦牛岩画。

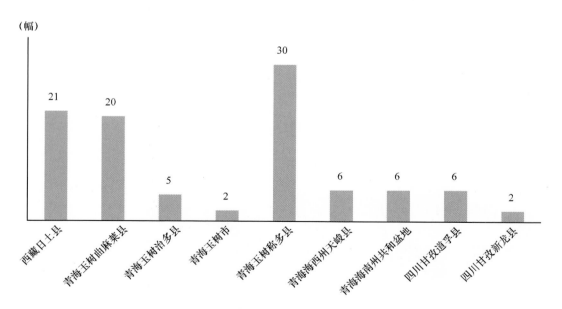

图 1　青藏高原漩涡纹风格动物岩画数量分布

作者绘

（幅）
60
40
20
0
西藏日土
青海玉树
青海东北部
四川甘孜

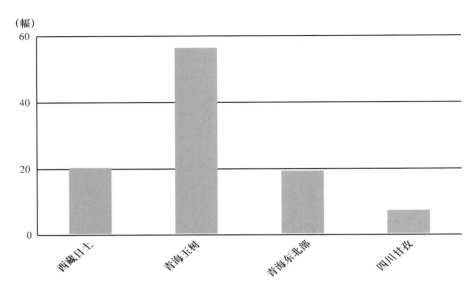

图 2 青藏高原东西端漩涡纹风格动物岩画地区分布

作者绘

目前所统计的青藏高原的漩涡纹风格动物岩画，主要分布在青藏高原羌塘岩画分布带的东西两端，东端数量远多于西端，以东端玉树州的称多县分布数量最多。以上在青藏高原已发现的动物岩画风格与中原地区商周时期流行的动物漩涡纹风格均非常接近。由图 1、图 2 的统计数据可知：漩涡纹装饰风格如果有两个发展方向，从东边或东北方向与青藏高原进行艺术交流，则一个可能是从甘肃经青海海南州及海西州进入玉树州的称多县，在称多县停留后再到达玉树州的曲麻莱县，此后通过羌塘草原进入青藏西部的日土县。另一个可能则是从四川甘孜州的道孚县、新龙县进入玉树州的称多县，在称多县停留后再至曲麻莱县，并通过羌塘草原到达藏西的日土。

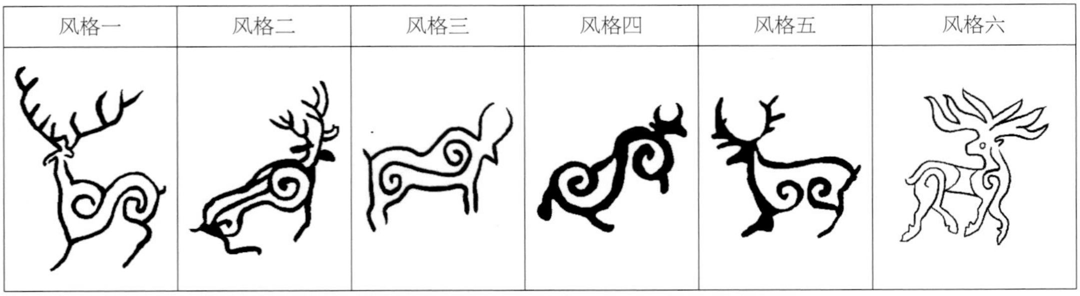

风格一
风格二
风格三
风格四
风格五
风格六

图 3 青藏高原东西端漩涡纹动物风格

张慧达绘

（二）图像风格

从目前已发现的青藏高原漩涡纹动物岩画，大体有六种图像风格。

第一种为动物背部线条和腹部线条形成环套并构成逆向和顺向旋转的漩涡纹，即躯干前后均漩涡化，其身体背部后端外轮廓线向前向内延伸至前躯并向上卷曲形成漩涡纹，身体背部外轮廓线与后肢连接向内卷曲形成漩涡纹，腹部轮廓线向上旋转与后肢漩涡纹相互连接，呈现为上 S 环与下 S 环相互交叉的环套连接结构。

第二种以动物身体腹部线条旋转后形成漩涡纹，其前端下腹部线向上卷曲形成漩涡，腹部线条向后延伸再向上卷曲形成第二个漩涡纹，前后两枚漩涡纹之间有时会运用连接线进行连接。

第三种为动物躯干内部装饰一条独立的 S 形漩涡纹，S 线前端向上卷曲，后端向下卷曲，形成顺向和逆向卷曲关系。

第四种为动物身体的躯干轮廓呈 S 形漩涡状，躯干前部向下卷曲，躯干后部向上卷曲，背部运用一条短线进行闭合连接。

第五种为动物身体下腹部线中间断开，呈现出以两个断裂端口各自卷曲形成两个向上卷曲并对称的漩涡纹。

第六种为西周风格，动物身体前端下肢的前轮廓线向上卷曲，在前肢的大关节部位形成一圈漩涡纹，身体后端下肢的前轮廓线向上卷曲，在后肢的大关节部位形成一枚漩涡纹，两枚漩涡纹旋转方向一致。

青藏高原以上六种漩涡纹动物装饰风格不仅体现出青藏动物装饰风格的多样性特点，而且恰好与东部、东北部及西部的漩涡纹动物风格形成空间上的东西呼应关系，体现出青藏高原漩涡纹动物风格的文化渊源及艺术交融。

二　欧亚草原、长城南北及其周边的漩涡纹动物图像

漩涡纹动物装饰风格有着比较广泛的分布特点和时代属性，在中国周代特别流行于青铜器动物装饰中，在现今出土的遗物中，长城南北及中原的秦系、晋系、燕系、楚系、蜀系等青铜器系统中均有较多出现，欧亚草原上的乌拉尔山南部、阿尔泰、新疆等地也有一些发现，说明漩涡纹动物风格不仅在某段时期在中国北方和中原曾经普遍流行，而且与周边其他地区有过较多的文化互动、交流及吸收借鉴。

（一）欧亚草原的漩涡纹动物图像

据文献记载及考古发掘，从多瑙河到中国长城以北的鄂尔多斯，自古形成了一种既有统一性又有地域性的动物艺术，乌拉尔山南部位于乌拉尔山脚下的 Filippovka，此地出土的一半遗物都为动物造型，其中有 170 件以鹿作为表现主题，其中有装饰漩涡纹的木包金鹿。这件包金鹿高 49—51 厘米，宽 29—30 厘米，为公元前 4 世纪的作品，Filippovka 墓区

出土的漩涡纹金鹿风格在其他欧亚草原的墓葬中并未发现。[1] 公元前 4 世纪大致相当于中国的战国时代，Filippovka 墓区出土的漩涡纹金鹿，此类风格在欧亚草原的其他地方较少见，不具有普遍性，说明漩涡纹装饰风格并非此地产生或该文化所固有的本土风格。1977 年在新疆乌鲁木齐市的南山阿拉沟 30 号墓出土了两件动物金牌饰，一件为狮子形，另一件为老虎形，此造型纹饰是春秋战国时期的主要流行题材。[2] 狮子为外来物种，而"猛兽中的老虎是前匈奴——匈奴民族青铜艺术中典型的形象之一。"[3] 木包金鹿为动物站立造型，在其身躯前肢上端的大关节部位装饰有一枚漩涡纹。狮形金牌饰为卷曲动物造型，在身躯前肢大关节部位也装饰有一枚漩涡纹，非对称漩涡纹形式。

图瓦阿尔赞 1 号古冢鹿石上的图像，其中刻画有踮起脚尖站立着的鹿。[4] 图瓦阿尔赞 1 号古冢的年代大约处于公元前 9—前 8 世纪，相当于西周晚期至东周早期，鹿石上有几只动物排列成一排，其中有一只鹿的身体前躯和后臀部位上各装饰有一枚漩涡纹，为西周漩涡纹动物的典型装饰风格。高加索地区晚期的动物牌饰，动物的前躯干部位装饰有圆涡纹，尾部卷曲为漩涡纹。[5] 阿尔泰托耶出土的鞍套上刻画有一只怪兽形象，头部长着巨大的连环漩涡大角，并向后一直延伸至动物尾部，动物肩部和臀部均装饰有漩涡纹，描绘的是古代阿尔泰文化中的幻想动物。[6] 在阿尔泰乌兰德雷克Ⅳ号墓冢出土了两件身体前端装饰有双漩涡纹的动物造型器物，为公元前 3 世纪的作品。另外，在中亚克特缅—秋巴地区德拉勒—阿雷克的Ⅱ号墓中还出土了卧虎纹金牌饰，此墓为塞人墓地，年代约为公元前 8—前 3 世纪，该器物造型与中国长城地带卧虎形象有较多差异，无法判断二者是否具有关联性。[7] 阿雷克的Ⅱ号墓中的卧虎纹金牌饰，动物身躯前端的对称式漩涡纹样式与 S 形漩涡纹装饰风格不太接近，高加索动物牌饰中的动物身体上则为封闭的圆涡纹装饰。

1　张文玲：《黄金草原：古代亚欧文化探微》，上海古籍出版社，2012，第 217—218 页。

2　张文玲：《黄金草原：古代亚欧文化探微》，第 191—195 页。

3　沈爱凤：《从青金石之路到丝绸之路：西亚、中亚与亚欧草原古代艺术溯源》下，山东美术出版社，2009，第 392 页。

4　郭物：《马背上的信仰——欧亚草原动物风格艺术》，人民美术出版社，2003，第 35—36 页。

5　郭物：《马背上的信仰——欧亚草原动物风格艺术》，第 116 页。

6　郭玉梅编译：《苏联赫尔米达美术馆》，龙和出版公司，1991，第 45 页。

7　乌恩岳斯图：《北方草原考古学文化比较研究——青铜时代至早期匈奴时期》，科学出版社，2008，第 223—224 页。

1. 乌拉尔山南部木包金鹿	2. 新疆乌鲁木齐南山动物金牌饰	3. 新疆乌鲁木齐南山动物金牌饰	4. 阿尔泰托耶怪兽
5. 图瓦阿尔赞 1 号古冢鹿石动物	6. 高加索地区晚期装饰圆涡纹动物风格	7. 阿尔泰乌兰德雷克 IV 号墓动物牌饰	8. 中亚阿雷克 II 号墓动物牌饰

图 4　欧亚草原动物风格

张慧达绘

　　有研究者认为，根据对考古出土资料的分析，欧亚草原动物艺术并非直线单一传播，而存在多地起源性。斯基泰这一概念之所以被认为是游牧文化的早期起源概念，是因为该文化发现时间早、出土随葬品丰富，墓葬等级高及文献资料详细等原因。而真正的斯基泰文化则是分布在黑海北岸及其相邻地区，在欧亚草原的其他地区虽然存在着与斯基泰有相似性的文化，但又具有各自的地域特点。因此，斯基泰动物纹并不能代表或者涵盖整个欧亚草原的动物风格，也不能说这就是一点辐射单线传播的一种文化现象。[1] 也有研究者认为，"早在斯基泰和匈奴民族登上历史舞台之前很久，青铜饰牌文化早已在蒙古高原的东部地区（如我国的夏家店文化）开始，然后向北传播（如阿尔让），向西则一直传播到塞种和斯基泰，并从塞种和斯基泰再回传，形成互动。随着印欧族斯基泰鹿石艺术的东渐，随着大月氏、匈奴族等族群的西进，双方的艺术因素都得以进一步互相产生影响。所以，从文化的角

1　邵会秋、杨建华：《早期斯基泰文化及欧亚草原的动物纹起源问题的探讨———从〈斯基泰—伊朗动物纹风格的起源〉一文谈起》，《西域研究》2006 年第 4 期。

度来说，匈奴文化是在继承整个蒙古高原各早期部落文化之后，又不断发展的结果，包含了蒙古种草原文化、华夏文化和部分欧罗巴种草原文化等因素"[1]。对整个欧亚草原来说，真正意义上的斯基泰—西伯利亚野兽纹形成于公元前 7 世纪中叶，而在前斯基泰时期斯基泰野兽纹并未形成，但在中国东北部的夏家店上层文化中，从早期开始就一直存在着以鹿为装饰图案或崇拜对象的动物文化，很难得出夏家店上层文化中的动物艺术就一定是接受斯基泰文化的结论。[2]

从上述观点可以看出，一部分学者对斯基泰文化单点起源单线传播的观点持不同意见。文化虽然存在传播现象，但欧亚草原地域广阔，尽管普遍生活着游牧民族，但在不同地域一定存在着诸多差异的游牧文化。既然欧亚草原是一条宽阔的地理学上的大通道，那么，就不只存在文化东渐的方向性，也存在着文化西行的方向性，东西南北均有着文化之间的多向往复与往来互动。而在中国的北方地区，的确有着非常鲜明且具有浓郁地域特色的各种动物装饰风格，考古出土也能很好地给予证明。因此，动物身体上的漩涡纹装饰，很可能包含有随着不同方向人群的移动而产生的文化上的往复交融元素和民族间的多向互动因素。而从目前已出土动物的漩涡纹装饰纹样来看，中国长城南北地区已出土的身躯上装饰有漩涡纹的动物数量最多且风格尤为典型，并且在商周时期已经成熟。

（二）长城南北、中原及其周边 地区的漩涡纹动物图像

内蒙古鄂尔多斯伊金霍洛旗石灰沟出土的银带饰，[3] 带饰上的形象为猛兽捕猎食草动物的造型，猛兽前肢上装饰有一枚 S 形多重漩涡纹。陕西神木县出土的一件装饰在金冠顶部的金怪兽，其身体前后大关节部位均装饰有漩涡纹，这件金饰出自鄂尔多斯桃红巴拉墓地，富丽的金冠饰表明墓主人的地位非常显赫，该墓葬很有可能为部落首领级别。[4] 内蒙古伊盟地区曾征集到一件西汉时期的铜制蜷缩成环形的虎纹铜牌，老虎身体上装饰有六枚大小不一的圆涡纹。"在亚欧草原，这种卷曲的动物造型，可以追溯到内蒙古东部、辽宁西部的牛河梁红山文化，它们可能向西传播和绵延，所谓'野兽纹样'中的圆形纹样首尾衔接类型，比红山文化要晚很多年。"[5] 在中国长城南北及其周边的广大

1　沈爱凤：《从青金石之路到丝绸之路：西亚、中亚与亚欧草原古代艺术溯源》下，第 395 页。

2　乌恩岳斯图：《北方草原考古学文化比较研究——青铜时代至早期匈奴时期》，第 96 页。

3　乌恩岳斯图：《北方草原考古学文化比较研究——青铜时代至早期匈奴时期》，第 217 页。

4　乌恩岳斯图：《北方草原考古学文化比较研究——青铜时代至早期匈奴时期》，第 218 页。

5　沈爱凤：《从青金石之路到丝绸之路：西亚、中亚与亚欧草原古代艺术溯源》下，第 398 页。

地区，装饰有漩涡纹的动物出土数量丰富，它们或以单独器物出现，或以器物的构件出现。北京延庆军都山玉皇庙出土了一系列青铜马形牌饰，[1] 其身躯前后均装饰有数枚 S 形漩涡纹。长城地带内蒙古赤峰宁城小黑石沟 M8501 大型墓葬内出土的短剑柄上装饰有三枚漩涡纹鹿纹，此纹饰为夏家店上层文化中的一种动物装饰。[2]（见图 6）陕西梁带村出土的龙纹盉，其器盖之上站立着一只刻画精致的猛虎，[3] 猛虎身体修长，尾部上卷，身躯前后大关节处均装饰有漩涡纹，此造型及漩涡纹装饰与梁代村镂空方盒虎足造型完全一致[4]。河南三门峡市上村岭虢国墓地出土的一枚铜镜上有一组纹饰，[5] 表现的是两只身躯前后部装饰有漩涡纹的猛兽和一只鸟，一只食草动物的形象。四川广汉三星堆遗址出土有晚商时期的青铜鸡，青铜鸡的腹部装饰有一枚漩涡纹。[6] 三星堆遗址还出土了一件商代晚期的虎形饰，身体前躯上部装饰有三枚漩涡纹。[7] 四川涪陵小田溪遗址出土的战国錞于虎钮，虎钮身体上装饰有多枚漩涡纹。[8] 湖北枣阳九连墩战国中晚期漆木方壶双耳为动物回首造型，动物身体上装饰有两枚漩涡纹。[9] 九连墩出土的玉器中有一件叠人踏豕玉佩，豕身体的大腿关节处装饰有两枚漩涡纹。[10] 九连墩出土漆器乐器虎坐鸟鼓架下方有两只对称的虎坐，虎坐身体的前肢及后肢臀部均装饰有一枚漩涡纹。[11]

另外，在新疆伊吾县发现一幅漩涡纹鹿岩画，风格比较朴素，内蒙古阴山也发现有少量漩涡纹猛兽岩画，宁夏贺兰山也发现装饰有漩涡纹的老虎岩画。在俄罗斯哈卡斯科—米努申斯克盆地亦有少量圆涡纹鹿岩画；俄罗斯远东地区发现的鹿岩画，其身体背部装饰有一对并列对称的小双漩涡纹，身体后部装饰有一枚大圆涡纹。新疆沙湾县境内的大角鹿湾墓地出土有高颈瓶，其上绘有漩涡纹大角羊及盘羊

1　北京市文物研究所：《军都山墓地——玉皇庙》（三），文物出版社，2007，第 1181—1182 页。

2　乌恩岳斯图：《北方草原考古学文化比较研究——青铜时代至早期匈奴时期》，第 95 页。

3　陕西省考古研究院、上海博物馆：《金玉华年：陕西韩城出土周代芮国文物珍品》，上海书画出版社，2012，第 202—203 页。

4　陕西省考古研究院、上海博物馆：《金玉华年：陕西韩城出土周代芮国文物珍品》，第 206—207 页。

5　中国科学院考古研究所：《上村岭虢国墓地》，科学出版社，1959，第 27 页。

6　中国青铜器全集编辑委员会：《中国青铜器全集》（第 13 卷巴蜀），文物出版社，1994，第 43 页。

7　中国青铜器全集编辑委员会：《中国青铜器全集》（第 13 卷巴蜀），第 58 页。

8　中国青铜器全集编辑委员会：《中国青铜器全集》（第 13 卷巴蜀），第 169 页。

9　湖北省博物馆：《九连墩：长江中游的楚国贵族大墓》，文物出版社，2007，第 89 页。

10　湖北省博物馆：《九连墩：长江中游的楚国贵族大墓》，第 76 页。

11　湖北省博物馆：《九连墩：长江中游的楚国贵族大墓》，第 113 页。

图案，有西周风格因素。"此为天山地区流行的几何纹样与北方草原动物纹样，在同一陶器上的完美结合。"[1] 据碳十四测定，该墓群年代约处于公元前 6—1 世纪，即春秋至汉代。笔者认为，这一图案体现出西周动物漩涡纹风格因素，是中原动物装饰风格、天山几何纹样及北方草原动物风格三者的元素结合。这些风格在某个时期曾经在较大范围内出现，而中原和长城南北是出土漩涡纹动物风格最多及最主要的流行地。

1. 内蒙古伊金霍洛旗石灰沟银带饰	2. 陕西神木纳林高兔金怪兽	3. 内蒙古伊盟虎纹铜牌	4. 北京延庆军都山玉皇庙马形铜牌饰
5. 陕西梁带村龙纹盉器盖上站立的猛虎	6. 四川广汉三星堆商代晚期青铜鸡	7. 三星堆商代晚期虎形饰	8. 四川涪陵战国錞于虎钮
9. 九连墩战国中晚期漆木方壶耳	10. 九连墩叠人踏豕玉佩	11. 九连墩虎坐鸟鼓架	12. 河南三门峡上村岭虢国墓地铜镜纹

图 5　长城南北、中原地区及周边漩涡纹动物风格

张慧达绘

1　刘学堂：《青铜时代中国西北交互作用圈》，《中华民族共同体研究》2023 年第 1 期。

图 6　宁城小黑石沟 M8501 短剑柄漩涡纹鹿纹

夏家店上层文化

图 7　沙湾大角鹿湾墓地出土彩陶瓶

三　青藏漩涡纹动物岩画与上述区域类似风格的关系讨论

中国北方出土的一枚早期铁器时代的青铜带饰，[1] 带饰造型为猛兽噬咬食草动物的形象，其上肢躯干和下肢躯干部位分别刻画有两枚单漩涡纹，此漩涡纹与青藏东部甘孜地区动物岩画身体上装饰的 S 形漩涡纹旋转方式及造型风格均非常一致，二者应当有着图像上的借鉴和发展关系。青海海南州共和盆地鹿岩画，[2] 与藏东玉树称多鹿岩画风格类似，与北方晋系青铜器中的狩猎纹豆纹饰[3] 漩涡纹动物亦比较

1　乌恩岳斯图：《北方草原考古学文化比较研究——青铜时代至早期匈奴时期》，第 185 页。

2　2022 年青海共和盆地新发现 S 形漩涡纹鹿岩画，李永宪教授提供照片，线描图张慧达绘。

3　李夏廷、李劲轩：《晋国青铜艺术图鉴》，文物出版社，2009，第 66 页。

接近。北京延庆军都山玉皇庙出土一系列青铜马形牌饰,[1] 其身体上装饰有 S 形漩涡纹,安徽繁昌出土过一批春秋早期的青铜器物,其中的鸟形饰上也刻画有 S 形漩涡纹,[2] 二者与青藏西部日土牛岩画身体上的 S 形装饰纹样造型一致,[3] 其漩涡方式与日土岩画中的动物漩涡纹无论是装饰位置还是装饰方式也存在着诸多近似性。

日土鹿岩画突出表现动物腿部大关节的漩涡纹与晋系青铜蟠螭动物纹盘[4]鹿身体部位的 S 形纹饰及青藏东部玉树称多鹿岩画的漩涡纹形式类似。晋系青铜狩猎纹豆纹饰[5]及晋系青铜蟠螭动物纹盘鹿[6]与玉树岩画风格亦有类似之处。根据图像比对,笔者发现,青藏高原漩涡纹动物岩画风格与中国境内的更为接近。

1. 中国北方青铜带饰	2. 四川甘孜岩画	3. 晋系青铜狩猎纹豆纹饰	4. 军都山玉皇庙马形铜牌饰
5. 藏西日土牛岩画	6. 青海共和鹿岩画	7. 藏西日土岩画	8. 安徽繁昌春秋早期鸟形
9. 藏西日土鹿岩画	10. 晋系青铜盘鹿	11. 晋系青铜豆纹饰	12. 藏东玉树称多鹿岩画

图 8　青藏漩涡纹动物岩画与东部及北方草原地区风格对比

张慧达绘

1　北京市文物研究所:《军都山墓地——玉皇庙》(三),文物出版社,2007,第 1181 页。

2　安徽省文物工作队、繁昌县文化馆:《安徽繁昌出土一批春秋青铜器》,《文物》1982 年第 12 期。

3　张建林:《日土岩画的初步研究》,《文物》1987 年第 2 期。

4　李夏廷、李劭轩:《晋国青铜艺术图鉴》,第 61 页。

5　李夏廷、李劭轩:《晋国青铜艺术图鉴》,第 66 页。

6　李夏廷、李劭轩:《晋国青铜艺术图鉴》,第 61 页。

林沄认为，中国北方东部的青铜器在夏代受到中原的影响，北方西部更多受到欧亚草原的影响，因此会产生地区差异性，北方青铜器出现时期并非该地域普遍被游牧民族占据的时代，夏家店下层等文化主要是农业文化，四坝文化则为混合经济文化，而北方地区的完全游牧化则是发生在距今 2500 年前后的东周后期。[1] 从上述观点可知，中国南北方的青铜动物漩涡纹装饰艺术是存在比较深入的互动影响的，北方东部曾经受到北方以南的影响，也就是说中原地区的早期青铜艺术对北方是有过较多影响的，而这能够从晋系、秦系及楚系等系统的动物漩涡纹装饰风格可以看出它们之间存在的明显文化联系，并且漩涡纹早在新石器时代的马家窑文化彩陶中就已经成为非常普遍的装饰纹样。因此，黄河中游农耕文化区的漩涡纹装饰风格存在继承和创新运用，并与北方地区在东周之前发生过文化上的互相影响与吸收。更南方的农耕文化区又通过诸如夏家店文化区吸收北方草原的动物内容，北方草原也通过中间文化区吸收南方农耕文化的漩涡纹装饰风格，相互影响吸收融合之后形成一种具有典型特征的漩涡纹动物装饰风格。

根据漩涡纹动物装饰的分布来看，在玉树以东，第一条线路可以从内蒙古东部沿北京、鄂尔多斯、陕西北部、陕西中南部及四川中部再经四川甘孜至玉树再到藏西日土，漩涡纹动物风格的分布地区多串联成线。第二条线路从甘肃东北部经青海的海南州至玉树或至海西州再到藏西日土也能串联成线。第三条线路是从新疆至藏西日土，第三条线路距离较远且目前所发现的岩画图像较少，但通过青海似也能形成某些文化联系。而第一条线路的漩涡动物出土数量最为丰富，且图像之间的衔接关系比较紧密，关联性更多更为直接。

再根据古代民族迁徙及文化贸易之路来分析，据李朝、张宏岩论文《青藏高原民族走廊及其相关问题》附表所述，"传说—先秦时期穆王道，大禹治水沿黄河上溯至于积石山；周穆王西巡参会西王母。西戎迁三苗于三危山，古氏羌戎诸部，沿黄河、湟水及其冲积平原从事采集和畜牧，部族征战性合并；穆王与西王母结盟，谒祖、求玉、取帛。隋唐时期唐蕃道（吐蕃道），在原吐谷浑道的基础上，借古禹道经贵德渡黄河，穿阿尼玛卿雪山（积石山）、翻日月山，东进临洮、长安，西进川西，延伸至巴蜀、两湖地区"[2]。显然，第一条线路和第二条线路与穆王道和吐蕃道均有密切联系，文化关系更大，并且两条线上分布的漩涡纹动物数量更为繁荣。

也有观点认为，青藏漩涡纹动物风格来自欧亚草原的斯基泰文化。但是，青藏西部漩涡纹风格的动物岩画数量不多，部分图像刻画精美，比对二地岩画的凿刻痕迹，可以发现青藏东部漩涡纹动物岩画的

1　林沄：《夏代的中国北方系青铜器》，《边疆考古研究》第 1 辑，科学出版社，2002，第 7—9 页。

2　李朝、张宏岩：《青藏高原民族走廊及其相关问题》，《青海师范大学学报》（哲学社会科学版）2013 年第 1 期。

刻痕更早。在藏西阿里日土发现的漩涡纹风格的动物岩画，有两种漩涡风格。一种为与中原动物漩涡纹装饰风格更为接近的漩涡纹，即在动物前后肢大腿上关节部位均装饰一枚漩涡纹；另一种为 S 形漩涡纹，与斯基泰风格接近，虽然 S 形漩涡纹风格也存在通过新疆西部向南传播至藏西日土的可能性。但是，其一，S 形漩涡纹动物风格在中原地区也普遍存在；其二，藏西 S 形漩涡纹风格的动物岩画数量并不多，且仅分布在日土地区。而从目前已出土资料中的动物装饰风格来看，漩涡纹动物装饰风格在古代中原及其周边地区广泛流行，数量多且部分年代也早于斯基泰漩涡纹动物风格，而且青藏东部漩涡纹动物岩画的分布数量远大于青藏西部。因此，东方及东北方向的文化对青藏东部的影响力度更大更为直接，且早在新石器时代的马家窑文化中，就已使用漩涡纹作为一种装饰纹样，对青海东南部一定存在影响。

四　青藏漩涡纹动物岩画的风格来源及发展方向分析

　　青藏西部存在两种制作方法的岩画，一为凿刻类，二为涂绘类。涂绘类的西藏岩画与西南地区分布的涂绘岩画似存在藏滇黔走向，可能有着较为密切的岩画文化联系，因为我们可以从岩画的分布清晰地看到一条红色涂绘岩画的藏滇黔走向。青藏西部敲凿类岩画处于羌塘草原岩画带的最西端，且漩涡纹动物岩画主要分布在藏西阿里地区的日土。很显然，藏西的涂绘岩画与凿刻类岩画尽管表现内容有相似部分，比如都会表现牦牛和鹿，但二者事实上存在着不同的发展道路。

　　青藏东部主要为敲凿法制作的岩画，根据岩画的分布，主要以玉树地区岩画分布最多，四川甘孜地区目前仍在继续发现之中，且风格与玉树比较接近。将青藏高原东西端岩画进行内容与刻痕的比对，我们发现东部的岩画更为古朴，也就是说东部的漩涡纹动物岩画更加古老，年代更早，青藏西部的漩涡纹动物风格岩画很可能是受到青藏东部的影响，理由如下。

　　第一，根据近年分子生物学的研究进展，高原族群与来自亚洲东方及东南方的农业人群有着更为密切的联系。"近年来，遗传学家通过对汉藏语系不同族群的遗传学特征研究后，认为在 60kaBP 前后，来源于东亚南部携带 Y 染色体 D-M174 的人群开始向东亚北部迁徙。20kaBP 前，其中一个带 M122 突变染色体的群体最终到达了黄河中上游地区，这部分人群便是现代汉藏语系群体的共同祖先。"[1]"到了

1　Qian Y, Qian B, Su B, et al., "Multiple Origins of Tibet an Y Chromosome", *Human Genetics*, 2000（106），pp. 453-454.；Shi H, Zhong H, Peng Y, et al., "Y Chromosome Evidence of Earliest Modern Human Settlement in East Asia and Multiple Origins of Tibet an and Japanese Populations", *BMC Biology*, 2008, 6（1），p. 45. 转引自王社江、张晓凌、陈祖军等《藏北尼阿木底遗址发现的似阿舍利石器——兼论晚更新世人类向青藏高原的扩张》，《人类学学报》2018 年第 2 期。

10kaBP 前后，随着来自高原北、东、东南三个方向扩张而来的中国内地早期主体人群的到来，特别是高原东南方向新石器时代农业人群的涌入，他们与晚更新世期间的早期游移性的短期占领者后代之间发生冲撞，开始基因交流与融合，并最终形成了今天高原居民的祖先……来自南亚次大陆的高原早期占领者只贡献了很少一部分基因，这一点与目前分子生物学的证据链比较吻合。"[1] "在新石器时代早期，应该发生了人群第二次迁入青藏高原的事件。这一次汉族的祖先群体——氐羌部落人群进入了青藏高原，并与旧石器时代的藏族人群融合，最终形成现代藏族的人群格局和遗传背景。"[2] 以上生物学证据表明，青藏高原的人群主要来自青藏高原东部及东南部。

第二，近年在青藏东部不同县区发现有旧石器时代遗址，四川甘孜近年发现了诸多旧石器时代遗址，"鲜水河流域共调查发现旧石器遗址点 9 处，分布区域包括炉霍县和道孚县，遗址均位于三级阶地及以上……在鲜水河及立启河流域发现相当典型的手斧。整体表明甘孜州区域存在多种不同的石器工业，区域石器文化内涵丰富……甘孜州旧石器时代考古专项调查极大地填补了该区域旧石器时代遗存的空白，发现的遗址点平均海拔在 3300 米以上，遗址点数量多分布广，石制品类型丰富多样，表明在旧石器时代古人类已经能比较频繁地进入青藏高原高海拔地区活动，为进一步研究青藏高原早期人类演化的进程、方式等重要问题提供丰富的新材料"[3]。以上考古学证据说明，青藏高原东部是古代先民登上青藏高原之后的频繁活动区域与文化通道，那些在青藏东部发现的早期文化遗址的数量就能够能说明问题。

第三，研究者认为，欧亚草原文化与中国文化存在密切关系，中国文化对欧亚草原产生过一定程度的影响，例如：阿尔赞 1 号墓葬出土的早期斯基泰动物造型马具，与中国西周时期一件圆形卷曲的动物造型平板纽扣非常类似；巴泽雷克文化以及南西伯利亚境内的斯基泰墓葬群显示出与中国南方文化的关联性；阿尔泰与叶尼塞河区域内最早的动物风格，其中诸多元素借鉴了中国北方特别是借用了中国西周与东周时期的艺术风格。[4] 夏家店上层文化（公元前 11—前 7 世纪）的动物造型

1　王社江、张晓凌、陈祖军等：《藏北尼阿木底遗址发现的似阿舍利石器——兼论晚更新世人类向青藏高原的扩张》，《人类学学报》2018 年第 2 期。

2　Zhao M，Kong Q，Wang H，at al.，"Mitochondrial Genome Evidence Reveals Successful Late Paleolithic Settlement on the Tibetan Plateau"，*Proceedings of the National Academy of Sciences of the United States of America*，2009，106（50），pp.21230-21235. 转引自王社江、张晓凌、陈祖军等《藏北尼阿木底遗址发现的似阿舍利石器——兼论晚更新世人类向青藏高原的扩张》，《人类学学报》2018 年第 2 期。

3　四川省文物考古研究院：《四川甘孜藏族自治州旧石器时代遗存 2019 年调查简报》，《四川文物》2021 年第 6 期。

4　张文玲：《黄金草原：古代亚欧文化探微》，第 185—186 页。

中也存在卷曲成圆形的动物形象，其年代早于前斯基泰文化（公元前8—前7世纪）。[1] 因此，中国早期文化与外来文化有着相互的文化影响和吸收借鉴，漩涡纹风格更可能源于中国文化，并与外来文化相互融合不断创新，并在交流中互相往复，进而最终形成漩涡纹动物风格的繁荣与发展。

第四，尽管岩画的直接断代存在难度，微腐蚀测年方法也有条件局限，但是，魏坚教授从考古学角度对玉树动物岩画的年代推测获得诸多认同，结论是比较可靠的。结合魏坚教授对青藏高原东部动物岩画的断代结果：通天河流域岩画的第一期动物岩画带有斯基泰风格，主要为鹿角夸张的大角鹿，年代距今2600年前后（商至西周时期）；第二期动物岩画除大角鹿、老虎等动物外，具有多样性，尤其是牦牛的出现，年代为距今2300年前后（春秋战国时期）；第三期岩画中大角鹿减少，饲养牦牛及表现日常生活成为主要内容，年代为距今2000年前后（战国至汉代）。[2] 并结合罗伯特·贝德纳里克等学者对玉树塔岩画的微腐蚀测年数据 E2089 + 218/- 295 年 BP（202BCE - 220CE，汉代前后），[3] 比对塔岩画样本的凿刻痕迹，明显晚于漩涡纹动物的凿刻痕

迹。依据上述断代情况，并根据考古出土的漩涡纹动物的繁荣年代，再结合青藏漩涡纹动物岩画的凿刻痕迹，青藏东部漩涡纹动物岩画可能主要为西周至春秋战国的文化遗存。

第五，青藏东部岩画近年来不断被发现，且数量大于青藏西部，玉树称多分布有较多漩涡纹动物岩画，以鹿为主，牦牛次之。在四川甘孜鲜水河及立曲附近的道孚、八美、新龙岩画中也发现有漩涡纹鹿岩画及漩涡纹牦牛岩画。根据前文所述，青藏东部漩涡纹动物岩画数量更多，年代也更为古老，分布路线更为鲜明。再通过田野调查的整体观察，结合魏坚教授对玉树动物岩画的考古学测年以及罗伯特等人对称多科哇岩画的微腐蚀测年以及张亚莎教授的判断，均认为青藏东部的岩画年代更早。再将青藏东部玉树的漩涡纹动物岩画与青藏西部日土的漩涡纹动物岩画进行刻痕比对，也发现青藏东部的漩涡纹动物岩画更为古老。因此，结合上述分析，青藏东部早于青藏西部，藏东又受到东部的影响，从发展逻辑来说，从东向西的发展趋势和影响具有极大可能。

第六，从青海海西州的漩涡纹动物岩画到2022年海南州共和盆地发现的漩涡纹风格的鹿岩画，从甘孜八美、新龙等岩

1　乌恩：《略论欧亚草原早期游牧人艺术中的卷曲动物形象》，《考古》2002年第11期。

2　魏坚：《通天河流域岩画的初步分期与年代及相关问题》，《中蒙俄联合岩画科考与论坛论文集：2015—2017》，中国言实出版社，2020，第340—345页。

3　Li Man. et al., "The 2019 Surver of Petroglyphs in the QingHai-Tibet Plateau Western China", *Rock Art Research*, 2022, 39（2），pp. 143-154.

画点发现的漩涡纹动物岩画，到通天河流域称多、曲麻莱数量较多的漩涡纹动物岩画，再到藏西阿里日土的漩涡纹动物岩画。青藏高原漩涡纹动物岩画呈现出一东一西的分布特点，青藏东部与青藏西部恰好处于羌塘岩画分布带的东西两端，青藏东部与东方中原地区自古又有密切的人群迁徙、文化交流等文化联系及商贸往来，通过青藏东部，青藏西部与中原及北方地区就自然而然地形成了一种艺术上的发展逻辑关系。青藏东部接受来自东部的动物漩涡纹风格，通过羌塘岩画分布带将其继续向西部扩散，最终在青藏西端的日土形成漩涡纹动物岩画的一个繁荣地带。

综上所述，青藏东部漩涡纹动物岩画风格东来的因素更多，长城南北地区及中原周边地区的动物漩涡纹风格通过川西北甘孜地区或甘肃，在称多形成第一个繁荣区，之后继续向西发展到曲麻莱，形成第二个繁荣区，并通过羌塘岩画带再向西移动，最后到达日土，形成第三个繁荣区。可以确定，中原周边及长城北部的动物漩涡纹风格一定影响了青藏东部并继续向西影响了藏西的日土，而并非西部日土传至东部的通天河流域。因此，青藏高原漩涡纹动物岩画的装饰风格受到的影响不仅具有分布地域上的东西指向性，而且具有从东至西发展方向上的明确性。其路径之一是通过甘肃经青海东北部从东北方影响而至，之二是通过穆王道等古道接受东部中原及其周边地区动物漩涡纹风格的影响。

结　语

青藏高原的人群主要来自东方，在较早时期就与中原文化互动频繁。中原及其周边文化中的漩涡纹动物风格年代较早，与青藏高原东部有着直接且密切的文化交流，并向西交流扩散至藏西的日土，在青藏高原东西两端形成较大范围的漩涡纹装饰风格的繁荣。青藏西部有两种漩涡纹动物岩画风格，其中的一种 S 形漩涡纹很有可能受到两个方向的影响，一为从新疆方向南下的 S 形动物斯基泰风格，该方向的影响范围及特征并不非常明显；二为沿羌塘岩画分布带通过青藏东部将西周漩涡纹动物装饰风格扩散至青藏西部的日土，该方向的影响特征较为明显。青藏东部漩涡纹风格亦存在两个方向来源，一为通过四川甘孜将中原及其周边的漩涡纹动物风格带至青藏东部；二为通过甘肃将长城南北地区的漩涡纹风格传至青藏东部。长城南北、中原及其周边的漩涡纹动物风格影响地域广泛，向西整体影响了青藏东部的动物岩画风格，青藏西部的漩涡纹动物岩画晚于青藏东部，且数量少于东部，显示出由东向西的发展倾向。青藏高原的漩涡纹动物岩画在通天河流域的称多形成第一个繁荣区，再向西于通天河流域的曲麻莱形成第二个繁荣区，继续向西在青藏西部的阿里日土形成第三个繁荣区。

视觉逻辑与审美发生：
明清绘画中的盆栽图像[*]

■ 黄厚明（南京大学艺术学院）

将植物微缩于盆盎之中使之成为观赏的盆景，是中国文化与士人生活一个独特的品质。盆栽的出现与中国山水文化的兴起有着密切的关系，彼此有着共通的哲学思想与审美观照。唐诗宋词不乏对盆池、盆山、盆石、盆栽的描写，它们与象征"壶中天地"的园林景观相互依偎，代表着一种崭新的生活态度与美学趣味。然而，盆景文化的兴起以及盆景作为文人"长物"的品位，并没有同步体现在早期文人画实践中。将盆栽作为绘画母题而被视觉化到了明代才蔚为大观，成为彰显文人绘画品位与审美取向的重要表征。

一 明代盆景文化与作为园林庭院景观的盆栽图像

将盆栽图景化，最初的艺术实践多见于明代早中期宫廷绘画活动中。明代中期以来，随着宫廷绘画的式微以及文人画的重新起势，以盆栽为代表的盆景图像逐渐在文人画体系中流行开来，成为表征文人画审美观念的重要母题。与元季文人画趣味不同，明代早中期宫廷绘画的审美取向主要取法宋代院体画风，这使得宫廷绘画中的盆栽图像多带有园中景的写实倾向。庋藏于故宫博物院的《朱瞻基宫中行乐图》，描绘了明宣宗朱瞻基的一次宫中行乐活动，其中起鏊场景中殿阶左右两侧分别摆放了修竹盆景与松树盆景，所用盆具皆为当时名贵的蓝釉瓷器。（见图1）余辉曾对明代宫廷行乐图的性质作过分析，指出这类图像通常是对皇帝休憩状态的真实记录，[1] 可知明代早期皇家园林已经将植物盆景作为户外景观的有机组成部分。相较于宋元盆景文化，明代宫廷的盆

---

* 本文为国家社科基金艺术学重大项目"中国艺术考古资料整理与研究"阶段性成果（项目编号：21ZD09）。

1 余辉：《明人〈宪宗元宵行乐图〉探微——明成化年间的内廷图像》，《美术观察》2023年第5期；余辉：《明代商喜〈明宣宗行乐图〉横轴及伤况之秘》，《美术大观》2023年第5期。

图1　《朱瞻基宫中行乐图》局部
故宫博物院藏

栽呈现出不同的特质与功用。在宋元文人眼中，盆栽作为长物通常置于室内空间中。大文豪苏轼尤爱石菖蒲，常附石配盆作为几案间苍然之清供。[1] 显然，这种书斋化、精神化的盆景属性与明代公共性的景观文化有着本质的差异。可以得见，《朱瞻基宫中行乐图》中除了上述可以移动的户外盆栽外，还有许多高大固定的筑基盆栽以及盆池景观图像，它们作为皇家园林中的自然景观，集中反映出明代以来盆玩文化开始关注庭院人地景观关系的新气象。

明代中期随着吴门画派的崛起，代表宫廷绘画趣味的浙派趋于污名化与边缘化，以吴地为中心的文人审美得以主导盆栽趣味与盆栽图像的表达。明代中期的苏州文人王鏊注意并著录了吴中地区日渐兴盛的盆栽风尚，其在《姑苏志》如此写道："虎丘人善于盆中植奇花异卉、盘松古梅，置于几案，清雅可爱，谓之盆景。"[2] 从审美形态看，王鏊的盆景观与苏轼为代表的宋人盆景文化具有某种共通性，但两者在内涵与外延上又有明显的区隔。王鏊对盆景的定义似乎将盆池、盆山、盆石排除在外，而仅仅限于可移动的植物盆栽的特定范畴，这在一定程度上折射出15世纪以来苏州等地文人造园风尚对植物盆栽的刺激与需求。当时的文人阶层对园艺知识普遍保有特别的热情。成书于明正德年间的《松江府志》中关于竹属分类就有21种之多，其中适合植之庭院或为盆景的则有银竹、黄金间碧玉竹、观音竹、凤尾竹等种属。[3] 明中期苏州文人黄省曾在《吴风录》中，记述吴地当时的盆栽风习已经渗入"闾阎下户"，并

1　（宋）苏轼撰，孔凡礼点校：《苏轼文集》，中华书局，1986，第617—618页。

2　（明）王鏊等纂：《姑苏志》卷一三，明正德元年（1506）刊本，第13a页。

3　（明）陈威、顾清等纂修：《松江府志》卷五，明正德七年（1512）刻本，第7a—8a页。

出现专以"种艺叠山"为业的"花园子"群体。[1] 晚明金陵文人顾起元在《客座赘语》中同样提及"花园子"在江南花卉盆栽市场中的转运角色：

> 几案所供盆景，旧惟虎刺一二品而已。近年花园子自吴中运至，品目益多，虎刺外有天目松、璎珞松、海棠、碧桃、黄杨、石竹、潇洒竹、水冬青、水仙、小芭蕉、枸杞、银杏、梅华之属，务取其根干老而枝叶有画意者，更以古瓷盆、佳石安置之，其价高者一盆可数千钱。[2]

由此可知，"花园子"作为一种新兴的职业身份，实则兼具造园师与盆艺匠的双重角色，这也从一个侧面反映出明中期盆栽文化的勃兴与造园热之间的内在关系。花园子将盆栽自吴中运至金陵，不仅丰富了南京的盆景品目，也将吴中的文人趣味带入一度由浙派风格主导的留都。在柯律格看来，盆栽作为苏州的特产乃是随着苏州为中心的园林文化的扩张而得以蔓延全国。[3] 这种说法立足于苏州盆栽时尚与当地造园风气的共生关系，自有其合理性，但苏州作为吴派绘画的策源地，其绘画观念对当时的盆栽美学同样产生重要的引领作用。

纵观明代文人有关盆景的各种论说，可知当时的盆景文化以及对盆栽的认知具有显著的文人画美学逻辑。晚明美学家文震亨在《长物志》卷二《盆玩》中有这样一段美学说辞：

> 盆景时尚，以列几案间者为第一，列庭榭中者次之，余持论则反是。最古者以天目松为第一，高不过二尺，短不过尺许，其本如臂，其针若簇，结为马远之"欹斜诘屈"、郭熙之"露顶张拳"、刘松年之"偃亚层叠"、盛子昭之"拖拽轩翥"等状，栽以佳器，槎牙可观。[4]

从画意的角度对马郭刘盛等宋元名家松画风格进行概念化描述，并以此作为盆松造型美学之圭臬，表明明代的盆栽美学已与绘画美学产生不可分割的同构关系。文震亨是吴门画派领袖文徵明之曾孙，其以雅与俗作为盆栽品级的标准，秉持的逻辑正是文人思潮主导下用以划分吴派与浙派的界标。

然而，文震亨这种长物观并非完全属于个人的创见，而是代表了 15 世纪以来江南文人生活美学的总体风习。蒋晖从文本的角度对《长物志》的部分论述进行

1　（明）黄省曾：《吴风录》，《丛书集成初编》第 3025 册，中华书局，1991，第 2—3 页。

2　（明）顾起元撰，孔一凡校点：《客座赘语》卷一，上海古籍出版社，2012，第 12 页。

3　柯律格：《蕴秀之域：中国明代园林文化》，河南大学出版社，2019，第 81 页。

4　（明）文震亨撰，陈植校注：《长物志校注》卷二，江苏科学技术出版社，1984，第 96—97 页。

溯源，发现文震亨关于大理石与大理石笔屏的品评文字大多沿袭自年代更早的张应文、高濂、屠隆等人的著述。[1] 检阅他们关于盆景或盆玩的论述，情形也大致如此。屠隆《考槃馀事》卷三"盆玩笺"与高濂《遵生八笺》卷七"起居安乐笺"，皆以相同的话语描述了马郭刘盛的画松风格。《考槃馀事》与《遵生八笺》分别成书于1590年和1591年，著述时间皆早于《长物志》。至于《考槃馀事》与《遵生八笺》自身存在的文本雷同现象，犹可追溯至更早的蓝本。成书于1547年的《西湖游览志馀》，在论及"马塍艺花"育培技术时录有这样一段文字："至于盘结松柏海桐之属，多仿画意。斜科而偃蹇者为马远法；挺干而扶疏者为郭熙法。种种精妙，可为庭除清赏也。"[2] 文中对"马远法"及"郭熙法"的描述与后人记述虽不尽同，但以宋元画意塑造盆栽造型风格的思想依然是一脉相承的。

当然也有存异之处，如盆栽的空间陈设方式，屠隆与文震亨的看法正好相反。屠隆认为"以几案可置者为佳，其次则列之庭榭中物"；文震亨则主张"列之庭榭中者为佳，列几案间者次之"。两者的分歧反映出盆栽作为室内清玩与作为户外盆景的不同功用，相对于屠隆，文震亨更

强调盆栽作为庭院景观的优先定位。就明人生活方式而言，以盆栽作为斋室长物的风习仍然存在，但更多的是以净瓶插花作为室内烟云供养的清赏。明人陈设瓶花多在厅堂与书斋，情形即高濂所说的"堂中插花"与"书斋插花"[3]。此外，从明代存留的视觉材料看，常常见到将室内空间陈设外景化的现象。尹吉男注意到明代中期谢环《杏园雅集图》镇江本中露天陈放的诸如床、几、案、椅、文具、酒具等物品并不适合长期置于室外环境中，因而推断它们是从室内移到室外使然。[4] 私人化的室内陈设转向公共性的室外空间，想必一定程度上会模糊几案等作为室内家具的专有属性，这种复合形态或许是屠隆与文震亨意见分歧的一个观念史背景。与屠隆、文震亨看法不同，高濂刻意回避了对庭院盆景的优劣品评，代之以盆栽大小作为区分所置空间的尺度，主张"大者列之庭榭中物"，这一看法顺应了盆栽从近距离的耳目之玩逐渐转向远距离的室外清赏的时代潮流。

跳开文人的"语词"论辩而回到视觉化的"图像"修辞，文人画是讨论盆景文化不可或缺的视觉媒介。明代中前期画家杜琼《友松图》（图2）是目前所见绘有盆栽图像的早期作品之一，它是杜琼

1　蒋晖：《明代大理石屏考》，山东画报出版社，2018，第199—208页。

2　（明）田汝成辑撰：《西湖游览志馀》卷十九，上海古籍出版社，1958，第352页。

3　（明）高濂撰，赵立勋等校注：《遵生八笺校注》卷十六，人民卫生出版社，1994，第610页。

4　尹吉男：《知识生成的图像史》，生活·读书·新知三联书店，2022，第119页。

图 2　杜琼《友松图》局部
故宫博物院藏

以自己书斋——东原斋为创作背景的酬应之作，[1] 画中杜琼在书斋中与来访友人晤谈，陈设在庭院外围山水景观中的两盆松树与一盆菖蒲皆被置于同一座长方形石凳上。杜琼是吴门画派的先驱人物，其庭院盆栽陈设及其图像表达无疑是了解明代文人盆栽美学的典范，从中亦可窥探明代盆玩审美话语的观念源流。可以得见，两棵松树树态不同，一棵盘曲，一棵直立，似乎有意隐去人工造作的痕迹。两松针叶短而挺拔，翠盖层叠，颇似天目松之造型。盆松尺寸大小适宜，盆具亦很讲究，一圆一方，其中左侧的壶型盆釉色灰青，釉层冰裂，具有哥窑瓷器的视觉特征。按照文震亨的说法，盆松以天目松为第一，高不过一二尺，盆具则以"青绿古铜、白、定、官、哥等窑为第一"[2]。以此观之，杜琼笔下的盆栽当为文人眼中的佳品。除

了天目松等松柏类盆景，菖蒲盆景亦是明代文人极为推崇的清物。高濂《遵生八笺》云："山斋有昆石蒲草一具，载以白定划花水底，……日汲清泉养之，自谓斋中一宝。"[3]《友松图》中菖蒲盆底以三足"水底"（即盆托）作托，颇合于高濂的看法。盆栽的陈设方式也很特别。在文震亨看来，盆景的陈设通常是"小者忌架于朱几，大者忌置于官砖，得旧石櫈或古石莲为座乃佳"[4]。《友松图》中盆松与盆菖蒲皆被置于同一座长方形石凳上，石凳古朴厚重，属于典型的文人趣味。

这种陈设方式及其视觉图式，与当时宫廷绘画呈现出来的盆栽审美有着明显的区别，因而受到吴派、松江派画家的推崇与效仿，成为明代文人画形塑盆栽图像的一个基本模式。吴派画家仇英是表现盆栽母题最活跃的画家之一，其盆栽图像多以松树或菖蒲作为庭院盆栽的基本组合。台北"故宫"藏《林亭佳趣图》（图 3）是仇英早年效仿文徵明风格的画作，画中高士倚榻休憩于草堂之中，堂前庭院的石凳上放置一盆菖蒲与一盆小松，菖蒲配石以盆，奇石嶙峋漏透，颇似当时文人尤为钟爱的灵璧石类型。小松为一本双干，枝叶偃亚层叠，颇得天趣。同藏于台北"故宫"的仇英《园林清课图》（图 4），

1　秦晓磊：《武官来访：明杜琼〈友松图〉主题、图式再研究》，《故宫学刊》第 23 辑，第 206—208 页。

2　（明）文震亨撰，陈植校注：《长物志校注》卷二，第 97 页。

3　（明）高濂撰，赵立勋等校注：《遵生八笺校注》卷七，第 232 页。

4　（明）文震亨撰，陈植校注：《长物志校注》卷二，第 97 页。

图3　仇英《林亭佳趣图》局部

台北"故宫"藏

图4　仇英《园林清课图》局部

台北"故宫"藏

画中院墙内侧置一长方形莲花石凳，其上摆放两盆菖蒲，盆具造型相同，且皆以水底为托。整幅画面林竹茂盛，院落台榭，错落有致，为苏州文人构筑了一个视觉化的生活镜像。

松江派画家孙克弘《销闲清课图》（图5）则以组画的方式描绘了明代文人的优雅生活，涉及焚香、展画、礼佛、听雨、煮茗等20种文人雅事。作为林下清课活动之一，"灌花"卷重点描绘了斋外篱院浇灌盆栽的场景，可以辨识的品种大致有菖蒲、兰花、冬青、梅花等属，这与画卷题款"盆花时卉，窗前种种植之，以见生意"记述的情形颇为吻合。画中的三盆菖蒲以水底为托，置于山斋外侧一座长方形石凳上，此情形延续了杜琼《友松图》所见的盆栽图式，显示出文人趣味的内在形塑力。同为组画之一的

"展画"卷，其上题款亦为理解"灌花"卷文人趣味提供了很好的注解："宋元名笔，不及尽睹，独于近代名家，时获鉴赏，以清胸臆。"孙克弘眼中的"近代名家"，自然不外乎开辟并引领文人画风气的杜琼、沈周、文徵明等画坛俊杰。作为杜琼画风画意的追随者，沈周对当时的盆菊时尚曾有特别的关注。他不仅留有咏菊的诗文，还创作过图文合璧的菊盆图像。现藏于辽宁博物馆的《盆菊幽赏图》（图6），画中茅亭四周摆放十数盆各种花色的盆菊，从沈周画作中的题画诗可知，该画描绘了重阳时节沈周与傅瀚、张昇等友人一起赏菊、唱和的情形。赏菊品菊首重花色，通常以黄色为佳、白色次之，紫色、红色又次之，这正是沈周所绘盆菊的基本色彩组合。

除了传统的文人画外，明代版画也是

图5　孙克弘《销闲清课图》局部

台北"故宫"藏

图 6　沈周《盆菊幽赏图》局部

辽宁省博物馆藏

图 7　钱贡绘制《环翠堂园景图》局部

观照盆栽美学的重要视觉媒介。明万历间汪廷讷环翠堂刻印的《环翠堂园景图》

（图 7）乃文徵明弟子钱贡所绘，该部版画描绘了徽商汪氏的私家园林景象，园中多处置放松树、菖蒲、菊花、兰花等各式盆栽，除少量置陈于室外几案外，绝大多数置于长方形石凳上，且多以松树、菖蒲、兰花、文竹等作为盆栽的常见组合，一些盆栽还附以奇石。[1] 类似的情形亦见于万历间容与堂刻本《李卓吾先生批评琵琶记》、[2] 万历二十六年观化轩刻本《新镌女贞观重会玉簪记》、[3] 万历三十八年容与堂刻本《李卓吾先生批评北西厢记》、[4] 崇祯元年尚有堂刻本《拍案

1　（明）汪廷讷、钱贡：《环翠堂园景图》，安徽美术出版社，1996，第 38 页。

2　（元）高明：《李卓吾先生批评琵琶记》卷上，明万历间容与堂刻本，中国国家图书馆藏。

3　（明）高濂撰，赵立勋等校注：《新镌女贞观重会玉簪记》卷上，明万历二十六年（1598）观化轩刻本，第 42a 页，中国国家图书馆藏。

4　周芜等编著：《日本藏中国古版画珍品》，江苏美术出版社，1999，第 320 页。

图 8 明代版画中的莲花座石雕盆景图像
《吴骚集》版画插图

惊奇》、[1] 崇祯年间刻本《金瓶梅》[2] 等。书籍与绘画的融合，必然将文人盆景美学趣味带入大众文化生活中，这不仅模糊了雅俗文化的界限，也为宫廷趣味与文人趣味的合流提供了可能。也正是在这个意义上，晚明版画中的盆景图式与其说是文人思潮的产物，不如看成是大众文化、文人文化与宫廷文化共同形塑的结果。像晚明版画中常见的形体高大的莲花座石雕盆景图像（图 8），多见于《汉宫春晓图》《十八学士图》这类原属于宫廷题材的画作，显示出宫廷趣味对版画风格的重要影响。与此同时，明代版画盆景图像虽然不失文人趣味，但与典型的文人画图式仍然存在一定的差异，这也是雅俗合流现象在大众视觉文化上的反映。对于精英文人来说，雅俗区隔的破裂意味着自身生活方式与审美趣味受到了挑战。晚明涌现出来的各种生活美学著述，正是对雅俗混同现象的回应与反拨。这种由雅、俗相互颉颃又彼此同生的美学生态，反过来又成为维系明代盆栽美学及其图像表达不可或缺的视觉机制。

二 从空间礼仪符号到作为纯粹的审美对象：清代盆栽图像的功能演变

明清鼎革，以满族身份建立的大清王朝不同于既往汉人为主体的王朝更迭，其易祚过程充满了意识形态和文化身份的冲突与重构。满汉民族在审美观念上的差异，势必对明代盆栽美学的连续性提出严峻的挑战。不过，由于清代实施满汉一体化政策，清初的盆栽美学在断裂与连续的双重构造中形成了自身独特的审美形态。

作为满人汉化的重要表征，盆景文化成为清初宫廷文化建设的重要部分。清圣祖康熙帝特别青睐盆栽艺术，为此专门设立南花园以便栽培和管理皇室的花木盆景。康熙老师高士奇《金鳌退食笔记》对之有这样一段记述："本朝改为南花园，杂植花树，凡江宁、苏、松、杭州织造所

1　（明）凌濛初编：《拍案惊奇》，《古本小说集成》第 5 辑第 3 册，上海古籍出版社，1994，第 41、53 页。

2　（明）兰陵笑笑生：《新刻绣像批评金瓶梅》，香港三联书店，2009，第 83、140、195 页。

图 9　《平定台湾战图册》局部
故宫博物院藏

进盆景，皆付浇灌培植。又于暖室烘出芍药、牡丹诸花，每岁元夕赐宴之时，安放乾清宫，陈列筵前。"[1] 从中透析出两点重要的信息：其一，南花园除了栽培花木盆景外，还从江南引进各式盆景以满足宫廷消费需求；其二，清宫盆景不仅仅作为庭院环境的景观陈设，而是充当了特定时节与特定场合的仪式符号。显然，这种做法改变了盆栽作为园林人地关系的功能定位。康熙《万寿盛典初集》版画巨构，[2] 描绘了康熙六十寿辰臣庶从神武门至畅春园沿途的庆典场面，沿途锦坊彩亭可见由

江浙等地进贡的盆栽与瓶花陈设。乾隆朝《平定台湾战图册》（图 9），宫廷画家以纪实性手法再现了"戊申"（1788）秋乾隆皇帝在承德避暑山庄福寿园清音阁凯宴福康安、海兰察诸将领的礼仪场景。其中，清音阁前庭位置以等距离方式陈设了四盆高大的佛手柑盆栽与松树盆栽，它们皆安置在红木几架上，显示出特定仪式活动对于陈设盆栽的机动性需求。入清之前，佛手柑作为案头清玩，通常置于室内空间中，以使香气盈室。如高濂《遵生八笺》云："香橼佛手出时，山斋最要一

1　（明）刘若愚、（清）高士奇：《明宫史·金鳌退食笔记》，北京古籍出版社，1982，第 150 页。

2　关于《万寿盛典初集》版画稿本与《万寿图》画卷的绘制过程，参见（清）王掞、王原祁、王奕清等纂《万寿盛典初集》进表，第 1—8 页。

事，得朱砂红盘、青花盘、白盘数种，以大为妙，每盆置橼廿四头，或十二三者，方足香味，满室清芬。"[1]《平定台湾战图册》中将佛手柑以盆栽方式置于广阔的庭院空间中，显然消解了佛手柑以香气取胜的盆玩属性。这也从一个侧面反映出清初盆栽功能从生活空间符号到礼仪空间符号的转变趋势。

相似的逻辑多见于清初的宫廷绘画中。对仇英《汉宫春晓图》情有独钟的乾隆皇帝，多次敕令金昆、周鲲、孙祜、丁观鹏、冷枚等宫廷御用画家进行仿制活动。耐人寻味的是，从目前存留的四卷《汉宫春晓图》仿本内容看，盆栽图像几乎从庭除空间环境中消失。尽管这些以"汉宫春晓"为画题的院画作品与仇英底本之间存在或多或少的差异，但绘制最晚

也最接近于仇英底本的冷枚《汉宫春晓图》（图10）画作，依然在内容相近的位置有意识地抹去了庭除一侧的盆景图像。（图11）显然，这种改变已无法用"意临"的原因加以解释，而更与清宫盆栽脱离庭院人地关系的实际状态相关。同样的情形亦见于郎世宁绘制的《乾隆岁朝行乐图》（图12），全图偌大的守岁场面并未出现任何盆景的图像。然而，盆景作为庭院景观亦未全然退出清宫画家的视野。与郎世宁《乾隆岁朝行乐图》内容相近的一幅无款《乾隆岁朝行乐图》（图13），图中乾隆所在廊檐两侧长方形石凳上，分别对应陈设万年青及灵芝盆景、玫瑰盆景与水仙盆景各一盆，廊檐台阶下两青年男子正准备进献一只插满多种花枝的古铜花尊。李湜注意到乾隆十四年（1749）

图 10　冷枚《汉宫春晓图》局部

故宫博物院藏

1　（明）高濂撰，赵立勋等校注：《遵生八笺校注》卷八，第 253 页。

图 11　仇英《汉宫春晓图》局部

台北"故宫"藏

图 12　郎世宁等《乾隆岁朝行乐图》

故宫博物院藏

《活计档》的一段档文，记述乾隆谕旨宫廷画家参照《明窗守岁图》另行绘制《雪景守岁图》，明确要求"添盆景、天竺花草"，据此推认此佚名作品应是谕旨中所要绘制的《雪景守岁图》，而郎世宁绘本即是作为此底本的《明窗守岁图》。[1]这也反映出盆景作为权力与身份的表征符号，对宫廷绘画创作具有重要的形塑作用。

当盆栽脱离原有的人地关系景观，盆栽的培育与盆栽的陈设就会偏离日常生活逻辑而呈现出全新的面目。清宫像生盆景的出现与兴盛，正是新的审美风尚下的逻

1　李湜：《乾隆朝养心殿明窗落画探析——以"岁朝图""万国来朝图"为中心》，《故宫博物院院刊》2023 年第 1 期。

图 13 《乾隆岁朝行乐图》及局部

故宫博物院藏

辑显现。比照于水培土栽的盆景，像生盆景可以不受时令、季节等自然规律的束缚，因而极大方便了清宫礼仪空间的陈设需求。清宫的像生盆景由内务府养心殿造办处负责制作，选料考究，多使用金银、珠宝、珐琅、玉石、珊瑚、翡翠、玛瑙、琥珀、玻璃等各种珍稀材质制作花卉与盆具。康熙本人就特别青睐像生盆景带来的视觉快感，其《咏御制盆景榴花》颂曰："小树枝头一点红，嫣然六月杂荷风。攒青叶里珊瑚朵，疑是移银金碧丛。"[1] 溢彩流光的质材以及累丝工艺的加成，使得像生盆景充满了独特的富贵气息。这种以昂贵材料制作的工艺盆景，将传统的盆景美学与高贵的身份属性戏剧性地结合在一起，成为清宫各种庆典活动标示权力与身份的具象性符号。

上有所好，下必趋之。像生盆景也一度成为王公大臣、地方官员进贡的主要礼品之一。康熙六十寿辰庆典，雍亲王胤禛进献的礼品清单中就有五盆价值昂贵的像生盆景，分别称为"群仙庆寿寿山珐琅盆景""福禄寿三星仙山松竹盆景""万寿百禄仙芝天然盆景""万寿十锦吉祥四时盆景""仙山珊瑚彩石盆景"[2]。从上述命名可知，这些像生盆景旨在传达福寿吉祥的主题，明显背离了明代文人盆玩以古为雅的趣味与风尚。雍乾时期，清宫像生盆景风气愈加兴盛。今天的故宫旧藏仍然有着数量众多的像生盆景。据清宫造办处

1　（清）爱新觉罗·玄烨：《圣祖仁皇帝御制文集》第二集卷四四，《文渊阁四库全书》第 1298 册，第 7a 页。

2　（清）王掞、王原祁、王奕清等纂：《万寿盛典初集》卷五四，清康熙五十六年（1717）内府刻本，第 7a—8a 页。

档案与宫中进单档案记载，这些工艺盆景除了来自内务府造办处作坊外，尚有一部分来自海内外的进贡与朝贡。[1] 从"宫中进单"提供的信息看，这些像生盆景除了用材贵重外，还有品赏各地风物的猎奇心理。如雍正十三年（1735）广东海关监督毛克明进献的玻璃盆景、乾隆十三年（1748）广东巡抚岳睿进献的象牙盆景以及乾隆五十六年（1791）两广总督福康安进献的碧玉水仙盆景等工艺盆景，大致反映出这种审美取向。在乾隆看来，"盖进贡之意，不过藉此以联上下之情耳"[2]。盆景花属的择选同样如此，不仅"花贡"的频次与数量增加，花贡的品种也显著扩大。乾隆四十九年（1784）两江总督萨载等人的花贡进单，计有"洋兰花、玫瑰花、绣球花、虎刺花、金萱花、雪蕉花、芍药花、夏兰花、洋月桂、良姜花、山鹃花各四盆，万年青、绒针花、红洋鹃、黄杨、榆庄、蔷薇花、垂竹、璎珞花、翠柏、金雀、菖蒲草、蓝菊花、金柑、粉团花、冬青花、粉鹃花各二盆。"[3] 这些盆栽花卉有不少品种并未进入晚明生活美学家的视野，即便部分提及，亦非佳品视之。从植物学的角度看，这些盆栽贡品皆为江南本地所产，反映出各地"花贡"的地域属性。

如果说明代的盆景美学主张以古为雅是一种时间美学的话，那么，清初的盆景美学强调方物风情则可看成是一种空间美学。康乾时期花卉美学的区域表征，集中体现在"塞外"趣味与"海西"趣味上。康熙帝是塞外趣味的始作俑者，在其看来，"天下花未有经霜而不萎者，惟塞外各花能拒霜，霜愈重则色愈鲜。"[4] 他的这种塞外花卉情结，正是文臣蒋廷锡绘制《塞外花卉图》的根本动因。该画卷创制于 1705 年蒋廷锡扈从康熙帝巡幸塞外驻跸热河期间，[5] 全卷共描绘了 66 种塞外花卉品种，它们作为野生的自然风物绝大多数首次以博物绘画的方式加以记录。康熙对塞外花卉的重视与青睐，也在很大程度上重构了当时的盆栽文化与盆栽绘画美学。现藏于台北"故宫"的《人参花图》（图 14）是蒋廷锡奉敕绘制的画作，该作品描绘了一盆人参花，扁圆性的红色果实、淡绿色的五出复叶及其叶脉锯齿等细节，皆被如实地表现出来，如同一株有待分析的植物标本。画面右上方有康熙 1714 年的题识。

1　相关史料可参见王戈《漫谈清代工艺盆景》，《收藏家》2002 年第 7 期；刘晓晨《以假乱真的清代像生盆景》，《收藏家》2011 年第 4 期。

2　中国第一历史档案馆藏 "乾隆朝上谕档"，乾隆三年四月初二第一条盒号 550 册号 2。转引自刘杜英《浅析清代宫中进单》，载《多维视野下的清宫史研究——第十届清宫史学术研讨会论文集》，现代出版社，2013。

3　中国第一历史档案馆藏宫中进单 00224。转引自刘杜英《浅析清代宫中进单》，载《多维视野下的清宫史研究——第十届清宫史学术研讨会论文集》，现代出版社，2011，第 500 页。

4　王锡祺：《小方壶斋舆地丛钞》第一册《随銮纪恩》，杭州古籍出版社，1985，第 293 页。

5　王钊：《博物学与中国画的交汇：谈蒋廷锡〈塞外花卉图〉卷》，《故宫博物院院刊》2017 年第 1 期。

图 14　蒋廷锡《人参花图》
台北"故宫"藏

　　热河产人参，虽不及辽左，枝叶皆同，命翰林蒋廷锡画图，因戏作七言截句记之："旧传补气为神草，近日庸医误地精。五叶五枝含洛数，当看当用在权衡。"

　　从中可知盆中人参花来自热河地产，且诗文关注的只是其药用价值，并非视作斋室内外烟云供养的清玩。然而，这种作为塞外风物的花卉盆栽图像，却为盆栽作为独立审美对象铺平了道路。与此相一致，乾隆帝对"海西"花卉日益增长的兴趣，大大强化了这一趋势，从而使得盆栽图像最终迈入纯粹审美的天地。

　　乾隆朝"海西"趣味的视觉化材料，以内廷画家余省《海西集卉图》与宫廷洋画家郎世宁《海西知时草图》最为典型。前者绘制了从欧洲引栽于清宫的八种花卉植物，[1] 后者则是对西洋植物含羞草的描绘。[2] 不同于《海西集卉图》中异国花卉的地栽方式，《海西知时草图》（图15）中含羞草形象首次以盆栽的方式加以表现。画幅右上方有乾隆皇帝1753年御书的一段题识，其对含羞草"以手抚之则眠，逾刻而起，花叶皆然"的奇特反应惊讶不已，不仅辄以成诗用备《群芳》，还敕令宫中洋画家郎世宁绘制成图。诗文中乾隆皇帝视含羞草为通人性的灵物，并非仅仅限于西洋花卉的猎奇心态。这种将含羞草纳入中国传统灵物文化的做法，同样体现在乾隆对待琥珀的审美态度上。《御制诗二集》载录了乾隆的一首《灵珀诗》，诗文记述了内府所藏的一件神奇琥珀，其内含的小草及茎叶花萼能够"随冬夏两至以渐荣枯"。或许是出于

1　张湘雯：《海西集卉——清宫园囿中的外洋植物》，《故宫文物月刊》2016年第3期。

2　赵琰哲：《郎世宁〈海西知时草〉考——兼论中西计时方法在清宫绘画中的表现》，《文艺研究》2020年第4期。

图 15　郎世宁《海西知时草图》
故宫博物院藏

图 16　王图炳《冬景花卉诗画册》
台北"故宫"藏

同样的审美反应，乾隆在初识含羞草时，不免联想起宫中这件可以感时而变的"灵珀"。[1] 对于御用洋画家郎世宁而言，首要的任务就是逼真地描述出含羞草的形貌特征，尽管其明暗画法与空间透视处理具有显著的海西画法特征，但相较于蒋廷锡《人参花图》这类植物图谱式绘画，该含羞草盆栽图像仍然呈现出较强的中国式审美：蜿蜒盘曲的枝梗、舒展的叶片与粉红的花苞错落有致地和合在一起，给人以蝴蝶穿花般的视觉美感；精致典雅的青瓷花盆与古朴大气的木制座基相得益彰，同样给人以美的享受；而含羞草"应手作昂低"的身体把玩属性，也不经意间地将盆栽作为文人清玩的美学内涵重新唤醒。这些审美元素的联袂出台，昭示着盆栽作为独立审美对象的到来。

得益于帝王们对塞外与海西花卉趣味的引领，独立的盆景图像也越来越多地出现在清宫礼仪性绘画中。1734 年王图炳奉敕绘制的《冬景花卉诗画册》（图 16）"冬月盆菊"卷，画家以盆栽的方式描述

了不同花色的"洋菊"。作为海西菊花的通称，"洋菊"在清宫非常流行，培栽的品种也很多。弘旿《洋菊图册》就绘制了四十四种洋菊品种，乾隆还特意分别御诗四十四首，足见洋菊在清宫受欢迎的程度。王图炳此画中的盆菊有紫、黄、红、白等多种花色品种，它们按照传统折枝花卉的组合方式，将这些不同品种的菊花集珍式地置于同一盆盎之中，显示出海西花卉趣味与传统瓶花图式的结合。画家陈书同样以"岁朝"为题绘制了不少盆栽画作，虽然这些"岁朝"图像大多沿用了传统的瓶花图式，亦有少量画作改以盆栽方式表现花卉形象。如陈书 1735 年为新春上元节绘制的《岁朝丽景图》（图17），不同品种、不同时节的花卉超乎常态地培栽于同一个花盆之中，盆景下方一侧绘有红柿、寿桃等瓜果形象，其中柿子仍然保留着传统的折枝样式。类似的倾向亦见于邹一桂《岁朝图》（图 18），画家别出心裁地将古松、梅枝和螃蟹一起绘制

图 17　陈书《岁朝丽景图》　　　　图 18　邹一桂《岁朝图》　　　　图 19　蒋楙《盆兰图》

台北"故宫"藏　　　　　　台北"故宫"藏　　　　　　台北"故宫"藏

于被悬置了空间感知的背景之中。虽然画中盆松还不是独立的审美对象，但它摆脱了既定的人地景观逻辑，为纯粹的审美活动提供了赖以发生的视觉机制。

乾隆中晚期，盆栽作为花卉题材越来越获得了自足的性质，成为文人眼中的纸上清玩。现藏于台北"故宫"的《盆兰图》（图 19），是蒋廷锡孙子蒋楙依照乾隆皇帝"兰"诗而绘制的一幅诗意图。画中三株香兰窈窕曼妙、风姿绰约、幽雅脱俗，很好地诠释了乾隆兰诗的意境。诗意图的这种图文互动模式，使得盆栽图像在诗意化的诠释中逐渐褪去作为礼仪空间景观符号的社会属性，最终转变为一种纯粹的审美活动。盆栽图像在历时性结构中

的视觉形式及其风格演变图景，不仅反映出明清艺术品位与世情变迁对于绘画图式的重要影响，也揭示了纯粹审美对象何以发生的观念史逻辑。

三　余论：被误构的中国美术史

美术史是以视觉艺术为研究对象的一门人文学科，然而，囿于重文轻图的积弊，现代意义上的中国美术史写作通常凭借文献史料来重构，作为视觉证据的图像研究则处在缺位与失语的状态。出于拨正的尝试，本文将盆栽图像置于盆景文化得以建构的视觉机制中进行观察与分析，并

图20　明代《重午婴戏图》

台北“故宫”藏

借助视觉艺术的历史形态与视觉逻辑重新检讨被文献叙述误构的中国美术史研究。

通过视觉证据诠释与重构盆景图式的风格演变，面临的挑战首先是要正确处理图像与文字的关系。由于图像表达与文字叙述之间存在时间上的滞后与错位，使得中国盆景艺术史常常被文字叙述左右乃至误导。这方面存在的问题，集中反映在对盆栽图像的历史起源问题上。诚如前述，

盆栽作为一种园艺实践，早在唐代即已滥觞。然而，这种园艺文化并没有同步进入宋元文人主导的文人画视觉体系。历史的吊诡在于，作为15世纪盆栽文化兴起的渊薮之地——苏州，也因为书画艺术市场的空前繁荣而出现大量模仿宋元绘画的“伪好物”[1]。它们将明代盆景美学植入这种视觉艺术中，这为依凭文献史料建构历史叙述的研究者提供了可资利用的图像资源。由于缺乏作品真伪的辨识能力，这些“伪好物”被研究者当成有效的历史插图以佐证文字的叙述。这方面的误用，尤以宋人苏汉臣名下的“伪好物”最甚。被误认为苏汉臣画作的《重午婴戏图》（图20），因画中庭除空间置放一尊莲花座石雕盆景而常被视为宋代出现盆栽图像的证据。事实上，画面呈现出来的婴戏内容及其物质形态都带有明显的晚明时代的文化特征。如床榻上三位孩童围观的鱼景琉璃瓶，正是明代北京琉璃厂售卖的儿童玩具之一。关于这点，成书于崇祯八年的北京地方志著作《帝京景物略》有明确的记述：“东之琉璃厂店，西之白塔寺，卖琉璃瓶，盛朱鱼，转侧其影，大小俄忽。”[2]画中所见陀螺、假面具等儿童玩具，该书亦有述载。[3] 而最能表征其明画特征的则是画中榻栏镶嵌的大理石画屏，诚如蒋晖

1　台北“故宫博物院”编，邱士华、林丽江、赖毓芝主编：《伪好物：16—18世纪苏州片及其影响》，2018。

2　（明）刘侗、于奕正撰，栾保群注：《帝京景物略》卷二，故宫出版社，2013，第58页。

3　同上注，第60页。

所论乃是产生并兴盛于明代的新风尚。[1]

理解并重构盆栽图像的视觉逻辑，同样面临着不同概念之间的挪用与错置问题。盆栽是从属于盆景范畴的一个概念，它与盆池、盆石、盆玩、瓶花等概念之间有着复杂而微妙的关系。盆栽离不开水土培植并涉及植物花卉的选择，这使得盆栽具有很强的在地性与时令性，它们作为形塑意义的重要机制而与观赏者自身的视觉、嗅觉、触觉等身体感知交融在一起，从而在信息传递与自我呈现上产生与盆石、盆玩、盆池、瓶花不同的意义区隔。盆栽的图像化则将这种区隔引入更加复杂的系统，并通过这一系统将盆栽美学的功能性分析拓展至基于文化认知和知觉心理的语义学阐释。以瓶花与盆栽为例，虽然两者都是以植物花卉作为其主要的审美功用，但由于不同的生命样态，它们在视觉化过程中呈现出不同的视觉机制与审美形态。瓶花作为清供源于佛教以花供佛的思想，并至迟在唐代兴起了视觉化进程。宋代文人审美兴起后，瓶花的宗教情结逐渐让渡于文人的怡情雅趣，并通过书斋清供的视觉形式呈现出来。明代文人趣味的主导与重塑，瓶花的视觉化逐渐脱离斋室空间而呈现出独立的审美倾向。对于明代盆栽图像而言，其视觉化进程始终处在人地景观关系的场域之中。不过，由于审美观念的多元化以及视觉艺术的分层化，明代盆栽图像呈现出文人趣味、宫廷趣味与大众趣味相互混杂的视觉特征。更言之，盆栽图式的文人趣味并不实际存在于晚明盆景美学文本形态中，而是存在于文本作为一种批评话语所构成的动态历史进程中。值得一提的是，明代用于插花的花瓶大量使用仿古的铜器与瓷器，这与盆栽用具形成同质化现象，从而增添了盆栽图像辨识的复杂性，对准确把握盆栽的视觉机制与逻辑形态产生一定的阻碍。

类似的困境，亦表现为皇家趣味对重构清宫视觉资源的再认识问题。清宫内府藏有大量植物花卉题材的画作，从其上印玺与诗文题跋看，它们多半是迎合皇帝趣味而进入内府。这些藏品真伪混杂，不加辨析，自不足以充当视觉研究的证据。署款为孙克弘的《盆兰图》（图 21），画中兰花配石置于瓷盆之中，淡墨粗笔，画风写意，呈现出独立的盆栽审美趣味。然观其笔墨风格，与孙克弘画风、书风并不相侔。画幅上方左侧题款康乾三朝元老张照（号"天瓶居士"）诗文，言及他在康熙壬寅（1722）、雍正癸卯（1723）、甲辰（1724）三年间先后观兰、诗兰与艺兰之事。画幅上方正中央是乾隆 1781 年步韵张照的御题诗文，从"即今画早辞天瓶"诗句可知，此画起初应为张照所有。至于是否为张照本人的"艺兰"之作，犹未可知。画幅上方右侧有署名"克弘"1608 年的题诗："处为幽谷香，出为王者瑞。不同百草生，秋风纫成佩。"诗文的内容对于清初宫廷文化生态而言倒是十分

1　蒋晖：《明代大理石屏考》，山东画报出版社，2018，第 236 页。

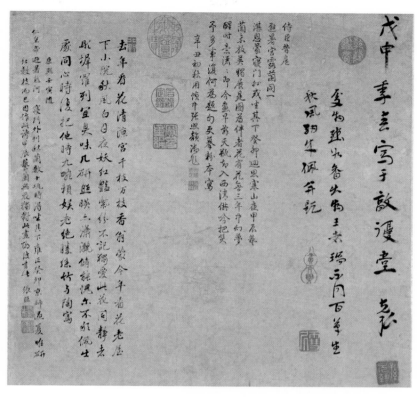

图21　署孙克弘《盆兰图》及题款
台北"故宫"藏

应景，然与身处晚明时代的孙克弘颇具违和感。

　　同为盆兰题材的王鉴《花石盆兰图》（图22），其作者身份与绘制年代素有争议。该画幅左上方署款"甲戌夏日写，王鉴"，并钤"王鉴之印""知如"印。郑威和李安源等人皆将其视为清初娄东王鉴1634年的作品。[1]《故宫书画图录》整理者根据"知如"字号印未见于清初"正统派"画家王鉴钤印，遂认定两个王

鉴并非同一人。[2] 从《花石盆兰图》视觉结构看，盆中所绘兰花根茎交错，花叶穿搭自然，透视感强，结构与色调处理严谨，与蒋廷锡1714年《人参花图》那种植物图谱写实画风较为接近。据此大致可以推测"甲戌"所指年份应是1694年。诸如此类的伪作疑作并不少见，在此无意逐一举析。对康熙、乾隆来说，固然存在古画鉴赏能力不足的问题，但他们在意的首先不是绘画的真伪辨析，而是在意进献

1　郑威编：《王鉴画集》，上海人民出版社，1996，第99页；李安源：《王鉴梦境图研究》，中国美术学院出版社，2013，第211页。

2　台北"故宫博物院"编：《故宫书画图录》第9册，台北"故宫博物院"，1992，第12页。

图22 王鉴《花石盆兰图》

台北"故宫"藏

或御制画作是否符合自身的审美趣味。高士奇《江村书画目》明确将自己向康熙进献伪作赝品的账单记录在案，有学者认为进赝行为乃是应康熙诉求以充当其学习书画真伪鉴定的教具。[1] 不论这种说法是否可靠，都无法否认赝品进宫的事实。这也提醒我们需要正视清初皇家趣味对古画资源的形塑与重构，从而破除笼罩历史真相的迷雾，通过视觉证据重建中国美术史的写作与叙述。

---

1 李万康、谭丹莉：《高士奇〈江村书画目〉研究》，《南京艺术学院学报（美术与设计）》2010年第6期。

文本研究

清代广州地方志书中的"列女"形象 *

■ **刘晓东　卜子珍**（华南师范大学历史文化学院）

明清以来，随着地方志书编撰的日渐兴盛与普及，其中的"列女"传记，更成为地方社会女性形象塑造与社会教化的重要载体与场域。明清时期的广州地区，社会经济与文化都呈现出前所未有的长足发展，地方志书的编撰也成为地方文化生活的重要内容。近年来，女性社会形象的塑造与书写，成为新社会史研究中一个较为引人关注的领域。尤其是通过对广东地方文献中女性形象的微观解析，探讨"列女"传记文本的演变，以及地方社会与国家的互动关系等，已取得了较为丰硕的研究成果。[1]本文拟以清代三部《广州府志》中的明代"列女"为中心，从相对宏观的角度，对其"列女"形象塑造的内涵与特色，略作解读与分析。

一　《广州府志》的"列女"编选

清代纂修的《广州府志》共计三部，分别为康熙十二年（1673）《新修广州府志》（以下简称康熙志）、乾隆二十四年（1759）《广州府志》（以下简称乾隆志）、光绪五年（1879）《广州府志》（以下简称光绪志）。

* 本成果得到中宣部文化名家暨"四个一批"人才自主选题项目（1802006）资助。

1　相关代表性研究主要有萧凤霞《妇女何在？——抗婚和华南地域文化的再思考》，载刘永华主编《中国社会文化史读本》，北京大学出版社，2011，第496—517页；刘志伟《女性形象的重塑："姑嫂坟"及其传说》，载苑利主编《二十世纪中国民俗学经典·传说故事卷》，社会科学文献出版社，2002，第357—378页；刘正刚、乔玉红《"贞女遗芳"与明清广东仕宦塑造的女性形象》，《史学月刊》2010年第3期；刘正刚《明代方志书写烈女抗暴"言论"模式探析》，《暨南学报》（哲学社会科学版）2014年第2期；杜云南、刘正刚《明清广东方志书写烈女"言论"探析》，《中国地方志》2014年第6期等。

康熙志是清代编修的第一部广州府志，由广州知府汪永瑞发起，官学教习杨锡震编纂，共计 54 卷，现存 44 卷。其中《列女传》4 卷，主体为明清时期的女性，前 3 卷为明代列女，第 4 卷为清代列女。对于《列女传》的编撰意图与原则，该传卷首有着十分明确的解说：

> 坤之德，安而贞，言安于柔顺而能健也……妇人之德，其不可见也，如玉在渊，则主于藏，非柔静乎？其可见也，如迅雷烈风，而莫能遏，则主于动，非刚方乎？虽然以其刚方之志，赴死如饴，须眉丈夫皆逊为难矣。以其柔顺之守，始终若一，而人恒易视之，则不自反之过也，此柔静中之刚方也。故作列女传，而节烈全焉。[1]

从中我们不难看出，康熙志中虽然也包含了诸如贞女、烈妇、孝女、孝妇、慈母、义妇等诸多类型，但"节"与"烈"，仍是其对"列女"形象塑造与表彰的重要原则与核心内涵。

乾隆志成书于乾隆二十四年（1759），可以说是清代三部府志中质量最高的。该志共计 60 卷，卷首 1 卷，其中《列女传》4 卷。与康熙志相比较，乾隆志对"列女"的选择标准，呈现出一定的变化：

> 郡县之间德，备诸福之赓，原称不乏。而其间生逢不偶，或荼苦自甘，或风波恬受，自少至老，节孝慈有兼善者，复不可枚举。树之风声，并寿编简。[2]

可见，乾隆志与康熙志不同，除了前志已有的"节"外，乾隆志更强调女性"孝""慈"形象的凸显与塑造。对此，我们不妨从两志对番禺李氏的事迹书写中，略窥一二（见表 1）。

表 1	康熙志与乾隆志关于番禺李氏记载对比	
人物	（康熙）《新修广州府志》	（乾隆）《广州府志》
番禺李氏	李氏，番禺逻冈钟子化妻。年二十四而孀，奉姑以孝，训子有方。姑病不离左右，笃病尚枕其股而殁。先年，仲叔子参偕计归，卒，遗孤二岁。氏为之尽心抚育，或挞子以警其逸，犹人所难。年七十五而终 [3]	李氏，钟子化妻。年三十四而霜，奉姑以孝，训子有方。姑病不离左右，病笃枕其股而殁，年七十五卒 [4]

1　（清）汪永瑞修，杨锡震纂：（康熙）《新修广州府志》卷四一《列女一》，岭南美术出版社，2007，第 988 页。

2　（清）张嗣衍修，沈廷芳纂：（乾隆）《广州府志·凡例》，岭南美术出版社，2007，第 29 页。

3　（清）汪永瑞修，杨锡震纂：（康熙）《新修广州府志》卷四一《列女一》，第 1007—1008 页。

4　（清）张嗣衍修，沈廷芳纂：（乾隆）《广州府志》卷四三《列女一》，第 947 页。

通过比较，我们不难发现，在康熙志的叙述中，李氏之品行，明显具有节（孀居）、孝（奉姑）、慈（训子）、义（抚侄）的多重色彩与特征。尤其是她尽心抚育小叔子遗孤，无疑是"犹人所难"的"义举"，更是不亚于"孝"的重要品性，也为编撰者大书特书。但在乾隆志中，这一"义举"却被完全删除了，只留下"节""孝""慈"三部分内容，成为乾隆志表彰的主体。通过对两段文字的对比，也不难确定，这一变化显然不仅仅是为了简化叙述的需要，而是具有较强主观选择性的刻意式删写。

除此之外，乾隆志明显加大了列女传的比重，几乎占到整部志书人物记事的1/3。同时，为进一步弥合"满汉畛域"，在康熙志中本来存在的一些"烈女"形象，尤其是明清鼎革之际因清兵入城而"殉节"的女性，则被大幅度删减了。

光绪志刊行于光绪五年（1879），是三部府志中规模最大者。全书共计163卷，其中《列女传》18卷。在编撰体例与理念上，基本沿袭乾隆旧志，但因时代移易，在内容方面也呈现出一定自身特色：其一，在每一传记后都标注了文献来源，不仅包含正史、历代府志、县志，还有文人文集、笔记等，在编撰的规范性上更加完善；其二，对列女的收录范围，有所扩大，尤其是在乾隆志中被大加删减的明清之际的殉节烈女，在光绪志中的收录数量，也大幅上升，甚至超过康熙志。这不仅仅是因为年代已久，王朝更替的对立性记忆渐渐消淡，也是清末"内外交困"

的特殊历史时期，统治阶层倡导社会民众"忠君报国"理念的文化需求所致。

由上我们不难看出，《广州府志》对"列女"的编选，在康熙时期基本延续了明代以"节""烈"为主的编撰理念，乾隆时期对"烈"的强调有所减轻，重点集中在了"节""孝""慈"方面。光绪时期基本沿袭乾隆，但对"烈"的强调又有所回升。当然，所谓的"节""烈""孝""慈"等，只是对女性社会品行而非社会角色的描述。对于女性来说，其社会角色主要聚焦于"母亲""媳妇/女儿""妻子"三个层面。那么，广州地方志书中围绕女性的这三种社会角色，又进行了怎样的品性书写呢？

二　"守贞善教"：《广州府志》中的贤母形象

母亲无疑是女性最为重要的社会角色，早在汉代刘向作《列女传》时，就将"母仪"排在了首位。而"贤母"更是从古至今，皆为社会所称赞的最为重要的女性社会形象。然而，"母亲"这一群体，实际上兼具了"母""媳""妻"等多重角色，对其社会品行的塑造也就相对复杂得多。嘉靖时期，文章、张文海等人在撰修《增城县志》时，就有过这样的感慨：

余读贤母传而后知母道之难也。夫其所难者，难贞难慈难勤难俭难教，具此五者乃可称其贤。是故贞则范严，慈则惠普，勤则业廓，俭则用裕，教则善延，必有此五物而为贤，其难固矣。[1]

可见，"贤母"需要具备"贞""慈""勤""俭""教"五大品行。这对于众多普通女性来说，无疑是很难全部具备的。因此（嘉靖）《增城县志》也只有湛若水母亲陈氏一人得以入传。

然而，"贤母"形象的缺失，对于社会教化而言，无疑是多有不利的。因此，清代广州地方士绅，在地方志书的编撰中，对"贤母"形象的塑造并不教条式地求全责备，而是根据自身社会需要，进行更为聚焦性的创作性书写。这点不难从新会甘氏"贤母"形象的演变中略窥一斑。

（万历）《新会县志》中对甘氏贤母形象的塑造，可以说是颇为详细、全面的：

> 甘氏，白石甘节斋女，年十六，适刘承业。二十五，承业卒，甘期以死殉，饮食绝入口。诸姑曰：妇死孰若抚孤儿以安舅姑心，令亡者勿绝乎？乃稍稍听，弗死。丧毕，外家人欲夺妇志，妇誓志不能夺。子鸣世，幼，劲侠弗羁，妇曰：儿若此，先人其弗嗣矣。放声哭，鸣世惧，跪曰：儿即改。曰：无欺，欺我，我不为汝

> 母。儿遂叩首出，求师于叔杰，杰曰：无如黄先生孚者。归以告母，母曰：得之矣，吾闻其徒皆恂恂礼让。乃易易习诗，捐凤劲侠，揆义于矩。妇由兹日宽意纺绩，事舅姑。初姑张，生承业，早卒，继姑吴，生二子，共妇三。甘承吴志，每收物必薄劣者，家人有言，甘责言者。家人复言之鸣世，鸣世喝曰：若安得妄言逆我母，再言即逐之！甘复见鸣世，事祖父、母孝，事二叔服劳不倦，乃喜曰：是吾子也。鸣世力学，长能以直声高谊，驾服一时。如友人邓思允辈，遇荒，每袖金赈之，率甘训也。甘勤苦操家政，内外截然，不妄言笑，六十四卒。[2]

（万历）《新会县志》对甘氏"贤母"形象的塑造，几乎是从"贞""慈""勤""俭""教"全方位展开的，因而也形成了如此生动、丰富的叙述文本。那么，清代《广州府志》在甘氏形象的建构上，又发生了怎样的变化呢？我们不妨略作梳理如下。

1.（康熙）《新修广州府志》：

> 甘氏，新会白石甘节斋女，年十六适刘承业。二十五，承卒，甘期以死殉，饮食绝入口。诸姑曰：妇死孰

1　（明）文章修，张文海纂：（嘉靖）《增城县志》卷七《人物志五》，岭南美术出版社，2007，第56页。

2　（明）王命璿修，李以龙、黄淳编纂：（万历）《新会县志》卷五《人物传下》，岭南美术出版社，2007，第260—261页。

若抚孤儿以安舅姑心，令亡者勿绝乎？乃听，弗死。丧毕，外家人欲夺妇志，妇誓志不能夺。子鸣世幼，任侠弗羁。甘勉以大节，为择师诲之。鸣世力学，长能以直声高谊，驾服一时。如友人邓思允辈，遇荒，每袖金赈之，率甘训也。甘勤苦操家政，内外截然，不妄言笑，六十四卒。[1]

2. （乾隆）《广州府志》：

> 甘氏，年十六适刘承业。数年承业卒，甘期以自殉，饮食绝不入口，诸姑再三劝谕，乃抚孤守志。子鸣世少，任侠不羁。氏曰：儿若此，先人其弗嗣矣。放声哭，鸣世惧，跪白请改。遂折节读书，尽捐夙习。甘年六十四卒。[2]

3. （光绪）《广州府志》：

> 刘承业妻甘氏，寡时年二十五，绝饮食，期以死殉。诸姑谕以抚孤，乃已。子鸣世少，任侠弗羁，泣曰：儿若此，先人其弗嗣矣。鸣世乃折节读书。甘承欢堂上，和睦妯娌，操家政，内外肃然，年六十四卒。[3]

通过对比，我们不难发现，三部《广州府志》中的甘氏形象，都较（万历）《新会县志》简略了许多。在这大幅度的删减凝练中，对甘氏贤母形象的塑造也主要聚焦到这样两个方面：一是夫死守贞，终生不渝；二是抚孤教子，有所成立。就连"宽意纺绩，事舅姑"，尤其是先后侍奉两任婆婆的光辉事迹，也被渐渐舍弃不谈了。

类似之情形，在其他贤母形象的塑造上，也或多或少有所体现。前言在（嘉靖）《增城县志》中被视为"五难"俱全的湛若水之母，在《广州府志》中的形象也有了较大的改变：

> 湛瑛妻陈氏，兵部尚书若水之母也。瑛性刚直，县捕挠法殃民，瑛闻于上，捕衔之诬以罪，愤郁早世。陈杜门矢志，敝衣蔬食，抚育其孤。若水生有异状，既领乡荐不第归，陈遣之从白沙子游，久之举进士，授官。陈就养京邸，时四方从若水学甚众，陈率家人治具燕乐之。年七十九卒于京。[4]

在这番文字叙述中，陈氏最值得称道的"贤母"品行与业绩，无疑有两

1　（清）汪永瑞修，杨锡震纂：（康熙）《新修广州府志》卷四一《列女传一》，第 1016 页。

2　（清）张嗣衍修，沈廷芳纂：（乾隆）《广州府志》卷四四《列女二》，第 964 页。

3　（清）瑞麟、戴肇辰等修，史澄等纂：（光绪）《广州府志》卷一五三《列女十二》，台湾成文出版社，1966，第 673 页。

4　（清）瑞麟、戴肇辰等修，史澄等纂：（光绪）《广州府志》卷一五二《列女十一》，第 654 页。

个：一是夫死守节；二是培养出湛若水这样的重要人才。这与对甘氏形象的塑造，几乎是异曲同工。从这一角度来看，清代《广州府志》对"贤母"形象塑造的核心，似乎可以概括为"守贞善教"。

三 "养亲终葬"：《广州府志》中的孝妇形象

"孝"不仅是男性，也是女性的首要伦理义务。不过对于女性而言尤其是已婚女性，其行孝的对象更主要的不是自己的父母，而是丈夫的父母即公婆。因此，在中国古代社会中，对"孝妇"的形象塑造，基本上都是围绕"善事舅姑"而展开的。然而，"善事舅姑"只是个笼统的说法，什么样的"善事"行为才可以看作是"孝妇"的表率呢？

林丽月通过对《古今图书集成·闺孝部》中480位明代孝妇的分析，发现这些被表彰孝妇的孝行绝大多数为"侍疾"，但其中诸如"割股疗亲""为姑舐目""尝粪"等相对极端类的行为，竟占孝妇总数的49%之多。[1]《明史》中亦有许多这些极端性孝行的记载，诸如刘孝妇，"姑道病，刺血和药以进……姑患风疾不能起，昼夜奉汤药，驱蚊蝇不离侧。姑体腐，蛆生席间，为唼蛆，蛆不复生。及姑疾笃，刲肉食之，少苏"[2]。衣若兰曾对《明史·列女传》中孝妇的孝道实践方式，进行过统计，其中也是以"侍疾"人数最多，有9人，但其中7人都被赋予了诸如割臂、割肝、割乳、刺血疗亲等极端孝行行为。[3]

"孝妇"也是清代《广州府志》编撰过程中，着力塑造的一个女性群体。以光绪志为例，仅记述明代"孝妇"的人数就高达194人，其孝行大体可分为"养亲""侍疾""救亲于难""终葬""事舅姑孝"五类，详见表2。

表2	光绪志所见明代女性孝行统计						
孝行类别	养亲	侍疾		救亲于难	终葬	事舅姑孝	合计
		侍奉汤药	刮股疗亲				
数量（人）	34	20	3	5	36	96	194
占比（%）	17.5	10.3	1.5	2.6	18.6	49.5	100

资料来源：（光绪）《广州府志·列女传》。

---

1 林丽月：《孝道与妇道：明代孝妇的文化史考察》，《近代中国妇女史研究》1998年第6期。

2 （清）张廷玉等撰：《明史》卷三〇一《列女一》，中华书局，1974，第7691页。

3 衣若兰：《史学与性别：〈明史·列女传〉与明代女性史之建构》，山西教育出版社，2011，第309页。

从表2中不难看出，入志明代列女的孝行中，除"事舅姑孝"以外，最多的便是"养亲"和"终葬"，"侍疾"的人数比例虽然也不少，但诸如"割股疗亲"类的极端孝行行为却只有3人，所占比例也是最低的。通过对三部《广州方志》的统计，也不难发现，其中"孝妇"的形象事迹，80%均为"养亲""终葬""事舅姑孝"。可以说，《广州府志》中所记载的女子孝行，并没有超出《礼记·内则》《女孝经》与《女论语·事舅姑章》的训诲，符合儒家"善事舅姑（父母）"的基本伦理原则。但值得注意的是，这些女子的孝行与类书、正史以及其他地区的地方志书相比较，极端孝行的比例明显偏低，似乎更注重女性孝行的人伦性。这或许也可从以下几个书写事例的比较中，略窥一二。

1.《开封府志》中的"孝妇"书写：

> 王氏，徐侍御善长妾。读书识字。翁亦侍御请老，得风疾，时善长出按辽阳，嫡左又病不能起。王孝养惟谨。翁病笃，因割股为羹以进，而疾渐瘳。[1]

> 赵氏，诸生王咸妻。事二亲诚敬笃至。姑疾卧床，奉汤药，昼夜不倦。及病剧。焚香祷天，请以身代。

> 割股肉跪烹以进。[2]

2.《广东通志》《顺德县志》《番禺县志》中"孝妇"书写：

> 苏氏，妙果新会人。事姑有殊孝。舅死，姑已更适，又寡，而来归。苏曰：吾姑也。言动避堂，坐作避舍，寝处避床帷。具甘旨，问起居，一如舅生前。钱帛皆归之姑。事必禀命，十余年。姑以老病笃，弗能动。苏侍侧，昼夜不倦。浣祖衣厕牏者，日至八九，略无戚容。数月余，姑卒，既葬，苏犹哀伤不已。《广东通志》[3]

> 区氏，关仰珏妻。生子三月，而珏亡。氏年二十。孝事翁姑。翁殁，哀毁过伤，目遂瞽。一夕，梦神告之曰：区氏，尔之失明，端由过恸。今尔孝行已闻，上帝许尔复明。果然开朗，寿八十一终。《顺德县志》[4]

> 冯氏，龙湾诸生冯启明女。少失所恃，事继母以孝闻。年二十二适桂林梁林建。当龙湾乱日，氏迎父母就养，及逝捐簪珥以毕丧葬。弟冯奏无子，未有应继，支亲皆垂涎厥业。氏闻于官，给帖择继，以永先祀。内外

1　（清）陈梦雷编：《古今图书集成·明伦汇编·闺媛典》卷三五《闺孝部·列传四》，雍正铜活字本。

2　同上注。

3　（清）陈梦雷编：《古今图书集成·明伦汇编·闺媛典》卷三三《闺孝部·列传二》。

4　（清）陈梦雷编：《古今图书集成·明伦汇编·闺媛典》卷三六《闺孝部·列传五》。

咸嘉其孝。《番禺县志》[1]

可见《开封府志》中对传主"割股为羹"的极端行为，显然是持极为赞赏之态度的。而广州地方志书中对孝妇形象的描述，则要平和许多，基本局限于日常人伦的范畴之内，即便相对激烈一些的关仰珏妻区氏，也只是因哀伤过度哭瞎眼睛而感动上天。

清代广州地区对"孝妇"形象的塑造，虽不完全排除极端孝行行为，但更主要的还是侧重从人伦日常的角度，注重孝行的人伦性。"养亲""终葬"几乎构成了孝妇形象的基本底色，即便是人数最多的"事舅姑孝"，其核心内涵实际上也集中于此。

四　"全节拒辱"：《广州府志》中的烈女形象

"节"与"烈"历来是中国古代列女形象塑造的基本原则与重要内涵，就其根本而言，乃是基于女子事夫之本——妻道——衍生出的社会伦理价值取向。因此，重视女性节操，拒不受辱改节而赴死，也成为"烈女"的基本形象刻画。

清代广州地方志书中，也收录了数量不少的"烈女"事迹。其中既有世乱抗贼被害或自尽者，如萧思敬女萧氏，"景泰元年，黄萧养既平，水军讨乡民之胁从者，师出无律，遂乘机剽掠。见其年少有容色，遂执之，逼胁以行……女曰：愿祈一死。军怒，自引颈敛发受刀，军遂杀之"[2]；张寅妻苏氏，"景泰初，贼首周三等倚黄萧养为乱，围涌翼村，尽杀张寅家。苏有美色，贼留欲妻之，苏骂贼赴水死"[3]。也有拒改节而赴死者，如谭广恕妻蒋氏，嫁为后妻两载夫亡，"姑怜其少，命之改嫁，蒋不可。姑乃阴受本坊黄姓者聘礼，蒋恸哭其堂曰：人各有志，何相逼如此乎？击碎礼物，事得寝。又三年，外兄弟以年深哀淡，量其志可移也。亦阴受陈姓聘礼，蒋闻之，绐曰：吾如外家，然后转适。至则从容洒乐，不事女工，遍适宗戚兄弟之家，笑语曰：无几相见矣。如此月余，人莫觉也，忽一夜自经而死"[4]。还有夫死殉节者，如钟某妻殷氏，"年十六受聘于钟。故讣闻至，女即默然，更衣自尽殁，与钟子同日。两姓之父母以棺合葬，呼其冢为双燕窝云"[5]。我们不妨以乾隆志为例，对其中明代"烈女"的收录状况，略作梳理如表3。

1　（清）陈梦雷编：《古今图书集成·明伦汇编·闺媛典》卷三六《闺孝部·列传五》。

2　（清）汪永瑞修，杨锡震纂：（康熙）《新修广州府志》卷四一《列女一》，第995页。

3　（清）汪永瑞修，杨锡震纂：（康熙）《新修广州府志》卷四一《列女一》，第997页。

4　同上注。

5　（清）张嗣衍修，沈廷芳纂：（乾隆）《广州府志》卷四六《列女四》，第1025页。

表3	乾隆志所见明代女性殉烈事迹统计				
殉烈类别	遇贼乱死		拒改节自尽	夫死殉节	合计
	拒贼被杀	拒辱自尽			
数量（人）	18	49	9	24	100
占比（％）	67		9	24	100

资料来源：（乾隆）《广州府志·列女传》。

从表3中我们不难看出，"烈女"的收录人数不可谓少，仅有明一代就达百人之多。其中因"世乱贼变"特殊外部环境所迫而全节赴死的女性，显然是"烈女"群体中的最大宗，占到了总人数的67％；平常时期的拒改节而自尽者，占9％；夫死殉节者占24％。就其形象刻画而言，"全节拒辱"无疑是大多数"烈女"的共同特征。

从表层来看，清代广州地方志书中对"烈女"形象的书写与塑造，除却生活场景外并无特殊之处。但若进一步探究的话，还是可观察到某些潜在的内涵所在。首先，"烈女"产生的社会背景，大多数出现在"世乱贼变"的特殊动荡时期，具有较强的无奈色彩；其次，从多数"烈女"传记的内容来看，大部分对其子嗣状况的描写都较为含糊，着力聚焦于"妻"的社会角色进行刻画与书写。究其原因，大略有二：

第一，女性的全节赴死，固然是道德层面几乎居于最高位的社会品性，但从人伦生活的复杂实践层面来说，也是面临着诸多社会伦理问题的。将"全节赴死"的社会背景主要限定于"世乱贼变"的特殊场景下，显然有利于缓解这种社会伦理层面的紧张感。同时，日常生活中的大量女性"全节赴死"，无论出于何种原因，显然也不是对"盛世"社会的一种彰显。

第二，女性的社会角色如前所言，至少包含了"母亲""儿媳/女儿""妻子"三个重要的社会身份，且常常纠缠于一起。三者之间的伦理价值既有相同也有差异之处。因此，在对"烈女"形象书写中，对其子嗣问题的模糊化处理，既可以体现对"烈"价值取向的认可，也有利于消解诸如"妻道"与"母道"之间在这种特殊境遇下，可能呈现出来的道德与伦理紧张。

事实上，如果我们将清代广州地方志书中的"烈女"与"贤母""孝妇"相关联进行比较与思考，不难发现，"烈女"的"全节赴死"固然是社会啧啧称道的高尚品行，但能够负重苟活、"守节全家"的贤母、孝妇，也同样为社会所称赞，且似乎具有更高的认可度。这点也可从前言新会甘氏的事迹中略窥一斑。她在丈夫死后，一度"期以死殉"，成就"烈女"之志。但在家人劝说下，最终打消赴死念头，安心"抚孤养亲"。一方面"勤苦操家政"，另一方面"择师教子"，终使儿子顺利长大成才，"以直声高谊，驾服一时"[1]。其由"烈女"到"节妇"的选择，并未影响乡人社会对她的认可与评判。甚至严格说来，她之所以被选入列女传，最重要的不是她曾经意欲"殉夫"的"烈女"行为，而是"守节善教"终使"家全子立"的"贤母"功绩。

结　语

清代所修三部《广州府志》关于"列女"的入选标准呈现出由重"节""烈"到"节""孝""慈"的转化。这些社会品行与女性"母亲""儿媳／女儿""妻子"的社会角色相结合，在广州地方志书中着重树立了"守贞善教"之贤母、"养亲终葬"之孝妇与"全节拒辱"之烈女的社会表彰与教化的女性形象。

"贤母"形象的塑造主要聚焦于夫死守贞、抚孤教子两个重要层面；"孝妇"形象更侧重从日常角度，注重孝行的人伦性，使"养亲""终葬"构成了孝妇的基本形象底色；重视节操，"全节拒辱"甚至赴死，则是"烈女"的基本形象刻画。在这三种社会角色中，"烈女"的"全节赴死"虽然在道德上占据了制高点，但在现实社会生活中能够"守节全家"的贤母、孝妇，则似乎具有更高的社会认可度。

1　（清）汪永瑞修，杨锡震纂：（康熙）《新修广州府志》卷四一《列女传一》，第 1016 页。

孙叔敖信仰与明清时期
芍陂水利祭祀[*]

■ 李 松（淮南师范学院马克思主义学院）　李琳琦（安徽师范大学历史学院）

春秋后期，楚国令尹孙叔敖创建的芍陂，至今仍在江淮大地泽润一方，堪称"世界灌溉工程遗产"中的活化石。"如兹芍陂，创始孙公，水引六安，洰注安丰，大筑埂堤，开设水门，灌田数万余顷，此千古一大兴也。"[1] 在 2600 余年的芍陂水事活动中，孙叔敖的事迹广为传播，在该地形成了稳定的祠祀活动，但这一现象并未在学界引起足够重视。近 70 余年来，学界关于芍陂的探讨主要聚焦于芍陂历史演变、芍陂治理、芍陂水源问题和芍陂文献整理等方面，[2] 有关芍陂水利信仰的研究明显不足。以芍陂水利祭祀为核心的水利信仰问题，不仅勾连地方水利社会的运行以及芍陂工程的存续，更是芍陂水事活动的重要一环，不应忽视。而要探究这一问题，需从淮河流域孙叔敖信仰的时空分布与性质甄别入手，方能对芍陂灌区的水利祭祀议题作深入考察，笔者不揣浅陋，拟在前人研究基础上，对相关问题做一探索，祈请方家指正。

* 本文受教育部人文社会科学研究规划基金项目"历史时期淮河流域水利碑刻整理与研究"（项目编号：23YJA770006）、国家社科基金项目"历史地理视野下的芍陂水资源环境变迁与区域社会研究"（项目编号：18BZS164）资助。

1 （清）夏尚忠：《芍陂纪事》卷上《芍陂论一》，光绪三年刻本，上海图书馆藏。

2 代表性成果有金家年《芍陂得名及水源变化的初步考察》，《安徽大学学报》（社会科学版）1978 年第 4 期；《芍陂工程的历史变迁》，《安徽大学学报》（社会科学版）1979 年第 1 期；许芝祥《芍陂工程的历史演变及其与社会经济的关系》，《中国农史》1984 年第 4 期；李松《从〈芍陂纪事〉看明清时期芍陂管理的得失》，《历史教学问题》2010 年第 2 期；陈立柱《结合楚简重论芍陂的创始与地理问题》，《安徽师范大学学报》（人文社会科学版）2012 年第 4 期；陈业新《历史时期芍陂水源变迁的初步考察》，《安徽史学》2013 年第 6 期；关传友《明清民国时期安丰塘水利秩序与社会互动》，《古今农业》2014 年第 1 期；李松、陶立明《〈芍陂纪事〉校注暨芍陂史料汇编》，中国科学技术大学出版社，2016。

一 碑与庙：淮河流域孙叔敖信仰的时空分布

稽诸文献，有关孙叔敖的奉祀在先秦时期便已存在。《史记·滑稽列传》：

> （孙叔敖）病且死，属其子曰："我死，汝必贫困，若往见优孟……"……孟曰："……楚相孙叔敖持廉至死，方今妻子穷困负薪而食，不足为也！"于是庄王谢优孟，乃召孙叔敖子，封之寝丘四百户，以奉其祀，后十世不绝。[1]

《水经注》卷二二《颍水》：

> 又东南迳铜阳城北，又东迳邸乡城北，又东迳固始县故城北。《地理志》：县，故寝也，寝丘在南，故藉丘名县矣。王莽更名之曰闰治。孙叔敖以土浸薄，取而为封，故能绵嗣，城北犹有叔敖碑。建武二年，司空李通又慕叔敖受邑，故光武以嘉之，更名固始。[2]

这两段史料显示，孙叔敖死后其子被封于寝丘之地，子孙后代得奉其祀，十世不绝。据徐少华研究，秦汉魏晋时期的固始地望，即孙叔敖子获封的寝丘，在淮河北岸今安徽临泉县一带。[3] 值得注意的是，郦道元在"颍水"条的注解中只言该地有"叔敖碑"，并未言及孙叔敖庙，亦未言及孙叔敖因治水有功而获奉祀。以郦道元对《水经》的细密考证来看，可能当时临泉一带，并未有用于公共祭祀活动的孙叔敖祠庙，否则郦道元不可能视而不见。但"叔敖碑"存于该地，说明魏晋以前寝丘地区应有孙叔敖的纪念活动。结合《史记》"以奉其祀，后十世不绝"的记载来看，孙叔敖碑的存在，更可能是其家族内部所进行的一种家庙祭祀，可惜该碑所载内容，已难知其详。且到了唐宋以后，有关该碑的记载已无文献可征。因此可以推断，先秦时期的古寝丘、西汉寝县、东汉以至南北朝时期的固始（今安徽临泉）一带，很可能仅有孙叔敖子孙所承袭的家庙性质的祭祀活动，而随着固始县的南迁，唐宋以后该地的奉祀活动随即中断，消失于历史长河中。

北宋欧阳修《集古录》、赵明诚《金石录》、孙洙发现的《古文苑》和南宋洪适《隶释》均收录了一方《楚相孙叔敖碑》，碑文显示刻于汉延熹三年（160）。虽然该碑记述内容多有抵牾之处，"并非东汉时期的原作，而是南北朝后期至隋唐

1　（汉）司马迁：《史记》卷一二六《滑稽列传》，中华书局，2014，第3890页。

2　（北魏）郦道元，陈桥驿校证：《水经注校证》卷二二《颍水》，中华书局，2007，第517页。

3　据徐少华研究，先秦时期的古寝丘、西汉寝县、东汉以至南北朝初期的固始地望在安徽临泉一带。参见徐少华《孙叔敖故里封地考述——兼论"楚相孙叔敖碑"的真伪与文本时代》，《江汉考古》2008年第2期。

期间的伪托或续刻"[1]，但其中有固始县令段光因梦而为孙叔敖建祠立祀的记载：

> 固始令段君梦见孙君，则存其后，就其故祠，为架庙屋，立石铭碑，春秋烝尝，明神报祚。[2]

这一史料既提到了孙叔敖祠的存在，也提到了"铭碑"之举，显示东汉后期固始一带已有孙叔敖祭祀活动的存在。但问题在于，两汉时期固始地望在安徽临泉一带（淮河以北），这与《水经注》只言该地有碑而无孙叔敖祠庙的记载并不一致。由于该碑是伪托或续刻之作，其记述是否真实，值得怀疑。且该碑伪托或续刻的时间，在南北朝后期至隋唐间，年代跨度较大，已难确定准确时间。合理的解释只能是该碑成文时，固始县的地望已从淮河北岸的今临泉一带，迁到了淮河南岸的今固始县一带。"南朝刘宋时期，因战乱之故，固始县已从安徽临泉县迁到了今河南固始县境内，历隋唐至今未变"[3]。因此有理由相信，《楚相孙叔敖碑》中所述"就其故祠，为架庙屋，立石铭碑"的举动当发生于南迁后的固始县境内。因伪托

者不明其县治迁移沿革历史，而将固始县境内的孙叔敖祠（位于固始县西北期思城）纳入视野，遂有此论。因此，宋代《太平寰宇记》光州"固始县"条明确指出："楚相祠在县西北七十里期思城西五步。《太康地志》云：孙叔敖，本期思城人，为楚令尹。《图经》云：祠庙墮坏，托梦于固始县令段光，复立祠庭。期思城，在县西北七十里。"[4] 可见段光所复立孙叔敖祠当在河南固始县西北的期思城，而非在安徽临泉境内。

关于固始县西北期思城的孙叔敖祠庙，《水经注》卷三〇《淮水》有明确记载："又东过期思县北。县，故蒋国。……汉高帝十二年，以封贲赫为侯国，城之西北隅有楚相孙叔敖庙，庙前有碑。"[5] 之后的《魏书》也有类似记载：长陵郡属县"安宁，萧衍置，魏因之。有期思城、孙叔敖庙"[6]。此安宁县，治所在今河南淮滨县西南二十里张庄乡，[7] 北齐时废，为期思故地。郦道元在此提及孙叔敖庙和孙叔敖碑同时存在，显示期思县对孙叔敖的祠祀活动应有一定的规模。《魏书》虽未提及孙叔敖碑，但孙叔敖庙的存在反映出该地

1　徐少华：《孙叔敖故里封地考述——兼论"楚相孙叔敖碑"的真伪与文本时代》，《江汉考古》2008 年第 2 期。

2　（宋）洪适：《隶释·隶续》卷三，中华书局，1985，第 38 页。

3　徐少华：《孙叔敖故里封地考述——兼论"楚相孙叔敖碑"的真伪与文本时代》，《江汉考古》2008 年第 2 期。

4　（宋）乐史：《太平寰宇记》卷一二七《淮南道五·光州·固始县》，中华书局，2007，第 2516 页。

5　（北魏）郦道元，陈桥驿校证：《水经注校证》卷三〇《淮水》，第 706 页。

6　（北齐）魏收：《魏书》卷一〇六中《地形志二中·东豫州》，中华书局，1974，第 2560 页。

7　史为乐主编：《中国历史地名大辞典》，中国社会科学出版社，2005，第 1109 页。

孙叔敖的纪念活动未曾废弃。值得注意的是，位于期思城西北（今淮滨县）的孙叔敖庙，在此后的文献记载中一直存在。唐宋时期，李贤《后汉书》注文、李吉甫的《元和郡县图志》、乐史《太平寰宇记》等都记录了该地有"孙叔敖祠"或"楚相祠"或"孙叔敖庙"。唐代《元和郡县图志》卷九载，光州固始县的"孙叔敖祠，在县西北隅七十五里"[1]，与期思故城的地望相吻合，也与前述《太平寰宇记》"固始县"条的记述基本一致。虽然上述诸多文献对孙叔敖祠庙名称的记载各不相同，有"楚相祠""孙叔敖祠""孙叔敖庙""孙公庙""楚相庙"等不同的称谓，但实则为一。关于期思故城的地望，《后汉书·郡国二》记载：汝南郡属县"期思，有蒋乡，故蒋国"[2]，其早期为西周封国——蒋国故地。公元前617年蒋为楚所灭，置期思邑，后成为孙叔敖父祖辈——蔿氏家族的封地，[3] 故《荀子》称孙叔敖为"期思之鄙人"；唐代李贤亦曰："孙叔敖，楚庄王之相也，期思县人。"[4] 期思，在秦时属衡山郡，西汉

属汝南郡，魏晋时属弋阳郡，南朝齐属西阳郡，梁时废。经考证，"古期思城位于今河南淮滨县东南15公里期思乡，东南距固始县城约30公里"[5]，这一观点也获得了考古学上的支撑。据李绍曾调查，期思故城在淮滨县的淮河与白露河合流处，城址尚存。古城遗址平面呈长方形，东西长1700米，南北长400—500米，墙址残高2—4米，墙基底宽约32米。城内遗物较多，除有春秋战国时期的铜剑、铜镞和陶器碎片外，还发现较多的蚁鼻钱和一块金郢爰，重16.9克。[6] 关于期思故城的孙叔敖祠，历史时期一直被反复书写，"迄二千年，有举莫废"[7]。但就性质而言，该地是孙叔敖父祖辈的食邑封地，是孙叔敖的故乡，祠祀活动主要是将其作为地方杰出人物进行纪念和表彰。"期思之祀者，何？六国期思属楚。相，期思人也。古谓乡先生没而可祭于社，或其遗意耶！虽然生长期思，祀之固宜，乃清河、白露之间，比比尊崇。"[8] 孙叔敖作为期思本地成长起来的先贤循吏，受到地方故土的"比比尊崇"，自属情理之中，这从

1　（唐）李吉甫：《元和郡县图志》卷九《河南道五》，中华书局，1983，第247页。

2　（晋）司马彪：《后汉书》志第二十《郡国二》，中华书局，1965，第3424页。

3　徐少华认为期思之地在楚灭蒋国后，成为孙叔敖先辈的封地或食邑，参见徐少华《孙叔敖故里封地考述——兼论"楚相孙叔敖碑"的真伪与文本时代》，《江汉考古》2008年第2期。

4　（南朝宋）范晔：《后汉书》卷二七《郭丹传》李贤注，中华书局，1965，第942页。

5　曲英杰：《水经注城邑考》，中国社会科学出版社，2013，第418页。

6　李绍曾：《期思古城遗址调查》，《中原文物：河南省考古学会论文选集》1983年特刊，第59页。

7　（清）洪亮吉：《卷施阁集·文乙集》卷三《楚相孙叔敖庙碑》，光绪三年洪北江全集增修本。

8　（清）谢聘：（乾隆）《重修固始县志》卷十《祠庙志下》，乾隆五十一年刻本。

《楚相孙叔敖碑》段光的历史叙事中，也可窥见一斑：

> 楚相孙君，讳饶，字叔敖，本是县人也。六国时期思属楚……感想孙君，乃发嘉训，兴祀立坛，勤勤爱敬，念意自然，刻石铭碑，千载表绩，万古标记，福佑期思，县兴士炽，孙氏蒙恩。[1]

碑文明确指出孙叔敖为期思县人，"兴祀""铭碑"乃因"感想孙君"，意在通过对孙叔敖事迹的表彰与纪念，来福佑期思之地兴盛发达，子孙蒙恩。显然，这种建庙专祀强调的是对县境先贤的尊崇与扬励。

北宋元丰以后，期思故城的孙叔敖庙又改称为"遗爱庙"。《大明一统志》卷三一："孙叔敖庙，在固始县西北七十里。……岁久庙坏，汉延熹中复立，有碑。宋赐额'遗爱'。"[2] 嘉靖《固始县志》载县境遗爱庙"在期思镇，西汉延熹二年立，有碑。宋元丰八年敕赐额曰：遗爱庙。正德元年，知县段继，嘉靖二十

年，梯命散官钱有修，祀楚相孙叔敖"[3]。上述史料显示，期思城的孙叔敖庙在宋元丰八年（1085），奉旨改称"遗爱庙"。明季时，遗爱庙为"流贼毁废。康熙二年，知县包韺捐资重建，具详春秋致祭。康熙二十九年知县杨汝楫修，又捐俸增修拜殿三间，厢房四间，大门三间"[4]。但由明到清，遗爱庙始终"无官祭"，"每春秋时，妇子欢欣祷祀不暇"[5]，说明该庙的祠祀基本属于民间自发性的祷祀活动。不过，康熙年间杨汝楫修遗爱庙时"设赡田十四大亩"，用于祠庙日常开支。至民国初年，该庙仍有"佃户七处，共田地计种十石五斗"[6]，说明地方官府对该庙也有一定程度的关注。但从总体上来说，明清固始地方官府对遗爱庙孙叔敖的祠祀活动并无太多作为，基本以民间自发行为为主。

除期思城孙叔敖庙的奉祀活动外，唐宋以后的固始县，还有将孙叔敖纳入"乡贤祠"中进行奉祀的情况。嘉靖《固始县志》云："固始县列主乡贤者，凡十四人。楚相孙叔敖，左一，埋蛇阴德，逐鹿元勋。"[7]县府将孙叔敖列为乡贤第一进行奉祀，原

1　（宋）洪适：《隶释·隶续》卷三，第37—38 页。

2　（明）李贤等撰，方志远等点校：《大明一统志》卷三一《河南布政司·汝宁府》，巴蜀书社，2018，第 1497 页。

3　（明）张梯：（嘉靖）《固始县志》卷三《建置志·坛庙》，天一阁藏明代方志选刊（76），上海古籍书店，1963。

4　（清）杨汝楫：（康熙）《固始县志》卷二《建置》，康熙三十二年刻本。

5　（清）谢聘：（乾隆）《重修固始县志》卷十《祠庙志下》，乾隆五十一年刻本。

6　（清）杨汝楫纂，谢聘重修：《重修固始县水利续志》卷中《增订固始县水利章程图说》，民国八年重印本。

7　（明）张梯：（嘉靖）《固始县志》卷七《人物志·祠祀》，天一阁藏明代方志选刊（76）。

因在于其幼年埋蛇行为的仁德和成年后辅助楚庄王逐鹿中原立下的功劳。其目的在于"吁桑梓后人曷亦敬止"[1]！这与该志卷一中将孙叔敖列为"乡贤像"第一的绘制相一致，显示出固始地方社会对孙叔敖的认知，以地方"乡贤"形象为主。"礼祀先贤于西学，所以崇德也。"[2] 这种在"乡贤祠"中的奉祀情形与期思故城建庙专祀的情况虽有所不同，但本质上是一致的，都是对地方杰出人物的纪念与推崇。由于乡贤祭祀具有鲜明的政治教化色彩，目的在于"崇功德而为世道劝"[3]"表章贤哲以扬励世风"[4]。因此明洪武初朱元璋即"令天下学校各建先贤祠，左祀贤牧，右祀乡贤，春秋仲月亦得附祭庙庭。后乃更名名宦、乡贤"[5]。而随着"乡贤"奉祀的普遍化与常态化，形成了乡贤祠与乡贤专祠并立的双轨制体系，[6]"古者名宦乡贤各有专祠，其后请祀者多，有司不能遍祭，乃合祀于学宫之右"[7]。固始县庙学中"乡贤祠"对孙叔

敖的奉祀与前述期思故城"遗爱庙"的祠祀即是这种双轨制的具体展现。只不过"乡贤祠"中对孙叔敖的祠祀，带有官方性质，是群祀先贤的一员，而期思城的"遗爱庙"祭祀则是先贤专祀，民间性质更为突出。

最为引人注目的是寿州芍陂灌区的孙叔敖祠祭祀活动。《水经注》卷三二《肥水》："陂有五门，吐纳川流，西北为香门陂，陂水北迳孙叔敖祠下，谓之芍陂渎。"[8] 郦道元的记载显示，早在魏晋南北朝时期，芍陂之畔已有孙叔敖祠的存在，且孙叔敖祠与芍陂水利相伴而生的情形在此后的历史文献中被反复提及。《太平寰宇记》卷一二九"安丰县"条下："楚相孙叔敖庙，在县东北二里。崔实云：'孙叔敖作期思陂，以功冠，历代遂于坛上立庙。'"[9] 明确指出孙叔敖庙的具体方位，在安丰县城东北二里。而芍陂"在县东一百步……，今陂上有令

1　(明) 张梯：(嘉靖)《固始县志》卷七《人物志·祠祀》，天一阁藏明代方志选刊 (76)。

2　同上注。

3　(明) 王恕：《王端毅公文集》卷一《刑部尚书彭公祠堂记》，《四库全书存目丛书》集部第 36 册，齐鲁书社，1997，第 174 页。

4　(明) 黄凤翔：《田亭草》卷七《陈紫峰先生黉宫特祠记》，《四库禁毁书丛刊》集部第 44 册，北京出版社，1997，第 459 页。

5　(明) 李之藻：《頖宫礼乐疏》卷九《名宦乡贤祭仪疏》，文渊阁四库全书本。

6　赵克生：《优出常典：明代乡贤专祠的礼仪逻辑与实践样貌》，《中国史研究》2020 年第 1 期。

7　(清) 彭润章：(光绪)《平湖县志》卷九《祠祀》，《中国方志丛书》华中地方第 189 号，台湾成文出版社，1983，第 895 页。

8　(北魏) 郦道元撰，陈桥驿校证：《水经注校证》卷三二，第 749 页。

9　(宋) 乐史：《太平寰宇记》卷一二九《淮南道七·寿州·安丰县》，第 2548 页。

尹祠，甚严"[1]。由于寿州地区既非孙叔敖先祖食邑，也非孙叔敖子孙封地，显然该祠的建立及相关祠祀活动，有别于安徽临泉的家庙私祀，也不同于河南期思故城和唐宋以后固始境内的乡贤祠祀。事实上，芍陂之上的孙叔敖祠，是地方百姓感念孙叔敖创建芍陂水利而进行奉祀的产物，彰显的是一种"因陂而祀"的情形，"叔敖相楚，筑芍陂，功德及民，故立庙祀之"[2]。从动机上看，该地民众因孙叔敖制陂，"功高社稷，利济民生"而对其进行奉祀，"至今食其德者，犹歌咏弗衰"[3]，并强调"后人正祀，不为谄也"[4]"报酬应永以千秋"[5]，是"因水而祀"的典型。从奉祀对象上看，随着历代修治芍陂水利活动的续展，越来越多的"治水功臣"被纳入奉祀对象群体中，至清代嘉庆年间，已有 51 位有功芍陂者被奉上祭祀神位，这些被祀者的一个共性特点是曾为芍陂发展做出重要贡献，因而得以奉祀于孙叔敖祠。奉祀对象标准的选择彰显的是对水利功臣的褒赞与肯定，传递出环塘官民对芍陂水利祭祀的共同心声。更为重要的是该地孙叔敖庙内存有 21 通古代芍陂水利碑刻，"这些碑刻一方面追述前朝芍陂水利变迁过程，另一方面增入时人修治内容，迭次推进，全面反映了芍陂历史变迁的轨迹"[6]。孙叔敖庙中芍陂水利碑刻的大量留存，为水利祠祀活动做了历史背书，诸多碑刻在记述芍陂水事活动的同时，着力倡导着共同的主题——"治水护陂"。正如郑基在《重修安丰塘碑》中所言："胡俾斯坏，不为保障；迺勤迺治，尔财尔力；增倍卑薄，作固石洫；畇畇其原，泱泱其流；稔人欢忻，嘉谷无忧；乃新庙祀，以觉报休。"[7] 这无形中将"治水护陂"的行为与孙叔敖祠祀的信仰融为一体，潜移默化地影响着地方民众的共同心理和价值取向。此外，孙叔敖庙祠祀活动所用祭品以芍陂灌区物产为主，主要包括鸡、鸭、鱼、蟹和菱、芡、藕、芹等，基本上是灌区的水生动植物，凸显了该地祭祀活动带有浓厚的地方水文化特色，而这些水生物产皆来源于芍陂水利，可谓"缘水而祀"。凡此种种表明，芍陂与孙叔敖庙的共存关系以及由此形成的祠祀活动，是基于芍陂水利而形成的公共信仰，并非基于地缘或血缘关系所形成的信仰。无论从祠祀的动机、祠祀的对象，还是水利碑

1　（宋）乐史：《太平寰宇记》卷一二九《淮南道七·寿州·安丰县》，第 2548 页。

2　（明）李贤等撰，方志远等点校：《大明一统志》卷七《南直隶·凤阳府》，第 348 页。

3　（清）丁殿甲：《聂氏重修孙公祠记》，碑藏寿县孙公祠。

4　（清）沈湄：《安丰塘孙公祭田记》，碑藏寿县孙公祠。

5　（清）朱士达：《孙公祠新入祀田碑记》，碑藏寿县孙公祠。

6　李松：《芍陂水利碑刻初探》，《阜阳师范大学学报》（社会科学版）2020 年第 6 期。

7　（清）郑基：《重修安丰塘碑》，碑藏寿县孙公祠。

刻的内容以及祭品的特点上，都反映出芍陂地区的孙叔敖祠祀活动在性质上属于典型的水利祭祀，孙叔敖庙也因此在漫长的历史演变中与芍陂水利融为一体，成为芍陂工程的一部分，相关祭祀活动则成为芍陂水事活动的重要一环。

上述可见，历史时期淮河流域孙叔敖的奉祀在地理空间上主要涉及四个地区：一是古寝丘（今安徽临泉），二是期思故城（今河南淮滨），三是唐宋以后的固始县，四是寿州芍陂地区（今安徽寿县）。这四个地区中，临泉在淮河之北，期思故城、唐宋以后的固始县和寿州均在淮河之南，但都相去不远，基本位于淮河中上游地区，即当初楚国控制的辖区。春秋后期，孙叔敖"决期思之水，而灌雩娄之野"[1] 和创建芍陂的系列治水活动，不仅为该区域农业生产提供了重要水利保障，也为楚国长期盘踞两淮地区奠定了基础，孙叔敖的生平治绩也因此在两淮地区广为流传。故上述四地会留下孙叔敖碑、孙叔敖庙等相关历史遗迹和文本记忆。

从历史影响和持续性上来看，真正将孙叔敖奉祀如一、延绵有序且带有鲜明水利祭祀特征的，是寿州芍陂灌区的祠祀活动。

这一地区不仅拥有完整的水利工程遗迹、孙叔敖祠庙建筑群以及丰富的水利碑刻，而且从性质上来说，其奉祀情形是基于公共水利而形成的信仰活动，这在诸多诗文中亦有生动体现。宋代梅尧臣诗云："尝游芍陂上，颇见楚人为；水有凫鱼美，土多姜芋宜；宁无董生孝，将奉叔敖祠；旧令乃吾友，寄声于此时。"[2] 梅诗将芍陂水利与孙叔敖奉祀联系在一起，显然与其他三地祠祀活动在性质上有本质区别，彰显的是地方社会对孙叔敖制陂有功的感念和信仰。王安石在《安丰张令修芍陂》诗中云："楚相祠堂仍好在，胜游思为子留篇。"[3] 表达的是同样一种理念。南宋王之道更是直言："孙叔敖以芍陂有功于民，载在祀典，粤自春秋，至于我宋，其遗爱实无穷焉。"[4] 隆兴年间，陈洙知安丰县时，"芍陂久枯涸，失灌溉利，乃命修治，祷孙叔敖祠，新其宫，水东大溢。民至今赖之"[5]。陈洙率众祷祀孙公祠并"新其宫"的举措，既符合农业社会"法施于民则祀之""以劳定国则祀之"[6] 的传统，也进一步突出了孙叔敖信仰的官方色彩。这一传统延续至明清时期，在祠宇制度和奉祀对象上又有了新的变化与发展。

1　何宁：《淮南子集释》卷十八《人间训》，中华书局，1998，第 1301 页。

2　（宋）梅尧臣：《送刁安丰》，《宛陵先生集》卷二五，四部丛刊初编本。

3　（宋）王安石：《临川先生文集》卷二四，四部丛刊初编本。

4　（宋）王之道：《谒安丰军遗爱侯孙叔敖文》，沈怀玉、凌波点校：《相山集》卷二八，北京图书馆出版社，2006，第 341 页。

5　（明）解缙：《永乐大典》卷三一五五，中华书局影印本，1986，第 1953 页。

6　徐元诰集解，王树民、沈长云点校：《国语集解·鲁语上》卷四，中华书局，2002，第 154 页。

二　祠与像：明清时期芍陂水利祭祀的场域与对象

作为芍陂水利工程的重要组成部分，孙叔敖祠的位置"在安丰芍陂北"[1]。明清两代，围绕孙叔敖祠展开的水利祭祀建设成为官方水事活动的重要内容。"凡莅任者，巡视塘事，必肃诚谒其祠，春秋奉祀不衰。"[2]而官方也不断通过"乃新庙祀，以觉报休"[3]来实现对芍陂的有效管理。据笔者统计，在明清时期的 32 次芍陂修治中，[4]涉及孙叔敖祠的修缮建设活动便多达 14 次，占整个芍陂修治活动的43.7%。（详见表 1）

表 1			明清时期孙叔敖祠修建情况	
朝代	修缮时间	主持者	修建情况	资料来源
明代	成化十九年（1483）	魏璋	且命新叔敖故祠	（乾隆）《寿州志·水利》卷四
	成化二十三年（1487）	刘概	知州刘概建	（嘉靖）《寿州志·礼制》卷六
	嘉靖二十八年（1549）	栗永禄	重修	（嘉靖）《寿州志·礼制》卷六
	万历四十三年（1615）	朱东彦	督其役，既受命，……培祠宇，修理补葺	《芍陂纪事·名宦》卷上
	万历四十六年（1618）	孙文林	见楚相有庙而无祭田，不惜捐俸谋之，置田一十四亩，存祠备祭	《芍陂纪事·名宦》卷上
清代	顺治十二年（1655）	李大升	以旧祠陋殿在大树北，改作大树南，但以吏董治，尝夜课工料，仍狭薄，祠无厦楣，兀然于野而已	（道光）《寿州志·营建志下》卷六
	康熙四十年（1701）	颜伯珣	颜公改修之，殿移大树北，仍取陂中土补累之，广高各拓旧制，两端增设耳房、廊宇、庖院、户牖窗棂，焕然改观	《芍陂纪事·祠祀》卷下
	乾隆二十六年（1761）	徐廷琳	改易大殿木料，增换崇报门楼板	《芍陂纪事·祠祀》卷下
	乾隆三十七年（1772）	郑基	以修闸余资，补葺之	《重修安丰塘碑》，碑藏寿县孙公祠
	乾隆五十九年（1794）	聂乔龄	其后之大殿，左右夹室中之戏楼，东西二厢，前之仪门、山门并东之颜公祠，皆因旧制而撤盖更新之其东复立角门，以便出入	《重修孙公祠记》，碑藏寿县孙公祠

1　（明）柳瑛：（成化）《中都志》卷四《祠庙》，天一阁藏明代方志选刊续编（33），上海书店，1990，第 386 页。

2　（清）吴希才：《重修孙公祠记》，碑藏寿县孙公祠。

3　（清）郑基：《重修安丰塘碑》，碑藏寿县孙公祠。

4　参见李松《从〈芍陂纪事〉看明清时期芍陂管理的得失》，《历史教学问题》2010 年第 2 期。

续表

朝代	修缮时间	主持者	修建情况	资料来源
清代	道光二年（1822）	聂搢堂等	捐钱重修之	《聂氏重修孙公祠记》，碑藏寿县孙公祠
	道光八年（1828）	朱士达	塘之东南的高埠荒地数段归公，各俱佃约，交祠存执	《孙公祠新入祀田碑记》，碑藏寿县孙公祠
	光绪三年（1877）	任兰生	拨款修浚塘堤、桥闸……水门及孙公祠	（光绪）《寿州志·水利志》卷六
	光绪八年（1882）	任兰生	修葺凤凰、皂口二闸、滚坝、孙公祠	（光绪）《寿州志·水利志》卷六

表1统计显示，明代芍陂修治中，涉及孙叔敖祠的修建活动计有5次，其中有两点值得注意：一是孙叔敖祠的重建。成化十九年（1483），魏璋修治芍陂时"且命新叔敖故祠，厥功垂成"[1]，属于日常修缮之举。但四年后，寿州知州刘概对孙叔敖祠进行的重建，[2] 却是芍陂水利发展史上的一件大事。可惜囿于史料，其缘何重建？重建情形如何？已难知其详。但从一个侧面反映出当时孙叔敖祠可能过于简陋和残破，难以满足地方社会祭祀需要，故有重建立祀之举。二是孙叔敖祠祭田的设立。"孙公庙祀，多历年所，祭之有田，久矣。"[3] 从目前文献中可知，最早的孙叔敖祠祭田是万历四十六年（1618）滁州守孙文林捐俸所置。其中一处"围田三丘，计种八亩，坐祠东新开门旁"；另一处祭田六亩，离祠堂较远。后因"坐两处，耕种不便，将远田六亩换得祠根膏田四亩"[4]。这四亩膏田"围田一丘，计种四亩，坐祠西台根下"[5]。据此，孙文林捐俸所得祭田实际为12亩，这12亩祭田奠定了孙叔敖祠祭祀活动的重要物质基础。但从整体而言，这一时期孙叔敖祠无论在建筑规模上，还是祭田数量上，尚处于"殿宇陋隘，规模略具，殊难壮观"[6] 的境地，甚至在祀典上也有中断的现象。正德年间，陈霆在经行安丰县故地

1　（清）席芑修：（乾隆）《寿州志》卷四《水利》，乾隆三十二年刻本。

2　（明）栗永禄修：（嘉靖）《寿州志》卷六《礼制纪》："孙相公祠，在芍陂塘，祀楚相孙叔敖，知州刘概建。"天一阁藏明代方志选刊（34），上海古籍书店，1963。

3　（清）夏尚忠：《芍陂纪事》卷下《祭田》。

4　同上注。

5　同上注。

6　（清）夏尚忠：《芍陂纪事》卷下《祠祀》。

时，发现"所谓叔敖者，遗祠三间，滨侧塘岸，村民既乏香火、鸡豚之奉，而有司守土者亦不闻岁一修祀，盖其缺典也"[1]。可见明代对孙叔敖的祠祀活动尚未完全规范化、制度化。

清代对孙叔敖祠的修缮建设更为频繁，达 9 次之多。说明这一时期地方社会，对以孙叔敖为代表的治水英雄的祠祀活动更为重视。这种重视也体现在孙叔敖祠空间场域的变化上。

其一，孙叔敖祠地理位置的迁移。顺治十二年（1655），李大升在重修孙叔敖祠时，"以旧祠陋殿在大树北，改作大树南"[2]。康熙年间，颜伯珣在治理芍陂时，对孙叔敖祠进行扩建改修。"复改营树北旧址，仍北拓基一丈，为三楹，长二丈，广一丈二尺，高一丈一尺"[3]。清初孙叔敖祠一开始在芍陂北岸大树之北，李大升改至大树南，距离芍陂水面更近。康熙年间，颜伯珣主持治理芍陂时，开始大规模扩建该祠，其基址重新回到大树北。这两

次位置的迁移变动，与清初至清中期社会经济的发展和政局的日趋稳定密切相关。顺治时，"天下甫定，于旧贯未有式廓"[4]，又"值兵火凋残之后，若物力艰难之秋，一土一木皆属无措"[5]。在地方财力有限的情况下，李大升、沈秉公等地方官不得不"捐俸饰修"[6]，孙叔敖祠显然难有大的发展。但到了康熙时期，随着社会经济日趋发展，"国赋有裕足之资"[7]，对芍陂和孙叔敖祠的治理营建，进入到一个新的历史阶段，原先位于大树以南的孙叔敖祠，濒临芍陂水面太近，已无发展空间，拓展大树以北的地理空间成为必然。

其二，孙叔敖祠规模的扩大。顺治时，李大升修孙叔敖祠，仅是"以吏董治，尝夜课工料，仍狭薄，祠无厦楣，兀然于野而已"[8]。当是时，孙叔敖祠虽经修缮，但规模狭小，"自堂徂前塾，但二三丈"[9]，祠堂突兀于野，显得单薄。到

1　（明）陈霆：《两山墨谈》卷十一，丛书集成初编本，商务印书馆，1935，第 91 页。

2　（清）夏尚忠：《芍陂纪事》卷下《祠祀》。

3　（清）朱士达修：（道光）《寿州志》卷六《营建志下·坛庙》，复旦大学图书馆藏稀见方志丛刊（25），国家图书馆出版社，2010，第 271 页。

4　同上注。

5　（清）李大升修：（顺治）《寿州志》卷二《建置》，国家图书馆藏地方志珍本丛刊，第 327 册，天津古籍出版社，2016，第 265 页。

6　（清）李大升修：（顺治）《寿州志》卷三《水利》，国家图书馆藏地方志珍本丛刊，第 327 册，第 426 页。

7　安徽省水利志编纂委员会编：《安丰塘志》，黄山书社，1995，第 116 页。

8　（清）夏尚忠：《芍陂纪事》卷下《祠祀》。

9　（清）朱士达修：（道光）《寿州志》卷六《营建志下·坛庙》，复旦大学图书馆藏稀见方志丛刊（25），第 271 页。

康熙年间，颜伯珣对孙叔敖祠进行改造，除了扩展大树北的基址修建主殿外，"各别院宇，南接庑，北横壁，东西则殿耳。……两庑亦俱三楹，南北各为牖，如耳房，檐厦两端各为圭门，北达耳房深院，南通崇报门楼下，凡出入旁引，皆曲通。……崇报门在大树南，亦三楹，高二丈，长一丈八尺，广一丈五尺，中木为楼，……周垣高五尺，广一尺二寸，瓦顶砖牙，三层脚砖，层十有一，环回四十二丈"[1]。至此，孙叔敖祠形成了以主殿、侧殿、崇报门为主体，以外门、石坊、客堂、禅室、场圃、墙垣为辅，融庑廊殿院、门坊堂室于一体，呈南北向分布的大型建筑群，合计"殿庑门阁，凡九所二十八间，僧舍三所九间，户牖五十有七，户牖棂枢百四十有六"[2]，可谓规模宏大。颜伯珣在芍陂先后经营近七年，有足够的时间来完成这一工程体系的改造。这次营建，奠定了此后数百年孙叔敖祠的规模和格局。除自身体量规模发生巨变之外，孙叔敖祠祭田也在清代获得进一步发展。据笔者统计，清代孙叔敖祠新增祭田118亩

5分，[3] 相较明代的12亩祭田，增加近十倍。孙叔敖祠规模的扩大和祭田的增加，显示清代芍陂水利祭祀活动远较明代为盛。

其三，芍陂水利祭祀地点由分散走向归一。事实上，明清时期，孙叔敖祠一开始并非芍陂祠祀活动唯一的祭祀地点。在芍陂周边还分布着邓公庙、舒公祠、颜公祠三座祠庙。邓公庙在芍陂北堤东端老庙附近，祀三国名将邓艾。因邓艾曾在芍陂屯田兴利，惠及百姓，故于"唐贞观十五年立庙"[4] 以祀之。到清代时已废，后在这里形成的农村集市，遂称老庙集。[5] 舒公祠在芍陂堤上，是为纪念明代按院舒应龙而建。万历三年（1575），舒应龙曾主导疏浚芍陂，泽惠一方，百姓建祠以祀之。该祠颇具规模，"辟地一区，构堂数楹，旁列两庑，前设门衡，奉公之像，俎豆聿成"[6]。但到嘉庆年间，该祠已废，所在方位也无从考证。颜公祠是为纪念清代颜伯珣而建的生祠，他曾修治芍陂近七年时间，为芍陂兴复呕心沥血，"士人将立祠于孙公祠旁，以志不朽"[7]。但到清

1　（清）朱士达修：（道光）《寿州志》卷六《营建志下·坛庙》，复旦大学图书馆藏稀见方志丛刊（25），第271—272页。

2　同上注。

3　（清）夏尚忠：《芍陂纪事》卷下《祭田》。

4　（宋）王存、曾肇：《元丰九域志》附录《新定九域志（古迹）》卷五《寿州》，中华书局，1984，第614页。

5　安徽省水利志编纂委员会：《安丰塘志》，第100页。

6　（明）梁子琦：《按院舒公祠记》，载安徽省水利志编纂委员会《安丰塘志》，第86页。

7　（清）张遫：《颜公重修芍陂碑记》，碑藏寿县孙公祠。

后期，该祠亦废。[1] 此外，明代黄克缵主政寿州时，颇有政绩，地方曾于寿州城州署东大街建有黄公祠以祀之。清初李大升鉴于其"祠舍倒坏"，而"葺其祠，易塑像为木主，更添堂宇三楹"[2]。到乾隆四十一年（1776），改为"刘黄二公祠"，并祀刘仁赡和黄克缵。但此祠并非因黄克缵治芍陂有功而设，而是为表彰其在寿州的诸多治绩而建。随着"刘黄二公祠"在清后期的湮废，有关黄克缵的祠祭活动被芍陂旁的孙叔敖祠保留。这期间，邓公庙、舒公祠、颜公祠等亦逐渐消失于历史长河中，所奉祀的邓艾、舒应龙、颜伯珣也渐次归位到孙叔敖祠中，成为以孙叔敖为主神的祭祀系统的一员。这种由多点分散祭祀走向统一祭祀的过程，彰显了地方社会务实的态度。

从芍陂周边诸多祠堂的分散祭祀到孙叔敖祠的统一祭祀，祠祀空间的变化引发了孙叔敖祠祭祀对象的变化，突出表现在祭祀对象呈现不断增加的趋势，由原先祭祀孙叔敖一人转向祭祀"治陂功臣群体"。据《芍陂纪事》记载，至嘉庆年间，孙叔敖祠祭祀的对象已达 51 人。其中主祭神位是孙叔敖，副神位是明代黄克缵和清代颜伯珣，其余皆为历朝"治陂功臣"。这一享祀群体有两个特点：其一，享祀者的身份一般具有一定的功名或

职位，其或为朝廷命官，或为地方胥吏，非是一般普通百姓；其二，享祀者曾对芍陂水利工程的发展做出过贡献，这些贡献包括督修芍陂、疏浚水源、培修堤闸、捐俸补修、修缮孙公祠，等等。而是否有功于芍陂水利发展，成为其入祀孙叔敖祠的关键。早期孙叔敖祠祭祀的对象只有孙叔敖一人，至少在清代以前，不见有其他祭祀对象的记载。清代孙叔敖祠祭祀对象不断增加，历朝有功于芍陂的重要人物，皆位列祠中。这种"治陂功臣群体"逐渐增补奉祀入位的现象，说明芍陂水利祭祀活动呈现出群体形态式及开放性。孙叔敖祠祭祀对象的变化，不仅体现出与时俱进的时代性，也与地方水利治理有着紧密的历史关联。

三　形与质：水利祭祀与明清时期芍陂治理的关系

如果说孙叔敖祠是芍陂水利信仰体系的象征，那么相关祭祀制度就是维持这一象征的"关键"所在。芍陂水利祭祀制度包括祠宇神位的等级分布、祭祀仪程以及祭祀文本等内容。虽然这些制度属于水利祭祀"形式上的东西"，但恰恰是这些

---

[1]　考光绪《寿州志》卷五《营建志》："颜公祠在芍陂，祀州同颜伯珣。"然并未言颜公祠是否在孙公祠内，据道光八年《孙公祠新入祀田碑记》记载，"众又在（孙公）祠东偏构室三楹，奉祀如一。"显然，颜公祠在孙公祠之东侧，其规模仅三楹。疑颜公祠与孙公祠自相连属，后因僧人居住之故，颜公祠渐作为客堂、僧舍之用，故有后来"客堂、僧舍"之说，颜伯珣神位随即移至孙公祠内，二者遂融为一体。

[2]　（清）席芑修：（乾隆）《寿州志》卷三《祠祀》，乾隆三十二年刻本。

"形式上的东西"，折射出芍陂水利信仰的文化意涵和芍陂水利社会运行的实质。有学者指出："宗教的核心不是教义，而是仪式；而宗教仪式的功能就是强化一种价值和行为方式。"[1] 明清寿州地方官正是通过祭祀制度的规范与施行，不断强化着地方社会对孙叔敖信仰的认同和推崇，从而为芍陂的有效治理提供精神与情感支撑。

从祠宇神位的等级分布上看，孙公祠正殿奉孙叔敖神像，东配明代黄克缵木主，西配清代颜伯珣木主。黄克缵和颜伯珣之所以得配副神之位，在于二人"俱有兴废举坠之功，亦非常凡之匹俦也"[2]。黄克缵曾奋逐豪强，阻止了芍陂被侵垦的危险，而颜伯珣则修废举坠，任劳不倦，兴利之功，于斯为大。故将二人位列楚相孙叔敖之下，其他名宦之前。除却主神和副神外，其余祭祀对象以朝代时间为序，依次排列。其排序如下：东庑依朝代顺序分列治陂功臣东汉王景、三国邓艾、南朝宋刘义欣、隋代赵轨、北宋崔立、明代邝埜、明代陈鑑（一作陈镒）、明代张骍、明代董豫、明代袁经、明代许天伦、明代甘来学、明代郑琰、明代贾之凤、明代朱东彦、清代李大升、清代郑三捷、清代王恂、清代段文元、清代陈韶、清代何锡

履、清代郑基、清代万化成（一作葛化成）、清代周成章。西庑依朝代顺序分列东汉刘馥、西晋刘颂、南朝齐垣崇祖、北宋李若谷、北宋刘瑾、明代魏璋、明代戈都、明代刘概、明代李昂、明代王銮、明代栗永禄、明代舒应龙、明代阎同宾、明代孙文林、清代沈秉公、清代傅君锡、清代饶荷禧、清代金宏勋、清代卢士琛、清代徐廷琳、清代王天倪、清代赵隆宗、清代勒保、清代沈毓麟。东、西庑人数各24人，合计48人。从奉祀人数的朝代分布上来看，明代与清代各占20人，合计40人，占据奉祀总人数的78.4%，出现这种情形的原因主要有二：其一，明清两代地方记录文献体系逐渐完善，尤其是地方志的续修和碑刻的铭立，使芍陂水事活动的相关历史记忆被记录流传，而其中关涉的治水人物事迹亦被较好的保存下来，这为其被纳入奉祀对象创造了条件；其二，明清两代芍陂水利环境的恶化，迫使官方不得不采取一系列措施予以应对治理，尤其是芍陂上游的筑坝阻源和芍陂中游的围塘占垦，使芍陂工程面临被废为田的威胁，从而引发官方的一系列治理举措。[3] 以官方为主导的频繁治理必然为地方社会所彰明和记录，相关有功于陂的重要人物自然被颂扬和祠祭，故而出现

1　夏建中：《文化人类学理论学派——文化研究的历史》，中国人民大学出版社，1997，第 102 页。

2　（清）夏尚忠：《芍陂纪事》卷上《三公列传并小序》。

3　参见李松《明清时期芍陂的占垦问题与社会应对》，《安徽农业科学》2010 年第 5 期；关传友《明清民国时期安丰塘水利秩序与社会互动》，《古今农业》2014 年第 1 期；陈业新《阻源与占垦：明清时期芍陂水利生态及其治理研究》，《江汉论坛》2016 年第 2 期。

"陂民怀德，立祠祀焉""陂民怀德，敬设长生禄位于孙公祠内，春秋奉祀""陂民感之，祠内设位祀焉""陂民怀之，立位奉祀于孙公祠内"[1] 等相关祠祀举动。孙叔敖祠奉祀神位的增加与排序是地方水利社会共同建构的结果，目的在于"为之次其世而著其绩，于以知古今名贤子爱斯民之泽，且以见环陂士庶崇德报功之心也"[2]，彰显的是水利信仰的共同价值取向。正如"文庙从祀之礼最为关键之处亦在于位次之先后，配享、从祀均有定制"[3]，孙叔敖庙祠祀神位秩序的确定，恰恰体现出地方水利信仰的伦理性和法定性，强调的是对"治水道统"的共同恪守和对公共利益的共同维护。

明清时期，芍陂"属州佐管理"[4]，官方对芍陂水事活动拥有显而易见的主导权，这不仅体现在明清时期芍陂的历次治理中，也体现在芍陂水利祭祀活动中。芍陂水利祭祀仪式一般由州司马（州同）主持行礼，其规格仅次于寿州文庙祭祀，凸显了寿州地方官府对芍陂水利祭祀的重视。芍陂水利祭祀定于每年春秋两季举行，即每年农历三月和九月。

在仪程上，芍陂水利祭祀主要包含两个部分，一是祭前省牲仪式；二是祭祀当日仪程。祭前省牲仪式于祭前一日举行，其程序如下：

> 就位，主祭者就，揖，一揖，行省牲礼，转至牲所，酹酒，举酒灌牲耳，揖，一揖，复位，至祭所，揖，一揖，礼毕即退，然后杀。[5]

祭祀当日仪程：

> 就位→瘗毛血→迎神→行初献礼→行亚献礼→行三献礼→饮福受胙→送神→望瘗（焚祝帛）→礼毕

从整个祭祀过程来看，祭前省牲礼和祭祀当日仪程与明清时期孔庙祭祀程序大同小异，主体是经过初献、亚献、三献行礼，基本按照儒家祭祀仪礼进行，[6] 具有浓厚的儒家礼仪色彩，庄严肃穆。这一过程以制度化的封建仪礼强化对以孙叔敖为代表的治水英雄群体的顶祝和神化，力图以程序化的行为模式，建构共同的水利信仰。职是之故，这种祭祀仪式所提供的主要是一种精神信仰，孙叔敖神像及治陂英

1　（清）夏尚忠：《芍陂纪事》卷上《名宦》。

2　同上注。

3　刘续兵、房伟：《文庙祀奠礼仪研究》，中华书局，2017，第171页。

4　（清）吴希才：《重修孙公祠记》，碑藏寿县孙公祠。

5　（清）夏尚忠：《芍陂纪事》卷下《祠祀》。

6　孙公祠祭祀仪程与明清孔庙祭祀仪程大体一致，虽略有出入，但程序步骤基本没有变化。参见《颜元集》下册"祭至圣先师仪注"，中华书局，1987，第735页。

雄群体木主的设置，凸显的是对芍陂水利开创者与维护者的推崇。其在本质上强调的是对芍陂水利的共同呵护，整个祭祀活动借助儒家仪礼，强化芍陂水利的公共性与神圣性，展现出在公共水利层面需要以共同信仰为基础团结治水的文化意蕴。

在芍陂水利祭祀中，相关祭文因奉祀对象不同而有明显差异，包括祭文中称谓用词、规格和祈求内容等诸多方面均存在等级差异。这些祭文为明嘉靖年间寿州贡生魏圻所撰，其人曾官至九江府推官，[1] 熟稔祭祀文化礼仪。其中，孙叔敖祠主殿的祭文如下：

> 维年岁次月朔日辰，某衔某名谨以刚鬣柔毛、清酌庶品之仪致祭于楚相孙公之神。
>
> 曰：惟神显显，令尹被泽，实鸿惠我元元，千古骏功。比岁不登，民用告穷；惟神默相，雨旸时逢；繄继自今，熙穰安丰。惟兹季春秋，肃展忱衷，聿将祀典以黄颜二公配。尚飨。

东西两庑的祭文：

> 维年月日，某名谨以刚鬣柔毛、清酌庶品之仪致祭于历朝名宦之神。
>
> 曰：惟神上自汉世，下至宋明；

迄我国家，代生循良。兴利除害，各理芍塘；功追前哲，泽被一方。丰功伟绩，史册昭详；居民奉祀，前后相望。岁功伊始报毕，敬献肴浆。

> 神其来格，庇我群氓。尚飨。

乡先辈祠的祭文：

> 维某年月日，某名谨以刚鬣柔毛、香楮清酌之仪，致祭于历朝乡先辈之灵。
>
> 曰：惟先辈生长斯土，居近芍塘；远追相业，近感循良。历朝宦绩，各着赞襄；利沾宗族，惠及邻壤。或仕于朝，或居于乡；乡先生没，祭社有常。况兹利赖，应隆烝尝；里闾情长，来格来享。尚飨。[2]

从祭文规格上来看，孙叔敖祠主殿祭祀表达的是对孙叔敖开创芍陂"千古骏功"的感谢，以及对孙叔敖千百年来庇佑一方水土的敬重与谢忱。"每祭以州司马行礼"[3]，显示地方官府对芍陂水利祭祀活动的重视。东西两庑的祭文表达的是对汉代以来有功于芍陂的循良事绩的感谢，以及祈祷这些治陂功臣能继续庇护环塘黎民的愿望。其领衔致祭者并未彰显具体官衔，仅以某名致祭，显示祭祀层级较

1 （清）朱士达修：（道光）《寿州志》卷二六《科目》，复旦大学图书馆藏稀见方志丛刊（26），第526页。

2 （清）夏尚忠：《芍陂纪事》卷下《祠祀》。

3 同上注。

孙叔敖祠主殿祭祀为低。而乡先辈祠的祭文，则对"居近芍塘"的有功芍陂者表达了感谢，其强调的是"里闾情长"在维护芍陂水利中的重要意义，意在唤起更多地方士绅投身于芍陂水利的赞襄保护之中。从文本结构上看，三篇祭文具有相当的一致性，主体内容一方面肯定先贤循良对芍陂的杰出贡献，另一方面祈求得到神灵庇佑、风调雨顺。这种将人物崇拜与神灵崇拜合而为一的祭拜，实现了对治水功臣群体的神格化塑造。祭祀文本所展现的是传统农业社会，地方官民对风调雨顺的高度渴望，而实现这种渴望，不能单纯地依靠"天"来完成，它更需要像芍陂这样的水利工程来实现。因此，整个孙叔敖祠的祭祀仪式和祭文内容，凸显的是对农田水利可持续发展的强烈愿望。其在本质上追求的是芍陂水利的延绵不绝与广惠乡邻，而达成这一愿望的理想路径，则是借助孙叔敖信仰来完成芍陂水利的有效治理与传承赓续。

作为一场官方主导的集体仪式，官府在芍陂水利祭祀中扮演了重要角色，"凡莅任者，巡视塘事，必肃诚谒其祠，春秋奉祀不衰"[1]。地方州官对孙叔敖祠祭祀活动的身体力行，为地方社会确立孙叔敖信仰起到了示范作用。他们还在治理芍陂

的过程中，通过铭碑纪事来凸显孙叔敖之于芍陂水利的重大意义。在存世的 21 通明清芍陂水利碑刻中，有 16 通碑刻提到了孙叔敖的开创芍陂之功。"叔敖去今数千年矣，而其泽至今存焉，叔敖之功其不可泯也哉？"[2] "所谓立久大之业于不朽者，孙公于斯塘有焉。"[3] "我孙公之创兹芍塘也，泽被一时，利济万世，其功其德大且久也。"[4] 类此的碑铭都在持续强化孙叔敖的形象与功德，而"水利碑刻不仅是封建社会水利管理的工具，也是官方介入控制的重要手段；它是基层社会民众的共同生活准则、共同信念、共同生活理想的外化"[5]。显然，地方州官对孙叔敖良好形象的建构，与孙叔敖祠的祭祀活动珠联璧合，共同塑造了地方水利信仰的主题，体现出孙庙祠祀与芍陂治理"二元一体"的公共利益维护格局。

芍陂水利祭祀以慎终追远的方式，通过儒家道统规范仪程，让环塘百姓感受芍陂水利的神圣性和公共性，继而对环塘民众共同文化心理产生潜移默化的影响。孙叔敖信仰本身所代表的社会价值和象征意义，借助祭祀仪式的展开与传承，逐渐内化为地方社会的共同心理认知，从而为"不治而治"的理想目标提供了共情场

1　（清）吴希才：《重修孙公祠记》，碑藏寿县孙公祠。

2　（清）李大升修：（顺治）《寿州志》卷二《水利》，国家图书馆藏地方志珍本丛刊，第 327 册，第 424 页。

3　（清）环塘士民：《施公重修安丰塘滚坝记》，碑藏寿县孙公祠。

4　（清）沈湄：《安丰塘孙公祭田记》，碑藏寿县孙公祠。

5　余丽萍、赵志宏：《大理古代水利碑刻研究》，《黑龙江史志》2017 年第 9 期。

景。要知道芍陂作为"淮水流域水利之冠"，灌田万顷，是传统农业社会维持地方生计的命脉。水利祭祀的出现以及制度化的仪程，表面上看是一种"报德酬功"的行为，其内在本质则是为芍陂治理提供信仰基础，人们在这一共同信仰中彼此关联，相互默契，借以"古柏示异，神祠昭灵，春秋享祀，岁岁不绝"[1] 的形式，实现"慰灵爽而厌众心"[2] 的社会治理预期。

因此，作为地方水利信仰核心的芍陂祭祀活动，展现的是传统社会环塘官民维护水利资源的共同心声。故清代夏尚忠慎重地将"钦崇祀典，以报本源"列为安丰塘治理第一要务，强调"凡兹绅士，宜钦典礼，春秋奉行，愿言勿替"[3]。光绪年间任兰生主持治理芍陂时，同样重视祠祀活动，在"新议条约"中第一条便提出"重祠祀"，要求"春秋两季，各董须齐集孙公祠，洁荐馨香，塘务有应行修举者，即于是日议准"[4]。可见，作为芍陂水事活动的重要一环，孙叔敖祠不仅成为环塘官民维护芍陂水利资源的精神家园，更逐渐演化为管理芍陂水利秩序的实际场域。"古者建祀以为民也，民功曰庸。自稷以来，是尊是奉，以水佐耕，丰稼于野。芍陂、七门之祀芬，至今未没。"[5] 古人为孙叔敖建祠立祀，并将其神格化为护佑安丰塘之神，是千百年来地方官民追远报本情感的自然流露，这种群体意识的背后，是地方水利社会信仰共识的达成，由此形成"环塘俎豆自年年"[6] 的传统。而"信仰共识"的传承又反过来作用于芍陂水事活动，为明清时期芍陂的有效治理，提供源源不绝的精神护佑与指引。

余　论

在传统农业社会，基于水利信仰而形成的祭祀活动在全国许多地方存在。[7] 寿州芍陂灌区的孙叔敖信仰以及祠祀活动，在明清时期，逐渐成为官方维护芍陂水利秩序、实现芍陂有效管理的重要手段。地方官府通过刻碑铭石与修祠报祀，不断强化孙叔敖"千古骏功"的形象，推动孙叔敖信仰体系的完善，"祀孙公者，所以

1　康熙年间《请止开垦公呈》，载安徽省水利志编纂委员会编《安丰塘志》，第 115 页。

2　（清）夏尚忠：《芍陂纪事》卷上《三公列传并小序》。

3　（清）夏尚忠：《芍陂纪事》卷下《容川赘言》。

4　同上注。

5　（元）袁桷：（延祐）《四明志》卷十五《祠祀考》，文渊阁四库全书本。

6　（清）桑日青：《楚相祠》，载寿县地方志办公室整理（光绪）《寿州志》卷三四《艺文志》，黄山书社，2011，第 1598 页。

7　例如绍兴和怀远等地的大禹祭祀、灵渠的四贤祠祭祀、闽台地区的妈祖祭祀等。

报其德也；修祠者，所以永其祀也"[1]。而"治陂功臣"群体奉祀的建构与归并，是伴随着孙叔敖祠空间规模的不断扩大和其他祠庙的湮废而逐步完成。与此同时，芍陂水利祭祀文本的出现和祭祀仪程的规范化运行，为孙叔敖信仰的普及创造了必要条件。在官方的主导下，芍陂水利祭祀"多历年所，举行不废"[2]，而投身于水利事业的地方官，也在治理芍陂的过程中，得以享受"民怀其德，共立主于孙公之旁"[3] 的祭祀待遇，从而实现了自身从祭祀者到被祭者的身份转变。

1　（清）吴希才：《重修孙公祠记》，碑藏寿县孙公祠。

2　（清）夏尚忠：《芍陂纪事》卷下《容川赘言》。

3　（清）朱士达：（道光）《寿州志》卷二八《名宦》，复旦大学图书馆藏稀见方志丛刊（26），第 662 页。

从"七大恨"到"报君父之仇": 清军入关的舆论引导

■ 刘文星（中国社会科学院大学历史学院）

清军入关是中国历史上影响深远的重大事件，也是学术界长期关注的热点问题。学界围绕清军入关的原因、经过、性质、历史意义等进行了多角度深层次的论争，并提出了许多真知灼见。清军入关并非一时的冲动，而是经历了长期的谋划，伺机而动。在这一过程中，除了必要的物资和军事力量储备，舆论引导也发挥了重要的作用。正所谓"师必有名"[1]，自古以来，凡是出兵，必然要先制造舆论，让天下人都知道出兵是有正当原因的，以此争取民心。自努尔哈赤起兵到皇太极改元称帝，再到清军入关，随着历史形势的变化，后金（清）军不断调整舆论引导策略，最终问鼎天下。本文拟对清军入关的舆论引导加以考察，梳理从"七大恨"到"报君父之仇"舆论演变的过程，并探究其深层的思想逻辑。

一 七大恨：以反抗民族压迫为核心的征战宣言

1616 年，努尔哈赤建立后金政权，在中国东北与明王朝分庭抗礼。天命三年（1618）四月十三日，努尔哈赤以"七大恨"告天，正式拉开出兵伐明的序幕。有关"七大恨"的原始文件已无踪迹，但《满文老档》《清实录》《东华录》等多种史料都对"七大恨"的内容有所追述，内容相差无几。此外，中国第一历史档案馆收藏的《金国汗攻永平誓师安民谕》（见图 1），乃是天聪四年（1630）正月皇太极攻打永平时印刷的榜文，经孟森先生考证，是最接近努尔哈赤"七大恨"原始内容的文本。

---

1 （清）孙希旦撰，沈啸寰、王星贤点校：《礼记集解》卷一○《檀弓下第四之一》，中华书局，1989，第 272 页。

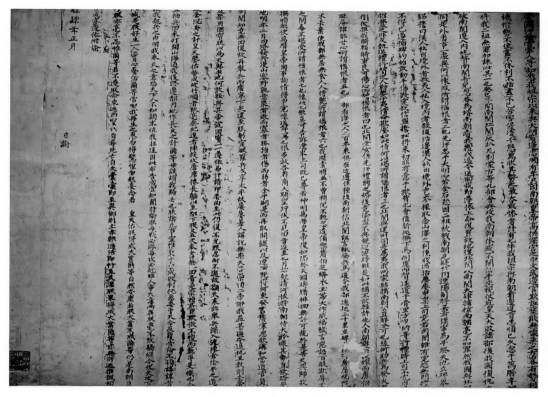

图 1　《金国汗攻永平誓师安民谕》
中国第一历史档案馆藏

结合史料记载，"七大恨"的内容主要有：其一，明军将努尔哈赤父祖无罪加诛；其二，明朝对建州与海西四部的态度不公；其三，明朝不遵守界约，纵容沿边汉人越境挖参采取；其四，明朝倚重叶赫等部，轻视建州；其五，明朝帮助叶赫老女毁婚约改嫁，是建州的耻辱；其六，明朝听信诬言，逼占建州土地；其七，明朝遣官来建州作威作福，百般欺辱。

"七大恨"何以成为努尔哈赤出兵的宣言？这大概需要从历史原因和现实状况两个方面加以考察。

从历史背景来看，后金与明朝长期处于民族矛盾之中。一方面，努尔哈赤与明

朝之间存在个人恩怨。正如"七大恨"第一条内容，努尔哈赤的父祖被明军误杀，这在努尔哈赤心中埋下报仇的种子，激发着努尔哈赤以"十三副遗甲"起兵，重整旧部，逐渐扩充军事势力。至后金政权建立之时，已先后统一建州女真，吞并哈达，攻灭辉发，讨伐乌拉，除了叶赫外，基本实现女真各部的统一。随着自身势力的逐渐壮大，努尔哈赤有了与明作战的底气，正需要寻找合适的时机和理由来出兵伐明。另一方面，明朝长期以来对女真族持歧视态度，且二者在长期交往中存在种种摩擦，如沿边明人越境挖参被杀、明政府索要逃人、朝贡问题等，新仇旧恨

日渐沉积。努尔哈赤"七大恨"宣言中列举明朝对建州女真的歧视、欺凌和不公平待遇，对明朝大加控诉，把沉积已久的个人仇恨与民族矛盾杂糅在一起，以民族仇恨作为舆论宣传武器，把对明作战渲染成反抗明朝民族压迫的战争，有利于获取女真人的认同感，唤起共同的民族情感。

从现实发展状况来看，努尔哈赤统一女真的进程中，人口大量聚集，除了女真各部族成员外，还聚集了蒙古人和汉人，利益分配的不均以及生活方式的不同，使得内部矛盾日益激化。同时，八旗军长期作战，农业生产相对滞后，而与明朝边界的摩擦和冲突，又使得朝贡贸易受到严重的影响，女真内部面临着严峻的粮食危机。面对女真族内部矛盾和迅速发展需要更多资源的双重压力，对明作战无疑是一种既能转移内部矛盾，又能快速掠夺物资的方式。从这一层面讲，努尔哈赤将"七大恨"作为出兵的宣言，是想要以弱势者的姿态，来掩盖其掠夺资源的真实目的，从而最大限度地凝聚作战力量。

"七大恨"除了是其对明作战的宣言书，还是议和或招抚明朝臣民的主要宣传口号。皇太极即位初期，后金国面临着严峻的发展形势，加之此前宁远惨败，无暇发动较大的武装行动，故须先对明议和以求自身稳固，而在议和过程中，后金方也不忘反复强调"七大恨"。天聪元年（1627）正月，皇太极派人致书明宁远巡抚袁崇焕，申明此前对明出兵乃是"七大恨"之故，并令袁崇焕向明朝皇帝转达后金现在想要修好的意思，"不然，是尔仍愿兵戈之事也"[1]；天聪六年（1632）十月，皇太极致书明大臣，商讨议和之事，称："我惟愿见太平，未动尔边疆寸草尺土，乃边臣陵逼，致成七恨，渐启兵戈，迄今未息。今我仍愿太平，屡议和好，尔等乃以是为言，过矣。"[2] 反复强调后金此前伐明的正当性，还为此后议和不成，与明作战铺垫了新的正当理由。

同样，在劝降明官民之时，后金也多番强调因明而致的"七大恨"，如天聪三年（1629）十月，后金军行至遵化，劝降巡抚王元雅时亦提及："我两国本相和好，后因尔国侮慢侵陵，致成七恨……尔君臣妄自尊大，自视如天上人，且卑视我，不以我书转达，我深恨之……今尔等若输诚来降，功名富贵当与共之。尝闻良禽择木而栖，俊杰相时而动，尔等可不深念耶。"[3] 十一月，皇太极兵至通州，传谕各城绅衿军民，再述"大恨有七"，故而"昭告于天，兴师致讨"[4]，并强调自己乐于和好，"凡尔绅衿军民，有归顺者，我必加抚养；其违抗不顺者，不得已

1　《清实录》第二册《太宗文皇帝实录》卷二，天聪元年正月丙子，中华书局影印本，1985，第32页。

2　《皇清开国方略》卷一六，《景印文渊阁四库全书》第341册，台湾商务印书馆，1986，第251页。

3　《清实录》第二册《太宗文皇帝实录》卷五，天聪三年十月辛巳，第76—77页。

4　《清实录》第二册《太宗文皇帝实录》卷五，天聪三年十一月丙申，第79—80页。

而诛之，此非予诛之，乃尔君自杀之也"[1]。引导明绅衿军民认识到后金军的求和、爱民之心，认识明廷对民众生死的漠然。天聪七年（1633）八月，后金军前往攻打明山海关一路，出征贝勒携告示告谕明国人民："干戈原非我起，实由尔主偏助边外叶赫，酿成祸阶。"[2] 并强调后金国以好生为德，不忍伤及百姓，常常想要讲和，但是 "尔朝廷大臣既不议和，甘陷尔等于死地，予亦无如之何。是尔等之被荼毒，非予之故，皆由尔朝廷大臣荼毒之也，尔等当怨尔朝廷大臣，于朕何尤"[3]。皇太极对明朝官民的书信、告谕中，言辞逐渐激烈，不停地渲染明廷不顾百姓死活的行为，淡化后金对不归顺汉民极端处置的责任，引导百姓埋怨明廷，其作用在于激化明内部的阶级矛盾，增加百姓的恐慌和不满，使百姓与朝廷离心，削弱明军的战斗力。

后金对明的书信、告谕，往往是派人直接书信传送明朝君臣，或是委托明臣转达明朝皇帝，抑或是张榜告知百姓。除了这些官方常规互通信息的手段外，清方还注重利用流动性较强的群体，来为之传送消息。据《清实录》记载，后金军攻陷抚顺时，"尽释所获十三省商人，详书七恨付之"，让商人们 "各至本处，告尔督抚，转奏朝廷"[4]。《满文老档》也有此类记载："以七大恨之书付明帝鲁太监之商贾二人及开原一人、抚顺一人，遣还明帝耶。"[5] 商人群体本就是社会上最为活跃的群体，交游广泛，虽说是让他们转告各地巡抚和明廷，实际上也是利用他们流动性强这一群体性特点，尽可能地在明境扩散消息，广泛地让明朝社会各阶层群体都知晓清方的意愿。

总之，"七大恨" 作为清军入关前的主要舆论斗争武器，其政治性远大于情感性，具有很强的掩真性和引导性。它通过汇聚各种虚虚实实的理由，来掩盖后金的真实目的，引导人们认识明朝的 "险恶"，而后金对明出兵则是逼不得已的，不仅能抢占道义的制高点，博取同情心，操控话语权，还能煽动人们的复仇情绪，凝聚人心，鼓舞士气来反抗明朝的压迫。

二　顺天应命：为夺取天下的舆论造势

后金对明作战的数十年间，屡获胜利，早已不是 "七大恨" 中所呈现的弱小无助、忍辱负重的形象。在历史大势的

1　《清实录》第二册《太宗文皇帝实录》卷五，天聪三年十一月丙申，第 80 页。

2　《清实录》第二册《太宗文皇帝实录》卷一五，天聪七年八月壬戌，第 202—203 页。

3　《清实录》第二册《太宗文皇帝实录》卷一五，天聪七年八月壬戌，第 203 页。

4　《清实录》第二册《太宗文皇帝实录》卷一九，天聪八年七月丁酉，第 253 页。

5　中国第一历史档案馆、中国社会科学院历史研究所译注：《满文老档（上）》，中华书局，1990，第 63 页。

推动下，在自身势力逐渐壮大的情况下，后金统治者的政治追求也不仅仅满足于固守一方安宁，而是式廓疆围，谋求"大业"。皇太极曾在告祭努尔哈赤的祷文中，多番提及"今为敌者，惟有明国耳"[1]，希望得到神灵庇佑，"以成大业，以昌国运"[2]。以"七大恨"来凝聚力量，巩固地方政权是可行的，但在复杂多变的局势下，想要吞灭明朝，夺取全国政权显然是行不通的。那么，如何论证后金具有取代明朝，获得全国政权的资格，便成为引导舆论的关键。

第一个难题，便是论证明朝将要灭亡，而后金受天眷佑。中原文化中的"天命无常"思想无疑为后金统治者提供了思路，具体从三个层面展开舆论引导。

第一，强调天命无常，天行有道。《后金檄明万历皇帝文》作为清入关前的一份重要史料，学界认为可能是后金用于宣传的印刷材料。[3] 文中列举了中国历史上王朝兴亡的十九个例子，可见其引导舆论的落脚点在于："自古以来，岂有一姓之中尝为帝王，一君之身寿延千万，乃天

运循还也。"[4] 皇太极极为注重宣扬"自古天下非一姓所常有"的观点，曾在与明通好的书信中提到："天运循环，几人帝，几人王，有未成而中废者，有既成而复败者，岂有帝之裔常为帝，王之裔常为王者哉？"[5] 并以辽、金、元曾君临天下，但后来转属于明为例，表明"皇天无亲，善则培之，否则倾之"[6] 的观点。在"天命无常"的基本认识下，后金统治者还强调上天具有明辨是非的力量，努尔哈赤认为后金与明朝的征战，并非后金不明事理，而是受明朝的逼迫，"故天祐我而责明国也"[7]，把战争的胜利归结为上天的意思；皇太极有效地继承了努尔哈赤的思想逻辑，进一步指出仰承天命是有条件的，那就是"有德者受命"，他指出，"皇天无亲，有德者受命，无德者废弃"[8]；"匹夫有大德，可为天子，天子若无德，可为独夫"[9]。正是因为有"德"的限制，天下才不是常为一姓独占。

第二，强调明朝衰亡的必然性。既然有德者受命于天，那么接下来就要对照论

1　《皇清开国方略》卷一九，《景印文渊阁四库全书》第 341 册，第 288 页。

2　《清实录》第二册《太宗文皇帝实录》卷二六，天聪九年十二月丁酉，第 339 页。

3　参见潘喆、李鸿彬、孙方明编《清入关前史料选辑（一）》，中国人民大学出版社，1984，第 289 页。

4　《后金檄明万历皇帝文》，载潘喆、李鸿彬、孙方明编《清入关前史料选辑（一）》，第 290 页。

5　《清实录》第二册《太宗文皇帝实录》卷四七，崇德四年七月丁巳，第 632 页。

6　同上注。

7　中国第一历史档案馆、中国社会科学院历史研究所译注：《满文老档（上）》，第 87 页。

8　《清实录》第二册《太宗文皇帝实录》卷五九，崇德七年三月乙酉，第 805 页。

9　《清实录》第二册《太宗文皇帝实录》卷二八，天聪十年四月丁亥，第 371 页。

证明朝是否有德。《后金檄明万历皇帝文》中系统地总结了历史上大国气数将尽的特点："君臣昏迷，行事逆理乱常，不知其过，骄泰以失之。"[1] 对照指出明朝存心不正，无天无地之处：上天"惟论其德，默祐为帝"[2]，而明朝昏迷，所以国家受祸；上天不论势之众寡、国之大小，"只论事之是非公断"[3]，而明朝自恃兵力强大，逆理谬行，肆意生杀，"以致天怪"[4]，屡降灾异。后金还积极向周边势力宣扬天道轮回，明朝灭亡的必然性。如天聪八年（1634），兵部和硕贝勒岳讬差人致书锦州蒙古多尔济哈谈、绰木、扎木苏、诺木齐塔布囊四人，指出明朝君主不念百姓死活，已经是危亡之际，"鲜有传至二十世者，岂明之子孙百世为君乎[5]？强调王朝更迭，有兴有废的规律，还指出："观之于古，顺天者存，逆天者亡……即如明之臣子，亦有审观天时，知明运将终，叛归我国者，如水之就下，尔等岂不知之？"[6] 劝告他们顺天而行，归顺后金国。天聪九年（1635），皇太极在给朝鲜的书信中列举明朝每每兵败，而后

金军又将从东而进的军事状况，称"此皆天运潜移，欲覆明国也"[7]，并分析了明臣奸诡横行，欺蔽君上的政治腐败状况，认为是亡国之兆。

第三，强调后金受天眷顾，仰承天命。后金认为明朝必然灭亡，那么谁来取而代之？后金统治者通过明朝和后金的对比，来进一步论述上天对后金的偏向。皇太极指出："唯天公正，不论国之大小，止论事之是非，遂以我之是为是。"[8] 强调自己的行为是受上天肯定的。天聪六年（1632），皇太极致书宁远各官，称自己屡次诚心致书修好，明作为大国却不愿意听从，是违背天理的行为，"曲在尔而直在我，是非之际，天有不鉴察者乎"[9]？一旦认为天意肯定自己的行为，那便很容易将这一关系前后对调，认为自己的行为即是天意，能够作为评判是非对错的准则。后金利用各种自然现象，来制造明朝必然灭亡，而后金受天庇佑的舆论。《后金檄明万历皇帝文》指出：明朝北京玉河两年流血，是上天责怪而降下的灾异；

1　《后金檄明万历皇帝文》，载潘喆、李鸿彬、孙方明编《清入关前史料选辑（一）》，第296页。

2　《后金檄明万历皇帝文》，载潘喆、李鸿彬、孙方明编《清入关前史料选辑（一）》，第291页。

3　《后金檄明万历皇帝文》，载潘喆、李鸿彬、孙方明编《清入关前史料选辑（一）》，第292页。

4　同上注。

5　《清实录》第二册《太宗文皇帝实录》卷二〇，天聪八年九月戊辰，第269页。

6　《清实录》第二册《太宗文皇帝实录》卷二〇，天聪八年九月戊辰，第268页。

7　《清实录》第二册《太宗文皇帝实录》卷二六，天聪九年十二月丙申，第338页。

8　中国第一历史档案馆、中国社会科学院历史研究所译注：《满文老档（下）》，第806页。

9　《清实录》第二册《太宗文皇帝实录》卷一二，天聪六年十一月甲辰，第175页。

而后金丙申、丙辰两年，天降蜜雨，则是天示祥瑞。[1]

后金统治者结合明王朝的腐败状况，以及数年来与明作战多番胜利的经历，再利用"天命"思想来阐释后金"屡获天祐"，思路虽然清晰，但也存在一个明显的硬伤，那便是人的思维具有主观性和利己性，后金统治者很容易把对自己有利的行为和经历与天意紧密联系起来，论证上天对自己的偏向，而对于自己不利的方面则绝口不提。这样的舆论宣传显然说服力不够强，特别是难以令中原大地上的广大汉族群体信服。

那么，后金统治者的第二个难题，便是找到更加有力的证据，来证明其取代明朝，成为天下之主，是天命所归。天聪九年（1635）八月，后金出征察哈尔时，获得"传国玉玺"的事件，恰好成为后金解释其"顺天应命"的一大标志性事件。

据《清太宗实录》记载，该玉玺原藏于元朝大内，元顺帝被洪武帝所败，携玺逃亡，元顺帝去世后，玉玺遗失。过了两百多年，有牧羊人在山冈下发现该玺，后依次被元后裔博硕克图汗、林丹汗所得。多尔衮等人出征察哈尔时，听闻玺在苏泰太后福金处，便将其索得。玺上有汉文篆刻"制诰之宝"四字，"璠玙为质，交龙为纽，光气焕烂，洵至宝也"[2]，多尔衮等人大喜，称："皇上洪福非常，天锡至宝，此一统万年之瑞也。"[3]

学界对该玉玺是否为"传国玺"有所争议，主要依据是中国古代传国玉玺印文多为"受命于天，既寿永昌"，而皇太极所获玉玺印文为"制诰之宝"[4]。但无论该玺的真正功能是什么，关键在于后金君臣如何认识和解释。

"传国玉玺"的获得，令后金君臣欢欣鼓舞，文馆甲喇章京鲍承先称："大宝呈祥，天赐玉玺，乃非常之吉兆也。"[5]主张以隆重迎接玉玺，"仍以得玺之由，书于敕谕，缄用此宝，颁行满、汉、蒙古，俾远近闻知，咸识天命之攸归也"[6]。皇太极听从了这一建议，天聪九年（1635）九月，皇太极亲自率领贝勒、大臣及后妃迎接凯旋大军，并设隆重的仪式迎接玉玺，皇太极称："此玉玺乃历代帝王所用之宝，天以畀朕，信非偶然也！"[7]

1　参见《后金檄明万历皇帝文》，载潘喆、李鸿彬、孙方明编《清入关前史料选辑（一）》，第 296 页。

2　《清实录》第二册《太宗文皇帝实录》卷二四，天聪九年八月庚辰，第 317 页。

3　同上注。

4　相关研究有李凤民《"元传国玺"之谜》，《沈阳师范学院学报》（社会科学版）1994 年第 1 期；春花《论"元传国玺"流传始末》，《满语研究》2018 年第 1 期等。

5　《清实录》第二册《太宗文皇帝实录》卷二四，天聪九年八月癸未，第 319 页。

6　同上注。

7　《清实录》第二册《太宗文皇帝实录》卷二五，天聪九年九月癸丑，第 322 页。

随后，一些官员纷纷进言，渲染该玉玺的价值。都元帅孔有德认为，皇太极获得传国宝玺，与昔日文王时凤凰鸣岐山的征兆略同，都是受命之符，并称："此宝实非寻常，乃汉时所传，迄今二千余年，他人不能得，惟我皇上得之，盖皇上爱民如子，顺时合天。虽宝玺在千里之远，应运呈祥，是天启其兆，登九五之尊而享天下之福，无疑也。"[1] 总兵官耿仲明奏称："夫玉玺者，乃天子之大宝，国家之上瑞，有天下者所必用也。今皇上合天心，爱百姓，故天赐宝玺，可见天心之默佑矣。惟愿蚤正大统，以慰臣民之望。"[2] 天聪九年（1635）十月，昂邦章京石廷柱率汉官生员等进贺表，称："伏以皇上兴顺天应人之师，获镇国传世之宝，祯祥已见，历数将归。"[3] 而皇太极回应："诸臣所言诚是，朕亦知上天眷佑，示以瑞兆，但虑朕才德凉薄，恐不能抚民图治，上答天心。自后当益加兢业，以祗承上天之宠命耳。"[4] 从后金君臣的言论中，可以看出，他们将该玉玺视为 "天赐玉玺""历代帝王所用之宝""汉时所传两千余年的传国宝玺""天子之大宝"，认为获得此玺是 "顺时合天""天心之默佑"，是天命所归的吉兆。

后金大臣进一步围绕皇太极获得玉玺一事大作文章，积极奏请皇太极上皇帝尊号。起初，众臣联合奏请，皇太极以 "未知天意""必待上天眷佑，式廓疆圉，大业克成之时，然后郊禋践阼，躬受鸿名"[5] 为由拒绝。天聪九年（1635）十二月，文馆儒臣希福、刚林、罗硕，礼部启心郎祁充格代表诸臣上奏称："察哈尔汗太子举国来降，又得历代相传玉玺，是天心默佑，大可见矣"，应当 "仰承天意，早正大号，以慰舆情"[6]。皇太极仍然以 "大业未定，豫建大号，恐非所以奉天意"[7] 为由推拒。虽然臣下多番有关上尊号的进言，皇太极表面上都是拒绝的态度，但从 "未知天意" 到 "恐非所以奉天意"，反映了皇太极对得到玉玺之后 "天心默佑" 是认可的。一般情况下，开国皇帝面临群臣上尊号的请求，都会假意推辞几次，皇太极也不例外。同时，他之所以拒绝，也是担忧臣下是否真心效忠于他，甚至说出 "譬有一贤者于此，我将

1　《清实录》第二册《太宗文皇帝实录》卷二五，天聪九年九月辛酉，第 323—324 页。

2　《清实录》第二册《太宗文皇帝实录》卷二五，天聪九年九月辛酉，第 324 页。

3　《清实录》第二册《太宗文皇帝实录》卷二五，天聪九年十月戊寅，第 329 页。

4　同上注。

5　《清实录》第二册《太宗文皇帝实录》卷二六，天聪九年十二月甲辰，第 341 页。

6　同上注。

7　同上注。

振拔之"[1] 这种试探性的话。几番推辞之后，贝勒萨哈廉令希福等人再上奏称：皇上不受尊号，是诸贝勒的过失，诸贝勒不能自修其身，不够忠信，所以皇上不肯轻易接受上尊号的请求。并表示"今诸贝勒宜誓图改行，竭忠辅国，以开太平之基"[2]，再次请求皇太极受尊号。此次进言终于得到皇太极的首肯，随后便召集满、汉、蒙古诸文臣，令希福、刚林、罗硕等传谕汉儒臣，征求群臣的意见。鲍承先、宁完我、范文程、罗绣锦、梁正大、齐国儒、杨方兴等称："人当顺天而行，天之欲皇上受此尊号也，岂必谆谆然命之乎！玉玺既得，诸国皆附，人心效顺，是即天意所在也。"[3] 此后，后金君臣便积极向蒙古各部、朝鲜等方宣扬上尊号的事宜，最终于天聪十年（1636）四月，皇太极加皇帝尊号，定国号"大清"，改元"崇德"。

显然，在当时的历史局势下，该玉玺出现的最大价值，便是为后金"顺天应命"的舆论引导提供佐证，为皇太极称帝改元提供依据。此后，清朝作为一个新兴王朝，更加有与明朝一争高下的底气。社会上有关"明亡清兴"的舆论也逐渐蔓延，例如崇德元年（1636），多尔衮、多铎往征明国，行至锦州时，营城内以道人崔应时为首的五十人，编造歌谣数千

言，大概是明国将要灭亡，清朝将要兴起之意。文书由胡有升献到多铎军前，甚得其欢心，多铎称："吾等整旅而来，不过顺天心，应人情而已。若此事果成，汝之富贵何待言乎？"[4] 对于明方而言，崔应时等人乃是通敌的"叛徒"，故而在想要与清军进一步勾结之时将其抓获，但这无疑反映了在当时的局势下，社会上存在一些想要投靠清朝的群体，而清朝也很乐意利用这些群体来制造和传播"明亡清兴"的言论。

三　报君父之仇：清军入关正义性的塑造

顺治元年（1644）三月，李自成率领的大顺军攻破皇城，崇祯帝朱由检自缢，历史走到了一个新的节点，重整河山、一统天下成为各方势力面临的共同时代问题。而清军之所以能够顺利入关，除了自身实力的长期积蓄、外部因素和历史大势的推动外，其"报君父之仇"的出兵宣言无疑起到了占据舆论高地的关键作用。

清军决定出师伐明之前，范文程就敏锐地感知到明朝即将灭亡的大势，他向多

1　《清实录》第二册《太宗文皇帝实录》卷二六，天聪九年十二月甲辰，第 341 页。

2　《清实录》第二册《太宗文皇帝实录》卷二六，天聪九年十二月甲辰，第 342 页。

3　同上注。

4　《清实录》第二册《太宗文皇帝实录》卷三一，崇德元年十月丙戌，第 398 页。

尔衮说了至关重要的一番话，其中包括三个要点：其一，明四面受敌，河北一带，定属他人；其二，中原百姓被 "流寇" 蹂躏，黔首无依，思择令主；其三，此次讨伐虽然是与明朝争夺天下，实际上是与 "流寇" 角逐。同时，他还提出了两个具体的行军准则： "任贤以抚众" "申严纪律，秋毫勿犯"。范文程想要达到的效果，一方面是赢得民心，另一方面是扩充力量，借力打力。范文程指出： "傥不此之务，是徒劳我国之力，反为流寇驱民也。夫举已成之局而置之，后乃与流寇争，非长策矣。"[1] 在范文程看来，如若先耗费军力攻灭明朝，再与农民军角逐，是徒劳自己的力量，为他人作嫁衣。那么，对于清军来说，若是能坐收渔翁之利，才是上策。

历史有时就是充满着戏剧性，还未等清军大举伐明，明政权便被大顺军推翻，这无疑给了清军一个绝佳的机会。大顺军刚刚经历与明的交战，尚未立稳脚跟，而清军整装待发，倾尽全力准备作战，洪承畴结合事态发展，灵活地提出 "宜先遣官宣布王令，示以此行特扫除乱逆，期于灭贼"[2] 的建议，为清军找到了一个进军中原的理由。顺治元年（1644）四月十五日，清军行至翁后，意外地碰上吴三桂

的书信求援，以明朝孤臣的名义，请求清方合兵共讨农民军，这给清军进入山海关增添了更加有力的筹码。多尔衮在给吴三桂的回信中指出： "予闻流寇攻陷京师，明主惨亡，不胜发指。用是率仁义之师，期灭此贼，出民水火。"[3] 声称清军出兵本就是为了救民于水火，而吴三桂的书信更加坚定了其进军的步伐。这种表述，显然是为了凝聚清军与故明孤臣的共识，为清军入关增加说服力。

此后，清军摇身一变，成了为故明百姓 "报君父之仇" 的 "仁义之师"。入关次日，清军谕明吏民： "义师为尔复君父仇，非杀尔百姓，今所诛者惟闯贼。吏来归，复其位；民来归，复其业。师行以律，必不汝害。"[4] 顺治元年（1644）五月，多尔衮谕故明官员军民： "明季骄淫坏法，人心瓦解，以致流寇乘机肆虐。我朝深用悯恻，爰兴仁义之师，灭尔仇雠，出尔水火，绥安都城，兆姓归心。"[5] 广泛地向故明官员军民宣告清军是为故明报仇、安定天下的 "仁义之师"。

清军打出 "为尔报君父之仇" 的旗号，掩盖明清之间的矛盾，渲染故明民众对农民军的仇恨，是在复杂战局下的一种舆论引导手段，其巧妙之处在于将长期与

1 《清实录》第三册《世祖章皇帝实录》卷四，顺治元年四月辛酉，第51页。

2 《清实录》第三册《世祖章皇帝实录》卷四，顺治元年四月庚午，第53页。

3 （清）蒋良骐撰，鲍思陶、西原点校：《东华录》卷四，顺治元年四月癸酉，齐鲁书社，2005，第56页。

4 （清）赵尔巽等：《清史稿》卷二三二《列传十九》，中华书局，1977，第9352页。

5 《清实录》第三册《世祖章皇帝实录》卷五，顺治元年五月戊戌，第58页。

明王朝作战的竞争者形象，塑造成为故明复仇、救民出水火的正义拯救者形象。如此一来，清军入关似乎从内到外都是合情合理的，即使此后故明官民有所怨恨，也会更多的把关注点放在吴三桂的"通敌叛国"之举上，前来伸出援助之手的清军何辜？而"报君父之仇"的旗号也很大程度上赢得了广大汉族民众的信任，"凡百姓逃窜山谷者，莫不大悦，各还乡里，薙发迎降"[1]，清军几乎畅通无阻地直入北京，问鼎中原。

打着为故明军民"报君父之仇"的旗号，巧妙地掩盖了其意图得天下的政治目的，极大地塑造了清军入主中原的正义性。而为了进一步打消中原大地上汉族百姓的疑虑，清军入关前期也努力从多个方面打造正面形象，来争取民心。

首先，始终对军纪三令五申，严加约束士兵的行为。清军入关过程中，范文程、洪承畴等汉官都劝告多尔衮，要对百姓秋毫无犯。多尔衮也很善于审时度势，严格申明军纪，要求"勿杀无辜、掠财物、焚庐舍"[2]，不遵从者以罪论处。顺治元年（1644）五月，清军进入北京后，

多尔衮又下令："诸将士乘城，厮养人等毋入民家，百姓安堵如故。"[3] 九月，谕城堡营卫文武各官及军民人等："尔等但备办粮草，赍送军前，此外秋毫不扰。城市村庄人民，各照常安居贸易，毋得惊惶。"[4] 顺治三年（1646），豪格等人率兵征四川之时，得旨："总以安民为首务，须严禁兵将，申明纪律。凡系归顺地方军民，不得肆行抢掠，务体朕以仁义定天下之意。"[5] 在严明的军纪下，八旗将士基本上能够对百姓"秋毫不扰"，也逐渐收获了一些汉人的好感。

其次，清军入关之后，并没有急于筹划皇帝登基之事，而是践行"仁义"之道，命官民为崇祯帝服丧三日，并令礼部、太常寺操办丧礼事宜。这一举动从情感上激发了故明官民的共情，收获了较好的舆论反应，据多尔衮称："官民大悦，皆颂我朝仁义，声施万代云。"[6]

最后，清军长期坚持的"薙发令"暂时停止执行。顺治元年（1644）五月，多尔衮表示，薙发本来是为了"别顺逆"，但"今闻甚拂民愿，反非予以文教定民之本心"，于是令天下臣民今后"照

1　《清实录》第三册《世祖章皇帝实录》卷四，顺治元年四月己卯，第 55 页。

2　（清）赵尔巽等：《清史稿》卷二一八《列传五》，第 9025 页。

3　（清）赵尔巽等：《清史稿》卷四《本纪四》，第 86 页。

4　《清实录》第三册《世祖章皇帝实录》卷八，顺治元年九月辛卯，第 85 页。

5　《清实录》第三册《世祖章皇帝实录》卷二三，顺治三年正月己巳，第 201 页。

6　《清实录》第三册《世祖章皇帝实录》卷五，顺治元年五月辛卯，第 57 页。

旧束发，悉从其便"[1]。虽然次年清军攻下南京之后，便再次颁布了 "薙发令"，极大地激发了汉人的反抗情绪，但对薙发政策的短期放松，也反映了清军初入中原，根基未稳，用来争取民心的权宜之策。

整体来看，在历史的转折点上，清军很敏锐地捕捉到历史的动向，把握时机，打着 "报君父之仇" 的旗号顺利入关，极大地获取了民心，在舆论方面占据上风，打赢了问鼎中原的最后一战。但这一出兵宣言，也有很大的时间局限性，它只是表示清军来帮故明百姓报仇、讨伐大顺军，并没有说明报仇之后由谁来坐天下，实际上掩盖了清军长期以来统一天下的政治目标。随着清军南下的进程，薙发易服等一系列政策的推行，满汉矛盾激化，"报君父之仇" 的口号也逐渐丧失了公信力。

结　语

舆论引导本质上是为政治服务的，为了达到一定的政治目的，统治者往往采用一些权宜之计，来扰乱敌心，争取民心，这是因时而变、因势而变的选择。从复仇伐明的 "七大恨"，到与明朝争锋的 "顺天应命"，再到入关的 "报君父之仇"，清军的舆论宣传思路经历了从个人恩怨到天下大义的转变，为的是争取民心，加强内部团结，逐渐消耗明朝的力量，从而实现夺取天下的政治目标。所谓时势造英雄，清军的成功入关或许是有一些偶然的因素存在，但历史的偶然中往往蕴含着历史的必然。在机会来临之际，清军能够灵活地把握住民众的心理，有效地引导舆论的风向，不仅顺应民心，还顺应历史发展大势，为一举实现大业起到了关键作用。

1　《清实录》第三册《世祖章皇帝实录》卷五，顺治元年五月辛亥，第60页。

地图研究

近代知识体系转型对地图的影响[*]

■ 成一农　隆　龑（云南大学历史与档案学院）

笔者在《社会变迁视野下的中国近代地图绘制转型研究》一文中，对以往中国近代地图绘制转型的研究进行过综述。就整体而言，以往这方面的研究主要关注地图绘制技术的转型，并认为这种转型是由于在测绘方面有着更高准确性的西方近现代相关技术的传入造成的，只有少量研究考虑到了技术之外的因素，认为中国近代化产生的新需求也影响了近代时期地图的转型。对于以往这种研究视角，笔者在该文中提出地图绘制的转型不仅是近代中国社会整体变迁一部分，而且受到近代中国社会发生的众多变迁的影响，地图绘制的转型也是多层次、多方面的，绘制技术的转型只是其中最为表象的一个方面。总体而言，近代中国地图绘制的转型，是近代中国社会变迁的一扇窗户，一方面透过这扇窗户我们看到了整个社会正

在发生的众多变迁；另一方面，只有理解了整个社会正在发生的众多变迁，我们才能更为透彻地理解映射在窗户上的各种光影的变化。[1] 基于上述认知，本文希望从近代中国知识体系转型的角度来更为具体地探讨近代地图的转型。

大致而言，"经史子集"是王朝时期，尤其是隋唐之后占据主导的图书分类体系，由于在古代，书籍是知识的主要载体，由此"经史子集"也就可以被大致认为是中国古代的知识体系。而在这一知识体系中，占据主导的主要是"经""史"两类。其中"经"，在汉代之后基本指的就是儒家经典，即"经部著录之书，就是'十三经'以及历代学者解释、阐述和研究'十三经'的经学著作"[2]；"经"字本身也被解释为"常也，即常道之义。意思是说，儒家经典是永恒的真理，永远遵循的准则"[3]，

---

* 本文系 2023 年度国家社会科学基金重大项目 "国内外庋藏康熙《皇舆全览图》谱系地图整理及研究"（23&ZD261）阶段性成果。

1 成一农：《社会变迁视野下的中国近代地图绘制转型研究》，《安徽史学》2021 年第 4 期。

2 张衍田：《经史子集四部概说（上）》，《文献》1990 年第 2 期。

3 同上注。

由此"儒家经典被奉为了'与天地为终始'的宗教信条"[1]。在汉代刘歆《七略》的图书分类中,"史"没有独立的部类,相关著作被附属相当于后世"经部""六艺略"的《春秋》类中,此后随着历史著作的增加和史学重要性的提高,史部逐渐独立,且地位不断提高,在四部分类中仅次于经部,[2] 其作用在于基于"史实"来阐述和支撑经部确立的"真理""准则"。

回到本文关注的主题"地图",除了以往研究中重点关注的绘本地图之外,中国古代还存在数量众多的在各类书籍中作为插图存在的地图。就《文渊阁四库全书》《续修四库全书》《四库全书存目丛书》《四库未收书辑刊》和《四库禁毁书丛刊》5 套丛书统计,[3] 其中收录的地图多达 5000 余幅。与那些单独流传的绘本地图不同,这些地图可以被认为是书籍的内在组成部分,由此也可以按照书籍所属的部类进行分类。其中经部中收录地图的古籍约 30 种,地图 460 多幅。史部中收录地图的著作 170 种,地图近 3600 幅,是四部中收录地图最多的,主要集中在以《大清一统志》为代表的地理志书,以《东吴水利考》为代表的水利著作以及以《筹海图编》为代表的军事著作中,基本属于地理类。子部中收录地图的古籍约 60 种,地图约 1010 幅,虽然在数量上要超过经部,但这些地图在子部中的分布极不平衡,主要集中于以《图书编》《三才图会》为代表的类书中,而这些类书中收录的地图有很大一部分来源于经部和史部;在类书之外,子部中的地图主要集中在以《江南经略》《武备志》为代表的兵家类著作中,在术数类著作中也收录有一些地图。集部中收录地图的古籍约有 18 种,地图约 78 幅,是四部中数量最少的,且其中叶春及的《石洞集》就收录地图 28 幅。

总体而言,中国古代书籍中作为插图存在的地图主要集中在"经部"和"史部"中,而近代知识体系的变迁,使得这两部发生了根本性的变化,进而也导致了相关地图的转型,而这也是本文主要讨论的内容。不过,需要说明的就是,知识转型对地图的影响远远不止于此,即使本文对"经部"和"史部"地图的分析也是如此,因为随着视角的不断转换,我们将会看到无穷无尽的变化。

一 "经部"的解体对地图绘制的影响

正如本文开始所言,在中国的知识体系中"经部"有着至高无上的地位,由此古代士大夫为了全面、正确地理解儒家

---

1 张衍田:《经史子集四部概说(上)》,《文献》1990 年第 2 期。

2 张衍田:《经史子集四部概说(下)》,《文献》1990 年第 3 期。

3 去除了上述丛书中重复收录的古籍;此后的统计数据都来源于这 5 套丛书。

经典，往往需要绘制地图来对儒家经典中记载的地理要素的位置和分布进行呈现和研究。在儒家经典中，与"地理"关系最为密切的就是《禹贡》，因此就数量而言，大多数经部书籍中的地图都与《禹贡》有关，这些地图除意图描绘《禹贡》中所载九州及其地理要素的"禹贡总图"之外，还有大量呈现"导山""导水""贡道"等《禹贡》所载内容的专题图，甚至还有着众多表现《禹贡》中所载某条河道及其周边地理要素的地图。

由于这类地图数量众多，现仅对"禹贡总图"进行介绍。在这类地图中，存世最早的当属著名的宋代石刻《禹迹图》。关于这幅地图前人研究众多，在此不再赘述。[1] 与《禹迹图》差不多同时代的就是《历代地理指掌图》中的"禹迹图"[2]。《历代地理指掌图》中的绝大部分地图是以"太宗皇帝统一之图"为底图绘制的，[3] "禹迹图"也不例外，只是去掉了宋初的一些内容，同时增加了《禹贡》中所载"九州"的名称，以及如"塗山""防风氏""少康邑"等为数不多的上古地名，但这些地名大部分没有出现在《禹贡》中，而似乎与其他文献中所载大禹时期以及夏初的历史有关。虽然《历代地理指掌图》属于"史部"著作，但这一"禹迹图"则被大量经部著作所引用和改绘，按照图面内容大致可以分为

三类：第一类，对《历代地理指掌图》"禹迹图"的直接复制，属于这一类的地图如清代徐文靖《禹贡会笺》"九州总图"。第二类，包括《六经图》"禹贡九州疆界之图"、《六经图碑》"禹贡九州疆界图"和《七经图》"禹贡九州疆界之图"，这三幅地图以《历代地理指掌图》"禹迹图"为基础，对其中的地理要素进行了大幅度的精简，如去掉了长城、大量的河流以及一些上古都城的名称。第三类，以清代江为龙等辑的《朱子六经图》中的"禹贡九州疆界图"为代表，这一地图可以看成是第二类地图的进一步简化，去掉了一些河流和水体。

明清时期还存在以罗洪先《广舆图》"舆地总图"为底图绘制的"禹贡总图"。其中明代后期的主要有《禹贡汇疏》"舆地总图"、《夏书禹贡广览》"九州总图"和《禹贡古今合注》"禹贡九州与今省直离合图"。其中《禹贡汇疏》"舆地总图"基本是对《广舆图》"舆地总图"的直接复制，只是存在微小的改动。《夏书禹贡广览》"九州总图"，则基本只保留了"舆地总图"的海岸线轮廓以及重要的河流，并以此为基础标注了"九州"。《禹贡古今合注》"禹贡九州与今省直离合图"在精简了《广舆图》"舆地总图"中的河流和山脉的同时，增加了九州的内

1　对该图的介绍可以参见成一农《中国古代舆地图研究》（修订本），中国社会科学出版社，2020，第 8 页。

2　虽然《历代地理指掌图》属于史部著作，但正如后文所述其中的"禹迹图"被众多经部著作所引用。

3　成一农：《中国古代舆地图研究》（修订本），第 16 页。

容，并且粗略绘制出了大部分府级政区之间的界线。清初，出现了以《广舆图》"舆地总图"为基础绘制"禹贡总图"的地图谱系，目前可以找到的属于这一谱系的有艾南英《禹贡图注》"九州分域图"、胡渭《禹贡锥指》"九州分域图"、马俊良《禹贡注节读》之《禹贡图说》"九州分域图"以及王皓《六经图》"九州分域图"。这一谱系的地图去除了《广舆图》"舆地总图"上的几乎所有政区和地名，只保留有西北方向的沙漠，但增加了"九州"及其分域，以及少量山名，清晰地标注了"五岭"上各岭的名称，并添加了来自孔安国、马融和郑康成的四段文字，但总体而言，图中与《禹贡》"九州"有关的内容并不多。

此外，《六经奥论》"禹贡九州之图"，是一幅极为简略的示意图，除用符号标绘了九州的位置、四个正方向以及"尧都"之外，没有绘制其他任何内容，因此只是对"九州"相对方位的表达。

总体而言，自宋代之后，意图描绘《禹贡》中所载"九州"及其地理要素的"禹贡总图"中的很大部分，实际上并没有对《禹贡》中所载"九州"及其地理要素进行全面的呈现，因此似乎有些"题不对图"。但与此同时，某些以展现《禹贡》中"山川"为主题的地图，反而对"九州"及其地理要素进行了较为全面的展现，其中存世数量最多的就是以宋代杨甲《六经图》中的"禹贡随山浚川图"为代表的谱系。《六经图》"禹贡随山浚川图"的图面内容较为简单，没有

绘制宋代的行政区划，而突出绘制了重要的河流、山脉，并注明了《禹贡》中提到的大量地点，标绘了九州的位置，注明了黄河的入海口，其表现的内容不仅局限于"导水""导山"，而且还包括"九州"的内容。属于这一谱系的经部地图主要有：《七经图》"禹贡随山浚川图"、《书经章句训解》"禹贡图"、《五经图》"禹贡所载随山浚川之图"、《书经大全》"禹贡所载随山浚川之图"、《禹贡图说》"禹贡总图"、《禹贡古今合注》"禹贡全图"、《禹贡汇疏》"禹贡总图"、清代卢云英辑《五经图》"禹贡所载随山浚川之图"、清代王顼龄等奉敕撰《钦定书经传说汇纂》"旧本禹贡随山浚川之图"，以及清代朱鹤龄《禹贡长笺》"郑端简公禹贡原图"和"考定禹贡九州全图"。

类似的还有宋代傅寅《禹贡集解》中的"禹贡山川总会之图"，该图在宋代地图上标绘了《禹贡》中的山川和重要地点，用比其他地名稍大一些的字标明了"九州"的位置。由于《禹贡》表述的地理空间范围集中在黄河和长江下游，因此虽然整幅地图没有比例，但图中黄河下游和长江南岸以北地区绘制的相对较大，同时没有绘制洞庭湖以南地区，黄河绛州以西绘制的则相对较小。该图与众不同的一点就是，将黄河下游表现为在入海之前汇合为一的九条河道，以体现《禹贡》中所记的"九河"。

除了与《禹贡》有关的著作之外，与经部《春秋》有关的著作中也存在一些地图，但数量相对较少。就谱系而言，

流传最广的经部春秋类的地图以《历代地理指掌图》"春秋列国之图"为目前存世最早的祖本。该图以宋代政区为基础，标绘了春秋诸国的空间范围。当然，《历代地理指掌图》"春秋列国之图"属于史部地图，但其确实被经部著作广泛引用，大致而言有《七经图》"春秋诸国地理图"、《六经图》"春秋诸国地理图"、清张廷玉等奉敕编纂的《钦定春秋传说汇纂》"苏轼指掌春秋列国图"、《春秋四家五传平文》"东坡指掌春秋图""西周以上地图"、《春秋大全》"春秋大全列国图"、清代王皜的《六经图》"春秋列国图"、清代卢云英辑《五经图》"春秋诸国地理图"，以及清代孙从添等辑《春秋经传类求》"春秋列国图"。

春秋类的地图还有宋代《六经图碑》和《五经图》中的"诸国今所属图"。清代吴凤来的《春秋集义》"春秋诸国便考图"，应当是以《广舆图序》"大明一统图"谱系中的"舆地总图"系列为底本绘制的，两者在长城、黄河的走势方面极为近似，且都在地图左上方标有"沙漠"、在地图左侧标绘有"昆仑"等。清代顾栋高的《春秋大事表·舆图》"总图"，可能是以《广舆图》"舆地总图"为底图绘制的，如图中黄河的走势以及所使用的计里画方的"每方五百里"都是《广舆图》"舆地总图"的典型特征，只不过《春秋大事表·舆图》"总图"对

"舆地总图"进行了裁剪，去掉了河套以北、河源以及广东、广西以南的部分。比较特殊的就是廖平的《春秋图表》"春秋列国实地图"，该图应当是以清代晚期的测绘地图为底图绘制的，因为图框上标注了经纬度数值，且中央经线应当通过的是京师北京；此外同书中的"春秋经义九州封建图"属于示意图性质，用符号分别表示"京城""二伯王后""方伯"和"卒正"。

最后，在与《诗经》有关的著作中经常出现"十五国风地理图"以体现"十五国风"的地理分布。[1]

到了近代，在西方知识的冲击下以及随着科举考试的废除，在知识体系中，经部的地位不断下降，并逐渐消解到现代的各个学科之中。如虽然对《诗经》的研究依然存在，但大都将其作为史料或者文学作品对待，而不再具有"经典"的地位。由于重要性的下降，因此虽然也存在以"十五国风"为主题的地图，但不仅数量极少，而且流传范围也极小，难得一见，不再像中国古代那样，在与《诗经》有关的著作中广为流传，且不断延续和传抄，形成谱系。

与《春秋》有关的地图也是如此，简言之，《春秋》不再作为经典，而被作为历史著作看待，由此虽然描绘春秋时期的地图依然被大量绘制和流传，典型者如谭其骧主编的《中国历史地图集》，但以

1　关于以"十五国风"为主题的地图的起源及其流传，参见成一农《"十五国风"系列地图研究》，《安徽史学》2017 年第 5 期。

《春秋》为对象绘制的地图则少之又少。

与"十五国风"和《春秋》有关的地图相比，经部地图中数量最多的《禹贡》类地图的变化最为彻底。作为儒家经典的《禹贡》，在清末之前学者的心目中，其所描述的时代及其地理信息的真实性从未受到真正的质疑，但到了近代，虽然对其成书年代依然存在争议，但绝大多数研究者已经不再相信其是对大禹时代或者夏初地理状况的描述，并认为其中蕴含着大量后世的想象和构建，由此虽然存在对《禹贡》的研究，但研究者基本不会再将其作为可信的史料来直接使用。由此，虽然依然有着少量绘制《禹贡》地理要素的地图，但已经极为少见，且几乎没有学者还会像王朝时期的研究者那样，去逐条复原《禹贡》中记载的河道的走向，并绘制相关地图了。基本可以说，在近现代的学科体系中，《禹贡》类地图几乎消失不见，这与王朝时期的情况形成了鲜明的对比。

总体而言，随着"经部"的解体，对于原属于经部的儒家经典的研究虽然依然存在，但在新的学科体系中的地位明显下降，且不再具有"经典"的意义。不仅如此，在新的知识体系中，以《禹贡》为代表的经典中记录的"历史"，不再被作为确凿不移的"史实"来看待，而被看作带有浓厚想象和构建成分的史料，因此不仅绘制地图的数量显著减少，甚至难以得见，而且影响力和重要性都显著降低。

二 "史部地理类"的转型对地图绘制的影响

很多学者可能认为，虽然传统的"史部"与当前的历史学存在非常巨大的差异，[1] 但就地图绘制而言，古今似乎并不存在本质差异，如对历史地图集的绘制，以及"左图右史"的传统。不过，如果我们关注到收录地图最多的"史部地理类"的话，那么就可以察觉到一些本质性的变化，本节即围绕"史部地理类"的转型展开。

要理解这一转型，那么就首先需要理解"史部地理类"以及地理知识在传统知识体系中的价值和意义。对此，刘龙心认为"中国传统地理知识强调以人为本，带有强烈的儒家道德伦理色彩和维持王朝

1　如刘龙心就提出"我看到了梁启超在《新史学》上的一段话：'今日泰西通行诸学科中，为中国所固有者，惟史学。'面对这段经常为人引述的话，我不禁怀疑如果史学确是中西皆有的一门学科，那么传统史学又为什么还存在如何向现代/西方转化的问题呢？直到后来，持续从制度史的面向去观察现代中国史学的发展之后，我才慢慢体会到原来久处学科体制下的我们，已经很难于梁启超话语的细微处看出：中国所固有的史学，实际上并不是一门学科（discipline）……从西方移植过来的'学科体制'，不断主宰了20世纪学术发展的主要形式，同时也彻底摧毁了我们对传统知识结构的认知，以致身处20世纪末的我们，往往不自觉地就会以'学科'的角度来理解史学这门古老的'学问'"，《学术与制度：学科体制与现代中国史学的建立》第一章"绪论"，远流出版事业股份有限公司，2002，第2页。

统治秩序的思维，传统部类将地理一类放在史部之下，即说明了地理不是一种自外于人的客观知识，某种程度上，它所反映的是一套中国知识（统治）阶层理解和看待世界的方式"[1]；辛德勇也有类似的观点，即"现代学者往往简单地把四部分类的史部与现代学科意义上的历史学直接等同起来，因此对于把地理类书籍划归在史部不仅没有积极的评价，反而普遍认为这是地理学科附庸于历史学的标志，对此持轻视的态度。其实传统目录学的史部，并不完全等同于现代意义上的历史学。它区别于其他部类的本质特征，是其内容的社会属性，即侧重反映人与人之间的社会性活动和行为，而不是其时间属性；而子部则可以说是以技术和非主流的思想学术等'法'、'术'为本质特征。唐代以前的四部分类把地理书籍归在子部，显然是把地理学视同为一种法术性的知识。形成这种认知，在客观上是与汉魏六朝地志偏重志异志怪的内容密切相关。如前所述，唐代以后，地志的内容已改为以人文社会性内容为主，人们对于地理学科的认知，也就随之发生了相应的变化"[2]。

正是由于对"史部地理类"和知识体系中地理知识的这种定位，因此在中国古代，一个地点除了其位置之外，还被赋予了各种"儒家道德伦理色彩和维持王朝统治秩序"等与人有关的各类知识，因此一个地点不仅是一个地点、位置，而且还包括在其上发生的各类事件和产生的事物，由此也就涉及了时间，换言之，地点自身就是各种知识的汇集，或者说各种与人有关的知识以"地点"为核心凝聚在了一起。这点在历代编纂的正史地理志和全国总志中都有所体现，如在以《元和郡县图志》为代表的地理志书中，对于一个地点的记载，除了四至八到（相对应空间）和沿革（时间）之外，最为重要的就是关于户口、州境（疆域）和贡赋等内容，而这些显然都是王朝所关注的知识。

而且，通过唐代以来官修地理总志的序来看，古人对于"地理"关注，强调的是其上发生的对于统驭国家、治理万民具有重要意义的"古今之迹"。如《元和郡县图志》中李吉甫的"原序"：

臣闻王者建州域，物土疆，观次于星躔，察法于地理。考中国山河之象，求二仪险阻之情，天汉萌而两界分，南宫正而五均叙。自黄帝之方制万国，夏禹之分别九州，辨方经野，因人纬俗，其揆一矣。及秦皇并六国，则罢侯而置守。汉武讨百蛮，则

1　刘龙心：《从历史出走——清末民初地理教科书与近代历史知识的转型》，近代以降的历史教育与历史教科书问题学术研讨会，2015 年 4 月 18—19 日。

2　辛德勇：《历史的空间与空间的历史——中国历史地理与地理学史研究》，北京师范大学出版社，2005，第294 页。

穷兵而黩武。虽裂为郡县者远过于殷、周，而教令之所行，威怀之所服，亦不越于三代。失天地作限之意，非皇王尚德之仁，夸志役心，久而后悔。由此观之，则圣人疆理之制，固不在荒远矣。吾国家肇自贞观，至于开元，兼夏、商之职贡，掩秦、汉之文轨，梯航累乎九译，厩置通乎万里，然后分疆以辨之，置吏以康之，任所有而差贡赋，因所宜而制名物，守其要害，险其走集，经理之道，冠乎百王，巍巍乎，无得而称矣！《易》曰天险不可升，地险山川丘陵。王公设险以守其国，险之时用大矣哉。然则圣人虽设险，而未尝恃险。施于有备之内，措于立德之中，其用常存，其机不显，弛张开阖，因变制权，所以财成二仪，统理万物。故汉祖入关，诸将争走金帛之府，惟萧何收秦图书，高祖所以知山川院塞，户口虚实。厥后受命汜水，定都洛阳，留侯演委辂之谋，田肯贺入关之策，事关兴替，理切安危，举斯而言，断可识矣！伏惟睿圣文武皇帝陛下，握枢秉圣，承祧立极，祖尧、舜之道，宪文、武之程，皇王之遐踪行之必至，祖宗之耿光寝而复耀。天宝之季，王途暂艰，由是坠纲解而不纽，强侯傲而未肃。逮至兴运，尽为驱除，故蜀有阻隘之夫，吴有凭江之卒，虽完保聚，缮甲兵，莫不手足裂

而异处，封疆一乎四海，故廊、卫风偃，朔塞砥平，东西南北，无思不服。臣吉甫当元圣抚运之初，从内庭视草之列，寻备衮职，久尘台阶，每自循省，赧然收汗。谟明弼谐，诚浅智之不及，簿书期会，亦散材之不工，久而伏思，方得所劾，以为成当今之务，树将来之势，则莫若版图地理之为切也。所以前上《元和国计簿》，审户口之丰耗；续撰《元和郡县图志》，辨州域之疆理。时获省阅，或裨聪明，岂欲希鄷侯之规模，庶乎尽朱赣之条奏。况古今言地理者凡数十家，尚古远者或搜古而略今，采谣俗者多传疑而失实，饰州邦而叙人物，因邱墓而征鬼神，流于异端，莫切根要。至于丘壤山川，攻守利害，本于地理者，皆略而不书，将何以佐明王扼天下之吭，制群生之命，收地保势胜之利，示形束壤制之端，此微臣之所以精研，圣后之所宜周览也。谨上《元和郡县图志》，起京兆府，尽陇右道，凡四十七镇，成四十卷。每镇皆图在篇首，冠于叙事之前，并目录两卷，总四十二卷。臣学非博闻，识愧经远，驰骛虽久，漏略犹多，轻渎宸严，退增战越。谨上。[1]

李吉甫在这段序言中，对于"地理"的重要性交代得非常清楚，其目的不在于

1　（唐）李吉甫：《元和郡县图志》，中华书局，1983，第 2 页。

地形、地貌、气候、灾害等现代地理学所关注的地理方面，也不在于现代地理学所关注的所谓"人地关系"，而在于"邱壤山川，攻守利害"；且其中用大段文字论述了"地理"与之前王朝以及唐朝兴衰的关系。

大致而言，在中国古代"经史子集"的知识分类中，"经部"可以被视为总纲，或者对"儒家道德伦理色彩和维持王朝统治秩序"的理论和准则方面的论述，而史部则为这些总纲或者理论、准则提供"史实"依据；同时在"史部"中，地理类之外的大多数类目，基本可以看成主要是以"时间"为轴线，来为"儒家道德伦理色彩和维持王朝统治秩序"提供史实依据，或者佐证；而地理，则可以被看作以"空间"为主要轴线，来为"儒家道德伦理色彩和维持王朝统治秩序"提供史实依据。因此总体而言，中国古代史部的"地理类"，其核心不在于"地理"本身，而是在于发生在"地"上的各类"史实"，由此也就可以理解为什么"地理"会被归入"史部"。当然，在"子部"中也有"地理"，主要关注的是风水、术数等，但这些内容同样是以"地"为中心来解释"人事"的。

《元和郡县图志》中对于"地理"的这种认知，还可以在此后的地理总志中见到，如《大明一统志》的"顺御制明一统志序"：

朕惟我太祖高皇帝受天明命，混一天下，薄海内外，悉入版图。盖自唐虞三代下，及汉唐以来一统之盛，蔑以加矣！顾惟覆载之内，古今已然之迹，精粗巨细皆所当知。虽历代地志具存可考，然其间简或脱略，详或冗复，甚至得此失彼，舛讹殽杂，往往不能无遗憾也。肆我太宗文皇帝慨然有志于是，遂遣使偏采天下郡邑图籍，特命儒臣大加修纂，必欲成书，贻谋子孙，以嘉惠天下后世。惜乎！书未就绪，而龙驭上宾。朕念祖宗之志，有未成者谨当继述，乃命文学之臣，重加编辑。俾繁简适宜，去取惟当，务臻精要，用底全书，庶可继成文祖之志，用昭我朝一统之盛！而泛求约取，参极群书，三阅寒暑，乃克成编，名曰《天下一统志》，著其实也。朕于万几之暇，试览阅之，则海宇之广，古今之迹，了然尽在胸中矣！既藏之秘府，复命工锓梓以传。呜呼！是书之传也，不独使我子孙世世相承者，知祖宗开创之功，广大如是，思所以保守之惟谨。而凡天下之士，亦因得以考求古今故实，增其闻见，广其知识，有所感发兴起，出为世用，以辅成雍熙泰和之治，相与维持我国家一统之盛于无穷，虽与天地同其久长，可也！于是乎序！天顺五年五月十六日。[1]

1　（明）李贤：《大明一统志》，三秦出版社，1990，第 1 页。

其中"而凡天下之士，亦因得以考求古今故实，增其闻见，广其知识，有所感发，兴起出为世用，以辅成雍熙泰和之治"，不仅将该书的编纂目的表达得淋漓尽致，而且显然其重点强调的并不是现代意义上的"地理"，而是"地"上发生的"史实"。

正是由于在传统的知识体系中对于"地理"的这种认知，因此作为对"地理"的直观呈现的王朝时期的地图，在绘制时，同样是将"地"作为线索，来表达与地点有关的历史沿革、物产、风俗、发生过的历史事件等与统驭国家、治理万民有关的内容。而这些内容通常无法用地图图像来表达，而只能以文字注记的形式来体现，这应当就是现存的很多古代地图上有着大量文字注记的原因。由此，中国古代地图上不仅存在大量现代人看来不应当出现在地图上的文字注记，而且由于这些文字注记记述的时间是不一致的，因此地图上有时也就存在不同时间的地理要素和内容了。而且可能同样正是因为中国古代地图是以史实为导向的，也即地图的绘制在于汇集与绘制者所要表达的主题有关的史实，因此也就不太在意地图上地理要素时间的一致性了。

如宋代的石刻《华夷图》，不仅在图面上有着大量记述周边各族历史的文字，而且地图周边政区名和部族名与地图主要部分的行政区划的时间（即宋代）也明显不一致，如"汉玉门关""汉阳关"等，唐代的伊州、西州、碎叶和九部室韦等。

"古今形胜之图"系列地图，图面上充斥着大量的文字，而且这些文字涉及的时间、主题都不太一致，因此实际上这一系列的地图可以看成是将图面上的"地点"作为索引，罗列了编纂者所关注的"史实"，也即图像形式的"史实"列表，如"北胡"处的注记为"北胡种落不一，夏曰獯鬻，殷曰鬼方，周曰猃狁，秦汉曰匈奴，唐曰突厥，宋曰契丹。自汉以来，匈奴颇盛，后稍弱而乌桓又兴。至汉末，鲜卑盛，灭乌桓，尽有其地。后魏时，蠕蠕独强，与魏为敌。蠕蠕灭，而突厥起，尽有西北之地。唐初，李靖灭之。至五代及宋，契丹复盛，别部□□曰蒙古、曰泰赤乌、曰塔塔儿、曰克列，各据□地。既而蒙古兴，兼并有之，遂入中国，代宋称号曰元。后天命归于我朝，元遂灭矣，此说注史不载志"；"西宁"处的注记为"古湟中地，后陷于吐蕃，宋改置鄯州"；"玉门关"处的注记为"班超愿生入玉门关此"；"荆州"处的注记为"曰郢、江陵，春秋楚都，三国必争之地"；"辰州"处的注记为"马援征五溪蛮此"；等等。整体而言，这幅地图图面上绘制的地理要素就成了组织相关知识的一个框架，其"地理"属性虽然重要，但并不像现代地图那样是居于第一位的。[1]

---

1 关于这一系列地图的研究，参见成一农《〈古今形胜之图〉系列地图研究——从知识史角度的解读》，《形象史学》第 15 辑，社会科学文献出版社，2020，第 254 页。

这种情况在"专题"地图中更为明显，这些地图多用图注或者贴签的方式标注与"专题"有关的"史实"，如明代万历时期潘季驯编纂的具有很强影响力的《河防一览》中的"全河图"。该图以黄河为主，绘制出了黄河自河源至江苏徐州附近与运河合流后夺淮入海的整个河道，同时还绘制了从北京至浙江的大运河，且忽略了两者的实际方向，将黄河与运河大致平行地绘制在同一幅地图上；在黄河下游还详细绘制了两岸的堤坝工程，且用符号呈现了沿岸的府州县以及一些名胜古迹。值得注意的就是，图中在各个地点旁边存在大量文字注记，记述了相关河流的源流、水利工程修筑的历史、历史时期发生的水灾、与河防有关的职官及其管辖范围等，如"神京"右侧的文字注记："通惠河发源于昌平州神山泉，会马眼诸泉，经都城入内府，南出玉河桥，由大通桥至通州与白河合"；"庙王口"处的文字注记："庙王口系扫湾去处，尤恐缕堤难支，万历十八年增筑遥堤一道，长一千二百五十五长"；"陶家店"处的文字注记："洪武二十四年，河决阳武县，由陈颍入淮"等。因此该图是以地点为索引，将与"河防"有关的知识汇集在一起。

此外，虽然中国古代有些地图图面并无文字，但在图前图后都附有大量的文字，用以说明图中所绘内容，典型的就是《历代地理指掌图》，该图集的每幅地图之后都有大量的文字来对图面内容即"地理"进行"注释"。

需要注意的就是，中国古代还存在一些现代人看来用于表现"疆域""政区"的地图，如明代的《杨子器跋舆地图》，图中除了山川之外，主要表达的就是王朝控制的地理空间及其政区。但如果按照上文论及的古代知识体系中对"地理"的定位的话，那么这类地图虽然图面上没有文字注记以及专题内容，但同样可以被看作以地点为线索，对与"儒家道德伦理色彩和维持王朝统治秩序"相关的史实的组织，因为在王朝时期，"政区"本身对于王朝的统治就是重要的。《杨子器跋舆地图》图面下方杨子器的跋文就展现了这一点：

　　三代大江南虽入职贡，未为中土。汉唐拓地虽远，汉损朱崖、蔑瓯，越唐至中叶失河北，遂不能复，不至有宋之弃燕云，又不□吉也。胡元入主中国，开辟以来之世略败坏已极。我圣明起而逐之，不假九合之力，卒世不世之功，薄海内外，俱入版图。观夫两京畿之相望，十三省之环，百五十二府、百四十州、一千一百二十七县之系属，四百九十三卫、二千八百五十四所交错布列，为之保障，若宣慰司十二、宣抚司十一、招讨司十九、长官司百七十七，亦莫不革其野心，以听省府约束。外若朝鲜、安南等国五十六，速温河等地五十八，奴儿干[1]、乌斯藏等都司所隶二百三十八，亦皆恭奉朝贡。一统之盛，万古仅见。孔子曰："管仲一匡天下，民到于今受其赐。微管仲，吾其被发左衽矣。"夫管仲仅挫受封之楚，孔子犹以为受赐，况净扫弥天之虏，其功高过于逷王，吾民受赐可胜既哉！數时绎思维，但求定此《舆地图》，所以有补于政体也。间常参考《太一统志》及《官制》而布为是图，比诸家详略颇异。若京师、若省、若府州县、若卫、若所、若卫所之并居府州县者、若内外夷方之师化与宾界者，势而异其形，远近险易一览可睹。愿治者常目在焉，则于用人行政谅能留意！慈溪杨子器跋。

其中的"所以有补于政体也""远近险易一览可睹。愿治者常目在焉，则于用人行政谅能留意"！对该图的绘制目的表达得非常清楚，且这段文字叙述也展现了该图与现代所谓政区图的差异。

到了近现代，随着传统知识体系的解构，传统的"地理"中的各类"史实"被分散到众多主题之下，也即刘龙心所说的，"因此，20 世纪初西方学科和近代知识分科系统进到中国以后，这些原本在传统中国知识架构下以人为本，以实践普遍王权思想为目的地理知识，就纷纷被肢解

并塞进了乡土志、乡土教科书和地理教科书当中（当然也包括了民国以后的新修方志）——特别是那些被认为是探究与人类生产、经济活动有关的人文地理。于是一时之间，人文地理的内容和类别暴增，任何可能受到地理环境影响或是描写人群聚合、文化表现、政府组织、经济产业的项目，都被一股脑地放进人文地理中，而且更多时候那些原本因着王朝统治和儒学教化而产生的官署、城池、津梁、祀典、仓廪、田赋、榷税、兵制、船政、学校、书院、坛庙等项目，在'改名换姓'之后，都被重新整编到一个只具有抽象意义的国家、国民的概念框架下，以政府组织、产业机构、军事要塞、交通设施之名而存活下来"[2]，由此大量传统上与"地理"存在联系的"史实"与"地理"分离。

不仅如此，进入近现代之后，定义一个地点的方式主要是位置，即经纬度，虽然地点的历史，即"沿革"有时也依然存在，如现代编纂的《中国行政区划沿革手册》只有地点的经纬度和沿革两项内容，但"沿革"的重要性已经大大降低。更为重要的就是，从学科的角度来说，现代意义的地理学，与从传统史学演变而来且受到现代西方影响的历史学完全分离开来，两者的学科目的也随之发生了变化。就"地理学"而言，按照名词术

1　原文为"十"，显然应为"干"。

2　刘龙心：《从历史出走——清末民初地理教科书与近代历史知识的转型》，近代以降的历史教育与历史教科书问题学术研讨会，2015 年 4 月 18—19 日。

语委员会"术语在线"的定义是"研究地球表层自然要素与人文要素相互作用及其形成演化的特征、结构、格局、过程、地域分异与人地关系等。是一门复杂学科体系的总称"[1]，由此"地"成为这门学科的核心问题，而传统"地理"所关注的各种"史实"则至多成为其研究的资料，且其目的也演变为对"地"和"人地关系"的研究，传统的"凡天下之士，亦因得以考求古今故实，增其闻见，广其知识，有所感发，兴起出为世用，以辅成雍熙泰和之治"则被放弃。

在现代地理学以"地"为核心之后，地图也就成了"地图"，是对"球表层自然要素与人文要素相互作用及其形成演化的特征、结构、格局、过程、地域分异与人地关系"的图像呈现，而不再是图像形式的"史实"或"知识"列表，其图面上绘制的地理要素也不再是组织相关知识的框架，地图也不再那么直接地为"儒家道德伦理色彩和维持王朝统治秩序"服务。正是因为如此，地图上的文字也逐渐消失，图与文也就脱离开来。

与此同时，在经历了近代的知识体系和学科转型之后，地点是通过经纬度来绝对定义的，时间也有着绝对的量度，两者交织在一起，构成了一套有着绝对量度的坐标体系，所有历史事件（包括人物）都被放置于这一坐标体系中，而这一坐标体系也成为现代人认识世界及其历史的标准方式。由此，在这一坐标体系中，一个时间对应一个空间，而这也成为现代科学所肯定的一种认知方式，这点在侯仁之先生关于历史地理研究的"横剖面法"中表达得最为明确，即"达比强调的是'重建过去时代的地理'，从而提供一个地区在发展过程中前后相继的地理剖面"[2]；"关于这一方面，侯仁之先生也在50年代初就曾经有所论述。他指出从事历史城市地理研究同历史地理学其他问题的研究一样，都要从地理学的角度去分析历史资料。这种历史分析方法，首先主要是指'复原'各个不同历史时期的地理面貌"[3]。因此，在这种学科和现代科学背景下，一幅"好"的地图必然只能表达某个时间的"地"，即使是"历史地图"通常也只有"今"以及古代某一时期两个时间，而不能将不同时间的"地"混杂在一起，更重要的是，即使是"历史地图"，其他也不再是对"史实"的组织框架，而只是两个不同时间的"地"的图形呈现。

简言之，在古代的知识体系中，"史部地理类"是以地为纲，对与治乱兴衰、道德教化有关的"史实"加以组织；而在现代"地理学"中，"地"以及"人地

1　https://www.termonline.cn/search? k=%E5%9C%B0%E7%90%86%E5%AD%A6&r=1632797278440.

2　侯仁之：《历史地理学四论》，中国科学技术出版社，1994，第30页。

3　辛德勇：《中国历史城市地理的理论肇建与研究实践》，载氏著《历史的空间与空间的历史——中国历史地理与地理学史研究》，北京师范大学出版社，2005，第393页。

关系"成为关注的核心,与时间有关的"史实"则成为次要的内容。基于此,再加上现代科学为时间和空间建立了一套坐标体系,由此古代可以作为相关"史实"的汇集的地图,在近代就不复存在,或者说,现代地图已经丧失了这样的功能。总体而言,"史部地理类"向现代地理学的转型,从根本上改变了地图的功能,以及地图的表现方式和表现力,甚至地图本身。

三　结论

地图,无论是在古代,还是在现代,都是知识体系内在的一部分,因而知识体系从各方面影响和塑造了地图。由于中国古代的知识体系与我们现在所熟知的以现代学科为代表的知识体系存在本质差异,因此也使得古代地图与现代地图在众多层面存在巨大的差异,有些是内容上的,有些是形式上的,有些是内涵方面的,本文所涉及的,应当只是这些层面中的一小部分。最终,经过近现代的转型,古代的地图与我们所熟知的现代地图,似乎不再是相同甚至相近的事物,这本身也展现了中国近代以来知识体系的巨大转型,甚至可以说是断裂。由此,本文放弃了笔者在《社会变迁视野下的中国近代地图绘制转型研究》一文中使用的"地图绘制转型"一词,而采用了"地图转型"一词,因为与"地图转型"相比,"地图绘制转型"远远未能涵盖与"地图"密切相关的各种层面的转型。

不仅如此,以往对于中国古代和现代地图的研究,大都将其作为一种"技术"和"技术"的产物来看待,至多将其放置于"地理"背景下进行讨论,但显然这样的思考方式局限了我们对"地图"的认知以及研究,甚至影响了对"地图"的理解,这也是现代地图无论是在表达方式上,还是在功能和内容上日益贫瘠的原因之一。因此,只有将"地图"放置在知识的整体背景下,放置在社会、历史、文化等背景下来认知,我们才有可能重新挖掘出这种对"地理"的图像呈现的丰富内涵,激活被我们放弃和遗忘的那些表现力。

前近代中国口岸城市的海外认知与制图嬗替[*]

■ 钟　翀　潘昱辰（上海师范大学人文学院）

引　言

大航海时代以来直至近代之初，随着东西洋航路的开辟以及此后远洋贸易的蓬勃发展，原先在我国传统王朝之中长期处于海隅山陬的边海城市，逐渐成为海外殖民者竞逐的繁荣口岸和华洋接触与抗衡的前沿支点，受到了越来越多觊觎和侦测。有关这些口岸城市的文字描述与历史研究，此前已有大量成果，不过，作为当时东西洋诸国认知中国、开展殖民的重要载体——同一时期由外国人绘制的此类城市的地图史料，目前虽已进行基础资料的收集与编目，[1] 但仍有海外多处的新出史料尚待深入发掘与判别，而在相关的研究方面，至今仅偶见零散披露，尚未开展较系统的考察。为此，本文意欲在重新整理此类中国口岸城市地图的基础上，从制图主体，即西洋制图术自身的发展脉络，尤其是发生在前近代的欧陆城市地图的转型，以及同一时代在东西双方正面接触之初出现的相关地理知识的传播等视角，尝试对该类地图的创作及其在早期华埠的测制史作一系统梳理与新的诠释。

之所以将西洋地图测绘技术作为本文分析的主轴与基准，是因为现今所见前近代海外人士绘制的形形色色的中国口岸城市地图，多是在当时西洋制图学从古典到近代、从发育到成熟这一技术发展过程之中创作而来的。纵观西方城市地图的测绘史，可见其城市类图发轫甚早，古罗马时代就已出现城镇之图，公元 6 世纪罗马帝国在近东殖民城市创作的米底巴地图是留存至今最早的城市图实物；不过直到中世纪，城市地图主要还局限于以绘画为载体的宗教作品之中。而自文艺复兴以来，尤

* 本文为国家社会科学基金项目"日军测制中国城镇聚落地图整理与研究"（19BZS152）、国家社会科学基金重大项目"外国所绘近代中国城市地图集成与研究"（15ZDB039）阶段性成果。

1 李孝聪、钟翀：《外国所绘近代中国城市地图总目提要》，中西书局，2020。

其是 16 世纪以降，城市地图在欧洲出现了集聚性、爆发式的增长，其绘制技艺几经迭代，由此绽放出绚烂多彩的欧陆城市地图文化。而就在与此同时，自 16 世纪下半叶始，葡萄牙、西班牙与荷兰等国竞相开启远东贸易与殖民，正是这些前近代的殖民者以及同时代往来于东西方间的使节和传教士们，以当时在欧陆业已成熟，或正在迅速发展的测制技术绘制了一批中国口岸城市的地图，为西方人带去了他们所急需了解的有关中国的异域景象与地理认知，也为这些中国城市留下了许多传统舆图（主要为方志类图）之外非常难得的外国所绘早期测绘地图与一种较为客观的形象史料。

本文要探讨的，就是上述这批海外绘制的中国最早的口岸城市地图。需要说明的是，本文所讨论的"城市地图"，依笔者此前提倡，主要是指将城市作为面状而非点状地物，并能够较清晰表现城市全体或其局部格局及其内部构造，或较准确反映城市地物与实景，可供较详细复原研究之用的一类地图。[1] 在前近代欧洲城市地图的制图实践中，根据测绘视角的不同，由低到高分别产生了立面图（又称侧面图）、鸟瞰图（或称俯瞰图，它与立面图又可并称"景观图"），乃至垂直视角的平面图这样三种不同的类型，这三类城市地图在本文中将一并予以整理、考察。

一　前近代欧洲城市地图创作的繁荣及其测绘技术史概览

自文艺复兴以来，透视法、印刷术与测图术的进步，商业都市的发展以及民众对于地理新知识的渴求，共同推动了欧洲城市地图创作的兴盛与繁荣。以其中的标志性作品及事件而言，最初的发生背景当为 15 世纪后半叶尼德兰写实主义绘画之中逐渐导入了现实的地理表现，并藉此触发都市景观地图的版画创作潮流。[2] 初期的代表作是意大利画家巴尔巴里（J. de' Barbari）制作的"威尼斯图"（图 1），该图为 6 片刻版拼合而成的巨幅鸟瞰地图，图中对于该市全域建筑、街区极为精细的写实表现至今仍为人所称道，亦对后世欧洲城市地图创作的变革产生了示范性的影响。

事实上，前近代欧洲的城市地图"革命"，其进化嬗替的大势，在相当程度上可从绘制视角的抬升来加以理解。相较于中世纪以来流行的低视角的城市立面图，15 世纪以来鸟瞰图的发明可以说是一项创举，绘者以假想的空中高点如飞鸟

1　钟翀：《宋元版刻城市地图考录》，《社会科学战线》2020 年第 2 期。

2　［日］矢守一彦：《都市図の歴史・世界編》第一章第三节《初期印刷本の時代》，东京讲谈社，1975，第 56—65 页。

图 1　威尼斯图（*Venezia*，约 1498—1500）

局部，大英博物馆藏

般俯瞰城市，方便于揭露被城墙或城市外围建筑立面所遮蔽的市区全域，十分有利于展示一个"填充了建筑、纪念性建筑、广场、道路、墙体和各种景观特征的复杂的城市系统"[1]，也因此成为后来两个世纪欧洲城市地图创作的基本图式。

因此，在 15 世纪末至 16 世纪的欧洲印刷产业的初期印本时代，以《世界历史》（*Weltchronik*，1493）、《寰宇志》（*Cosmographia*，1550）为代表的风土写作逐渐流行，此类文献常常刊载描绘当时城市状貌的实景地图，其早期的创作者与制印业者也从奥格斯堡、乌尔姆等慕尼黑周边的南德小镇逐渐集聚到了纽伦堡，该

地遂成为当时欧陆地图创制中心。[2] 这一时期的城市地图大量采用鸟瞰视角加以绘制，这一方面是由于鸟瞰图具象生动且容易为一般民众所理解接受，另一方面也符合欧洲城市地图从运用透视法的绘画创作以及写实主义的版画创作发展而来的历史文脉。因此，直至 17 世纪中叶，鸟瞰图仍是欧洲城市地图创作的标准图式。

不过，鸟瞰式制图采用多点透视，从不同位点来观察城市虽然有利于对城市整体的形象描绘，但也牺牲了对于城市空间的几何准确性与城市肌理中密集细节的表现，这些问题还有待于基于近代测绘进步

1　［美］戴维·伍德沃德主编，成一农译：《地图学史》第三卷第二十七章，中国社会科学出版社，2022，第 981 页。

2　Denis E. Cosgrove，*Images of Renaissance Cosmography*，*1450-1650*，*The History of Cartography*，Volume 3（part 1），2007，Chicago：Chicago University Press，pp. 55-98.

的城市平面图来加以解决。

　　平面图形式的城市地图在欧洲其实也颇有渊源。著名的如达·芬奇于 1484 年绘制的意大利伊莫拉城地图，就是一幅纯粹采用垂直视角、相当精确的大比例尺城镇平面图。但早期城市平面图的使用主要被局限于军事城防和地籍确权等场合，上述伊莫拉城图就是出于军事防卫的目的，1547 年纽伦堡的测绘师希尔斯沃格（A. Hirschvogel）主持实测绘制维也纳城最早的平面图，其缘起亦是出于 1529 年土耳其攻城战之后的城防需求。不过，就在 16 世纪中期，还出现了一种将视角拉得更高的俯瞰图，由此产生类似城市平面图效果，如尼德兰制图家安东尼松（C. An-

thoniszoon）于 1544 年创作的"阿姆斯特丹图"、1567 年版《尼德兰全志》中的"布鲁塞尔图"等，此类地图为数不多，但十分接近实测平面图，一定程度上可缓解鸟瞰图对于高密度城市肌理因受前置地物立面描绘的遮蔽而表现不充分等困难。到了 16 世纪末，地理学、测地学与地图学在欧洲诸国都成为专门的学问，城镇化的迅速发展和地籍管理的需求也促进了城市实测平面图的创新研发。1594 年，纽伦堡著名的地理学家、《测量学》一书作者普芬青（P. Pfinzing）以 Georg Nöttelein 所绘纽伦堡图（1555 年绘）为母本，制作了该城精确实测的大比例尺城市平面图（图 2），是为其时引领城市图平面化测制的先锋之作。[1]

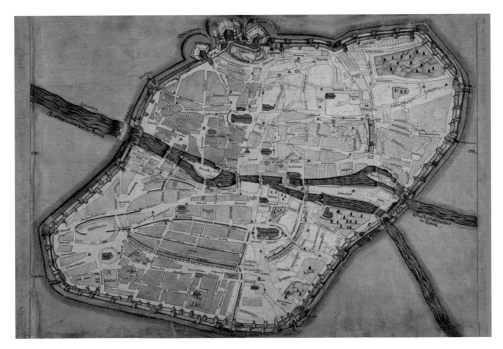

图 2　纽伦堡城市平面图（*Grundriss der Stadt Nürnberg*，1594）

选自德国纽伦堡档案馆所藏地图集 *Pfinzing-Atlas*

1　据慕尼黑工业大学 Stadtatlas Munchen 计划，详见 https：//www. stadtatlas-muenchen. de/n-1598。

此后，民众对城市地图的关心也逐渐从表现城市美观的鸟瞰式景观图转为对城市空间、对各自居住地在图上划定的重视，相较于装饰丰富、绘制工序复杂的鸟瞰式城市景观图，具有精确比例的城市平面图的潜力由此得以发挥，此种类型的城市图也渐为使用者所接受。各地陆续测绘了高精度的城市平面地图，如 J. Gomboust 于 1647 年制作了第一幅巴黎的平面地图；而在铜版印本时代城市地图集的巅峰之作——《寰宇城市》（*Civitates Orbis Terratum*，1572—1617 年）之中，常常可见一城并列鸟瞰、平面两幅地图的情况；[1] 进入 17 世纪以后，此类平面图起初是以鸟瞰图的补充形式附于其下的，后来渐渐地反客为主，到 18 世纪，城市实测平面图大行其道，在 1730—1740 年间迎来了创作高峰，伦敦、巴黎、阿姆斯特丹、海牙、纽伦堡、柏林、圣彼得堡、马德里、罗马、亚琛等大都市纷纷测绘出了大比例尺的实测平面图，并完全取代了昔日的鸟瞰图而成为城市制图的主流。

而与此同时，近代制图学驶入快速发展轨道，系统化的投影技术与三角量测网络逐渐成熟，在法国，都朋特里尔于 1791 年创制了第一张等高线地形图，其间，卡西尼家族四代 J. de Cassini 于 1818 年完成了他主持测绘的 1/86400 高精度法

国全境地形图这一大工程。此后，在 18 世纪末 19 世纪初，欧洲诸强纷纷设立国家测绘机构，并开展了国家主导的标准地形图测绘以及世界范围内的地理探查与航海及口岸城市测绘。

二　前近代欧洲人在华口岸城市测绘史及其制图成果

基于上述西洋城市制图技术演进脉络，结合前近代以来欧洲人在中国口岸开拓时期的地图测绘历史，可以观察到其对中国口岸城市地图的编绘始于 16 世纪下半叶，是其在全球范围内开展系统性地理探查与地图测制之一环。随着殖民活动的伸张，绘制相关区域航行所用海图，尤其是测绘殖民者在这些区域关键立足点的口岸地图，成为现实的、急迫的需求。早在 16 世纪初，西、葡等国的海外贸易主理机构便开始组织对海外地区的地图测制。1529 年，葡萄牙设立首席制图师（cosmógrafo-mor）专责海外地图编制；17 世纪初，荷属东印度公司成立伊始即获得了在亚洲测绘和出版地图的垄断权，是时该公司要求其海外员工撰写地理报告，再由专业制图家编制成图。[2]

从这一时期的殖民历史与制图实践来

1　Naomi Miller，"'Antiquités de Paris'：A Text for Architects，Antiquarians，Amateurs"，*Zeitschrift für Kunstgeschichte*，2004（61），pp. 540-550.

2　Kees Zandvliet，*Mapping the Dutch World Overseas in the Seventeenth Century*，*The History of Cartography*，Volume 3（part 2），2007，Chicago：Chicago University Press，pp. 1433-1462.

看，1553 年，澳门设为中葡永久交易地点，四年后葡人获准在澳永住，澳门遂成为西方在华最早设立的口岸。[1] 1622 年，荷兰人几经周折之后占领了澎湖列岛，并在澎湖本岛风柜尾处挖土筑堡，次年又将殖民地移置大员（今台南），开始侵入嘉南平原；1626 年，西班牙开拓舰队自菲律宾驶入台北盆地，并在这一地区建立殖民地。[2] 此后直至 1668 年郑氏收台，西、荷在台湾相继修筑了圣多明哥（San Domingo）、圣萨尔瓦多（San Salvador）、热兰遮（Zeelandia）等多处寨堡，并依托这些要塞逐渐形成淡水（Tangswij）、鸡笼（Quelang）、大员（Taiowan）等口岸城市，开展殖民统治与商贸等活动。在此期间，澳门和台湾诸城均成为他们直接居住且能自由活动之地，因此有足够的时间组织力量来实施测绘。事实上，当时西、葡、荷竞逐南洋的局势，以及此后自 18 世纪直至近代之初英、法、德等西洋诸强掀起更为广泛的殖民狂潮，也在客观上刺激了该地区口岸城市近代测绘的开展。因此，从现存地图的表现来看，一方面，出于对速测与精度的要求，当时最为先进的近代制图技术往往会直接运用到该区域的地图绘

制，而这批地图又大多是以手绘图形式留存于殖民当局的档案文书之中；另一方面，为满足欧洲本土民众对远东地理认知的需要，也出现了许多景观类的地图，并为当时欧洲的地理书所广泛征引。

（一）澳门

前近代时期留下来的澳门地图数量不多，以笔者管见，现存最早者应为佛兰德制图师 Theodor de Bry 绘制的 *Amacao* 一图（图 3），绘制时间约在 1589 年。该图尺寸纵 36 厘米、横 45 厘米，为地理志书《西印度与东印度航海汇编》[3] 中的插图。绘者以上东下西、自内港俯视澳门半岛的切入视角，放大了半岛南部葡人聚居区，以突出展示澳门口岸城市的格局。该图整体上以表现教堂、钟楼等地标性建筑为主，未见街巷等细节刻画。该图作者采用的视点较低，此种类似城市侧面图的低视角绘制手法也是早期欧陆流行的城市景观简图的样式。编制者 Theodor de Bry 系 16 世纪佛兰德地区著名的版刻工匠，专事旅行著作的版刻和编绘，其一生并未离开过欧洲，所编地图都是基于亲至者转述而绘制的。[4] 不过，此种澳门图式在欧洲流传

1　[英] 谟区查（Charles Ralph Boxer）著，李健译：《葡萄牙贵族在远东：澳门历史中的事实与逸闻（1550—1700）》，澳门大学出版社，2016，第 2 页。

2　[西] José Eugenio Borao Mateo 著，Nakao Eki 译：《西班牙人的台湾（1626—1642）：一项文艺复兴时代的志业及其巴洛克的结局》，台北南天书局，2008，第 72—73 页。

3　Theodor de Bry, Johan Israel de Bry, *Collectiones peregrinatiorum in Indiam orientalem et Indiam occidentalem*, Frankfurt am Main, 1599.

4　Maureen Quiligan, "Theodor de Bry's Voyages to the New and Old Worlds", *Journal of Medieval and Early Modern Studies*, 2011 (41), pp. 252-264.

图 3　澳门图（*Amacao*，约 1589）

颇广，如德国地志学家 Daniel Meisner 在他的著作 *Thesaurus philo-politicus* 一书中，也收录了一幅 *Amacao in Chyna*（中国澳门图），该书约在 1623—1624 年出版，其中的澳门图显然就是 1589 年 *Amacao* 的翻版，由此可知此类澳门地图正反映了欧洲对于这座远东港市最初的普遍印象。

此后，出生于马六甲的葡萄牙制图师 Manuel Godinho de Erédia 在大约 1615—1622 年编制"澳门地图"（原图未具图名），应该是目前所存澳门最早的实测平面图，该图图面内容虽较简略，但图上对于澳门半岛与澳门城的描绘为平面图形式，且具有相对的准确性，应是基于实测所制，可能主要用于筑城工程，推测此类工程图在当时应有一定的数量，但目前保存下来的早期图只此一种。[1]

不过在整个 17 世纪，最常见的仍是当时在欧洲占据主流地位的城市鸟瞰图形式的澳门地图，此类鸟瞰图又分为早期、晚期两种样式。早期图以葡人 Pedro Barreto de Resende 绘制的 *Macao*（约 1635

1　郭声波：《1560：让世界知道澳门——澳门始见于西方地图年代考》，《文化杂志》2008 年第 68 期。

年绘，图 4）[1]、*Demonstração da Cidade de Machao*（约 1636 年绘）等图为代表，特点是以绘画形式表现澳门半岛和青洲山，方位上东下西（这种由内港望向半岛的方位也是此类澳门鸟瞰图的惯用视角），不标地名，但城墙、炮台、教堂、山体与海岸线等地物的描绘相对准确；晚期的代表作是荷兰著名制图师约翰内斯·芬赫邦斯（Johannes Vingboons）在 1665—1670 年间绘制的"数字及字母详注澳门城市图"（*Aenwijsinge met Cijferletters，in de Stadt van Macao*，图 5，该图收于奥地利国家图书馆所藏的珍稀文献——《布莱尔-范德海姆地图集》[2] 之中）等多种澳门鸟瞰图。芬赫邦斯的澳门图明显拉高了俯瞰的视角，使得图中岸线轮廓等都具有了接近平面图的呈现。该图对重要地物标示了地名，图中一般建筑绘成红色屋顶，教堂等重要建筑以蓝色屋顶加以区别，内港水道标注水深，其绘制笔法也较前期图更为精致细腻，可以满足一般欧洲人对于该口岸及其周边环境的地理认知，也是欧洲城市鸟瞰图烂熟期的典型作品。

图 4　澳门图（*Macao*，约 1635）

1　本图出自葡萄牙人 António Bocarro 编撰的手写本 *Livro das Plantas de Todas as Fortalezas，Cidades e Povoações do Estado da Índia Oriental*，该写本藏于葡萄牙埃武拉公共图书馆，今有 1992 年影印版，据信书中插图都是由葡萄牙制图师 Pedro Barreto de Resende 所绘。

2　《布莱尔-范德海姆地图集》（*Atlas Bleau-Van der Hem*）是荷兰律师 Lauren van der Hem 基于荷兰制图师 Joan Bleau 于 1662—1672 年出版的地图集 *Atlas Bleau* 编制而成的一套地图和版画集。该书将 *Atlas Bleau* 原版 11 卷印本手工上色，并补编入 35 卷手绘地图、风景和肖像版画，其所编制的荷属东印度公司 4 卷手绘地图最有价值。该书今藏奥地利国家图书馆，并于 2003 年登记为世界记忆遗产。

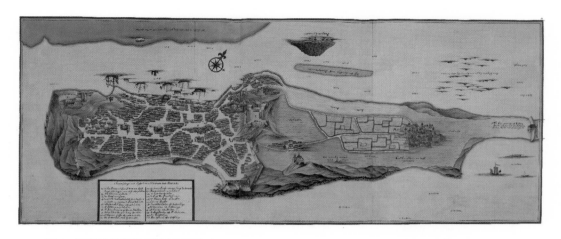

图 5　数字及字母详注澳门城市图（*Aenwijsinge met Cijferletters, in de Stadt van Macao*, 约 1665—1670）

如前所述，17 世纪是欧洲城市地图由鸟瞰图向垂直视角的平面图的迭代转型期，澳门的城市平面图也就诞生在该世纪的最后一年。今法国国家图书馆所藏"澳门城市和港口平面图"（*Plan de la Ville et Port de Macao*，图 6）是目前所知最早的一种澳门城市平面图。该图方位正北，附方位尺，图中以红色表示城市街区，并绘出城墙和重要炮台，用两个颠倒的船锚图形表示港口和锚地，右下方图名处还有 A 至 K 的 10 条地名注记。根据本图背面的手写笔记及作者签名，推断作者是 François Froger。Froger 是一名探险家，生于 1676 年，曾加入法国海军，他的足迹遍布新旧大陆各洲，17、18 世纪之交的几年他到华南沿海活动，此图应是他在 1699 年乘 Amphitrite 号航海至澳门时所测制或编制。本图影响深远，后来的多幅西人所绘澳门图均以此图为母版。

18 世纪末以法国为先导的地形图测绘革命兴起以后，法、英、德以及葡萄牙等国相继在澳门测绘了多种大比例尺的城市平面图。较早的如法国国家图书馆所藏"葡占澳门城市及市郊平面图"（*Plan de la Ville de Macao et de ses Environs aux Portugais*，图 7），系法国殖民地的技术军官 Laffite de Brafisier 等人于 1785 年编制（该图还有一种 1781 年的草图存世）。该图为纵 63 厘米、横 99 厘米之大幅图，按图上直线缩尺折算比例尺约为 1∶8500，限于当时测绘条件，该图方位变形较大，但绘者使用晕渰法准确表现了 18 世纪后期澳门及周边地区的街区、堡垒、山丘、田地、滩涂和航道等地理状貌。尤其是通过层叠式图块与阴影颜色配对的高超技法，将山丘的等高线与立体感展现得一览无余，水域深度也是该图着重表现的要素。图下还附有描绘澳门城市与虎门要塞的侧面景观图。此种平面图与侧面图主次分明的图式排布，正与欧陆当时城市地图的流行状况相一致。

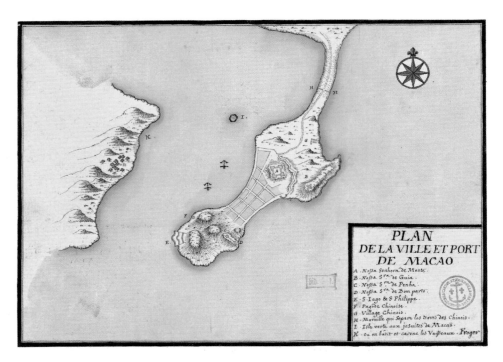

图 6 澳门城市和港口平面图（*Plan de la Ville et Port de Macao*，1699）

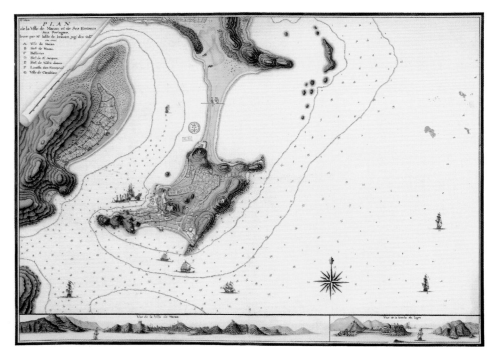

图 7 葡占澳门城市及市郊平面图（*Chine. Plan de la Ville de Macao，et de ses Environs aux Portugais*，1781）

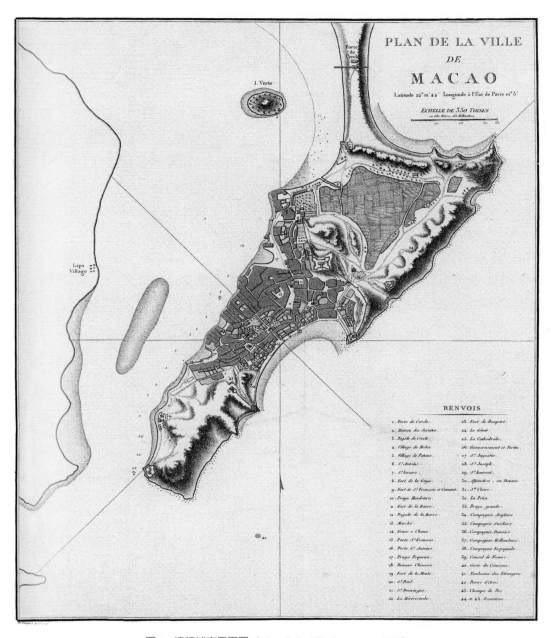

图 8　澳门城市平面图（*Plan de la Ville de Macao*，1792）

　　澳门口岸真正意义上的近代实测城市地图产生于 18 世纪末至 19 世纪前叶，从现存资料来看，这一时期集中出现了多种精确的澳门近代实测图，如 1792 年由法国 Chretien-Louis-Joseph de Guignes 编制的"澳门城市平面图"（*Plan de la Ville de Macao*，香港科技大学藏，图 8），还有很可能是以 1792 年图为底图绘制的 *A Plan of the City and Harbour of Macao*（澳门城市和港口平面图，收于记录 1792 年英使马嘎尔尼出访见闻的 *An Authentic Account of an Embassy from the King of Great Britain to the Emperor of China* 一书），以及今澳门旅游娱乐有限公司收藏的 1797 年印制的铜版澳门图（载于《澳门历史地图精选》），此外诸如葡人 Joaquim Bento da Fonseca 于 1808 年编制 *Plano Hydrografico e em Parte Topografico da Cidade de Macao*（澳门城市地形和水文图）、德国人 Heinrich Karl Wilhelm Berghaus 于 1834 年编制的 *Macao*（澳门图）等图，无论是测绘水准还是印制质量，均与同时代欧洲本土所制城市地图不相上下，洵属近代前夕外国所绘华埠地图之代表作。

（二）澎湖风柜尾

就目前留存下来若干早期的荷、西所绘台湾地图来看，自 17 世纪 20 年代两国踏足台湾始，他们便着手在当地开展一定规模的主动测绘以及相互之间的侦测活动，记录这些初期活动的最早一批地图，主要见存于上述奥地利国家图书馆所藏的《布莱尔-范德海姆地图集》之中。

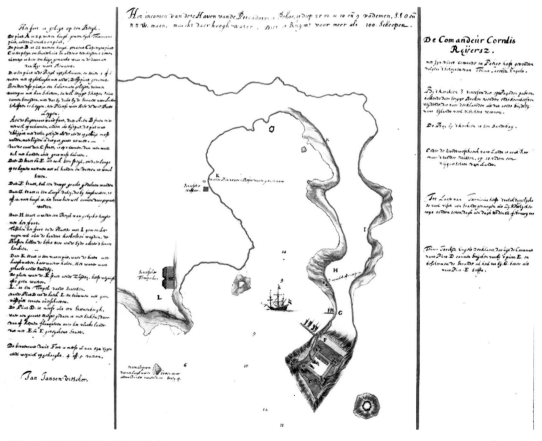

图 9　马公港与荷兰人城堡地图［*Landkarte des Hafens von Makung（Pescadoren）und des holländischen Forts*，约 1623］

澎湖列岛是荷人来华之初尝试开展殖民活动的一个重要节点，虽驻时短促，但也留下来十分珍贵的测绘地图。《布莱尔-范德海姆地图集》收有"马公港与荷兰人城堡地图"［*Landkarte des Hafens von Makung（Pescadoren）und des holländischen Forts*，图 9］，系荷兰著名制图师芬赫邦斯（Johannes Vingboons）以水彩手绘于 1670 年。此图两侧附有荷兰语注记，右侧为荷兰船长 Theunis Jacobsz Engels 对澎湖及其附近海域的情况报告，左侧是对图中地物的示意解释，署名 Jan Jassen Visscher。综合荷兰人控制澎湖列岛及在岛上修建要塞的时间推断该图应是翻绘 Jan Jassen Visscher 于 1623 年所作的地图，而其原版当出自 Engels 船长呈交荷兰东印度公司的航行报告。[1]

（三）台湾诸口岸

《布莱尔-范德海姆地图集》收录了西班牙人 Pedro de Vera 于 1626 年据一位在大员生活数年、受聘于荷兰东印度公司的澳门华人以其在大员湾及热兰遮堡见闻绘制而成的"台湾岛荷兰人港口描述图"（原图未具图名，图 10），以及描绘西班牙所占鸡笼（即基隆）的圣三一港及圣萨尔瓦多城堡的"西班牙人港口描述图"（图 11）。结合图上表现来看，这两种图应均为西班牙来台之初未经实测、描绘城堡及其周边山水形势的示意性简图。

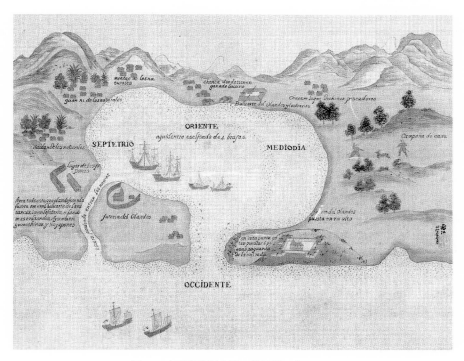

图 10　台湾岛荷兰人港口描述图（约 1626）

1　李德河：《荷兰人的澎湖城与大员热兰遮城》，《硓𥑮石》第 86 期，2017，澎湖县政府文化局。

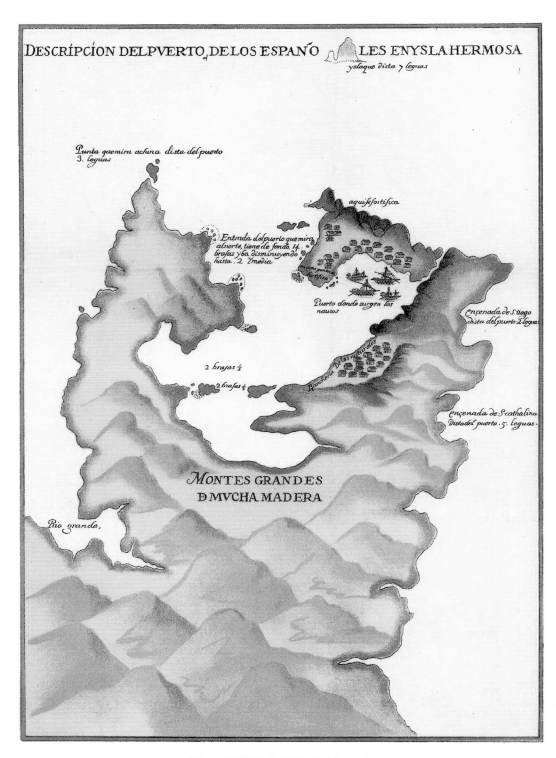

DESCRÍPCÍON DELPVERTO DELOS ESPAÑO LES ENYSLAHERMOSA

图 11　西班牙人港口描述图（约 1626）

　　该地图集之中还有一种荷兰人 Pieter Jansz van Middelburg 所绘 "热兰遮城堡与城镇图"（原图未具图名，图 12），此图较为准确地描绘了当时大员湾入口处的港湾形态，并绘出了热兰遮城堡（即今安平古堡一带）及城堡以东的大员市镇（即今安平古镇一带），按图上可见城堡北侧外城已完成，这与图上方说明提及长官官邸已从旧址迁至外城相一致，据此推断该图约绘于 1636 年。该图有比例尺和方位标，应是目前所知最早的热兰遮城测绘地图。现存较早的热兰遮城图还有荷兰东印度公司的日耳曼籍佣兵 Caspar Schmalkaden 所绘 "热兰遮城堡与市镇图"（图 13），该图出自他的手稿《东西印度惊奇旅行记》，[1] 为此书中插图，其绘制时间在 1648—1650 年。图中右侧城堡为热兰遮城，可见内外城结构皆已完备，右上方有一片丘陵地，并绘有乌特勒支堡（Redoubt Utrecht）。外城西北角有一道路经刑场、市场、打铁坊，直通西面的大员市街。图上所见该市街的路网、街廓与今日比较，其空间格局仍无大的变化。

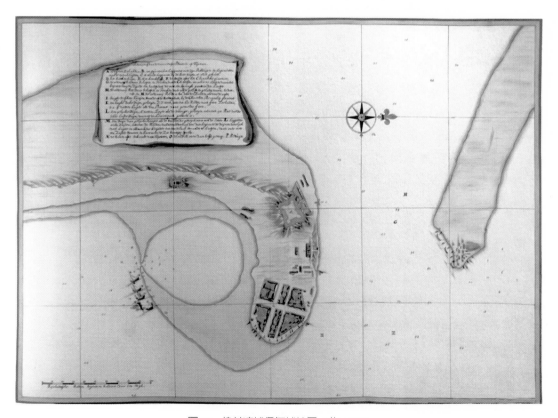

图 12　热兰遮城堡与城镇图（约 1636）

1　［德］Caspar Schmalkaden, *Die wundersamen Reisen der Caspar Schamalkalden nach West-und Ostindien*，稿本，约 1648—1650 年撰写，德国埃尔福特大学哥达研究图书馆档案室藏。

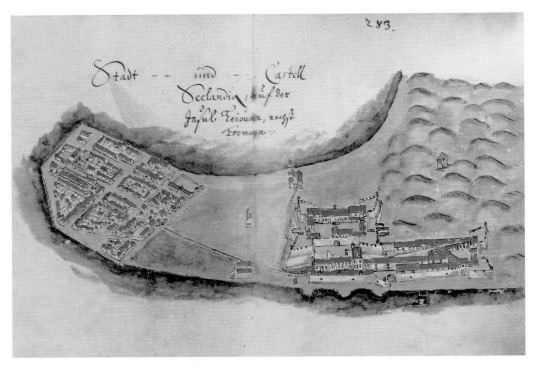

图 13　热兰遮城堡与市镇图（约 1648—1650）

1624 年荷兰人占据台南之后，重点开展了经由海岸测量的港湾地图制作。1625 年荷人 Jacob Noordeloos 测绘的"北港图"，已绘出台湾全岛的概略形状，并标示了数个海湾及测量的子午线。[1] 此后不久，就在西班牙殖民台北沿岸三年之后的 1629 年，荷兰便派出以 Domburch 号为首的轻型舰队于台北海岸进行刺探性的侦测，其实测所得由制图师 Gerbrantsz Black 手绘为地图，该图图名可译为"敌人位于台湾北部鸡笼和淡水两座要塞地图"（图 14，荷兰国家档案馆藏）。[2] 图中清晰表现了西班牙殖民早期的鸡笼、淡水两城及其诸多标志性地物，在鸡笼处，该图着力于描绘西班牙在和平岛所筑的棱堡要塞——圣萨尔瓦多城，同时还描绘了城侧停靠的船只、棱堡之外的军营及一栋大型建筑（可能是总督官邸或天主教堂）；[3] 在淡水处，该图则描绘了西班牙人用木栅构筑的简易堡垒及其四周的简易定居点。

1　原图藏于荷兰国家档案馆，参见林惠娟、许嘉赞《台湾地图一百年绘制与典藏发展史》，台北南天书局，2011，第 46 页。

2　José Eugenio Borao Mateo，"The Fortress of Quelang：Past，Present and Future"，*Review of Culture（Instituto Cultural do Governo da RAE de Macao）*，2008（27），pp. 60-77.

3　José Eugenio Borao Mateo，"The Church of Todos los Santos in Kelang"，*Philippiniana Sacra*，2023（58），pp. 60-77.

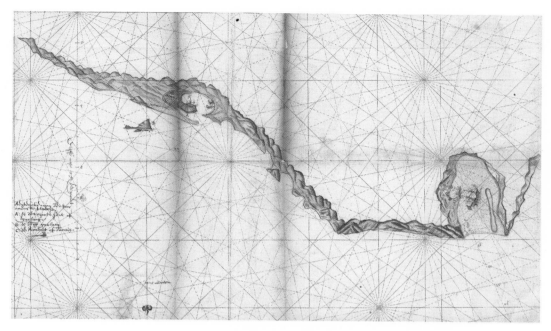

图 14　台湾北部鸡笼和淡水两座要塞地图

（*Caerte van des vijants gelegentheijt op Quelang ende Tangswij op het noorteijnde van Isla Formosa*，1629，局部）

该图之中罗盘玫瑰与经纬网的布点与施线与同时期西、荷等国的波特兰航海图图式一致，反映当时西人已在中国部分区域充分活动，并初步具备在这些地区实施近代测绘的相应条件。

1642 年，荷兰在鸡笼战役中决定性地夺得台北地区之后，着手测绘了一系列台岛港湾地图，但此类工作用地图制作数量有限，因此现存者寥寥，其中能够准确表现其所据口岸的只有今荷兰国家档案馆所藏 "热兰遮等地暗礁等地图"（*Kaart van de reven enz. voor de Stad Zeelandia enz.*，图 15）和 "基隆港湾等图"（*Kaart van de baai van Kelang enz.*，图 15）。这两幅图被合并编制为一张大型地图，但未详绘制年代，有学者根据图上表现的要塞营造情况断定其绘于 1644—1662 年之间。[1] 但根据 "热兰遮图" 上不见 1653 年新筑的普罗民遮城，以及赤嵌地区的开发状况，可断定此图当作于 1653 年之前。该图以描绘两地港湾及海岸情状为主，但也绘出了北荷兰堡、热兰遮城的军事设施和开发概况，虽因比例尺较小而不甚详细，但测绘精准，是现存最早经精确实测的中国沿海港湾地图之一，因此构成荷据中期有关这两个台湾口岸研究的基础地图史料。

1　José Eugenio Borao Mateo，"The Fortress of Quelang：Past，Present and Future"，*Review of Culture*（*Instituto Cultural do Governo da RAE de Macao*），2008（27），pp. 60-77.

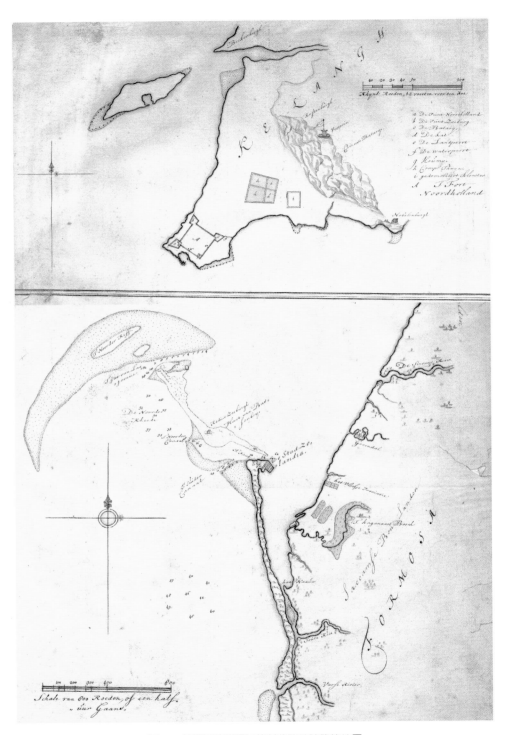

图 15　基隆港湾等图与热兰遮等地暗礁等地图

(*Kaart van de baai van Kelang enz. Kaart van de reven enz. voor de Stad Zeelandia enz.*，1644-1653，局部)

1654 年，荷人给尔得辜（Simon Keer-dekoe）递交巴达维亚当局报告书中附有"淡水与其附近村社暨基隆岛略图"（*Caerte Kaartje van Tamsuy en Omleggende Dorpen, Zoo Mede Het Eilandje Kelang*，图16），即学界著名的"北台湾图"或称"大台北古地图"。该图仅存抄绘本藏于荷兰国家档案馆，是迄今所知最早一幅由西人所绘包括淡水、台北与基隆在内的大台北区域详细地图，其绘制年代应在 1642 年荷兰占据淡水河谷后不久。[1] 绘者详细描绘北台湾自然地形与当地部落以及荷人相关设施，对淡水河口予以局部放大处理，重点表现了该地聚落形态及其周边山河形势，相关地物的文字标注有位于基隆的北荷兰堡，位于淡水河谷的堡垒（即淡水红毛城，亦即 1644 年荷兰人于西班牙所建圣多明哥城原址重建的安东尼堡）、淡水社、汉人住区等多处。该图的放射状罗盘玫瑰绘制手法与"台湾北部鸡笼和淡水两座要塞地图"（图 14）极为相似，极有可能是基于同样的绘图工具与技术所制而成的。

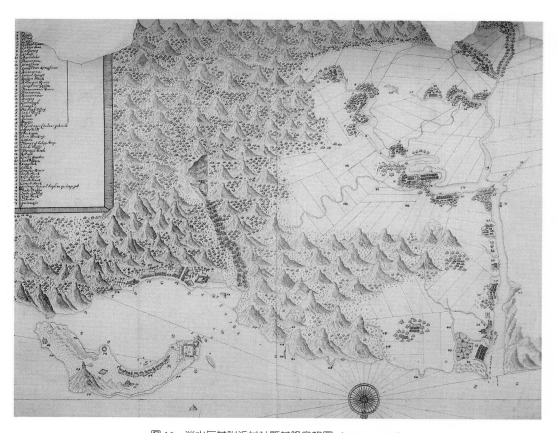

图 16　淡水与其附近村社暨基隆岛略图（1642—1654）

1　翁佳音：《大台北古地图考释》，台北县立文化中心，1998，第 21—26 页。

除了国家层面为海外扩张而实施的制图工程，欧洲民间对地理知识的关注也在上升。16 世纪，海外探险与旅行类地理志书的作者们，以上述的殖民地图或相关见闻为基础编制地图，并作为插页编入书中，此类图书也曾畅销一时。这其中，尤以荷兰制图师芬赫邦斯的创作最为突出。17 世纪 50—70 年代，他以澳门、广州和大员（今台南）为题材绘制了一系列精美的水彩鸟瞰图，详细表现了城堡及其周边的地理特征，具有突出的地理学价值与史料价值，并在欧洲成为大员、澳门等城后来的许多版刻鸟瞰图的祖本（图 17）。[1] 他曾为荷兰东、西印度公司专门绘制地图，亦曾为同时期荷兰制图家 Joan Bleau 绘制底稿，其作品在当时的欧洲颇受追捧，瑞典女王和教皇都曾收藏过他的画作。[2] 因此，他所创作的台南、澳门等处的系列鸟瞰图，可视为该时期西人绘制中国城市景观地图的最高成就，也反映了自 *Amacao*（约 1589 年作）地图创作的一个多世纪以来欧洲人对南中国口岸城市认知的深化。

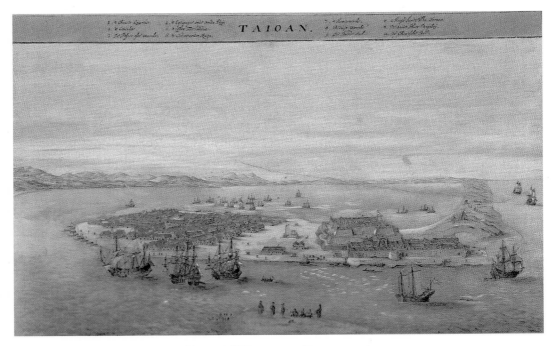

图 17　大员图（*Taioan*，约 1650—1660）

1　前揭李孝聪、钟翀《外国所绘近代中国城市地图总目提要》，第 520 页。

2　Priscilla Connoly，"Vingboons，Trasmonte and Boot：European Cartography of Mexican Cities in the Early Seventeenth Century"，*Imago Mundi*，2009（61），pp. 47-66.

在 1662 年明郑收复台湾南部后，荷兰人不得不退保台北的基隆、淡水这两处据点，于是重新转进经营北台湾，在荷兰人占据北台湾的最后几年，亦留下一些珍贵的城市地图，体现了这一时期口岸市镇风貌及荷人在这段时期的重整和营造。1664 年，荷兰长官 Balthasar Bort 为保全二镇，不仅加强了戒备，更主持重建扩充了北荷兰堡，并命制图师 Cornelis Vichbee 于 1666 年绘制 "台湾北海岸与基隆岛图" （*Kaart van de Noordkust van het Eiland* *Formosa met het Eiland Kelang*，荷兰国家档案馆藏，图 18），以体现重修的成果。该图中可见基于原西班牙圣萨尔瓦多城的四个防御台已整葺完毕，并在此基础上重新修筑成了一个完整的棱堡要塞；同时，该图对城堡周围的村社农田也多有描绘，可知当时要塞周边地区已有较高的开发水平与一定的商贸活动。不过，这已是前近代欧洲人在台统治的末日回照，一年后在郑氏王朝的攻打下，荷兰人于 1668 年炸毁该要塞，并完全退出了宝岛台湾。

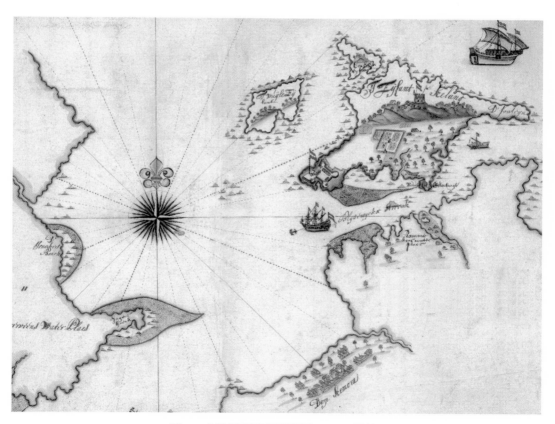

图 18　台湾北海岸与基隆岛图（1666，局部）

（四）广州

除了上述前近代曾由西洋人直接占据的港湾及口岸地图之外，自 17 世纪中叶以来，西方使节或传教士获准前往中国内地，且随着明清易代后局势的稳定，东西方的接触进一步加深。相比起澳门、台湾等西人定居点，以北京、杭州、广州为代表的本土大城市，更能代表中国城市的典型风貌；然西人在这些城市的活动往往受限，且通常基于外交访问等特殊活动而进行，因此并不具备充分的实测条件。至清康熙二十四年（1685），朝廷分别在粤、闽、浙以及江南四省设立海关，开展对外贸易，但乾隆二十二年（1757）又缩减为广州一口，此后直至鸦片战争前，广州是中国本土唯一的通商口岸，因此也留下了数种当时由欧洲人制作的城市地图，其中最具代表性的是 1665 年《荷使初访中国记》中所收录的 "广州城市地图"（*Kantonis Plana Effigies*，图 19）。[1]

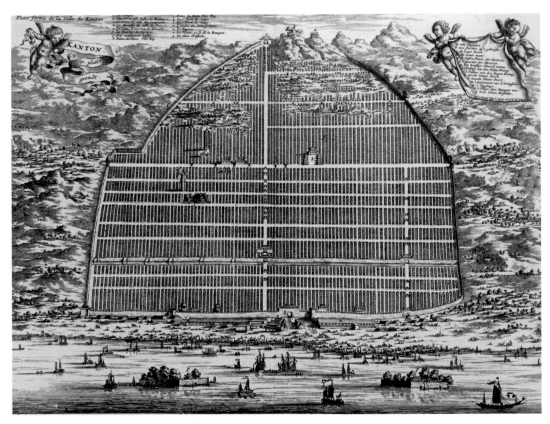

图 19　广州城市地图（1665）

1　Johan Nieuhof, *Het Gezandtschap der Neêrlandtsche Oost-Indische Compagnie, aan den Grooten Tartarischen Cham, den Tegenwoordigen Keizer van China*, Amsterdam：Jacob van Meurs，1665.

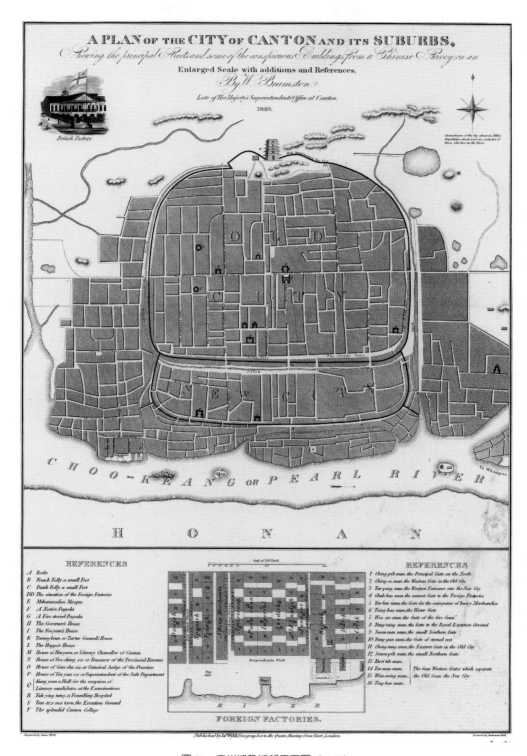

图 20　广州城及城郊平面图（1840）

有关这幅地图的创作原委及测绘质量，此前已有专论作出评价，概括而言，*Kantonis Plana Effigies* 的信息源于荷兰官员 Johan Nieuhof 参加荷属东印度公司使团随其访华的经历，并由其兄 Hendrik Nieuhof 结合其他资料和想象加工而成，因此失真状况较为明显，但依旧记录了广州的许多标志性地物。[1] 本图的描绘具有很强的事件性特征，主要以描绘荷兰使节前来广州并接受当地官员宴请为主，如图中绘出了此次来访的两艘荷兰船只高德克号和贝鲁道尔号，均停靠于广州港中，还描绘了一处名为"宴会广场"的场所，源于荷使初到之时广州地方官员于城外宴请使团。[2] 在地物表现上，较为准确地绘出镇海楼、大北门等标志性建筑，在部分地方的描绘上则有缺漏和偏差，如图中老城小北门位置偏差较大，三座南城门只画出两座等。

此后直至鸦片战争前西洋人绘制了几种广州地图，如 1735 年版的《中华帝国全志》所载 *Plan de Quang-Tcheou-Fou*（广州府平面图）、1833 年美国人裨治文（Eligah Coleman Bridgman）编制的 *City and Suburbs of Canton*（广州城及城郊图）、1840 年英国人 William Bramston 编制的"广州城及城郊平面图"（*A Plan of the City of Canton and its Suburbs*，英国牛津大学博德利图书馆，图 20）等，或是珠江口航海图所附简图，或是利用当时的广州方志舆图等资料并经实地调查而成的编绘地图。如 1833 年与 1840 年图，均与道光《广东通志》卷八十三"广东省城图"（1822 年刊）等传统舆图相似，图中水系走向和曲度等绘法均与方志舆图吻合。不过，在 1840 年图的下部附有 *Foreign Factories*（外国领馆区图），精确表现了广州城西南的十三行地区，该处是早期外国商人可自由出入之地，因而较早就出现了实测地图。

结　语

前近代欧洲人在中国口岸城市绘制的地图，因年代甚早、语种多样、文献形态复杂且收藏分散，至今在国内学界仍属稀见之形象史料，近年来，有赖于学人的奔波与有意识蒐集、欧洲馆藏资源电子化与网络化的渐开，其中一批极为珍贵的早期手稿图、作业用图亦逐渐得以重见天日，结合 15 世纪末欧陆印本时代开启以来在欧洲流传的华埠地图，便可一窥中西方开展实际性远洋交流之初，此类经欧人之手绘制地图的总体面貌。

若从中国城市地图的角度来看前近代西洋所绘的此类地图，除去少数源自本国方志舆图的编绘图（如本文所揭 1840 年

1　孙昌麒麟：《20 世纪前欧美所绘广州城市地图演化脉络的初探》，《都市文化研究》第 15 卷第 2 期，第 98—125 页。

2　包乐史、庄国土：《〈荷使初访中国记〉研究》，厦门大学出版社，1989，第 48、50—51 页。

广州图）之外，则无论是内容表现、还是编绘所依据的各种符号注记，乃至地图整饰形式及敷色、用纸、印制等，均与本国所制之图大相径庭。不过本文考察揭示，这一类地图的绘制其实均可从同时代欧洲城市地图及航海图测绘的历史脉络中寻得简明诠释与合理评价。

如以前近代的澳门地图为例，其最初的鸟瞰式景观图也经历了视角由低到高的变化；又如在 16—17 世纪乃至更晚时期，澳门、台南等地的地图也出现了鸟瞰式景观图与早期实测平面图并存的现象——前者主要是以书中插页的形式出现在地理志等印本文献中，后者则多出现在航海或军事地图之中，而这些表现与变化均与欧陆制图史之中城市地图的迭代与流行趋势相对应，这也从地图学史的角度印证了此类地图的原真性与史料价值。因此可以说，作为前近代东西方地理知识传递与流动的重要载体，此类以当时西方人的眼光、技艺与实践来记录的地图本身，也成为有关那个时代中国口岸城市的难得刻痕与真切的历史映照。

从几幅海图看中国地图的近代转型 *

■ 孙靖国 （中国社会科学院古代史研究所）

道光二十年（1840），鸦片战争爆发，清军无法抵抗英军的"坚船利炮"，处处失利，而英军则在中国东南沿海各地侵扰，清朝被迫签订《南京条约》，割让香港，开放五处通商口岸。咸丰六年（1856）爆发的第二次鸦片战争，英法联军侵略中国的东南沿海，并占领京津。光绪九年（1883）的中法战争，虽然在陆战上清朝取得了局部胜利，但在海战上一败涂地，南洋舰队和福州马尾船厂皆受到沉重打击。为挽救东南的海疆危机，清朝重修福建各地炮台，并在台湾建省，以加强东南沿海防卫。光绪二十年（1894）爆发的甲午战争，清朝惨败给日军，北洋舰队覆灭，台湾被强占，之后西方列强掀起瓜分中国的狂潮，中国沿海良港纷纷被强占。光绪二十七年（1901）签订的《辛丑条约》又规定清朝要拆除大沽炮台和北京至山海关沿途的炮台，海防陷入危机。

在一步步陷入深重的民族危机，尤其是来自东南沿海的边疆危机中，清朝的有识之士开始推行洋务运动、新政等自强运动，建设军港，发展近代海军，学习西方的科学技术。虽然一再失败，但历代仁人志士的奋斗历程历历在目，不可磨灭。其中，海防图籍大量涌现，是这一时代的典型象征性事件之一。

清代后期，随着同文馆、安庆军械所、江南制造总局等洋务运动机构对西方科学技术的引入，西方的地图测绘技术再次用于中国人绘制的地图上，而且逐渐深入人心，如中国国家图书馆所藏的《南洋分图》《北洋分图》《七省沿海要隘全图》《中国海口图说》等。[1] 清朝末年，中外危机加剧，尤其是中日甲午战争和八国联军侵华战争给朝野上下造成剧烈的冲击，改革原有的体制，向西方学习，成为大批有识之士的共识。1901年，清政府成立督办政务处，此后，新政以前所未有的广度和深度展开。光绪二十九年（1903）十月十六日，因"因各直省军

---

* 本成果得到国家社会科学基金"冷门绝学"研究专项学者个人项目（批准号：20VJXG013）资助。

1 北京图书馆善本特藏部舆图组编：《舆图要录：北京图书馆藏 6827 种中外文古地图目录》，北京图书馆出版社，1997，第 85—86 页。

制、操法、器械未能一律"，为"随时考查督练，以期整齐而重戎政"，下诏在京师设立练兵处。[1] 光绪三十年八月，"练兵处奏筹拟陆军学堂办法暨营制饷章，请饬各省次第编练"[2]，根据"营制饷章"规定，近代测绘技术成为新军训练的科目。[3] 在此背景下，一批熟稔近代测绘技术与绘制方法的人才涌现，绘制了大量近代测绘地图，中国国家图书馆就藏有聂士成、冯国璋等人所绘《东北边境地区舆地图》。[4] 同时，传统的绘制技法仍为时人所习用，很多士人仍喜欢用传统山水象形方式所绘制的地图。[5] 即使是用投影、经纬度等方法测绘的地图，有些仍用传统技法描绘，带有浓厚的过渡时期的色彩。

下面对几幅有代表性的海图表现内容与方法进行分析，以勾勒这一转型时期地图的发展特点。

一　《海口图说》

此图藏于中国国家图书馆，《舆图要录》著录为《中国海口图说》，编号：

0910。地图为彩色绘本，分为上、中、下三册，39×27厘米。封面贴签，上书图题：海口图说。上册为《中国海口形势论》，系文字说明，包括中国海口形势总论、关东海口形势论、直津海口形势论、山东海口形势论（以上为北洋）、江苏海口形势论、浙江海口形势论、广东海口形势论、闽峤海口形势论、台澎海口形势论、台海（台湾及其附近岛屿）土番形势论、台湾方言（以上为南洋）、海口炮台说等各篇，对中国海口总体形势和从东北到广东都进行了描述和讨论。中、下两册都是地图，包括总图、关东海口图、直津海口图、山东海口图、江苏海口图、浙江海口图、广东海口图、闽峤海口图、台澎海口图和台海土番图等，共计54页。

关于地图的绘制时间，《舆图要录》中谓系台湾设省至甲午战前，即1885—1895年间。[6] 而郑锡煌则提到此图编制于光绪十七年（1891），[7] 笔者未见到图中有此记述，亦可能有其他信息，前辈学者曾经利用，而笔者未曾见到。

在开篇的《中国海口形势总论》中，卫杰说道："天下海道分南北洋，滨海者

1　《清德宗实录》卷五二二，光绪二十九年十月丙寅，《清实录》第五十八册，中华书局，1987，第902页。

2　《清德宗实录》卷五三四，光绪三十年八月己酉，《清实录》第五十九册，第534页。

3　参见周鑫《宣统元年石印本〈广东舆地全图〉之〈广东全省经纬度图〉考——晚清南海地图研究之一》，《海洋史研究》第五辑，社会科学文献出版社，2013，第236页。

4　北京图书馆善本特藏部舆图组编：《舆图要录：北京图书馆藏6827种中外文古地图目录》，第192页。

5　参见周长山《中法陆路勘界与〈广西中越全界之图〉》，《历史地理》第31辑，上海人民出版社，2015。

6　参见曹婉如《中国古代地图集·清代卷》；《舆图要录：北京图书馆藏6827种中外文古地图目录》，第85—86页。

7　曹婉如等编：《中国古代地图集·清代卷》，文物出版社，1997，第13页。

八省：曰直隶，曰关东，曰山东，曰江苏，曰浙江，曰福建，曰广东，曰台湾"，可见此时台湾已建省。

从图上《台澎海口形势论》中的文字来看，提到了台湾的沿革："康熙壬戌入版图，改承天为台湾府"，亦提到了台湾的重要城市："入口为淡水港，台北府城在焉，势如贵阳省城状，山明水秀，地沃民饶，米粟鱼盐，亚于苏杭……至鹿耳门，为台南府安平旗后天险可守。"这段文字里，提到了"台北府"，此府于光绪元年十二月二十日（1876 年 1 月 16 日）设置，[1] 光绪十一年（1885）改福建巡抚为台湾巡抚，台湾建省，[2] 遂于光绪十三年（1887）改台湾府为台南府，另置台湾府为省会。[3] 光绪二十年（1894），迁省会于台北府。[4] 在这段文字中，已经提到了"台南府"，则应是光绪十三年（1887）之后，但将"台北府城"与"贵阳省城"并举，应尚未将省城迁到台北，则是在光绪二十年之前。另在此图说最后的《鱼鳞式炮台说》中，提到了"刘省帅"，当系台湾首任巡抚刘铭传，其于光绪十七年（1891）辞去此职，[5] 所以此图

应绘制于该年之前，台湾建省以后的1885—1891 年间。这段文字中，也提到了"新疆行省"，而新疆建省是在光绪十年（1884），[6] 亦为一证。在《山东海口论》中，提到"黄流北徙三十余年"，按黄河本在两宋之际夺淮入海，咸丰五年（1855）后在河南铜瓦厢决口改道北流，于山东入海。也可为一证。

关于《海口图说》的作者，卫杰字鹏秋，四川剑州（治今四川省剑阁县）人，入仕后主要在直隶的河道等工程机构任职，后负责直隶地区的桑蚕事业，最终病逝于永定河道按察使任上。他勤勉干练，著作颇多，有《水利图说》和《蚕桑萃编》等。这套《海口图说》就是他在直隶任职期间主持编制的。[7]

此图应是卫杰受命到沿海各处调查，收集各种资料、数据而编撰绘制的，因为他在图说的每篇中都标注了撰写的所在地：《关东海口形势论》，卫杰谨述于吉林；《直津海口形势论》，卫杰谨述于大沽；《山东海口形势论》，卫杰谨述于烟台；《江苏海口形势论》，卫杰谨述于申

---

1 《清德宗实录》卷二四，光绪元年十二月癸未，《清实录》第 52 册，第 359 页。

2 《清德宗实录》卷二百五，光绪十一年九月庚子，《清实录》第 54 册，第 1023 页。

3 （清）朱寿朋编，张静庐等校点：《光绪朝东华录》，光绪十三年九月庚午，《光绪朝东华录》第三册，中华书局，1958，第 128 页。

4 《清德宗实录》卷三三五，光绪二十年二月丁丑，《清实录》第 56 册，第 310 页。

5 《清德宗实录》卷二九五，光绪十七年三月辛卯，《清实录》第 55 册，第 296 页。

6 《光绪朝东华录》，光绪十年十月壬申，《光绪朝东华录》第三册，第 186 页。

7 关于卫杰的生平，参见伏兵《清人卫杰与〈蚕桑萃编〉》，《四川丝绸》2000 年第 1 期；任志波、马秀娟《〈蚕桑萃编〉——我国近代北方蚕桑知识大全》，《安徽农业科学》2012 年第 3 期。

江；《广东海口形势论》，卫杰谨述于虎门；《闽峤海口形势论》，卫杰谨述于长门；《台湾海口形势论》，卫杰谨述于澎湖；《台海土番形势论》，卫杰谨述于基隆。

在此图卷首的《中国海口形势总论》中，卫杰将中国沿海分为南北洋，并指出："滨海者八省，曰直隶，曰关东，曰山东，曰江苏，曰浙江，曰福建，曰广东，曰台湾。"对这八省的形势和海防重点进行了提纲挈领的点评，但又并非罗列，而是将沿海局势作为整体进行连贯的评述。

最后，卫杰建议："若再于各口建梅花桩，置铁炮台，尤万年不敝之策。"在各海口修建炮台，设置梅花桩等阻拦设施，反映了比较传统的据岸防海思路，体现出洋务运动时期新旧思维的过渡性特征。

在具体各篇中，卫杰则是更有针对性地进行评述，在每篇开始，都先评述该地区的整体战略地位和重要海口，如关东地区"关东为长白发祥之地，其海口有三：曰鸭绿江口，曰旅顺口，曰山海关口。枕嗷群岛，孕育两洋，通蒙古之驿路，固高丽之藩属，岛屿起伏，潮线长落，海道由此收束，正天生险堑，拱卫神京也"。浙江海口地区"越东西北崇岭，东南沧溟，上枕江淮，脉通呼吸，下襟闽粤，相依齿唇。沿海奇雄，控扼舟山，险堑天生，以为瓯越屏藩，实形势之区也"。闽峤地区

"闽海形势，西北临山，东南滨海，以惠潮为唇齿，以台澎为爪牙，幅员雄阔，洵海疆壮区也"。不一而足。然后逐一具体论述各海口情况，列出各项数据，如岛屿、沿海山峦的高程，港汊的水深，有无淡水等信息，但可以看出这些数据或用西方度量单位，或用西文译名来命名岛屿，应是根据西方殖民者测量的资料翻译而来。一些地名还没有标准化，如称大连湾为"褡裢湾"等。

《海口图说》体现了洋务运动后期对中国沿海地区地理情况的研究以及海防建设的成果，是洋务浪潮的佐证。[1]

《海口图说》的地图，亦体现了新旧地图学过渡的特征，比如图上有画方，但没有注明每方所对应的里数。亦未标出方位，目录中各分图在图册中无图题将其分隔，绘制方法仍然以传统技法为主，比如用不同颜色和浓淡的水粉涂抹来区分高出水面的沙洲和低于水面的暗滩等，但并没有一套规范成熟的图例和表现方法，仍带有传统舆图的特征。地图中详细地描述了海岸、沙洲、浅滩、泊风、山岳、河流、潮汐、风向、岛礁、军事防御等内容，有些内容是用符号和图形等地图语言，有些是用文字注录来增补。其中一些内容的表现方式可以看出近代西方测量方法传入的痕迹，比如对涨潮时间、潮位、水深的标注与单位等。

1　参见曹婉如《中国古代地图集·清代卷》；《舆图要录：北京图书馆藏 6827 种中外文古地图目录》，第 85—86 页。

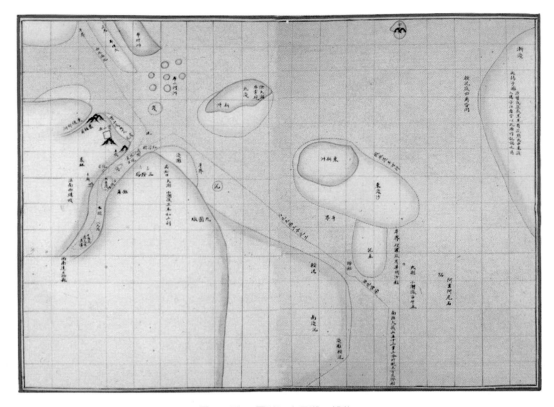

图1 《海口图说》之吴淞口部分 1

根据卫杰在其中的记述，《海口图说》是其亲身踏勘、测量而写就，如记述澎湖列岛："自台南至澎湖，水程只距四更，澎岛周围三百余里，内有三十六岛，回环错杂，妈宫内海波平如湖，阔容千艘，北为大北山，南为八罩屿，西为天堑外池，东为阴阳东吉，地狭民稀，谷木不生，半是沙滩，泊道一线，非深谙不能入港，其间大仓岛侧珊瑚石行，淡碧胎月，浅红浴霞，贝屿琼州，山辉石媚，珊瑚产于其下，大如臂，西人数垂涎之。神鱼环伺，如龙盘状，俗呼为龙宫，量亦镇

海之物。之台则用巽己针，见山为准，偏子午流入大洋，昼夜不返，隐隐红灯，遥露为天后，至舟乃平复，具见川岳效灵，圣泽深远。……其内渡厦门，横洋岸七百里，初出水黄白，渐入大洋为浅蓝，再渡黑水沟，色如墨，广百里，而势洼下，异蛇绕舟，泉甬涛腥，险冠诸海，渐渡江水沟，色微赤，而舟渐平，翠如靛，更深碧。"其描写极为生动传神，若非亲身体验，不可能如此真切。

总体而言，《海口图说》渗透着新旧知识、新旧形势交织的时代特征，在地图

1　曹婉如：《中国古代地图集·清代卷》，图版。

上，用传统技法开始表现新的形势和内容；在图说中，他论及河政、边患、匪患、荒政等诸多问题，并提出建设铁路、放垦土地等诸多解决方案，很多问题均切中时弊，反映了清代后期洋务官员对诸多问题的认识水平。

二　拟布澎湖水陆各要隘水旱雷图

此图藏于中国国家图书馆，彩绘纸本，单幅，编号：4758，46×54 厘米。[1] 地图中绘有方向标，方位为上西下东。图中绘出了澎湖列岛及周边水域，岛屿的轮廓比较接近真实，用赭石色涂抹岛屿内部，岛屿中绘出诸多山峦符号，用以表示岛屿的地形。图中标出了"厅城"和诸多地名，在西部的海域中，用虚线标出航路，在其旁用文字标注："轮船所由之路。"地图的重点是表现在澎湖列岛上和水中的各要隘之处铺设水雷和旱雷的规划，在"厅城"附近用贴红标出"水雷场"，并在海中标出了"浮雷"和"沉雷"的形势，并绘出其线路。在其他两处，亦标出旱雷所铺设的处所。地图的左上方，贴有红签，并有大段文字注记，讲述了澎湖列岛地理形势对于防御重点选择的制约，以及铺设水雷的困难，并对在何

处铺设水旱雷，以及如何操作等技术设施进行了说明。

关于地图的绘制时间，图上提到了"甲申之役"时，法人曾在澎湖岛南部的纱帽山一带登陆，并直抵澎湖的腹心之地。所以此图应在光绪十年（甲申，1884）的中法战争之后绘制，具体而言，应是在光绪十一年（1885）法军撤出澎湖之后，[2] 1895 年《马关条约》将台湾、澎湖割让给日本之前。

此图的绘制方法，虽然还带有很明显的中国传统舆图的痕迹，比如用山峦符号表示地形，但岛屿轮廓非常接近实际，很有可能是使用近代技术进行测绘的结果。

三　直隶沿海图

此图收藏于中国国家图书馆，编号：1558，彩色绘本，单幅，42.7×365.8 厘米。[3]

此图为一图一说结合式，右图左说，对于直隶沿海的滦州刘家河、乐亭县清河、乐亭县臭水沟、乐亭县老米沟、昌黎县浪窝口、昌黎县蒲河口、抚宁县洋河口、临榆县秦王岛、临榆县石河、临榆县姜女庙等海口的地理位置、炮台情况、水势情形、水深、河口宽度、不同重量的粮

1　《舆图要录：北京图书馆藏 6827 种中外文古地图目录》，第 374 页。

2　《清德宗实录》卷二一○，光绪十一年六月辛卯，《清实录》第五十四册，第 971 页。

3　《舆图要录：北京图书馆藏 6827 种中外文古地图目录》，第 138 页。

船能否进入、潮水高度、沙洲情形、村庄、居民情形详细叙述。一般来说，图中的文字分为三个部分，一为地图中的注记，主要记述炮台的地理位置，相距邻近海口、村庄、兵营、炮台、州县的里数和行政归属。贴红则讲述炮台建设的沿革、规模、炮位、炮数，以及建议。在图说中，则是介绍水势情形、水深、河口宽度、不同重量的粮船能否进入、潮水高度、沙洲情形、村庄、居民情形等信息。试举数例如下。

（一）乐亭县清河海口

贴红：清河海口原设炮台一座，宽长各四丈一尺，高宽九尺五寸，两翼土垒，东西共长五十丈，顶宽二尺八寸，高六尺，并设神威大炮一尊，约重六百觔，两翼土垒分设大小铁炮三十四尊，炮台一座，并两翼土垒，均应修理。

图中注记：清河口炮台西北距马头营汛三十里，西南距刘家河炮台五十里，东北距臭水沟炮台五十里，距西关里臭水沟汛三十里，东北距乐亭县六十里，乐亭县属。

清河口：此处皆浅水。

图说：兹会查得乐亭县地方清河海口口宽六七丈，平时水深三四尺，潮长水深六七尺至丈余不等。旧设有炮台一座，距海沿三里许，并设把总一员、兵五十名。该处装载百石粮船，乘潮可以出入。清河口外有拦江沙三道，第一道距河约有十里内外，东名大网岗，西名月坨，坨之西与刘家河海口之东鱼岗斜对，高出水面，无

论潮长若干，不能浸过月坨。平时水深三四尺，潮长水深七八尺至丈余不等，夏秋水旺时，遇有大风，水可长至一丈三四尺。第二道距河口二十余里，或断或续不一，水势与头道拦江沙同第三道距河口四十余里，沙内水势较之头、二道愈深，外即大洋。月坨迤北三四里有沙坨一道，名石臼坨，长十里许，宽七八里，系从海滩逶迤入海，潮长坨长，坨角四面有水，深浅不一，可行小船，俗曰小海坨，上有庙一座。清河口迤东至臭水沟沿海约有四十余里，有祥云岛一处，上有庙宇，并无居民，距海十里内外，潮水不到。

（二）昌黎县浪窝口海口

贴红：浪窝海口原设炮台一座，高一丈五尺，长二尺，宽一丈八尺，两翼土垒共长三十六丈，高六尺，宽八尺，并设铜皮铁裹大炮一尊，重三千余觔，瓶儿炮一尊，重八百余觔，两翼土垒分设大小铁炮二十六尊，炮台一座，并两翼土垒均应修理。

图中注记：浪窝口炮台西北距庄坨十五里，西南距老米沟炮台三十里，东北距蒲河口汛八十里，距蒲河口炮台八十三里，距昌黎县八十里，昌黎县地面。

炮台向东南距河口二里许。

浪窝口今已淤塞。

图说：兹会查得昌黎县地方浪窝口海口由滦河入海口处，口宽十余丈，平时水深二三尺，长潮四五尺至七八尺不等。该处旧设有炮台一座，距海沿二里许，设有千总一员、经制外委一员、额外外委一

员、兵一百名，装载数十石粮船可以乘潮出入。口外有又拦江沙三道，第一道距河口十里许，平时水深二尺上下，长潮及夏秋水旺时暨遇大风沙上，水可长至六七尺至八九尺不等，第二道距河口二十余里，第三道距河口四十余里，其水势与头道同，外系大洋。浪窝口迤东至蒲河口约有六十余里，沿海沙岗重迭，岗内有王家庄、小潭庄、侯里庄、团林庄等十余村，居民较多，沿海十里内外潮水不到。

（三）抚宁县洋河海口

贴红：洋河海口原设炮台一座，高一丈二尺，长一丈五尺，宽一丈八尺，两翼土垒共长三十六丈，高五尺，并设大铁炮三尊，重二三千觔不等。两翼土垒分设大小铁炮十八尊、炮台一座，两翼土垒均应修理。

图中注记：洋河口炮台东距老河口二里余，西南距蒲河口炮台二十五里，东北距牛头岩蒲河营十二里，西北距抚宁县四十，西北距东河南洋河口汛六里，抚宁县地面。

图说：兹会查得抚宁县地方洋河口海口，洋河入海之处，口宽二十余丈，平时水深一二尺，潮长水深三四五六尺不等。该处就有炮台一座，距海沿四里许，设有千总一员、经制外委一员、兵八十名。本地二三十石粮船可以乘潮出入。口外有拦江沙三道，第一道距河口一里余，平时沙露水面尺余，小潮沙上，水深一二尺，大

潮水深三四尺；第二道距河口二里余，水势与头道同；第三道距河口三里余，平时沙上水深尺余，大潮水深七八尺，沙外即系大洋，夏秋水旺时，平时潮长及遇大风，较之冬令水势加长至丈余。河口迤东至临榆县交界计五里余，沿海内有孟家庄、南戴家河二村，距海五里以内，潮水不到。

从图说中内容可知，此图绘制在前，贴红在后，可能有一段时间的差距。此图明显是为直隶永平府海岸布防所绘制，东起山海关的姜女庙，西到滦州的刘家河口，而此图并无图题，似可根据内容改为"直隶永平府河口炮台图说"。按此图上"宁"字已避讳写作"甯"，则应是咸丰四年之后。又所述之信息，很多可以与周馥的《直隶沿海各州县入海水道及沙碛远近陆路险易图说》比对，很可能亦是光绪时期为加强京东防御而绘制。此图的绘制方式完全为传统方式，但所反映的内容和关心的事务已经有了洋务运动的痕迹。

四　大沽沿海至山海关图

此图收藏于中国国家图书馆，编号：1553。纸本彩绘，单幅，18.7×176.5厘米。[1]

此图绘制为经折装，封背处贴红签，

1　《舆图要录：北京图书馆藏 6827 种中外文古地图目录》，第 138 页。

上书图题："大沽沿海至山海关图"，下面双行标注："光绪七年闰七月，叶署卿军门赠。"

此图名为"大沽沿海至山海关图"，但图右却是山海关，图左方是大沽海口，按照中国传统舆图的阅读习惯，此图似乎应称作"山海关沿海至大沽图"。地图用中国传统的舆图画法绘制出从天津大沽口沿渤海海岸到达山海关沿途的城镇、塘汛、炮台、河流、村庄、桥梁、道路、沙碛等地物。其中以大陆为上方，以海为下方，整个海岸被变形成为"一"字形，系远绍《郑和航海图》的传统处理方式。天津的大沽、北塘河部分未标注方向，之后则在四周标注上北下南、左西右东四个方向。整幅地图采用以海上方的虚构的鸟瞰式俯视视角，所以城垣、村社、塘汛等建筑以及山峦等均绘成平立面结合的形制，山海关的关城、边墙、翼城、宁海城等均绘出。其中山海关城垣中高耸的鼓楼与其他山海关图中的处理方式非常类似。州县等建筑用蓝色为底色，点缀以红色，技法较精。地图的重点在于各河口，自大沽向山海关，共绘出了大沽海口、北塘河口、涧河口、蚕沙口、刘家河口、清河口、臭水沟、老米沟、狼窝口、甜水沟、蒲河口、小清河、洋河口、戴家河口、汤河口、秦王岛、小石河口和大石河口 18 处海口，并在各海口处标注其距离邻近河口的里数、潮涨潮落时的河宽等数据。

根据图题，此图为光绪七年（1881），叶署卿军门所赠，按叶志超字曙青，安徽合肥人，以淮军士卒镇压捻军起家，屡立军功，光绪初年，署正定镇总兵，率练军收新城，为大沽后路。后徙防山海关。……十五年，擢直隶提督。[1] 此处之叶署卿，很可能即系叶志超，光绪七年时，叶志超率练军守新城，先后负责大沽与山海关防务，与此图所绘制范围颇为相符。而"军门"为清代各省提督军务总兵官之别称，而据《清实录》，光绪三年（1877）三月，叶志超任正定镇总兵时，已经是提督之职，[2] 其提督当系以军功任职，但未有实缺，故以高任低，这种事在湘淮军中亦属常见。

此图基本上以中国传统技法绘制，但明显能看出对京东和大沽防务的重视，亦属北洋洋务时期的作品。

类似地图在国内外各收藏单位还有很多，都体现出过渡时期的特色。另外，值得一提的是，在清代末期，随着列强在中国进行勘测，绘制了很多地图和航海手册，对中国的沿海地区，尤其是河口等地进行了详细的测量与呈现，洋务运动中，一些洋务机构翻译了一些西文地图，直接引入了近代西方的测绘技术和成果，著名的有陈寿彭的《新译中国江海险要图志》，系根据英国海军海道测量局出版的

1　参见《清史稿》卷四六二《叶志超传》，中华书局，1977，第 12729—12730 页；龚延明《中国历代职官别名大辞典》，上海辞书出版社，2006，第 325 页。

2　《清德宗实录》卷四九，光绪三年三月甲申，《清实录》第五十二册，第 688 页。

《中国海指南》（*The China Sea Directory*）编译而成。另外还有清末石印本的《八省沿海全图》，亦是根据西文地图翻译而成，北京大学等机构均有收藏。

　　总体而论，清代后期，随着西方近代测绘技术和地图传入，中国传统的地图绘制方法开始发生变化，尤其是洋务运动中，由于对海防的重视和近代海防的建设，即使是一些以传统方式绘制的沿海地图，其内容亦增添了近代海防的内容，如水深、港口宽度等。同时，一些直接翻译西人在中国沿海测绘地图（如中国海指南等）而编制的地图，则基本上体现了近代地图的过渡特色。但也可以看出，这些地图并未如清末新政以后的地图那样基本遵循近代测绘与表现技法，这说明知识体系的嬗变需要整个社会变迁作为基础。正如有学者所指出的："中国地图的近代转型远远不是地图测绘技术的转型，这一转型不仅是近代社会变迁的一部分，而且受到近代社会众多方面变迁的影响，因此中国地图的近代转型也必然是众多方面的。而且仅就地图测绘技术的转型而言，也不仅仅是测绘技术本身的转型，而涉及测绘技术背后众多知识门类甚至知识体系整体的转型。"[1]

---

[1]　参见成一农《社会变迁视野下的中国近代地图绘制转型研究》，《安徽史学》2021 年第 4 期；《明清时期政区图的测绘技术及其近代转型研究》，《形象史学》2023 年夏之卷。

西方的地图目录学：
专访柏恪义（Marco Caboara）

■ 王　耀（中国社会科学院民族学与人类学研究所）

（1）王耀：首先恭喜您的大作《1735 年前西方印本中国地图》（*Regnum Chinae：The Printed Western Maps of China to 1735*）出版，其中收录了 1584 年至 1735 年间的 127 幅珍贵的西方古地图，全面展现了那个时代西方地图中的中国图像。能不能简单介绍一下为什么要著作这本书？

柏恪义：2016 年，当看到杰森·哈伯德（Jason Hubbard）的《绘制日本：1800 年前欧洲印本日本地图的历史介绍与地图目录》[1] 时，我发现还没有人出版过类似的印本中国地图作品。哈伯德的书对 1800 年之前出版的所有欧洲印刷的 125 幅日本地图进行了系统分类并提供了概览。我著作的方法与哈伯德相似，但是两部作品在某些重要方面也是不同的。哈伯德著作是一个多世纪前由地图史学家道格伦（E. W. Dahlgren）和帕尔·泰莱基伯爵（Count Pál Teleki）发起的一个系列研究的结晶，而我的这本书是第一部专门研究西方中国地图的此类作品。

与哈伯德相比，我更注重中文资料，以及诸如知识传承等图书史。此外，我在导言中概述了我的发现，并将其余八章留给了该领域的主要的中西方学者，因此导言部分几乎是一本关于东西方制图学的独立短篇专著。

（2）王耀：翻开这本书之前，我原以为这本书是包含 127 幅精美地图及题记的图录，前面收录的各位中西方学者研究，确实出乎我的意料。这种编著方式有些类似于曹婉如先生主编的《中国古代地图集》，不仅提供地图信息，也展示最新的地图研究成果。

柏恪义：2020 年 11 月，当书籍接近完成时，Explokart 的编辑建议邀请一些学

1　Jason Hubbard，*Japoniæ insulæ. The mapping of Japan. A historical introduction and cartobibliography of European Printed Maps of Japan before* 1800，Houten：HES &De Graaf，2012.

者撰写相关文章，这几乎成了另一个书籍项目，但这会使这本书籍成为一个更有用的工具。我给每位学者分配了一个题目，基本思路是涵盖中西制图学，提供 1584 年以前的背景，并对主要制图者进行深入分析。这与曹婉如的方法不同，因为多数文章并不是关于单一地图的，而是试图提供该领域的概况，以便于理解单个条目的背景。我很高兴这本书几乎快成了两本书，但对我而言，地图目录无疑是最持久的贡献。

（3）王耀：像哈伯德和你的书，都属于 Explokart 系列，能不能介绍一下负责人彼得·范德克洛特（Peter van der Krogt）和 Explokart 研究项目？

柏恪义："Explokart"代表着探索（Exploration）与地图学（Cartography）。这是阿姆斯特丹大学 2013 年启动的一个地图学史研究课题。Explokart 专注于荷兰挂图、地形图、城市图、水文地图、海图、地图集和地球仪的研究。Explokart 的目的是对作为历史史料的古地图进行参考研究，描述地图资料的具体特征以及解释其中涉及的问题。它的目标读者主要是专家学者。有些书籍是由学者和地图馆员撰写，有些书籍是由收藏家和志愿者编辑，范德克洛特是这一系列书籍的主编，也是荷兰历史地图学的最重要专家。

（4）王耀：Explokart 项目是不是主要出版地图目录学的著作？

柏恪义：到目前为止，该系列共出版 23 本书籍，大约一半是像我这样的地图目录，涵盖荷兰的不同省份、非洲、日本和中国。其他作品侧重于特定类型的地图，例如海图或者圩田地图（填海造地在荷兰非常重要），或者专业地图出版社。我不清楚他们下一步的出版计划，我认为他们会继续完成荷兰地图的编目，他们对于新提议持开放态度，尤其是地图目录。他们希望我写作第二卷，即 1735 年之后的地图，或者关于亚洲地图的地图目录。

（5）王耀：您的著作属于地图目录学的研究，在 2022 年上海师范大学的讲座中，您也提到在中国地图学史研究中并没有与地图目录学（Cartobibliography）对应的学科门类，能不能介绍一下西方地图目录学的概念、历史发展等概况？

柏恪义：我使用的是地图学者德拉诺·史密斯（C. Delano-Smith）提供的地图目录学的定义："在将地图作为史料证据时，必不可少的步骤是检验其出版历史和作为资料来源的资格，就像书目学家检查一本书一样。揭开每张地图的来源，识别同一地图的不同印刷和发行（通过更改的印记、徽章，有时是微小的内容变化，或是木版、铜版的损毁痕迹，来识别不同'状态'的序列），确定日期的实际意义（草稿完成时间、印刷时间或初始出版时间），或者为日期缺失的地图确定时间，发现谁制作了地图（以及为什么制作和为谁制作），记录其出版历史（包括再版和衍生本）以及印刷出版之后的木版和铜版的历史，为其内容编制索引，建立参考书目等，将学术研究与地图收藏家、地图经销商和拍卖商等专家的专业知识相结合。"[1]

1914 年，乔治·福特汉姆（George Fordham）在他的《地图目录学研究》[2]一书的标题中，首次使用了这一术语。然而，与书目学中存在的大量密切关注实践标准的社团不同，在 20 世纪的大部分时间里，地图目录的撰著往往来自以自己的方式独立工作的个人。目前从事地图目录工作的最重要团队由阿姆斯特丹的贡特·施尔德（Günther Schilder）和彼得·范德克洛特两位领导。

专门针对国家、省份或大洲的地图目录，对收录标准有精确的定义——对于中国来说，主要有两个标准：中国是地图所涵盖的主要区域（不包括亚洲地图或中国分省地图），并且"中国"出现在地图标题中。鉴于这些标准，印本地图的地图目录应该涵盖特定时段（就我而言，1584—1735）出版的所有版本的全部地图。完整的覆盖面是必不可少的，因为只有覆盖完整，才能在地图及其流通之间建立确凿的联系，并以累积的方式真正丰富我们的知识。

（6）王耀：我在想西方的托勒密世界地图。墨卡托（Gerardus Mercator, 1512-1594）也曾制作过印本的托勒密世界地图，其中也有中国地理知识，为什么不属于你这本书的搜集范围？听了你的定义——涵盖中国主要区域并且标题中出现"中国"，大概明白了。

柏恪义：唯有如此限定定义，本书才能全面覆盖西方印制的中国地图。完整性是不可或缺的，因为这会迫使作者对该领域进行详尽无遗的研究，而不仅仅是随意收集某个主题的地图。显然，本书所涉及的中国地图集只是与中国有关的西方地图的一个子集（世界地图包括地球仪、亚洲地图、写本地图等）。可以再写一本关于西方地图中的中国的书籍，其中包括那些其他类型的地图——但它绝不会完整覆盖，只是选择一些有代表性的地图。作为教学工具和概览可能会更好，但它不会有很强的研究价值。

（7）王耀：我之前利用过罗德尼·雪利（Rodney W. Shirley）的 *The Mapping of the World: Early Printed World Maps 1472-1700*，请问在地图目录学还有哪些经典著作？

1　C. Delano-Smith, R. J. P. Kain, Cartography, History of, in Rob Kitchin, Nigel Thrift（eds.）, *International Encyclopedia of Human Geography*, Elsevier, 2009, pp. 437-438.

2　Herbert George Fordham, *Studies in Carto-bibliography British and French and in the Bibliography of Itineraries and Roadbooks*, Clarendon Press, 1914.

柏恪义：非常棒的地图目录书，即使是小国家的地图目录，对我来说也非常有用，因为它们通常包含与我的书有关的相同地图集、出版商和制图人——以及任何使用近代早期西方地图的书籍。

我推荐以下一些书目：《塞浦路斯印本地图注释目录》第 1 卷和第 2 卷，[1] 理查德·贝茨（Richard L. Betz）出版的《绘制非洲：1700 年前印本非洲大陆地图的地图目录》，[2] 菲利普·伯登（Philip D. Burden）出版的《绘制北美：1511—1670 年印本地图清单》和《绘制北美 Ⅱ：1670—1700 年印本地图清单》。[3] 目前也可以加入哈伯德和我的书。

另外两个重要资料是两部多卷本的参考书：施尔德的《荷兰地图学丛刊》（Monumenta Cartographica Neerlandica）（1986 年至今，共八卷）和范德克洛特的《科曼的荷兰地图集》（Koeman's Atlantes Neerlandici. New Edition. 1997-2022）。这两本书虽然不属于地图目录，但却是对荷兰地图资源的综合参考研究。

（8）王耀：施尔德和范德克洛特的两部多卷本书籍，确实是非常详实的荷兰地图参考书。地图目录学的研究对象是印本地图。我们知道在地图学史上，1570—1672 年被认为是荷兰制图学的黄金时代，安特卫普和阿姆斯特丹有着繁荣和发达的商业地图出版，之后在 17 世纪后期至 18 世纪前期，法国巴黎逐步成为欧洲制图学中心。所以，这是不是当前地图目录学著作的研究时段主要集中在 16 世纪至 18 世纪前期的重要原因？在我看来，目前地图目录学著作中的印本地图，大量都是荷兰制作的地图，这与荷兰制图学的黄金时代有关。所以，目前地图目录学的研究人员和大学，是不是主要集中于荷兰学者和荷兰大学（阿姆斯特丹大学、莱顿大学、乌特勒支大学）？

柏恪义：我对近代早期欧洲比较了解，所以我的评论仅限于这一时段。近代早期（1570—1750）印刷的地图，在生产方式上是相当单一的（主要是铜版），而且它们主要是地图集——地图集中的中国地图代表了我书中所涉及的大部分地图。地图集的生产由荷兰主导，法国、英国、德意志和意大利也出版了一些地图

1　Baynton-Williams, Ashley（compiler）, *Cyprus: The Book of Maps. Annotated Catalogue of the Printed Maps of Cyprus*, Volume 1: 15th-16th Centuries, Athens: AdVenture SA, 2016. *Cyprus: The Book of Maps. Annotated Catalogue of the Printed Maps of Cyprus*, Volume 2: 17th Century, Athens: AdVenture SA. 2020.

2　Richard L. Betz, *The Mapping of Africa: A Cartobibliography of Printed Maps of the African Continent to 1700*, Utrechtse Historisch-Kartografische Studies = Utrecht Studies in the History of Cartography 7. 't Goy-Houten: HES & de Graaf, 2007.

3　Philip D. Burden, *The Mapping of North America: A List of Printed Maps* 1511-1670, Rickmansworth: Raleigh Publications, 1996. *The Mapping of North America Ⅱ: A List of Printed Maps* 1670-1700, Rickmansworth: Raleigh Publications, 2007.

集。这一时期的另一个重要特征是，最初为地图集制作的地图后来被收录入其他类型的书籍中——关于历史、地理、宗教。在这个过程中，地图发生了微妙的变化，并且部分地图目录研究地图在进入不同国家、知识领域和不同市场时的变化和调适（对开本地图集属于奢侈品，袖珍地理册是非常便宜的产品）。

因为最初的市场是由荷兰主导的，而且这个国家有着悠久的传统和地图研究，所以荷兰的地图目录学最有活力。

（9）王耀：伊比利亚半岛的葡萄牙和西班牙，比荷兰更早到达东方和中国，1553 年葡萄牙人入居中国澳门，1565—1571 年间西班牙人陆续占领菲律宾。比如明代嘉庆年间（1555）重刻的《古今形胜之图》在 1574 年曾经传入西班牙。为什么最早的西方印本中国地图不是出现在西班牙和葡萄牙？这与欧洲雕版印刷术的传播有关系吗？

柏恪义：是的，因为我的书侧重于印本地图，而葡萄牙和西班牙直到很晚才印刷中国地图（我的书中仅有一张西班牙地图——1729 年在瓦伦西亚刊印的 *LA CHINA*，没有葡萄牙地图），他们的贡献仅限于为佛兰德（Flemish）、荷兰和意大利地图提供手稿资料（大部分并未保存下来）。

在我看来，除了服务于收藏家和编目人员，地图目录学的关注重点是阐明知识的流通，而不是地图生产；说清某些地图的借用和传播，而不是它们的制图技术和内容。我认为我的地图目录属于不断发展的图书史领域，其主要贡献是阐明有关中国的印刷地图知识的流通。虽然这只是知识总流通的一部分，但是印刷知识在近代早期欧洲起着基础性的作用，而且作用越来越大。伊比利亚制图家是中国印本地图的探路者，但是他们并没有积极参与印刷知识的流通。

（10）王耀：荷兰通过与西班牙的八十年战争（1568—1648），最终取得独立。在八十年战争期间，荷兰制图学也迎来了黄金时代。所以荷兰历史上是不是很少有 16 世纪中期之前的绘本或写本地图，他们的古地图基本以印本地图为主？

柏恪义：荷兰地图学的发展始于巴伦特·兰格内斯（Barent Langenes）于 1598 年创作的袖珍地图集（*Caert-Thresoor*）（如图 1），并且总体上随着 16 世纪末佛兰德制图师逃避西班牙的迫害而迁徙。还有大量的荷兰写本地图（尤其是施尔德研究的海图），但是在 17 世纪大部分时间里，荷兰印刷业主导着欧洲市场，尤其是地图集的类型（genre）。大部分荷兰地图目录学研究，关注地图集中印刷的地图，因为可供收藏的插图地图的黄金时代是 17 世纪，而这类地图大多来自地图集，因此荷兰地图目录学在这一领域占据主导地位。

图 1　《亚洲中国地区》（*CHINA Regio Asie*）

published in *Caert-Thresoor*，Middelburg，1598

（11）王耀：我另外看到有些美国、英国学者关于格拉斯哥、阿拉斯加的地图目录学研究，[1] 像上面提到的雪利也是英国学者。目前来看，英美学者对于地图目录学的研究，是不是像你之前说的一样，基本上是个人自发的研究居多？并没有像阿姆斯特丹大学这样的专门研究机构和研究团队？

柏恪义：据我所知，在荷兰之外，尤其是在英语国家，主要是个人，他们往往关注较新的英语材料。雪利是一个特例，他的关注范围更广，但是他更像是一个收藏家和对地图具有个人热情的人，而不是学者，实际上他是一个商人，在业余时间进行地图研究，但是扎根于伦敦，他可以全面使用大英图书馆并获得地图馆员的帮助。

（12）王耀：我最近看到哈萨克斯坦学者穆希特·西迪克纳扎罗夫（Mukhit Sydyknazarov）在 2021 年出版的《哈萨克斯坦不间断的民族历史：16—19 世纪欧美

1　John N. Moore，*The Maps of Glasgow：A History and Cartobibliography to 1865*，Glasgow：Glasgow University Library，1996. Marvin W. Falk，*Alaskan maps：a cartobibliography of Alaska to 1900*，New York and London：Garland Publishing，Inc，1983.

地图上的哈萨克国》（*Uninterrupted History of Nationhood in Kazakhstan：The Kazakh State on European and American Maps of the XVI–XIX Centuries*），其中收录了 130 幅标绘了"哈萨克"的欧美地图。其实，这类地图目录的整理，可以用于确认国家地位和塑造民族记忆。就像你上面提到的《塞浦路斯印本地图注释目录》，塞浦路斯位于希腊和土耳其之间，这本书是不是也有学术之外的确认国家地位的意思？

柏恪义：我认为西欧国家和美国的地图目录学并没有强化民族认同的使命，贝恩顿·威廉斯（Baynton-Williams）是一位地图商人和学者，他之所以写作关于塞浦路斯的书籍，是因为他受到塞浦路斯地图收藏家们的委托。许多西方收藏家专注于岛屿地图，例如塞浦路斯、西西里岛、日本，这是收藏家的专门领域。哈萨克斯坦书籍的情况则不同，这本书明显是出于民族主义的目的，我并不认为它是以藏品为基础的。

（13）王耀：中国古代存在大量的绘本地图或写本地图，很多研究和资料整理是以绘本地图为主。其实中国古代也存在大量印本地图，比如明代罗洪先《广舆图》翻印了很多种版本，影响到清朝初年的地图绘制。康熙朝《皇舆全览图》有多种版本，康言（Mario Cams）对它的制作及在中国、俄罗斯、法国之间的流传等进行了研究，也涉及相关版本问题。再之前的福克斯（Walter Fuchs）也

对《皇舆全览图》进行过版本研究。中国方面，黄时鉴、龚缨晏对利玛窦《坤舆万国全图》进行过版本研究。在我看来，这些研究大概属于地图目录学的研究范围，但针对的研究对象主要是中西合作地图。

请问您对中国相关研究有什么建议和想法？地图目录学在哪些方面或者哪些研究方法上，值得中国学者借鉴和关注？

柏恪义：是的，我认为像中西合作地图可以进行这种研究。重要的不是它们展现了东西方的互动，而是它们彼此之间非常相似，需要通过分析来明确不同版本之间的关系。比如《九州分野舆图古今人物事迹》《乾坤万国全图古今人物事迹》《备志皇明一统形势分野人物出处全览》《天下九边分野人迹路程全图》。《大清万年一统天下全图》系列地图有很多不同版本，也可以这样研究。

基本上，通过查看铜版或木版（就中国地图而言）的变化，地图目录学可以帮助对几乎相同的印本地图之间的关系做出准确判断。即使铜版和木版没有被保存下来，通过观察印本，可以分析它们之间的差异，并推断出它们的时间顺序。至少在铜版上可以做到这一点，在木版上也应该可以做到。我认为值得将这种方法用于木版，看看是否能得到同样清晰的结果。关键是将印本地图视为实物，研究它们产生的实际过程，画出实物之间的变化序列，尽可能在同一块木版上进行更改，以产生几乎相同的地图，明确有什么差

异、木版上有哪些变化以及以何种顺序印制了不同副本。

　　除了与地图实物研究相关的分析（现代西方地图学研究的一个重要趋势），另一个重要方面是探讨印刷知识的流传——谁做出了改动？为什么会有这么多地图最终流向日本？为什么这些地图是现在西方最值得收藏的中国地图之一？

　　（14）王耀：你提到《备志皇明一统形势分野人物出处全览》等地图，中国学者成一农在《中国古代舆地图研究》一书中也有提及，并且这本书也是偏重于古代书籍中插图的搜集，主要关注于印本地图。请问这本书的编排等是否与地图目录学相契合？

　　柏恪义：成一农也关注到较之于绘本地图，印本地图具有数量更多、范围更广、更有代表性的优势，所以首次对具有类似标题和内容的印本地图进行大规模调查，并将很多地图进行分组，这与我书中的地图分组理念非常相似。可以说这两本书都是首次尝试完整覆盖所有相关题材地图的综合性著作。另一方面，由于具有专门处理印本地图集的综合性地图书目，特别是荷兰和法国的资料，使得我几乎可以穷尽不同版本的各种地图，而成一农主要依据《续修四库全书》《四库全书存目丛书》等五套丛书，缺少可靠详尽的地图

编目。中国地图学界还需要花费时间进行印刷品中地图材料目录的编制和数字化工作，以便于开展更全面的研究。

　　具体到《备志皇明一统形势分野人物出处全览》这类地图的研究，李孝聪和林宏在我书中的文章中都有涉及。书中的条目也与之相关，比如塞缪尔·珀切斯（Samuel Purchas）的《皇明一统方舆备览》（第18条）、曾德昭（Alvaro Semedo）的1655年地图（第42条）、卜弥格（Michal Boym）的1670年地图（第72条）。尽管个别研究存在差异，但重要的是在相关地图上以不同方法进行研究，可以汇聚成关于中国地图的不断累积的知识，并且在共同标准下，确保一旦取得成果，欧洲和中国的地图学者都能将之加入共同知识中。

　　（15）王耀：目前中国地图学史研究，还是侧重于绘本或写本地图居多。研究者大概会有一个潜意识：一般而言绘本画面会比较精美，因为生产方式为个人绘制，所以数量少，甚至为孤本，因此认为比之于印刷数量较多的印本地图更为稀见和珍贵。你是怎么看待绘本地图和印本地图的价值问题？能否结合你书中的印本地图举例说明？

　　柏恪义：写本地图通常更具美感，但印本地图不仅具有吸引力，比如1656年巴黎出版的 *LA CHINE ROYAVME* [1]（见图2），

1　香港科技大学图书馆藏图，收藏号：G7820 1679. S35。

图 2　*LA CHINE ROYAVME*

Paris，1656

1665 年 阿 姆 斯 特 丹 出 版 的 *REYS-KAERTE* [1] 等，而且具有独特性，比如 1590 年最早进入中国的耶稣会士罗明坚（Michele Ruggieri，1543-1607）制作的中国地图，[2] 1665 年巴黎出版的 *L'EMPIRE DE/LA CHINE*，[3] 1691 年伦敦印刷的卡片地图 *CHINA* [4]（见图 3）——这是 52 张地理主题扑克牌中的一张，方位以西为上，人物像中的头巾和新月是典型的奥斯曼土耳其风格，以及 1696 年纽伦堡印刷的卡片地图 *CHINA*。[5]

1　香港科技大学图书馆藏图，收藏号：DS708. N68 1665。

2　香港科技大学图书馆藏图，收藏号：G7400 1590 S. 54。具体研究参见柏恪义书中图 4。

3　法国国家图书馆藏图，收藏号：RES-G-1044。具体研究参见柏恪义书中图 61。

4　英国 Burden Collection 藏图，具体研究参见柏恪义书中图 99。

5　*CHINA* published in a pack of 52 geographically themed playing card-maps，Nuremberg：Johann Hoffmann，c. 1696，具体研究参见柏恪义书中图 102。

图 3　*CHINA*

London：James Moxon，1691

最有趣的情况是人们可以比较同一来源的印本地图和写本地图，比如关于 1642 年卡洛·吉奥里尼（Carlo Giangolini）印本中国地图的研究。[1] 在我书中序言部分的很多章节都在讨论写本地图。

我认为印本地图的研究可以让我们对知识的传播有更深入的了解，正如我多次提到的那样——这是因为很多印刷信息可以追溯制图时间和地点。比如卫匡国（Martino Martini，1614–1661）的 *De Bello Tartarico* 地图系列，1654—1704 年总共在 7 个国家以 6 种文字（拉丁文、德文、法文、意大利文、英文和西班牙文）印制了 25 种版本。这些地图之间非常相似，所以副本提供的信息非常有价值，这种价值不是因为它增进了我们对中国的地理知识，而是因为它让我们了解到，关于中国的地图知识如何在非常有限的时间内，传遍如此庞大的欧洲城市网络，这包括安特卫普、巴黎、科隆、阿姆斯特丹、代尔夫特（Delft）、维也纳、杜埃（Douai）、伦敦等城市。

（16）王耀：能不能介绍一下您下一

1　Marco Caboara，"An early Jesuit manuscript map of East Asia held at the Jesuit Archives in Rome"，in Paula van Gestel-Van het Schip（editor），*Atlas Amicorum Peter van der Krogt*，Brill，2022，pp. 289–302.

步的研究方向? 是否与地图目录学有关? 是否与中西交流史有关?

柏恪义: 我有两个计划。一个计划是与中国学者合作, 看看哪些地图目录学的特点可以应用于中国地图的研究, 以及更广泛地如何研究中国地图, 不仅包括香港科技大学藏品, 也包括其他藏品, 也许目标是写出一本面向西方公众的入门书籍。

另一个计划是写一本专著, 将我在博睿出版社(Brill) 书中研究的制图流通网络和近代早期更广泛的历史进程联系起来, 例如地理大发现和第一次全球化、伊比利亚帝国与明帝国之间的接触、16 世纪中国和欧洲印本地图和地图集市场的发展、两个欧洲全球知识网络(荷兰东印度公司和耶稣会) 的战略以及新的收藏实践(档案馆、图书馆、博物馆)。其中一些话题是我的专著中刚刚触及的关于耶稣会制图特点的专门研究的延续, 但大部分将是全新的。

(17) 王耀: 您说到想写一本面向西方大众的入门读物, 地图目录学的书籍基本是遵循一定学术规范和书写规矩的学术著作。如何才能把相关知识成功地转化成一本面向大众的普及读物? 能不能做一下介绍? 或者西方地图学史领域和地图目录学领域, 有哪些比较成功的大众读物? 这可能对中国地图学史研究者, 会有启发和帮助。

柏恪义: 我还在思考撰写普及读物的最佳方式。我想西方读者会对中国的中文地图更感兴趣, 而中国读者对西方的中国地图更感兴趣, 所以也许可以为两种不同受众提供两本不同的书。

我发现杰里·布罗顿(Jerry Brotton) 关于地图学通史的书《十二幅地图中的世界史》[1] 非常棒, 是很好的学习榜样。

1　Jerry Brotton, *A History of the World in Twelve Maps*, Penguin UK, 2012. 中译本: [英] 杰里·布罗顿著, 林盛译《十二幅地图中的世界史》, 浙江人民出版社, 2016。

七

文化札记

《仪礼·士冠礼》缁布冠"分属结构"考辨*

■ 朱青峰（北京服装学院）

引　言

缁布冠是一种古老的冠制，后世庶人以之为常服。太古之时常以白布为冠，逢祭祀斋戒，将其染为缁色，以示崇敬，故名之缁布冠。作为"礼仪之始"的冠礼，在儒家礼制具有重要的地位。《士冠礼》是《仪礼》中关于士这一阶层举行冠礼的篇目，其核心仪程是通过三次加冠来完成。士冠礼"首加"之冠便为缁布冠，被赋予"不忘本"的敬意。

囿于考古出土实物的缺乏，目前学界关于缁布冠的相关研究较为薄弱，对缁布冠的形制与结构尚无定论。学者多以三礼文献记载为基础，并结合相关礼经图绘资料开展研究和论述。与其他冠类形制研究不同，士冠礼所用缁布冠的形制研究要以其结构研究为基础和前提。

从《仪礼·士冠礼》相关经文来看，士冠礼"首加"所用缁布冠是一种"分属结构"，佩戴时须由"頍"将其固定于发，而后再由"缨"将其固定于首。佩戴时须三者搭配使用；不佩戴时，三者当属三种功能迥异的首服物件。

本文结合相关考古出土文物与图像资料，通过对"頍""缨""緌"的形制、功能考辨，论证士冠礼首加仪式所用缁布冠与"頍""缨"的形制当为"分属结构"。

一　缁布冠释义

缁布冠，作为传统首服的一种，是一种以色彩和材料命名的冠类。

（一）缁布冠之"缁"

缁布冠其名其物相沿已久，常被誉为

＊　本成果得到国家社会科学基金艺术学重大项目"中华民族服饰文化研究"（18DZ20）资助。

"太古之冠"。《仪礼·士冠礼》："始冠，缁布之冠也。太古冠布，斋则缁之。"[1] 每逢重大祭祀仪式，古人便会提前焚香沐浴、饮食清淡，进行斋戒，与此同时还会将原本的白布染为缁色，因为古人认为鬼神尚幽。

缁，常被认为是黑色。《说文》："缁，帛黑色也。"[2]《释名》："缁，滓也。泥之黑色者曰滓，此色然也。"[3] 其实，缁仅为黑色之一种。《周礼》："三入为纁，五入为緅，七入为缁。"郑玄注："染纁者，三入而成。又再染以黑，则为緅。緅，今礼俗文作爵，言如爵头色也。又复再染以黑，乃成缁矣。……《尔雅》曰'一染谓之縓，再染谓之竀，三染谓之纁'……凡玄色者在緅缁之间。其六入者与。"贾公彦疏："……此三者皆以丹秫染之……《淮南子》云'以涅染绀，则黑于绀。'……纁若入赤汁则为朱。若不入赤而入黑汁则为绀矣。若更以此绀入黑，则为緅。"[4] 据上引所述，旧时染黑乃是"复染"而成。先以植物原料丹秫将素色织物染红，一次为縓，二次为竀（赪），三次为纁。而后更换矿物原料涅进行复染，将原本的红色逐渐染黑，四次为绀（今青色），五次为緅，六次为玄，七次为缁。故言缁布冠为黑色布冠略欠精准。

（二）缁布冠之"布"

上古时期的纺织原料常以葛、麻为主，其成品别作葛布、麻布。所以，缁布冠之布，可能为葛，亦可能为麻。但《说文》："布，枲织也。"[5] 这里的枲，也称花麻，是一种大麻的雄株。《说文》："麻，枲也。"段玉裁注："麻与枲互训。"[6]《论语》："麻冕，礼也。"注："孔曰冕，缁布冠也。"[7] 故钱玄《三礼名物通释》云："麻织之总名曰布，丝织之总名曰帛。"[8] 由此可见，上古时期所谓缁布冠之"布"应专指麻类织物。

1　（汉）郑玄注，（唐）贾公彦疏：《仪礼注疏》，载齐鲁书社编《武英殿十三经注疏 4·仪礼》，齐鲁书社，2019，第 2030 页。

2　（汉）许慎撰，（清）段玉裁注：《说文解字注》，上海古籍出版社，1988，第 651 页。

3　（清）王先谦撰，龚抗云整理：《释名疏证补》，湖南大学出版社，2019，第 203 页。

4　（汉）郑玄注，（唐）贾公彦疏：《周礼注疏》，载齐鲁书社编《武英殿十三经注疏 3·周礼》，齐鲁书社，2019，第 1959 页。

5　（汉）许慎撰，（清）段玉裁注：《说文解字注》，第 362 页。

6　（汉）许慎撰，（清）段玉裁注：《说文解字注》，第 336 页。

7　（魏）何晏集解，（宋）邢昺疏：《论语注疏》，载齐鲁书社编《武英殿十三经注疏 8·论语·孝经·尔雅·孟子》，齐鲁书社，2019，第 5165 页。

8　钱玄：《三礼名物通释》，江苏古籍出版社，1987，第 1 页。

（三）缁布冠之"冠"

首服，亦称"头衣"，泛指服饰中裹首之物。中国自古有"重首"的传统，凡对发、眉等及首之物造成破坏和损毁，都会受到相应的惩治。睡虎地秦墓竹简载："或与人斗，缚而尽拔其须麋（眉），论可（何）殴（也）？当完城旦。""拔人发，大可（何）如为'提'，智（知）以上为'提'。""士五（伍）甲斗，拔剑伐，斩人发结，可（何）论？当完为城旦。"[1] 秦时，城旦是一种为期四年的刑罚。古人尊首之程度，可见一斑。

中国传统服饰常以"冠"统称首服。《说文》："冠，糸也，所以糸发。弁冕之总名也。"[2] 《释名》："冠，贯也。所以贯韬发也。"[3] 冠的作用为固定头发，避免披散。古人视"披发左衽"为非礼，是野蛮未开化的表现，故戴冠是礼制文明的象征。冠有多种分类：依礼制隆杀分为冕、弁、冠，最尊者冕，弁次之，冠再之；依功能用途分为冠、帽、巾，佩冠饰容，戴帽御寒，扎巾敛发。故依礼制而言，缁布冠的礼制规格尚不抵冕、弁，所以后世庶人多以之为常服。就功能而言，缁布冠较巾、帽而言，更为实用，装饰性更强。

综上所述，缁布冠是一种以缁色麻布制成的冠类，具有一定的礼制象征意义，常被示以"不忘本"和"敬古"之意。

二　缁布冠"分属结构"之"頍"

依《仪礼·士冠礼》郑注，士冠礼"首加"缁布冠没有笄，而是用頍来束发、固冠。以下将从功能、形制来论述"頍"之于缁布冠乃是"分属结构"。

（一）"頍"之功能

頍，乃束发、固冠之物。《后汉书·舆服志》："古者有冠无帻，其戴也，加首有頍，所以安物。"[4] 上古之时戴冠，须先将頍著之于首。因戴冠之前须先束发，且戴冠之后仍须固冠，而頍恰将此二者集于一身。东汉时，冠帽改制，戴冠时先戴帻用以束发，而后再将冠罩于上，遂以代頍。故后世鲜见有頍，常为人所不知。

《仪礼·士冠礼》："缁布冠，缺项，青组缨，属于缺。"郑注："缺，读如'有頍者弁'之頍。缁布冠无笄者，著頍，

1　睡虎地秦墓竹简整理小组编：《睡虎地秦墓竹简》，1990，文物出版社，第112—113页。

2　（汉）许慎撰，（清）段玉裁注：《说文解字注》，第353页。

3　〔清〕王先谦撰，龚抗云整理：《释名疏证补》，第210页。

4　（南朝宋）范晔撰，（唐）李贤等注：《后汉书·志二》，中华书局，1965，第3670页。

图 1　明代九缝皮弁（正面、侧面）

采自山东博物馆官方网站。九缝皮弁，1970 年出土于山东邹县明鲁荒王朱檀墓，现存山东博物馆

围发际，结项中。隅为四缀，以固冠也。项中有綅，亦由固頍为之耳。今未冠笄者著卷帻，頍象之所生。"[1] 此注阐述頍之功能时至少包含三层信息：首先，笄即为后世之簪，用以束发、固冠。依郑注，缁布冠无笄，以頍围绕于发际，并以四角之"缀"于冠相连，使得安稳，这说明，頍之功用确为束发、固冠。其次，《说文》："项，头后也。"[2] 项围绕发际，最后在头后系结，这种固冠方式类似于后世冠帽之冠武（即冠圈）。不同之处在于，冠武的长度是固定的（即冠圈周长），而頍则可根据头围的大小来系结于头后。最后，頍之"隅为四缀"，与冠相连使冠稳固，可知頍和冠（缁布冠）为不相连的两物，佩戴时须通过"缀"相连。

（二）"頍"之形制

《诗经·小雅》："有頍者弁。"[3] 弁，是一种礼制秩序高于冠的首服。依《诗经》所述，上古之时除冠外，頍还应用于弁，可见其应用范围较广。出土于山东邹城的明鲁荒王朱檀九缝皮弁，是目前现存唯一明初亲王皮弁实物，是研究古代皇家冠服制度的珍贵文物（图 1）。从形制来看，明鲁荒王朱檀九缝皮弁是以笄（簪）贯发以固冠，武圈两侧的纽应为系缨所用，并无郑玄所言"围发际"之頍。可见，有明一代，弁已由簪束发、固冠，由缨系弁于首，其形制已完全不同于《诗经》所载。

1　（汉）郑玄注，（唐）贾公彦疏：《仪礼注疏》，载齐鲁书社编《武英殿十三经注疏 4·仪礼》，第 2017 页。

2　（汉）许慎撰，（清）段玉裁注：《说文解字注》，第 417 页。

3　（汉）毛亨传，（汉）郑玄笺注，（唐）孔颖达疏，（唐）陆德明音义：《毛诗注疏》，载齐鲁书社编《武英殿十三经注疏 2·诗经》，齐鲁书社，2019，第 1085 页。

图 2　秦始皇陵兵马俑（1）

采自陕西始皇陵秦俑坑考古发掘队、秦始皇陵兵马
俑博物馆编《秦始皇陵兵马俑》，文物出版社，1983，
图版 57

图 3　秦始皇陵兵马俑（2）

采自傅天仇主编《中国美术全集·雕塑编
2·秦汉雕塑》，人民美术出版社，1985，第
16 页

东汉冠帽改制后，冠帽结构定发生了较大改变。从后世之冠弁无法推测先秦之頍的结构，当在情理之中。那么，或许从与之相近的其他文物入手，或可窥探一二。秦始皇陵兵马俑是现存规模最大、形态特征最为丰富的人物造型类考古文物，其建造于始皇即位之后，距《仪礼》最初的成书年代较近，具有较多且可信的研究依据。从秦始皇陵出土的兵马俑造型来看（图2），多数俑的头部都有形制较小的巾、帻类首服，且有形似条带状之物系结、盘绕于头部。部分秦始皇陵兵马俑头部有围绕于发际、上稳固于首服的条带状物。且在两侧耳部上方位置分别系结条带

状物，顺脸颊下结于颔，进而使首服整体稳固于头部（图3）。这种首服结构与《仪礼·士冠礼》郑注所言頍之形制颇为相似，由此可推断：秦始皇陵兵马俑围绕头部前后的条带状物当为"頍"（图4）。

（三）士冠礼首加"缁布冠"之"頍"

从形制来看，图3中秦始皇陵兵马俑头部的头部首服应为巾、帻类，与冠类首服的形制存在较大差异。图中陶俑头部之頍是通过"叠压"的方式来稳固首服。这与《仪礼·士冠礼》郑注："頍……隅为四缀，以固冠也。"及贾疏："……既

图 4 秦始皇陵兵马俑冠饰之頍

依图 3 所绘，图中秦始皇陵兵马俑围绕头部前后的红色条带状物应为頍

武以下别有頍项，明于首四隅为缀，上缀于武[1]，然后頍项得以安稳也。"[2] 所述相

差较大。頍本身仅为一条带状物，只有与冠武（圈）相结，才可以稳固首服于首。

可见，与秦始皇陵兵马俑头部首服之頍相较而言，士冠礼首加缁布冠所用之頍，应在形似条带状頍的基础之上，另加有"四缀"。但随之而来的问题是，这种形状为条带的頍，是一个首尾相连形成闭环的条带圈状？还是首尾不相连的长条带状？贾公彦在《士冠礼》疏中指出："頍之两头皆为缬，别以绳穿缬中结之，然后頍得牢固。"[3] 依贾疏所言，頍的形制应是首尾不相连，且两头有结[4]（即缬）的长条带状。

如此，可结合古代礼、经著作中有关頍的图绘资料，对士冠礼首加缁布冠所用之頍的形制进行更为深入的分析。相关礼、经著作有关"頍"的图绘资料如表 1 所示。

表 1	相关礼、经著作中"缁布冠"之頍的形制		
序号	出处	图像	备注
1	（宋）杨甲撰，（宋）毛邦翰补正：《六经图》，载《景印文渊阁四库全书》第 183 册，台湾商务印书馆，1986，第 413 页		①有四缀；②首尾不直接相连，而在下端以一绳使环状首尾间接相连；③下端首尾两头虽与长绳相连，但无明显"结"的特征，故判无缬

1　武，一说为"冠圈"。《礼记·玉藻》："缟冠玄武"，孔颖达疏："武用玄，玄是吉。冠用缟，缟是凶。……卷用玄而冠用缟，冠卷异色。故云古者冠卷殊。"孔谓武即是卷。首服中武的形象最显现于冕。"圈于首者曰武，亦称冠卷。"参见钱玄、钱兴奇编著《三礼辞典》（凤凰出版社，2014，第 704 页）。另一说为"系冠之带"，参见卢明翰编辑《中国古代衣冠辞典》（常春树书房，1990，第 214 页）。若依卢说，武与頍项虽非为同一物，但其功用大抵相同，何以孔疏"武以下别有頍项，明于首四隅为缀，上缀于武"？况于一项冠帽之中，出现两个功能一样的部件，有悖于常理。故本文从"武为冠圈"之说。

2　（汉）郑玄注，（唐）贾公彦疏：《仪礼注疏》，载齐鲁书社编《武英殿十三经注疏 4·仪礼》，第 2018 页。

3　（汉）郑玄注，（唐）贾公彦疏：《仪礼注疏》，载齐鲁书社编《武英殿十三经注疏 4·仪礼》，第 2017 页。

4　《中华大字典》（缩印本），中华书局，1978，第 456 页。本字典中，缬有二意：一为狄衣也，二为结也。依贾疏所言，缬在頍之两端，与狄衣之意相悖，故取结之意。

序号	出处	图像	备注
2	（宋）聂崇义：《三礼图集注》（二十卷），载《景印文渊阁四库全书》第129册，第38页		①有四缀； ②首尾相连，呈闭合环状； ③下端与两条长绳相连处有明显"结"的特征，故有緌
3	（宋）聂崇义：《新定三礼图》（南宋淳熙二年镇江府学据属刻本重刻），载《新定三礼图》（上册），上海古籍出版社，1985，第42页		①有四缀； ②首尾不相连； ③下端首尾被一绳所穿，且有明显"结"的特征，故有緌
4	（明）刘绩撰：《三礼图》，载《景印文渊阁四库全书》第129册，第333页		①无四缀； ②首尾不相连； ③下端首尾两头虽与长绳相连，但无明显"结"的特征，故判无緌
5	（明）吴继仕辑：《七经图》（东北师范大学图书馆上海图书馆藏明万历刻本），载四库全书存目丛书编纂委员会编《四库全书存目丛书》第150册，齐鲁书社，1997，第569页		①有四缀； ②首尾不直接相连；而在下端以一绳使环状首尾间接相连； ③下端首尾两头虽与长绳相连，但无明显"结"的特征，故判无緌
6	（清）徐乾学：《仪礼义疏》（四十八卷），载《景印文渊阁四库全书》第107册，第427页		①有四缀； ②首尾相连，呈闭合环状； ③下端与两条长绳相连处有明显"结"的特征，故有緌
7	（清）黄以周：《礼书通故》（清）光绪十九年刻本（黄氏试馆），载续修四库全书编纂委员会编《续修四库全书》第112册，上海古籍出版社，2002，第548页		①有四缀； ②首尾不相连； ③下端首尾各被一绳所穿，且有明显"结"的特征，故有緌
8	（清）杨魁植：《九经图》（南京图书馆藏，清乾隆三十七年信芳书房刻本），载四库全书存目丛书编纂委员会编《四库全书存目丛书》第153册，第640页		①有四缀； ②首尾不直接相连，而在下端以一绳使环状首尾间接相连； ③下端首尾两头与长绳相连外侧，各有一明显"结"的特征，故有緌

续表

序号	出处	图像	备注
9	（清）杨魁植：《九经图》（南京图书馆藏，清乾隆三十七年信芳书房刻本），载四库全书存目丛书编纂委员会编《四库全书存目丛书》第153 册，第 660 页		①有四缀； ②首尾相连，呈闭合环状； ③下端与两条长绳相连处有明显"结"的特征，故有緌
10	（清）王皜：《六经图》（北京图书馆藏，清乾隆五年刻本），载四库全书存目丛书编纂委员会编《四库全书存目丛书》第 153 册，第 139 页		①有四缀； ②首尾不直接相连，而在下端以一绳使环状首尾间接相连； ③下端首尾两头虽与长绳相连，但无明显"结"的特征，故判无緌
11	（清）卢云英辑：《五经图·礼记》（南京大学图书馆藏，清康熙刻本），载四库全书存目丛书编纂委员会编《四库全书存目丛书》第 152 册，第 420 页		①有四缀； ②首尾不直接相连，而在下端以一绳使环状首尾间接相连； ③下端首尾两头虽与长绳相连，但无明显"结"的特征，故判无緌
12	（清）江为龙辑：《朱子六经图·诗经图》（南京大学图书馆藏，清康熙刻本），载四库全书存目丛书编纂委员会编《四库全书存目丛书》第 152 册，第 218 页		①有四缀； ②首尾不直接相连，而在下端以一绳使环状首尾间接相连； ③下端首尾两头与长绳相连外侧，各有一明显"结"的特征，故有緌

　　首先，可依郑玄注"有四缀"排除序号 4 图（明刘绩《三礼图》）所绘。其次，依贾疏"两头为緌"，可将序号 1 图（宋杨甲撰，宋毛邦翰补正《六经图》）、序号 5 图（明吴继仕辑《七经图》）、序号 10 图（清王皜撰《六经图》）、序号 11 图（清卢云英辑《五经图》）所绘"无緌"者排除。再次，贾疏"頍之两头皆为緌"，当知頍首尾不相连，若首尾相连呈闭合环状，何来首尾之说？故将序号 2 图（宋聂崇义撰《三礼图集注》[1]）、序号 6 图（清徐乾学撰《仪礼义疏》）、序号 9 图（清杨魁植撰《九经图》）所绘"首尾相连。呈闭合环状"者排除。最后，贾疏虽言"頍之两头皆为緌，别以绳穿緌中结之"，但并不能以此判定穿緌之绳与頍为一物，或是缝纫相结。序号 8 图（清杨魁植撰《九经图》）所绘頍，下端首尾两头虽与长绳相连，且相连外侧各有一明显"结"的特征，但依图绘所示，穿緌之绳与頍似

1　据《钦定四库全书·三礼图集注》提要记载，四库全书本《三礼图集注》为清康熙通志堂刻本。

为一物，或是缝纫相结为一物，与贾疏相
悖，故亦排除。

综上，依《士冠礼》郑注、贾疏所
言，相关礼、经著作所绘"頍"图中，
仅有宋代聂崇义所撰《新定三礼图》（南
宋淳熙刻本，序号 3 图）和清代黄以周所
撰《礼书通故》（清光绪黄氏试馆本，序
号 7 图）与士冠礼首加缁布冠之頍的形制
结构最为吻合。

三　缁布冠"分属结构"
之"缨"

如前所述，士冠礼首加行礼佩戴缁布
冠时，应与頍结合使用，方可稳固。但从
頍的形制来看，这种稳固仅限"稳固于
发"，即使得缁布冠稳固于头部发际线以
上的部分。若要使缁布冠与整个头部吻
合，避免佩戴后滑落，还需使缁布冠与
"缨"相结，而后向下系于额。图 3、图 4
中，兵马俑头部两侧，位于耳部上方位
置，与頍系结、顺脸颊下结于下额的条带
状物即为缨。以下将从"缨"及属于
"缨饰"之"緌"的形制来论述"缨"
之于缁布冠乃是"分属结构"。

（一）系冠之"缨"

《说文》："缨，冠系也。"段玉裁注：
"冠系，可以系冠者也。系者，係也。以

二组系于冠卷结颐下是谓缨。与纮之自下
而上系于笄者不同。冠用缨。冕弁用纮。
缨以固武。即以固冠。故曰冠系。"[1]

缨，当专属于固冠而用，有两条，各
结于左右二组纽之处，而后顺脸颊向下，
相结于额下（图 5）。而纮则专属于固冕
而用，仅一条，冕武左右各有一组纽，以
笄贯之。纮一端结于笄，而后顺脸颊向
下，绕过下额，再顺脸颊向上，系于笄之
另一端（图 6、图 7）。《释名》："缨，颈
也，自上而下系于颈也。"[2]

此外，图 3 所示秦始皇陵兵马俑，在
头部两侧耳部上方位置可见明显"頍"

图 5　明代冠帽中的"缨"

图中冠帽下方蓝色条带为系冠之缨，采自北京
市文物局图书资料中心编《明宫冠服仪仗图·冠服
卷一》，北京燕山出版社，2015，第 58 页

1　（汉）许慎撰，（清）段玉裁注：《说文解字注》，第 653 页。

2　（清）王先谦撰，龚抗云整理：《释名疏证补》，第 211 页。

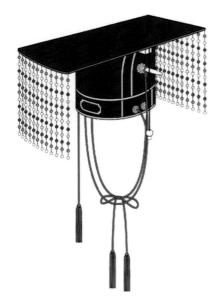

图 6　明代冕

原书中有冕的结构文字标注，并有底图配色，本图删去。采自董进《Q 版大明衣冠图志》，北京大学出版社，2016，第 479 页

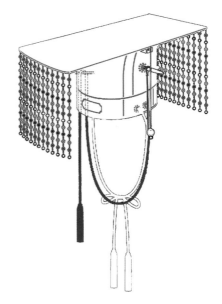

图 7　明代冕之纮

依图 5 所绘，图中红色条带为纮，冕后侧纮、笄结构分别以红色、黑色虚线标识

图 8　秦始皇陵兵马俑冠饰之缨、緌

依图 3 所绘，图中秦始皇陵兵马俑围绕头部脸颊两侧黄色条带状物应为缨，缨下结于颔后下垂的蓝色部分当为緌

与"缨"相系之结（呈方形），故"頦"与"缨"非一体。后世出土或是图绘的各类首服之冠（图 1、图 5、图 6）中，缨通过与冠武（圈）之纽相系，才得以与冠相连，出土的秦始皇陵兵马俑上，其"冠"与"缨"亦非一体。

（二）"缨"饰之"緌"

《说文》："緌，系冠缨也。"[1] 緌与缨是一种从属关系：缨是用来系冠的绳带，而緌则是缨于颔下系结之后下垂的部分（图 8）。可见，緌当仅属系冠之缨所独有，而系冕之纮则无緌。故，郑云：

1　（汉）许慎撰，（清）段玉裁注：《说文解字注》，第 353 页。

"綏，缨饰。"[1]

缨为系冠之绳，若绳长，则系结后定有冗余下垂。但若所系之结本身过大，则结本身亦会呈下垂之状。因此，在传统礼法社会中，对"綏"的判定标准则显得尤为重要。兹将相关礼、经著作中具有代表性的图绘列于表2。

从表2图绘可以看出：若缨较短，则下系打结后几乎没有多余的长条带状"垂饰"；若缨较长，在下系打结后会有明显的长条带状"垂饰"。本文以为，既然"綏"属于"缨"饰，作为"饰"而言，其装饰和象征意义更为突出。只有缨系结后有明显长条带状下垂之饰才可判其

为"綏"，而缨本身所系之结（应防过大而下垂）不应判之为"綏"。故表2中，只有序号2（宋陈祥道撰《三礼书》）所绘之冠无"綏"，其余皆有"綏"。

（三）士冠礼首加缁布冠之"缨"与"綏"

《仪礼·士冠礼》载："缁布冠……其綏也，孔子曰，吾未之闻也。"郑注："未之闻，太古质无饰。"作为系冠之物，士冠礼首加缁布冠因无笄，故其固冠于首必有缨。然冠有大小、缨有长短，缨长者下系于颔，则必余之下垂，谓之綏。但从

表2	礼、经著作中有关冠之"缨""綏"图绘		
序号	出处	图像	辨析
1	（宋）聂崇义：《三礼图集注》（清康熙通志堂刻本），载《景印文渊阁四库全书》第129册，第37页		缨下结后，除环状系结外，有两条明显长条带状下垂之饰
2	（宋）陈祥道：《三礼书》（二十卷），载《景印文渊阁四库全书》第130册，第50页		缨下结后，除环状系结外，无下垂之饰
3	（明）章远、卢谦辑：《五经图·诗经图》（浙江图书馆藏，明万历四十二年刻本）（六卷），载四库全书存目丛书编纂委员会编《四库全书存目丛书》第147册，第14页		缨下结后，无明显环状系结，但有两条明显长条带状下垂之饰

1　（汉）郑玄注，（唐）贾公彦疏：《仪礼注疏》，载齐鲁书社编《武英殿十三经注疏4·仪礼》，第2030页。

续表

序号	出处	图像	辨析
4	（清）杨魁植：《九经图·礼记图》（南京图书馆藏，清乾隆三十七年信芳书房刻本），载四库全书存目丛书编纂委员会编《四库全书存目丛书》第 153 册，第 660 页		缨下结后，除环状系结外，有两条明显长条带状下垂之饰

《士冠礼》经文来看，士冠礼首加缁布冠无緌，倘若如此，随之而来的问题则是：缁布冠无緌，仅是士冠礼个案，还是具有一定的共性？

《礼记·玉藻》："缁布冠绩緌，诸侯之冠也。"郑玄注："诸侯缁布冠有緌，尊者饰也。"孔颖达疏："案郊特牲及士冠记，诸侯得著緌吾未之闻。谓大夫士也。"[1] 成书于战国中期的《玉藻》[2] 表明，缁布冠无緌当属士冠礼个案，当时诸侯所用缁布冠不仅有緌且有纹绩，至于所绩何物？所绩何处？已不可详考，但有緌当必定无疑。那么，为何诸侯缁布冠有緌，而士冠礼所用缁布冠却无緌？

贾公彦在《士冠礼》疏中言："孔子时有緌者，故非时人緌之。诸侯得著緌。"[3] 太古之时以质朴为尊，除基本功用之外，冠帽并没有过多的装饰。緌，作为缨系结之后冗余下垂的部分，具有明显的装饰意味，与太古"尚质"的理念相

悖。太古乃唐虞以上，与春秋末期的孔子相距甚远。虽至春秋之时，冠已有緌，但作为士冠礼"三加之首"，且具尊古、尚古意味的缁布冠，其形制结构仍遵循古法，无緌。

此外，传统社会中礼数的隆杀与身份地位的高低成正比，士相较于诸侯地位低下，诸侯之冠有"緌"饰，作为身份地位低卑的士，其礼数则不得逾越诸侯，即下不得犯上。故孔子言："其緌也，吾未之闻。"

结　论

士冠礼是士阶层成年的重要礼典，具有多重礼制象征寓意。其"首加"仪式所用之冠为缁布冠，乃"太古之冠"，是一种以缁色麻布所制之冠，被赋予"尊古、不忘本"之意。士举行冠礼首加佩

1　（汉）郑玄注，（唐）孔颖达疏：《礼记注疏》，载齐鲁书社编《武英殿十三经注疏 5·礼记》，齐鲁书社，2019，第 2964 页。

2　王锷：《〈礼记〉成书考》，博士学位论文，西北师范大学，2004，第 112 页。

3　（汉）郑玄注，（唐）贾公彦疏：《仪礼注疏》，载齐鲁书社编《武英殿十三经注疏 4·仪礼》，第 2030—2031 页。

戴缁布冠时，须配以"頍"则可使其"固于发"，再配以"缨"则可使其"稳于首"，三者缺一不可。除举行士冠礼首加仪式外，"缁布冠""頍""缨"三者当为"分属结构"，各有其功能，可独立使用。

《形象史学》来稿须知

　　《形象史学》是由中国社会科学院古代史研究所文化史研究室和中国史学会传统文化专业委员会主办、面向海内外征稿的中文集刊，自2021年起每年出版四辑。凡属中国古代文化史研究范畴的专题文章，只要内容充实，文字洗练，并有一定的深度和广度，均在收辑之列。尤其欢迎利用各类形象材料深入研究中华文明起源和文化传承发展的内在机制与演进路径的专题文章，以及围绕中国古代文化史学科建构与方法探讨的理论文章。具体说明如下。

　　一、本刊常设栏目有理论前沿、文化传承研究、器物研究、图像研究、汉画研究、服饰研究、跨文化研究、文本研究等，主要登载专题研究文章，字数以2万字以内为宜。对于反映文化史研究前沿动态与热点问题的综述、书评、随笔，以及相关领域国外学者的最新研究成果（须提供中文译本），亦适量选用。

　　二、来稿文责自负。章节层次应清晰明了，序号一致，建议采用汉字数字、阿拉伯数字。举例如下。

　　第一级：一　二　三；

　　第二级：（一）（二）（三）；

　　第三级：1. 2. 3. ；

　　第四级：（1）（2）（3）。

　　三、中国历代纪年（1912年以前）在文中首次出现时，须标出公元纪年。涉及其他国家的非公元纪年，亦须标出公元纪年。如清朝康熙六年（1667），越南阮朝明命元年（1820）。

　　四、来稿请采用脚注，如确实必要，可少量采用夹注。引用文献资料，古籍须注明朝代、作者、书名、卷数、篇名、版本；现当代出版的论著、图录等，须注明作者（或译者、整理者）、书名、出版地点和出版者、出版年、页码等；同一种文献被再次征引时，只须注出作者、书名、卷数、篇名、页码即可；期刊论文则须注明作者、论文名、刊物名称、卷期等。如为连续不间断引用，下一条可注为"同上注"。外文文献标注方法以目前通行的外文书籍及刊物的引用规范为准。具体格式举例如下。

　　（1）（清）张金吾编：《金文最》卷一一，光绪十七年江苏书局刻本，第18页。

　　（2）（元）苏天爵辑：《元朝名臣事略》卷一三《廉访使杨文宪公》，姚景安点校，中华书局，1996，第257—258页。

　　（3）（清）杨钟羲：《雪桥诗话续集》卷五（上册），辽沈书社，1991年影印本，第461页下栏。

（4）（唐）李隆基注，（宋）邢昺疏：《孝经注疏》，载李学勤主编《十三经注疏》，北京大学出版社，1999，第 3 页。

（5）金冲及：《二十世纪中国史纲（简本）》上册，社会科学文献出版社，2012，第 295 页。

（6）苗体君、窦春芳：《秦始皇、朱元璋的长相知多少——谈中学〈中国历史〉教科书中的图片选用》，《文史天地》2006 年第 4 期。

（7）林甘泉：《论中国古代民本思想及其历史价值》，《光明日报》2003 年 10 月 28 日。

（8）［英］G. E. 哈威：《缅甸史》，姚楠译，商务印书馆，1957，第 51 页。

（9）Marc Aurel Stein，*Serindia* London：Oxford Press，1911，p. 5.

（10）Cahill，Suzanne，"Taoism at the Song Court：The Heavenly Text Affair of 1008"，*Bulletin of Sung-Yuan Studies*，1980（16），pp. 23~44.

五、（1）请提供简化字（请参照国家语言文字工作委员会 1986 年重新发布的《简化字总表》）word 电子版。如有图片，需插入正文对应位置。（2）同时提供全文 pdf 电子版。（3）另附注明序号、名称、出处的高清图片电子版（图片大小应在 3M 以上），并确保无版权争议。（如为打印稿，须同时提供电子版）。（4）随文单附作者简介（包括姓名、单位、职称、研究方向）、生活照（电子版）、联系方式、通信地址、邮编。

六、如获得省部级及以上项目基金资助，可在首页页下注明。格式如：本成果得到××××项目（项目编号：××××）资助。项目资助标注不能超过两项。

七、邮箱投稿请以"文章名称"命名邮件名称和附件名称。请用文章全名命名，副标题可省略。

八、请作者严格按照本刊格式规范投稿，本刊将优先拜读符合规范的稿件。

九、来稿一律采用匿名评审，自收稿之日起三个月内，将通过电话或电子邮件告知审稿结果。稿件正式刊印后，将赠送样刊两本，抽印本若干。

十、本刊已入编知网，作者文章一经录用刊发即会被知网收录，作者同意刊发，即被视为认可著作权转让（本刊已授权出版方处理相关事宜）。

十一、本刊地址：北京市朝阳区国家体育场北路 1 号院中国历史研究院行成楼 220 房间，邮编：100101。联系电话：010 - 87420859（周一、周二办公）。电子邮箱：xxshx2011 @ yeah. net。